北京高校

马克思主义理论学科与思想政治理论课建设发展报告

(2023)

中共北京市委教育工作委员会 组编

艾四林 吴潜涛 主编

中国出版集团有限公司
研究出版社

图书在版编目（CIP）数据

北京高校马克思主义理论学科与思想政治理论课建设发展报告. 2023 / 艾四林，吴潜涛主编. -- 北京：研究出版社，2025.1. -- ISBN 978-7-5199-1758-6

Ⅰ．A81；G641

中国国家版本馆CIP数据核字第202411C2W2号

出 品 人：陈建军
出版统筹：丁　波
策划编辑：寇颖丹
责任编辑：韩　笑

北京高校马克思主义理论学科与思想政治理论课建设发展报告（2023）
BEIJING GAOXIAO MAKESI ZHUYI LILUN XUEKE YU SIXIANG ZHENGZHI LILUN KE JIANSHE FAZHAN BAOGAO (2023)

艾四林　吴潜涛　主编

研究出版社 出版发行

（100006　北京市东城区灯市口大街100号华腾商务楼）
北京中科印刷有限公司印刷　　新华书店经销
2025年1月第1版　2025年1月第1次印刷
开本：710毫米×1000毫米　1/16　印张：25.75
字数：413千字
ISBN 978-7-5199-1758-6　定价：98.00元
电话（010）64217619　64217652（发行部）

版权所有·侵权必究
凡购买本社图书，如有印制质量问题，我社负责调换

《北京高校马克思主义理论学科与思想政治理论课建设发展报告（2023）》编委会

主　任：李军锋

副主任：王达品　艾四林　吴潜涛

成　员：于　海　肖贵清　赵甲明　蔡乐苏　王宪明
　　　　舒　文　刘武根　姜　男

《北京高校马克思主义理论学科与思想政治理论课建设发展报告（2023）》课题组

组　　长：艾四林　吴潜涛

副组长：肖贵清　赵甲明　蔡乐苏　王宪明　舒　文

成　　员：刘武根　李全喜　杨增岽　陈洪玲　张传泉

　　　　　吴新宇　李红霞　李江静　胡　飒　张　晖

　　　　　黄　刚　秦彪生　周　阳　周思睿　马君俊

　　　　　祝猛昌

秘　　书：吴　丹

序

　　北京高校地处首都，是学习研究宣传马克思主义的排头兵。近年来，市委教育工委、市教委大力加强高校马克思主义理论学科和思想政治理论课建设，取得了明显成绩，主要表现为：学科力量雄厚，学科建设成就突出；教师队伍结构不断优化，整体素质明显提升；科学研究成绩斐然，高水平科研成果丰硕；人才培养成绩突出，研究生培养质量稳步提高；教学方法形式多样，现代教学手段普遍运用；实践教学有声有色，特色实践引人关注；教学质量管理备受重视，保障工作坚实有力；教学评价稳中有升，教学影响力明显提升。同时，也必须清醒地看到，北京高校马克思主义理论学科和思想政治理论课建设依然存在一些亟须解决的困难和问题：学科发展不平衡，部分学校学科建设还比较薄弱；名家大师较少，青年教师的素质能力有待加强；高水平科研成果较少，科研对教学的支撑作用有待加强；教学改革、实践教学等还需进一步推进，等等。

　　提升北京高校马克思主义理论学科和思想政治理论课建设水平，必须坚持问题导向，对症施策。2015年初，市委教育工委委托清华大学马克思主义学院艾四林教授、吴潜涛教授牵头，抽调各高校思想政治理论课中青年骨干教师成立课题组，负责编写北京高校马克思主义理论学科和思想政治理论课建设年度发展报告（以下简称"发展报告"）。按年度定期编发发展报告，具有重要的指导价值与意义，主要体现在以下几个方面：

　　第一，有助于把握现状。"发展报告"以年度为时间单位，围绕年度发展概况、教师队伍、科学研究、人才培养、教学方法改革、社会实践、教学保障、教学评价八个方面，以调研数据为基础，既从量的层面又从质的维度，既分析存量又比较增量，既总结成绩又剖析问题，全面分析、深入阐释了北京高校马克思主义理论学科和思想政治理论课建设发展状况，有利于主管部门和各高校全面把握北京高校马克思主义理论学科和思想政治理论课建设的基本情况。

第二，有助于决策参考。"发展报告"既有从宏观方面对北京高校马克思主义理论学科和思想政治理论课建设的概况分析，又有从中观方面按照学校类型（部属高校、市属本科、高职高专）和学科点类别（一级学科博士点、二级学科博士点、一级学科硕士点、二级学科硕士点）对北京高校马克思主义理论学科和思想政治理论课建设情况的详细阐释，也有从微观方面对北京高校马克思主义理论学科和思想政治理论课建设先进经验和典型案例的深入剖析。有助于为相关部门制定出台进一步加强马克思主义理论学科和思想政治理论课建设的相关政策提供不同层面的决策参考。

第三，有助于事业发展。编写和发布"发展报告"，既是对北京高校马克思主义理论学科和思想政治理论课年度建设进展状况的系统总结，也是对发展状况的把脉问诊，有助于相关部门和单位全面了解和准确把握工作状况和发展动态，出台相关政策，精准化推进工作。这些都将更好地助力并推动北京高校马克思主义理论学科和思想政治理论课建设实现新的跨越。

本书编委会

目　录

第一章　总论 / 001

一、调研概况 / 002

（一）调研说明 / 002

（二）参加调研高校的基本情况 / 003

二、加强北京高校马克思主义理论学科与思想政治理论课建设的
重要举措 / 004

（一）深入学习和广泛宣传党的二十大精神 / 004

（二）积极推进北京市学校"大思政课"建设 / 005

（三）扎实做好"习近平新时代中国特色社会主义思想概论"
课程建设 / 007

（四）积极做好北京高校思政课教师培训工作 / 008

（五）深入推进大中小思政课一体化建设 / 008

三、北京高校马克思主义理论学科与思想政治理论课建设
新进展 / 009

（一）教师队伍建设取得新进展 / 009

（二）科研水平不断增强 / 010

（三）人才培养成效稳步提升 / 010

（四）教学方法改革取得新成效 / 011

（五）社会实践取得新成果 / 012

（六）教学保障水平不断提高 / 013

（七）教学评价稳步提高 / 013

四、北京高校马克思主义理论学科与思想政治理论课建设存在的主要问题和对策建议 / 014

（一）持续强化思政课教师队伍建设 / 015

（二）推动科学研究高质量发展 / 016

（三）加快推进"大思政课"建设 / 017

（四）持续提升对外学术交流水平 / 018

第二章 教师队伍 / 019

一、数据展示与解读 / 020

（一）专职教师队伍情况 / 020

（二）兼职教师队伍情况 / 038

（三）新进教师队伍情况 / 042

（四）职称晋升情况 / 051

（五）相关规定与要求 / 052

二、主要成绩 / 072

（一）教学团队进一步形成 / 072

（二）教师队伍结构进一步优化 / 073

（三）教师队伍素质进一步提高 / 081

三、主要问题与对策建议 / 088

（一）坚持数量与质量并重，全面配齐并加强教师队伍建设 / 088

（二）注重培养学科带头人，加强人才队伍建设 / 091

（三）健全和完善领导机制，落实各项政策保障 / 092

第三章 科学研究 / 095

一、调研数据展示与分析 / 096

（一）著作出版 / 096

（二）论文发表 / 101

　　（三）课题项目 / 108

　　（四）科研获奖 / 114

　　（五）论文转载 / 115

　　（六）成果采纳 / 117

　　（七）学术交流 / 117

二、主要成绩 / 119

　　（一）马克思主义基本原理研究 / 119

　　（二）马克思主义发展史研究 / 130

　　（三）马克思主义中国化研究 / 137

　　（四）国外马克思主义研究 / 154

　　（五）思想政治教育研究 / 159

　　（六）中国近现代史基本问题研究 / 170

　　（七）党的建设研究 / 178

　　（八）高校思政课教育教学研究 / 186

三、主要问题与对策建议 / 198

　　（一）强化顶层设计，推动科研上高原、起高峰 / 199

　　（二）坚持理论创新，打造出新时代精品力作 / 200

　　（三）瞄准社会现实，把论文写在祖国大地上 / 201

第四章　人才培养 / 203

一、数据展示与解读 / 204

　　（一）实际招收的博士研究生基本情况 / 204

　　（二）实际招收的硕士研究生基本情况 / 208

　　（三）实际招收的本科生基本情况 / 211

　　（四）学制 / 211

　　（五）研究生导师 / 213

　　（六）科学研究 / 215

　　（七）毕业去向 / 216

二、主要成绩 / 218

（一）研究生招生规模稳步增长 / 218

（二）将党的二十大精神全面融入人才培养全过程 / 218

（三）开展多层次宽领域的研究生学术交流活动 / 220

（四）继续评选研究生"双百奖学金" / 224

（五）进一步推动就业工作 / 224

（六）加强本科生人才培养体系建设 / 225

三、主要问题与对策建议 / 229

（一）规范各专业研究生培养方案 / 229

（二）系统推进学科专业课程教材建设 / 229

（三）搭建专业性就业信息服务平台 / 230

第五章 教学方法改革 / 231

一、数据展示与解读 / 232

（一）教学方法采用情况 / 232

（二）教学手段运用情况 / 236

（三）考核方式改革情况 / 240

二、主要成绩 / 244

（一）教学方法多样化程度显著增强 / 244

（二）教学手段信息化水平明显提升 / 245

（三）"大思政课"探索特色鲜明 / 245

（四）大中小学思政课一体化建设走深走实 / 247

三、主要问题与对策建议 / 249

（一）对标对表马克思主义学院思政课建设新指标，
提升立德树人实效 / 250

（二）用好新时代十年的伟大成就，
增强思政课的感染力说服力 / 252

（三）充分利用现代化信息技术，加强网络思政阵地建设 / 253

第六章　社会实践　/ **255**

一、数据展示与解读　/ **257**
（一）本科生社会实践　/ **257**
（二）研究生社会实践　/ **262**

二、主要成绩　/ **266**
（一）高度重视顶层设计，推动思政课实践内涵式高质量发展　/ **268**
（二）不断拓展实践途径，激发青年学生实践积极性　/ **269**
（三）突出强化实践成果，实现社会实践提质增效　/ **272**
（四）以学习贯彻党的二十大精神为主线不断开创实践育人新局面　/ **275**

三、主要问题与对策建议　/ **276**
（一）落实规范管理，健全多元协同思政育人格局　/ **276**
（二）优化评价体系，重视过程考核与监督反馈　/ **278**
（三）完善配套机制，强化思政课实践育人保障　/ **280**
（四）突出问题导向，提升思政课实践吸引力和针对性　/ **285**

第七章　教学保障　/ **289**

一、数据展示与解读　/ **290**
（一）领导体制和工作机制　/ **290**
（二）二级机构建设　/ **295**
（三）专项经费落实　/ **305**
（四）教学管理　/ **306**

二、主要成绩　/ **337**
（一）高校领导主体责任明确，保障给力　/ **338**
（二）马克思主义学院的基础建设持续发展，保障有力　/ **338**
（三）思政课教学组织有序，管理得当　/ **339**
（四）搭建平台，打造品牌，保障思政课教学实效性　/ **340**

三、主要问题与对策建议 / 342
　　（一）进一步强化领导体制机制，巩固落实教学保障效果 / 342
　　（二）重视教师队伍建设，做好人才保障 / 342
　　（三）加强数字赋能，强化技术保障 / 343

第八章　教学评价 / 345

一、数据展示与解读 / 346
　　（一）思政课教学评价体系结构概况 / 347
　　（二）思政课评教的相关情况 / 353
　　（三）思政课教学相关获奖情况 / 362
　　（四）新闻媒介报道情况 / 365

二、主要成绩 / 368
　　（一）日益强化"以学习效果为切入点"的评价思路 / 369
　　（二）日益关切思政课教学评价中社会主体的影响 / 370
　　（三）日益重视"目标与过程"相结合的评价理念 / 371

三、主要问题与对策建议 / 372
　　（一）增进思政课教学评价主体间互动性 / 372
　　（二）强化对思政课教师研究素养的评价 / 373
　　（三）积极探索思政课实践教学评价机制 / 374

附　录 / 376
后　记 / 398

第一章 总论

为贯彻落实中央和北京市有关文件精神，推进北京高校马克思主义理论学科与思想政治理论课建设，北京市委教育工委决定开展2023年度北京高校马克思主义理论学科与思想政治理论课建设发展状况调研。我们经过半年多的调查研究，形成了《北京高校马克思主义理论学科与思想政治理论课建设发展报告（2023）》（以下简称《报告》）。《报告》通过对文献资料和调研数据进行系统的整理和分析，梳理了2023年度加强北京高校马克思主义理论学科与思想政治理论课建设的主要举措，总结了2023年度北京高校马克思主义理论学科与思想政治理论课建设的主要成绩，分析了北京高校马克思主义理论学科与思想政治理论课建设存在的主要问题，提出了进一步加强北京高校马克思主义理论学科与思想政治理论课建设的对策建议。

一、调研概况

（一）调研说明

2024年1月，"北京高校马克思主义理论学科与思想政治理论课建设发展报告2023"课题组正式成立。课题组由艾四林教授、吴潜涛教授任组长，下设教师队伍、科学研究、人才培养、教学方法改革、社会实践、教学保障和教学评价七个子课题，分别由艾四林教授、赵甲明教授、吴潜涛教授、蔡乐苏教授、王宪明教授、肖贵清教授、舒文副教授负责牵头。

课题组在认真听取各位专家意见和建议的基础上，对《北京高校马克思主义理论学科与思想政治理论课建设发展报告（2022）》调查问卷进行了修改、完善，经过反复修改论证后设计出"北京高校马克思主义理论学科与思想政治理论课建设发展报告（2023）"调查问卷。2024年5月中旬，调查问卷正式上线试运行。6月3日，北京市委教育工委发出《关于开展北京高校马克思主义理论学科与思想政治理论课2023年度建设发展状况调研的通知》（以下简称《通知》）。《通知》对调研内容、调研方式、调研时间、工作要求均做了明确规定，要求各高校党委要高度重视调研工作，本着严谨负责、实事求是的态度认真开展情况摸底，填写调查问卷。6月14日，问卷调查填写工作全部结束。

数据显示，全市共有57所党组织关系归口北京市委教育工委管理的高校在网上填写了相关信息。需要说明的是，《报告》全部信息和数据均采集自参加调研的北京高校，涉及2023年的信息和数据，采集的时间范围均为2023年1月1日至2023年12月31日。为了便于统计和分析，《报告》将北京高校分为一流大学建设高校、一流学科建设高校和非双一流建设高校三种类型。参加调研高校的马克思主义理论学科点按照一级学科博士点、二级学科博士点、一级学科硕士点、二级学科硕士点进行分类，各学科点之间不交叉。

（二）参加调研高校的基本情况

1. 参加调研高校类型分布

调查数据显示，全市参加调研高校共计57所，其中一流大学建设高校8所，占参加调研高校总数的14.03%；一流学科建设高校24所，占参加调研高校总数的42.11%；非双一流建设高校25所，占参加调研高校总数的43.86%。

2. 参加调研高校的学科点分布

参加调研高校具有马克思主义理论学科点的共计37所。调查数据显示，参加调研高校拥有马克思主义理论学科一级学科博士点的共计16所，分别是北京大学、清华大学、中国人民大学、北京师范大学、中国农业大学、北京航空航天大学、北京理工大学、北京科技大学、北京交通大学、中央财经大学、中国政法大学、首都师范大学、中国石油大学（北京）、中国地质大学（北京）、中国矿业大学（北京）、中国科学院大学。拥有马克思主义理论学科一级学科硕士点的高校共计20所，分别是北京邮电大学、北京化工大学、中国传媒大学、北京体育大学、中央民族大学、北京林业大学、北京外国语大学、华北电力大学、对外经济贸易大学、北方工业大学、北京工商大学、北京信息科技大学、北京工业大学、首都经济贸易大学、北京印刷学院、北京建筑大学、北京中医药大学、北京联合大学、北京语言大学、北京物资学院。拥有马克思主义理论学科二级学科硕士点的高校共计1所，即首都医科大学。

调查显示，参加调研高校中无马克思主义理论学科点的共计20所，分别是中国人民公安大学、国际关系学院、中央音乐学院、中央美术学院、中央戏剧学院、北京服装学院、北京石油化工学院、北京农学院、首都体育学院、北京第二外国语学院、中国音乐学院、北京电影学院、北京舞蹈学院、北京城市学院、中国戏曲学院、北京工业职业技术学院、北京电子科技职业学院、北京青年政治学院、北京财贸职业学院、北京经济管理职业学院。

二、加强北京高校马克思主义理论学科与思想政治理论课建设的重要举措

（一）深入学习和广泛宣传党的二十大精神

一是持续深入地开展"学习宣传二十大，首都教育在行动"活动。党的二十大结束后，北京市教工委印发《北京教育系统认真学习宣传贯彻党的二十大精神的实施方案》，要求北京教育系统将学习宣传贯彻党的二十大精神作为当前和今后一个时期北京教育系统的首要政治任务，立即行动起来，精心组织，充分发挥自身优势，坚持机关、系统和基层贯通融合，坚持各级各类学校一体推进，坚持学思践悟有机统一，迅速形成全覆盖、多维度、大纵深、浸入式的学习宣传热潮。北京石油化工学院、首都医科大学、北京青年政治学院、北京电影学院、北京航空航天大学、北京语言大学、中央民族大学、华北电力大学、北京邮电大学、中国人民大学、北京交通大学、北京大学、清华大学等高校开展宣讲报告活动或集体备课活动等学习和宣传党的二十大精神，推动党的二十大精神在高校工作中落地生根，充分发挥党的二十大精神的育人作用。

二是开展北京教育系统学习宣传贯彻党的二十大精神创新案例评选工作。党的二十大召开以来，北京市各高校、各区教育系统结合实际精心组织、周密安排，充分发挥自身优势，组织了一系列丰富多彩的学习宣传贯彻活动，迅速掀起了学习宣传贯彻党的二十大精神的热潮。为扎实做好阶段性总结工作，全景展示各高校、各区学习宣传贯彻党的二十大精神的创新举措、特色亮点，北京市委教育工委组织开展了北京教育系统学习宣传贯彻党的二十大精神创新案例评选工作。3月14日，经各单位推荐、材料

审核、专家初评、专家复评等程序，最终评选出50个创新案例。

（二）积极推进北京市学校"大思政课"建设

一是在国家大剧院首次主办音乐思政课。2023年2月21日，由北京市教工委和国家大剧院联合策划举办的2023年北京春季学期开学第一课活动，"放歌新时代，赶考新征程——出发吧，春天！"主题音乐会，在国家大剧院音乐厅"开唱"。国家大剧院歌剧演员队、戏剧演员队、合唱团的艺术家们，满含深情的演绎将共产党史娓娓道来。来自中央财经大学等6所高校的1400余名师生现场参加。此次"开学第一课"也是国家大剧院首次在音乐厅举办思政课专场。市委教育工委宣教处副处长丁贞栋表示，"本次活动，将带动各高校结合师生特点和学校实际，广泛开展系列教育引导活动，进一步坚定广大师生信念信心"。

二是主办大中小学思政课一体化共同体建设暨"北京中轴线上的大思政课"活动。2023年3月18日，由教育部、国家文物局指导，北京市委教育工委、北京市文物局、中国人民大学等联合打造的大中小学思政课一体化共同体建设暨"北京中轴线上的大思政课"在北京孔庙和国子监博物馆正式启动。中央广播电视总台新闻联播、朝闻天下等多个栏目对本次项目启动仪式进行了报道。"北京中轴线上的大思政课"入选国家文物局、教育部评选的以革命文物为主题的"大思政课"优质资源示范项目。这堂充满北京特色、文化魅力的"大思政课"，将充分发挥大中小学学段特点和学科优势，面向全国青少年开展古建筑参访、口述史访谈、通识性讲座、学术性赛事、文艺性展演、国际性论坛等系列品牌活动，引领"平视一代"读懂北京中轴线所承载的中华优秀传统文化与伟大民族精神，以坚定的文化自信，立志成长为堪当民族复兴重任的时代新人，争当强国建设的先锋闯将。

三是主办"立足京华大地，办好以实践教学为主题的'大思政课'"研讨会。2023年3月22日，"立足京华大地，办好以实践教学为主题的'大思政课'"研讨会在北京市方志馆举办。活动旨在持续提升学校思政课立德树人效能。会上，北京市委党史研究室、北京市地方志办主任李良，北京市委教育工委宣教处处长寇红江为北京市学校"大思政课"实践教学基地揭牌。北京市委教育工委副书记沈千帆强调，北京故事、北京文化是广大青年学生坚定文化自信，增强历史自觉的"大课堂"，特别是新时代以来京华大地的生动实践，是引导青年学生感悟中国化时代化马克思主义的鲜活课堂，各高校要立足方志馆实践教学基地建设，加强京华大地实践中思想政治教育资源的发掘、整理、凝练和转化，更好地将首都资源优势转化为立德树人的强大效能。主题论坛环节，来自首都经济贸易大学马克思主义学院、清华大学马克思主义学院、北京科技大学马克思主义学院、首都师范大学马克思主义学院，以及北京市方志馆的专家学者共同分享了"大思政课"建设的亮点经验。

四是审议通过《北京市以实践教学为主题的"大思政课"综合改革试验区建设方案》。2023年10月16日，市委全面深化改革委员会召开第七次会议，北京市委书记尹力主持，会议审议通过《北京市以实践教学为主题的"大思政课"综合改革试验区建设方案》。

五是正式启动"'京'彩文化 青春绽放"行动计划。在北京市委教育工委和市委宣传部主要负责同志的共同提议、策划和推动下，2023年5月，"'京'彩文化 青春绽放"行动计划正式启动，"信仰行、红色行、古都行、文艺行、志愿行、园区行"6项实施方案、14个具体项目全面开展，全市百余个文化场馆参与其中，成为青年学生感知古都文化、红色文化、京味文化、创新文化的"大课堂"。

六是组织北京高校思政课教师参与接诉即办"跑工单、走流程、蹲点位"活动。在北京市教工委的指导下，北京工业大学等6所"'接诉即办'进校园"试点高校，组织思政课教师参与接诉即办"跑工单、走流程、蹲点位"活动，赴朝阳区垡头街道燕保祈东家园社区等地，全程参与"接诉即办"办理工作。

七是主办的北京市"大思政课"综合改革试验区建设区校对接工作会。2023年11月16日，北京市教工委主办的北京市"大思政课"综合改革试验区建设区校对接工作会在北京科技大学举行。会议旨在深入学习贯彻习近平总书记关于"大思政课"建设的重要指示精神，落实市委全面深化改革委员会第七次全体会议精神，推动《北京市以实践教学为主题的"大思政课"综合改革试验区建设方案》任务部署，加快推动各区各高校"结对子"，将各区新时代十年伟大成就的生动实践转化为增进理论认同的大课堂。市委教育工委负责同志、各区教育工作领导小组相关同志和26所市级重点建设马克思主义学院主要负责人参加会议。

八是举办首都高校"大思政课"主题实践活动暨"走进平谷农业中关村服务首都乡村振兴""千人百村"大学生暑期社会实践活动。由北京市教工委、北京市教委和平谷区委、区政府联合主办的首都高校"大思政课"主题实践活动暨"走进平谷农业中关村服务首都乡村振兴""千人百村"大学生暑期社会实践活动启动仪式在平谷区金海湖国际会展中心举办。57所京内高校、10所京外高校师生共计千余人参加。此次"千人百村"大学生暑期社会实践活动旨在深入贯彻落实习近平总书记给中国农业大学科技小院同学们的重要回信精神，落实教育部与北京市战略合作协议，助力实施乡村振兴战略，探索高校服务乡村振兴和深化"大思政课"建设的有效模式，为高校学生搭建实践舞台、学习平台，为乡村振兴注入活力。

（三）扎实做好"习近平新时代中国特色社会主义思想概论"课程建设

一是在北京市教工委指导下，首都高校积极开展和推动学习贯彻习近平新时代中国特色社会主义思想主题教育活动。北京农学院、北京印刷学院、北京信息科技大学、北京理工大学、北京外国语大学、对外经济贸易大学、中央财经大学、华北电力大学等高校先后召开主题教育动员大会，采取各种形式，推动主题教育活动走深走实，办好思想政治理论课是高校主题教育活动关注的重要内容。

二是举办"习近平新时代中国特色社会主义思想概论"课件使用培训班。2023年5月7日，由教育部社科司主办、北京市委教育工委协办、华北电力大学承办的"习近平新时代中国特色社会主义思想概论"课件使用培训班开班。北京大学、清华大学、中国人民大学等60多所北京高校的近百名思政课教师在现场参加培训，全国其他高校思政课教师通过网络直播参加线上培训。

三是推动开展学习贯彻习近平新时代中国特色社会主义思想主题教育活动。

四是举办以"在习近平新时代中国特色社会主义思想引领下，办好人民满意教育"为主题座谈会。2023年4月28日，北京市委组织部、北京市教工委在中国人民大学，以"在习近平新时代中国特色社会主义思想引领下，办好人民满意教育"为主题举办座谈会。在座谈会上，北京市教工委副书记沈千帆表示，将继续深度挖掘新时代伟大实践中的育人资源，推动思政小课堂、社会大课堂、网上云课堂有机统一，推动习近平总书记重要讲话精神在北京教育系统落地生根。北京市委组织部副部长、市委"两新"工委书记迟行刚表示，北京教育系统以习近平新时代中国特色社会主义思想为引领，在教育教学、科研创新、人才培养及党建等方面都取得长足发展，希望市教育两委以主题教育为契机，不断提高政治站位，坚持在教育工作中守正创新，及时总结宣传育人实践成果，更高质量办好人民满意的教育。

（四）积极做好北京高校思政课教师培训工作

一是在北京市教工委的领导下，2023年11月19日—12月8日，第十一期北京高校思想政治理论课新上岗教师研修班开班，熊晓琳名师工作室具体组织这次培训工作。研修培训通过思政课和师德建设、思想政治理论素质训练、科研基础能力训练、教学能力提升、文体活动五大模块，为学员提供全方位的素质提升和能力培训。培训充分利用北京的优质资源，精心设计和组织，呈现六大特点，即领导重视、亲身投入；设计精心、内容丰富；名家荟萃，精彩纷呈；理念创新、兼容并蓄；实践教学、入脑入心；活动丰富，多彩多姿。

二是组织北京高校500余名思政课骨干教师参加"习近平新时代中国特色社会主义思想概论"集体备课会。2023年7月10—14日，由中宣部、中央党校、教育部联合举办的"习近平新时代中国特色社会主义思想概论"集体备课会在中央党校举行。北京市教工委组织北京高校500余名思政课骨干教师在主会场参加培训。

（五）深入推进大中小思政课一体化建设

一是举办北京市大中小学思政课一体化共同体"同课异构"集体备课会。在北京市委教育工委的指导下，由中国人民大学马克思主义学院、北京高校思想政治理论课高精尖创新中心、北京市学校思政课"青年名师工作室"牵头组织的"北京市大中小学思政课一体化共同体"集体备课会顺利召开。与会老师表示未来要持续参与大中小学思政课一体化共同体建设，包括育人主体共同体、课程建设共同体、资源整合共同体、组织保障共同体，一体化打造高水平的示范"金课"，最大限度地提升所在单位大中小学思政课的育人成效。

二是设立北京市大中小学思想政治教育一体化研究项目。为促进全市大中小学思想政治教育一体化建设和高质量发展，北京市教工委发布了《中共北京市委教育工作委员会关于开展2023年度北京市大中小学思想政治教育一体化研究项目招标工作的通知》，面向各区教育主管部门、全市大中小学和幼儿园教育工作者开展研究项目招标。经高校和各区委教育工委申报、资格审查、专家评审、公示等环节，共确定战略项目2项、重点项目3项、一般项目20项、支持项目30项。

三、北京高校马克思主义理论学科与思想政治理论课建设新进展

2023年是落实党的二十大精神的开局之年，对开启全面建设社会主义现代化国家新征程、向第二个百年奋斗目标进军具有重要意义。在各有关方面的不懈努力下，2023年，北京高校马克思主义理论学科与思想政治理论课建设取得了新成效，迈上了新台阶。

（一）教师队伍建设取得新进展

一是规模持续扩大。调查显示，2023年，参与调研的57所北京高校中共有专职教师1965人，同比增加了22人，增幅为1.13%；兼职教师1128人，同比减少了17人，减幅为1.48%。专职教师平均每校人数为34.47人，同比增加了0.38人；兼职教师平均每校人数为19.79人，同比减少了0.30人。

二是结构不断优化。调查显示，2023年，参与调研的57所北京高校中具有博士学位的专职教师人数为1604人，比2022年增加了46人，同比增加了2.95%；具有硕士学位的人数为325人，减少了13人，同比减少了3.85%；具有学士学位的人数为36人，减少了7人，同比减少了16.28%。思政课专职教师中中共党员每校的平均人数为33.07人，同比增加了0.60人。

三是杰出人才数量有所增加。调查显示，2023年，参加调研的北京高校共有马克思主义理论研究和建设工程首席专家9人，国家级教学名师1

人，长江学者奖励计划特聘教授6人，长江学者奖励计划青年学者4人，万人计划哲学社会科学领军人才11人，全国宣传文化系统"四个一批"人才8人。

（二）科研水平不断增强

一是出版著作数量继续增长。调查显示，2023年，参加调研的北京高校出版著作共计281部，比2022年增加了32部，同比增幅为12.85%。其中专著增加了40部，同比增幅为25.48%；译著增加了5部，同比增幅为62.50%。

二是获批科研项目数量稳中有增。调查显示，2023年，尽管国家社科基金获批总数比2022年略有减少，但依然是2017年以来除2022年之外的获批国家社科基金项目总数最多的一年。与此同时，获批教育部人文社会科学研究项目的共计69项，比2022年增加了26项，同比增幅为60.47%，也是2017年以来获批教育部人文社会科学研究项目最多的一年。

三是科研获奖稳中有进。根据北京市委宣传部、北京市教委、北京市人力资源和社会保障局《关于开展北京市第十七届哲学社会科学优秀成果评奖工作的通知》，经北京市政府同意，北京市开展北京市第十七届哲学社会科学优秀成果评奖工作。经评审，2023年，参与调研的北京高校马克思主义理论学科北京市哲学社会科学优秀成果奖共计18项，其中一等奖4项、二等奖14项。

四是论文转载显著增强。调查显示，2023年，参加调研的北京高校被《新华文摘》《中国社会科学文摘》《高等学校文科学术文摘》《人大复印报刊资料》转载的论文共计134篇，比2022年增加了58篇，同比增幅为76.32%。其中，被《新华文摘》转载21篇，比2022年增加了11篇，同比增幅为110.00%。

（三）人才培养成效稳步提升

一是招生规模稳步扩大。调查显示，2023年，参加调研的北京高校招收马克思主义理论学科硕士研究生共计1337人，比2022年增加了82人，同比增幅为6.53%；招收马克思主义理论学科博士研究生共计394人，比2022年增加了21人，同比增幅为5.63%。

二是深入推进党的二十大精神和全国两会精神融入马克思主义理论学科人才培养。2023年是贯彻落实党的二十大精神的开局之年。参与调研的北京高校坚决落实党中央和中共北京市委有关要求，抓好党的二十大精神和全国两会精神进校园、进课堂、进头脑等工作。

三是研究生学术交流日趋稳定。在多年持续探索的基础上，北京高校马克思主义理论学科专业学术交流平台和特色基本形成，主要有"未名论坛暨全国马克思主义理论及相关学科博士研究生高级研讨班""'清北人师'四校马克思主义学院博士生学术论坛""首都五所高校马克思主义学院研究生学术论坛""全国高校马克思主义理论学科研究生学术论坛"等。这些学术交流平台定期举办学术活动，为北京高校马克思主义理论学科研究生开阔学术视野、提升学术能力奠定了重要基础。

四是研究生理论宣讲有声有色。党的理论创新每前进一步，理论武装就要跟进一步。2023年，参加调研的北京高校博士宣讲团积极推动党的创新理论"飞入寻常百姓家"，相继策划和开展了学习宣传党的二十大精神主题宣讲系列活动，掀起学习宣传党的二十大精神热潮。"联学联讲二十大，共话青春赴远征"系列联合宣讲活动和"传承红色基因，奋进伟大征程"等深入学习贯彻党的二十大精神宣讲交流活动相继举办，进一步推动习近平新时代中国特色社会主义思想和党的二十大精神在京华大地上落地生根。

（四）教学方法改革取得新成效

一是信息化数字化赋能思政课教学方法改革。调查结果显示，在信息化数字化时代，参加调研的北京高校持续深入推进教学方法改革探索。2023年，采用7类教学方法的比例从2021年以前的零数据升至2023年的21.05%，增至三分之一；采用6类以上教学方法的高校超过半数，比2022年提高了8.00%。使用微课的占比从2022年的第三位升至2023年的第二位，使用手机互动软件的占比从2022年的第四位升至2023年的第二位，同比增幅为5.00%。现代化信息技术赋能北京高校思想政治理论课教学，进一步提高了北京高校思政课教学针对性，增强了北京高校思政课的实效性，提升了北京高校思政课的影响力。

二是善用"大思政课"推动教学方法改革创新。调查结果显示，2023

年，北京高校继续贯彻落实党和国家有关"大思政课"建设的相关政策以及习近平总书记关于"大思政课"建设的最新重要指示批示精神。清华大学以"形势与政策"课为抓手，大刀阔斧推进"形势与政策"课改革创新，搭建"大平台"，汇聚"大师资"，建设"大课堂"，把"形势与政策"课打造成"大思政课"精品。北京大学充分运用"社会大课堂"，精心组织北大青年上好社会实践"大思政课"，在实践中真正读懂"国情书""基层书""群众书"，答好"使命卷"，深刻领悟习近平新时代中国特色社会主义思想的真理伟力，深刻领悟"中国共产党为什么能，马克思主义为什么行，中国特色社会主义为什么好"。

（五）社会实践取得新成果

一是推动社会实践转向内涵式发展新阶段。党的十八大以来，以习近平同志为核心的党中央，坚持守正创新，贯彻习近平新时代中国特色社会主义思想，贯彻党的基本路线、基本方略，采取一系列战略性举措，推进一系列变革性实践，实现已联系突破性进展，取得一系列标志性成果，党和国家事业取得历史性成就、发生历史性变革，为新时代思政课建设提供了鲜活的素材。参加调研的北京高校充分发挥新时代伟大成就的教育激励作用，以"大思政课"拓展全面育人新格局，把思政小课堂和社会大课堂结合起来，推动社会实践步入内涵式发展新阶段。

二是社会实践形式日益多样。2023年是首都大学生参与社会实践四十周年。在长期探索的基础上，参加调研的北京高校将思政小课堂与社会大课堂深度融合，不断拓宽社会实践的边界，立足用好京华大地丰富资源，通过建设"大思政课"实践教学基地、创新社会实践平台、开展高质量社会调查研究等方式，引导广大学生走出课堂、走向社会，在丰富多彩的社会实践中感悟时代脉搏，锤炼意志品质，提升综合素质。

三是社会实践成果丰硕。调查显示，2023年，参加调研的北京高校共设立社会实践项目10659项，形成的调研成果共有87155篇（部），实践报告/总结16730篇，实践论文87155篇。共有14个优秀单位、20个优秀团队、13个优秀个人、3个品牌项目获共青团中央发展部2023年"三下乡"社会实践活动优秀集体、个人和项目。16项社会实践成果被相关单位、党政机关采纳。

（六）教学保障水平不断提高

一是持续高度重视思政课条件保障建设。北京市委、市政府持续高度关注北京高校思政课建设，市委常委会推动专题研究高校思政工作、市委主要领导坚持带头上讲台讲授思政课制度化、常态化、规范化。参加调研的北京高校领导主体责任明确，思政课建设条件保障有力有效。各高校严格落实党委书记第一责任人责任，坚持到马克思主义学院召开现场办公会、解决实际问题，党政领导班子能够带头推动思政课建设，带头联系思政课教师，超过87%的学校党委书记、校长每学期至少为学生讲授4个课时的思政课，超过96%的校领导每学期听思政课至少4课时。

二是马克思主义学院基础建设成效显著。调查显示，2023年，参加调研的北京本科院校按在校生总数每生每年40元提取专项经费的占比为78.95%，同比增幅为10.53%；100%的专科院校按在校生总数每生每年30元提取专项经费。33所高校教授办公室为1人1间；15所高校教授办公室为3人以上1间，比2022年减少了1所。同时，调查显示，参加调研的北京高校图书期刊、音像资料齐全，更新及时、借阅高效，有力保障了教师和学生的需求。

三是积极搭建平台，推动教学组织管理有序。"习近平新时代中国特色社会主义思想概论"是高校思政的核心课程。2020年以来，北京市在全国率先全面开设"习近平新时代中国特色社会主义思想概论"课程，实现本专科新生全覆盖，为全国高校全面开设"习近平新时代中国特色社会主义思想概论"积累了宝贵经验。为更好地推动"习近平新时代中国特色社会主义思想概论"教育教学，北京市成立了全国首家"习近平新时代中国特色社会主义思想概论"教学研究会，推动北京市"习近平新时代中国特色社会主义思想概论"建设再上新台阶。成立京津冀高校思想政治工作科研联盟，组建专家咨询委员会等，不断提升思政课教学质量。

（七）教学评价稳步提高

一是教师对学生学习思政课的评价越来越好。参加调研的北京高校不断强化以学习效果为切入点的评价思路。调查结果显示，参加调研的北京高校思政课教师对学生出勤情况、学生课堂注意力、运用马克思主义基本原理分析现实问题情况等的评价稳步提高。其中，"对学生出勤情况"评价"非常满意"的高校从2014年的3所提高到2023年的21所，增加了18所；"比较满意"的从2014年的48所减少到2023年的36所，减少了12所；"不满意"的从2014年的6所变为2023年的0所。对"学生课堂注意力"的评价"非常满意"的高校从2014年的0所变为2023年的9所，增加了9所；"比较满意"的从2014年的46所减少到2023年的42所，减少了4所；"不满意"的从2014年的12所变为2023年的6所，减少了6所。对"运用马克思主义基本原理分析现实问题情况"的评价"非常满意"的高校从2014年的2所变为2023年的12所，增加了10所；"比较满意"的从2014年的48所减少到2023年的45所，减少了3所；"不满意"的从2014年的8所变为2023年的0所，减少了8所。

二是社会主体对思政课的评价越来越多。调查结果显示，国家级新闻媒介对北京高校思政课的报道从2015年的17次增加到2023年的119次，增加了102次；北京市级媒介对北京高校思政课的报道从2015年的5次增加到2023年的92次，增加了87次；其他媒介对北京高校思政课的报道从2015年的7次增加到2023年的386次，增加了379次。北京高校思政课获得上级领导批示的高校从2015年的1项增加到2023年的56项，增加了55项。

三是评价理念越来越科学合理。调查结果显示，参加调研的北京高校，日益重视"目标与过程"相结合的评价理念。调查结果显示，"课程结束时评教"的高校数量从2015年的39所下降到24所，减少了15所；"课程进行中评教"的高校数量从2015年的21所下降到13所，减少了8所，"进行期中和期末两次评教"的高校从2015年的0所增加到2023年的20所，增加了20所。

四、北京高校马克思主义理论学科与思想政治理论课建设存在的主要问题和对策建议

北京高校地处首善之区，是全国学习研究宣传马克思主义的高地和重镇。新征程上，加快推进北京高校马克思主义理论学科与思政课建设高质量发展，既要坚持本土视野、立足北京、面向全国，继续在队伍建设、科学研究、"大思政课"建设等方面取得新进展，形成新经验，又要树立世界眼光，持续为推进对外学术交流、推动中国化马克思主义"走出去"树

立新标杆，作出新的更大贡献。

（一）持续强化思政课教师队伍建设

一是继续推进配齐思政课教师队伍。党的十八大以来，北京市委、市政府深入学习领悟习近平总书记关于加强思政课建设重要论述和指示批示精神，坚决贯彻落实党和国家关于思政课建设的系列文件精神，多措并举，配齐建强北京高校思政课教师队伍，北京高校思政课教师队伍规模持续扩大。调查结果显示，参加调研的北京高校专职思政课教师队伍由2014年的1288人增加到2023年的1965人，增加了677人，增幅为52.56%；兼职思政课教师队伍由2014年的396人增加到2023年的1128人，增加了732人，增幅为184.85%。在看到这些成绩的同时，我们也要清醒地看到，一方面，57所参加调研的北京高校仍有15所未按照师生比不低于1∶350的要求配齐思政课教师，占比为26.32%；另一方面，近年来参加调研北京高校把一定的兼职教师数折算成思政课教师，由此产生了兼职教师比例过高的问题。调查结果显示，兼职教师占北京高校参加调研高校教师总数的36.47%。要从百年变局、战略全局和完成立德树人根本任务的高度看待配齐思政课教师队伍的重要性，持续推动相关高校严格按照师生比1∶350的要求配齐思政课教师，并适当控制思政课兼职教师数量。

二是持续整体提升思政课教师队伍素养。新征程上，北京高校需在配齐思政课教师队伍的同时，更加注重解决思政课教师"多而不优""多而不强"的问题，切实整体全面提升思政课教师队伍素养。思政课教学内容丰富，具有时代性、思想性、学术性、政治性、实践性强等鲜明特点。思政课的教学内容和鲜明特点对思政课教师综合素养要求很高，这决定了要讲好思政课并不容易。要紧紧围绕政治强、情怀深、思维新、视野广、自律严、人格正的要求，坚持首善标准，持续抓好新征程整体提升北京高校思政课教师队伍素养，加快形成全面提升思政课教师队伍素养的北京经验，为全国高校全面提升思政课教师队伍素养贡献北京方案。

三是强化高层次人才示范引领作用。北京高校地处首都，在全国马克思主义理论学科和思政课建设中始终处于领头羊和排头兵的地位。调查结果显示，北京有马克思主义理论学科点高校37所，其中马克思主义理论一级学科博士点高校16所，全国重点建设马克思主义学院4所，马克思主义理论研究和建设工程首席专家、国家级教学名师、长江学者奖励计划特聘教授、万人计划哲学社会科学领军人才、全国宣传文化系统"四个一批"人才、长江学者奖励计划青年学者等高层次人才总量稳居全国前列，处于绝对优势。但这些优质资源在北京高校之间分布并不均衡。要进一步加强顶层设计，多措并举，多管齐下，切实把北京高校高层次人才聚集的优势聚变为建强北京乃至全国高校思政课教师队伍的助推器，为切实全面提升北京甚至全国高校思政课教师队伍素养提供坚实的人才支撑。

（二）推动科学研究高质量发展

一是推动科研上高原、起高峰。调查结果显示，2023年，从著作出版、论文发表、项目获批、成果采纳等方面来看，参加调研的北京高校马克思主义理论学科科学研究取得了较好成绩。在看到成绩的同时，我们也要清醒地看到，当前作为首善之区的参加调研的北京高校马克思主义理论学科科学研究取得的成果对新征程上以中国式现代化全面推进强国建设、民族复兴伟业中的重大理论和现实问题的研究仍有待深入，在强化构建具有中国特色、中国风格、中国气派的学科体系、学术体系、话语体系方面仍有待加强，在加快推动构建具有中国自主知识体系的能力和水平仍有待提高。要紧紧围绕上述内容，加强顶层设计，推动参加调研的北京高校的科学研究上高原、起高峰。

二是把论文写在京华大地，打造新时代精品力作。党的十八大以来，在以习近平同志为核心的党中央坚强领导下，党和国家事业取得了历史性成就、发生了历史性变革。北京作为首善之区，牢记嘱托，勇担使命，推动习近平新时代中国特色社会主义思想在京华大地落地生根，作为首都的北京实现了深刻转型，发生了新的历史性变化。调查显示，参加调研的北京高校马克思主义理论学科科学研究对党的十八大以来习近平新时代中国特色社会主义思想在京华大地的生动实践、历史成就、基本特点的研究有待深入。时代是思想之母，实践是理论之源。要紧紧围绕习近平新时代中国特色社会主义思想在京华大地生动实践，把论文写在京华大地上，打造富有新时代气息、体现北京特色的精品力作。

三是坚持底线思维和系统思维，持续推动科学研究协同发展。调查结果显示，参加调研北京高校科研成果在各学科点高校和各类型高校之间分布很不平衡。一方面，一级学科点的北京高校科研成果明显多于二级学科点的北京高校，部属北京高校普遍多于北京市属本科院校。同时，部分部属北京高校的科研成果与部属高校实力地位不匹配的现象也在一定程度和范围内存在。另一方面，各二级学科之间的科研成果也不均衡，其中马克思主义基本原理、思想政治教育、马克思主义中国化等二级学科的科研成果较多，而中国近现代史基本问题研究、马克思主义发展史、国外马克思主义等二级学科的科研成果相对较少。为持续推动北京高校马克思主义理论学科科学研究高质量发展，需要进一步加强顶层设计，坚持底线思维和系统思维，坚持协同发展理念，推动科研实力强的北京高校与科研实力弱的北京高校协同开展科学研究，在有效推进机构协同、人员协同、项目协同中切实全面整体提升北京高校马克思主义理论学科研究水平。

（三）加快推进"大思政课"建设

大思政课理念既是习近平总书记关于办好思政课重要论述的核心要义，也是贯穿新时代学校思政课建设的逻辑主线。调查结果显示，2023年，参加调研的北京高校认真落实相关要求，有38所高校积极推进"大思政课"教学改革，积累了推进"大思政课"建设的宝贵经验。北京高校要坚持首善标准，用好北京丰富的历史、政治资源，加快推进"大思政课"建设，形成全国"大思政课"建设的北京样板。

一是进一步深刻领会"大思政课"的精神实质。加快推进"大思政课"建设，要以更好地实现立德树人根本任务为出发点和落脚点，聚焦用党的创新理论铸魂育人，不断提高思政课的针对性、吸引力、有效性。坚持问题导向、突出实践导向，充分调动北京各方面的资源，加大北京高校"大思政课"实践教学基地建设力度，进一步打造一批"大思政课"优质教学资源，切实推动思政小课堂与社会大课堂有机衔接融合，教育引导首都大学生坚定"四个自信"，努力成为让党放心、爱国奉献、堪当民族复兴重任的时代新人。

二是加快建设高水平"大思政课"教学体系。大思政课，基础是大、关键是思、重点是政、载体是课、对象是人。加快推进北京高校"大思政课"建设，加快建设高水平"大思政课"教学体系，需坚持问题导向和系统观念，进一步解放思想、实事求是、求真务实、守正创新，持续推动第一课堂与第二课堂、理论教学与实践教学、课堂教学与现场教学相互支撑，理念手段先进、方式方法多样、组织管理高效的"大思政课"教学体系建设。要在用好北京雄厚的人才资源优势、深厚的历史和文化资源优势、先进的科学技术优势，充分调动各有关方面的积极性、主动性、创造性上形成长效机制，切实全面提升"大思政课"教学体系建设能力和水平。

三是继续强化"大思政课"教师队伍建设。一方面要继续坚持多措并举，从信仰情怀、思维视野、学识人格等方面全面提升"大思政课"教师综合素养，完善"大思政课"现场教学、实践教学兼职教师制度；另一方面要持续强化"大思政课"教学研究，定期组织"大思政课"现场教学展示，全面提高"大思政课"教师教学能力。

（四）持续提升对外学术交流水平

经过长期努力，我国综合国力、国际影响力、感召力、塑造力显著增强，顺利实现了第一个百年奋斗目标，迈上了全面建设社会主义现代化国家新征程。在看到成绩的同时，我们必须清醒地看到，新征程上在百年变局中全面建成社会主义现代化强国，过去几十年总体上顺风顺水的外部环境已经发生深刻复杂的变化。我们不但要解决自身发展进程中的各种"拦路虎"，而且将面对更多逆风逆水的外部环境。北京高校作为全国马克思主义理论学科的排头兵和研究重镇，应该充分发挥自身优势，持续提升对外学术交流水平，为打破和改变西方国家对我国的意识形态偏见作出应有的贡献。

一是要持续强化对外话语体系建设。要运用马克思主义的立场观点方法把中国革命、建设、改革的历史放在世界现代化潮流中去分析，构建融通中外的新概念、新范畴、新表述，用中国理论阐释中国实践，用中国实践升华中国理论，讲好中国故事。

二是要继续完善对外学术交流方式。北京高校要继续坚持国际视野，不断完善对外学术交流工作规划，紧扣时代发展脉搏，聚焦国内外关注的热点，坚持"请进来"与"走出去"相结合，不断提高对外学术交流层次和水平，推动形成双向互动的对外学术交流工作新格局。

第二章

教师队伍

2023年8月31日，教育部印发了《普通高等学校马克思主义学院建设标准（2023年版）》；10月18日，教育部社科司发布《关于做好2023年度高校思政课教师信息更新工作的通知》。这些重要文件，为教育部开展思政课教师队伍培训、思政课教学展示等重点工作提供决策、实施依据。北京市委教育工委紧跟教育部的相关规定，配套出台了系列举措。在教育部、北京市委教育工委的领导下，各北京高校在加强思政课教师队伍建设、提升思政课教师的整体水平等方面做了大量工作，取得了一系列成绩。此次调研主要围绕教师队伍建设的基本情况、取得的主要成绩、存在的主要问题和对策建议三个维度展开，基本掌握了2023年度北京高校思政课教师队伍建设的状况。

一、数据展示与解读

截至2023年12月，参加本次问卷调查的北京高校共有57所。其中，一流大学建设高校8所、一流学科建设高校24所、非"双一流"建设高校25所。具有马克思主义理论学科点的高校37所，其中，马克思主义理论一级学科博士点高校16所，一级学科硕士点高校20所，二级学科硕士点高校1所；无学科点高校20所。共有马克思主义理论学科与思政课专职教师1965人，兼职教师1128人。教师队伍建设的数据展示与解读主要从各类型高校和各类学科点两个层面进行，各类型高校包含一流大学建设高校、一流学科建设高校和非"双一流"建设高校三个维度；各类学科点包含一级学科博士点、一级学科硕士点和二级学科硕士点三个维度。主要内容包括专职教师、兼职教师、新进教师、职称晋升、相关规定与要求五个方面。

（一）专职教师队伍情况

专职教师是开展马克思主义理论研究、教学和宣传以及培养马克思主义理论人才工作的主力军。在参加调研的北京各类型高校中，马克思主义理论学科与思政课专职教师共1965人。其中，一流大学建设高校专职教师426人，平均每所高校为53.25人；一流学科建设高校专职教师937人，平均每所高校为39.04人；非"双一流"建设高校专职教师602人，平均每所高校为24.08人。可见，一流学科建设高校专职教师的总数最多，非"双一流"建设高校次之，一流大学建设高校最少，如图2-1所示。一流大学建设高校专职教师的平均人数最多，一流学科建设高校次之，非"双一流"建设高校最少，呈递减趋势，如图2-2所示。

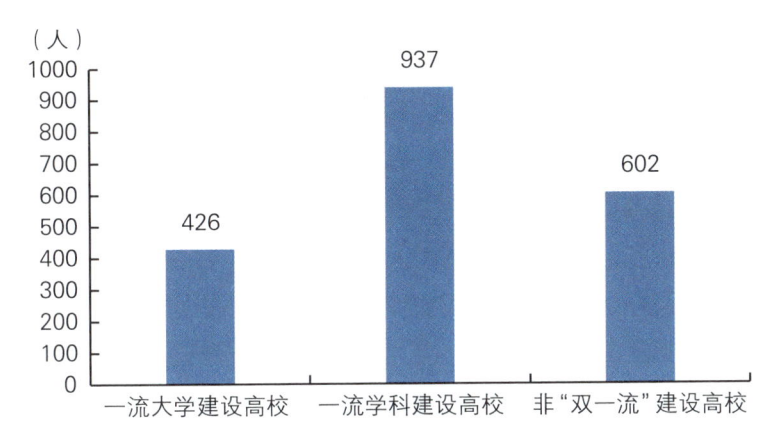

图2-1 各类型高校专职教师人数

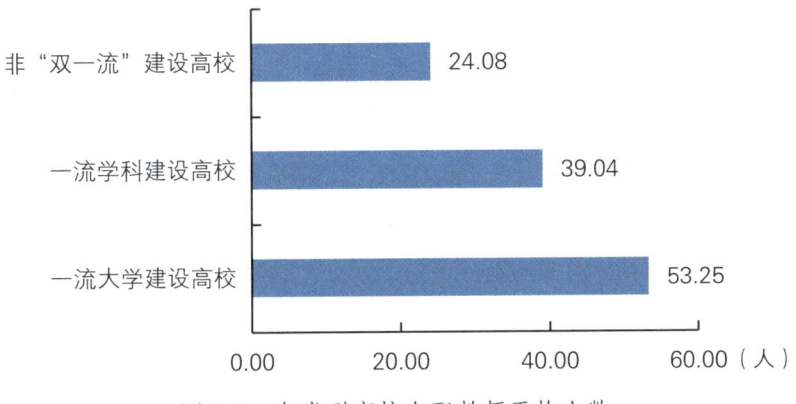

图2-2 各类型高校专职教师平均人数

在参加调研的北京各类学科点中，马克思主义理论学科与思政课专职教师共计1633人。其中一级学科博士点专职教师801人，平均每所高校为50.06人；一级学科硕士点专职教师799人，平均每所高校为39.95人；二级学科硕士点专职教师33人，平均每所高校为33.00人。可见，一级学科博士点专职教师的总数最多，一级学科硕士点次之，二级学科硕士点最少，呈递减趋势，如图2-3所示。一级学科博士点专职教师的平均人数最多，一级学科硕士点次之，二级学科硕士点最少，呈递减趋势，如图2-4所示。

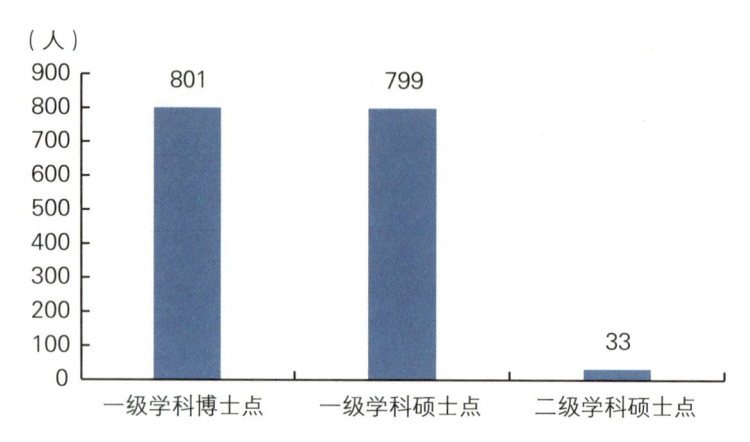

图2-3　各类学科点专职教师人数

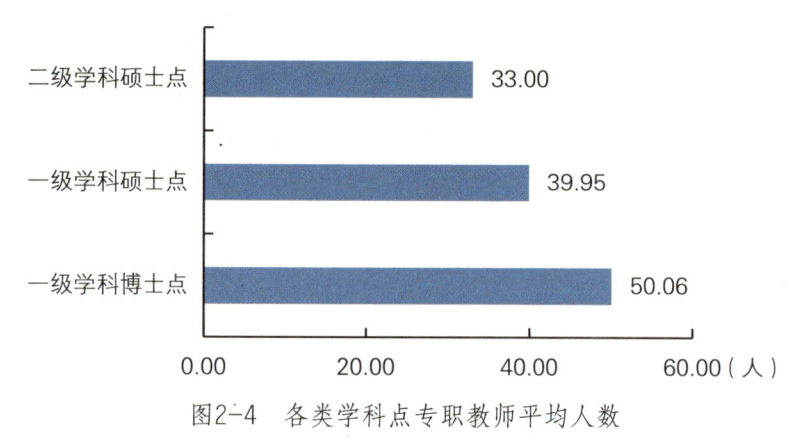

图2-4　各类学科点专职教师平均人数

在专职教师年龄构成方面，35岁及以下专职教师有533人，占专职教师总人数的27.12%；36岁至45岁专职教师有664人，占专职教师总人数的33.80%；46岁至55岁专职教师有517人，占专职教师总人数的26.31%；56岁及以上专职教师有251人，占专职教师总人数的12.77%，如图2-5所示。平均每所高校35岁及以下专职教师有9.35人，36岁至45岁专职教师有11.65人，46岁至55岁专职教师有9.07人，56岁及以上专职教师有4.40人，如图2-6所示。

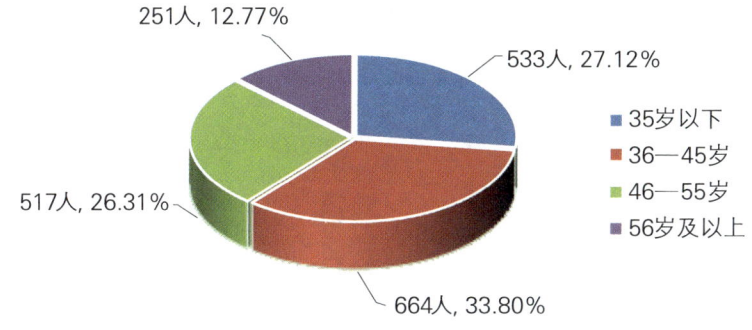

图2-5 专职教师各年龄结构与占比

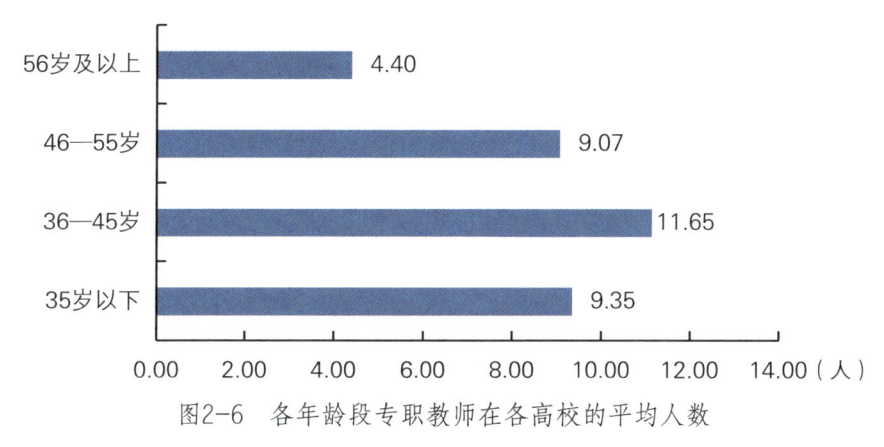

图2-6 各年龄段专职教师在各高校的平均人数

从各类型高校专职教师的年龄结构来看，一流大学建设高校35岁及以下专职教师有132人，平均每所高校为16.50人；36岁至45岁专职教师有135人，平均每所高校为16.88人；46岁至55岁专职教师有92人，平均每所高校为11.50人；56岁及以上专职教师有67人，平均每所高校为8.38人。一流学科建设高校35岁及以下专职教师有263人，平均每所高校为10.96人；36岁至45岁专职教师有323人，平均每所高校为13.46人；46岁至55岁专职教师有230人，平均每所高校为9.58人；56岁及以上专职教师有121人，平均每所高校为5.04人。非"双一流"建设高校35岁及以下专职教师有138人，平均每所高校为5.52人；36岁至45岁专职教师有206人，平均每所高校为8.24人；46岁至55岁专职教师有195人，平均每所高校为7.80人；56岁及以上专职教师有63人，平均每所高校为2.52人，如图2-7和图2-8所示。由此可以得出结论：一流学科建设高校同一年龄段专职教师数量最多。一流大学建设高校同一年龄段专职教师平均人数最多，一流学科建设高校次之，非"双一流"建设高校最少，呈递减趋势。

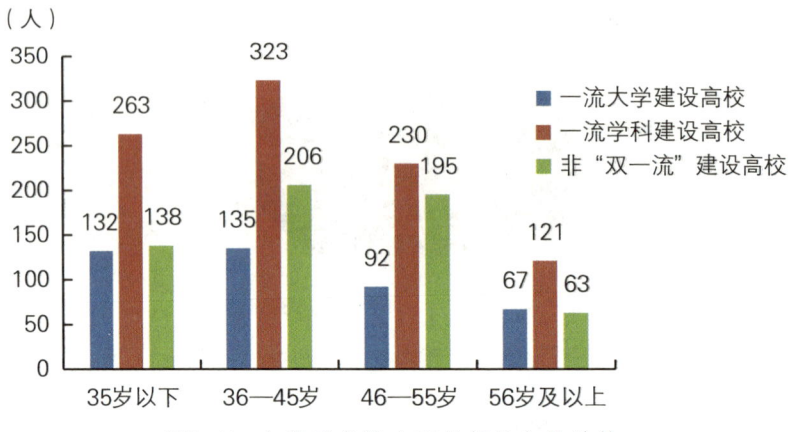

图2-7 各类型高校专职教师的年龄结构

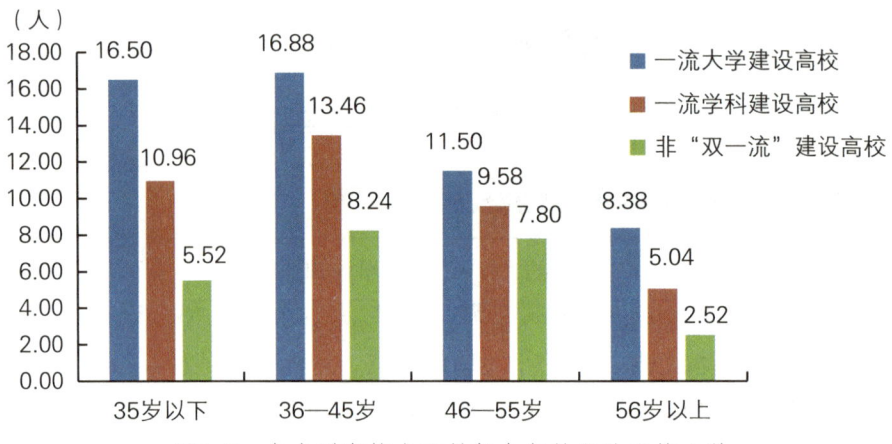

图2-8 各类型高校专职教师各年龄段的平均人数

从各类学科点专职教师的年龄结构来看，一级学科博士点35岁及以下专职教师有227人，平均每所高校为14.19人；36岁至45岁专职教师有264人，平均每所高校为16.50人；46岁至55岁专职教师有194人，平均每所高校为12.13人；56岁及以上专职教师有116人，平均每所高校为7.25人。一级学科硕士点35岁及以下专职教师有202人，平均每所高校为10.10人；36岁至45岁专职教师有273人，平均每所高校为13.65人；46岁至55岁专职教师有233人，平均每所高校为11.65人；56岁及以上专职教师有91人，平均每所高校为4.55人。二级学科硕士点35岁及以下专职教师有7人，平均每所高校为7.00人；36岁至45岁专职教师有12人，平均每所高校为12.00人；46岁至55岁专职教师有10人，平均每所高校为10.00人；56岁及以上专职教师有4人，平均每所高校为4.00人，如图2-9和图2-10所示。由此可以得出结论：35岁及以下和56岁及以上年龄段，一级学科博士点专职教师数量最多，一级学科硕士点次之，二级学科硕士点最少；36岁至45岁和46岁至55岁年龄段，一级学科博士点专职教师数量最多，一级学科博士点次之，二级学科硕士点最少。在各年龄段中，均为一级学科博士点专职教师平均人数最多，一级学科硕士点次之，然后是二级学科硕士点，呈递减趋势。

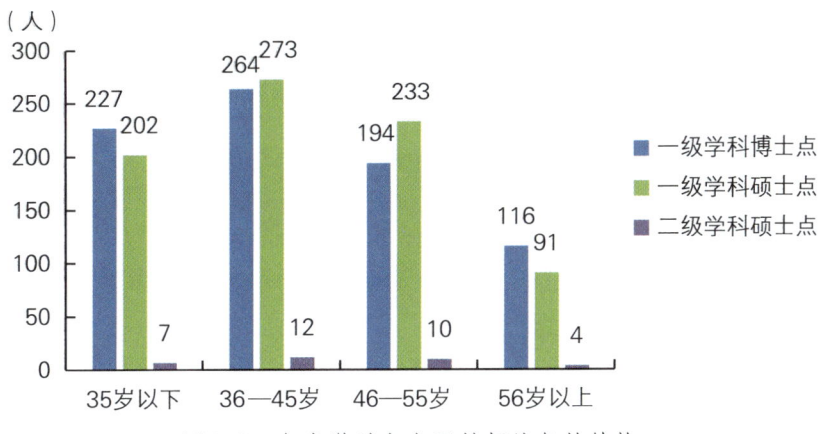

图2-9 各类学科点专职教师的年龄结构

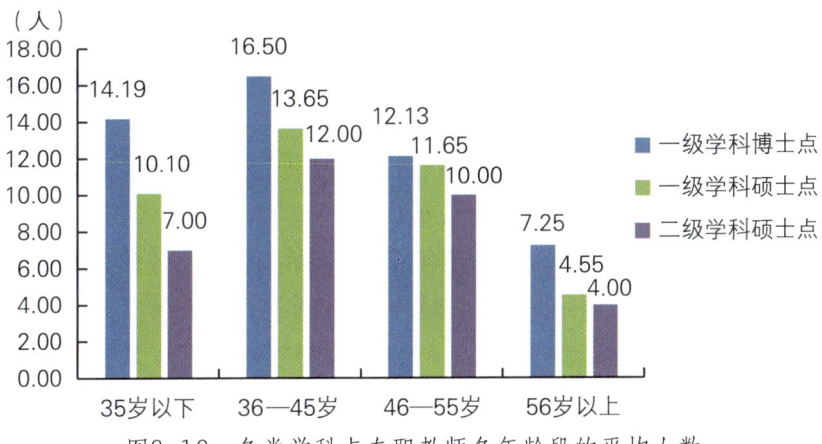

图2-10 各类学科点专职教师各年龄段的平均人数

在专职教师的学位结构方面，具有博士学位的专职教师有1604人，占专职教师总人数的81.63%，平均每所高校为28.14人；具有硕士学位的专职教师有325人，占专职教师总人数的16.54%，平均每所高校为5.70人；具有学士学位的专职教师有36人，占专职教师总人数的1.83%，平均每所高校为0.63人；无其他学位的专职教师，如图2-11和图2-12所示。

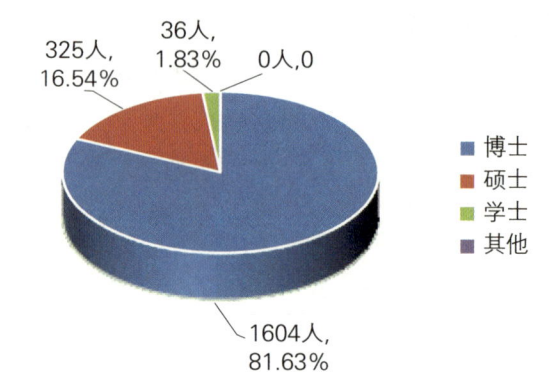

图2-11 专职教师的学位结构与占比

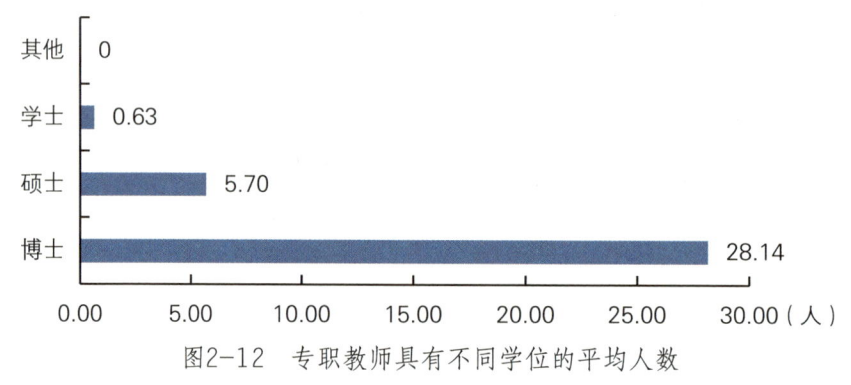

图2-12 专职教师具有不同学位的平均人数

从各类型高校专职教师的学位结构来看，一流大学建设高校426名专职教师中，具有博士学位的有408人，具有硕士学位的有16人，具有学士学位的有2人，其他0人；一流学科建设高校937名专职教师中，具有博士学位的有796人，具有硕士学位的有123人，具有学士学位的有18人，其他0人；非"双一流"建设高校602名专职教师中，具有博士学位的有400人，具有硕士学位的有186人，具有学士学位的有16人，其他0人，如图2-13所示。分析可知，各类型高校中，具有博士学位的专职教师，一流学科建设高校人数最多，一流大学建设高校次之，非"双一流"建设高校最少；具有硕士学位的专职教师，非"双一流"建设高校人数最多，一流学科建设高校次之，一流大学建设高校最少；具有学士学位的专职教师，一流学科建设高校人数最多，非"双一流"建设高校次之，一流大学建设高校最少；其他学位专职教师在各学科点均没有。

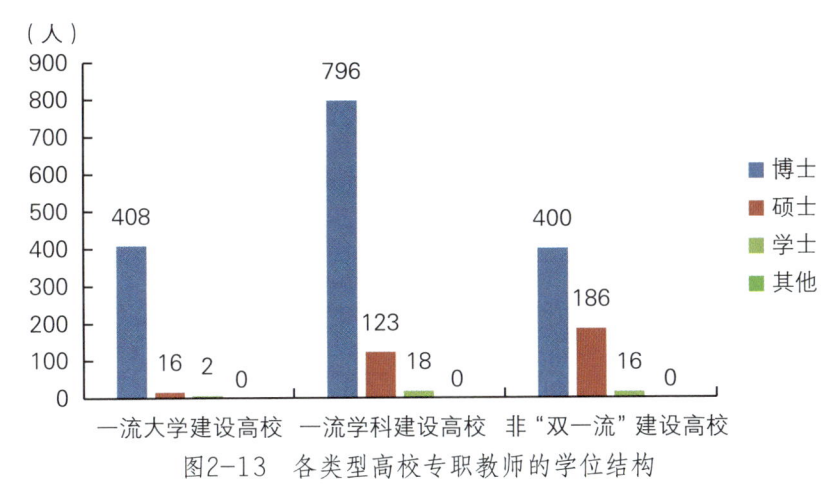

图2-13 各类型高校专职教师的学位结构

结合图2-13的数据可以推算出各类型高校专职教师中具有博士学位的平均人数：一流大学建设高校平均有51.00人具有博士学位，一流学科建设高校平均有33.17人具有博士学位，非"双一流"建设高校平均有16.00人具有博士学位，如图2-14所示。可见，一流大学建设高校具有博士学位专职教师的平均人数最多，一流学科建设高校次之，非"双一流"建设高校最少，呈递减趋势。

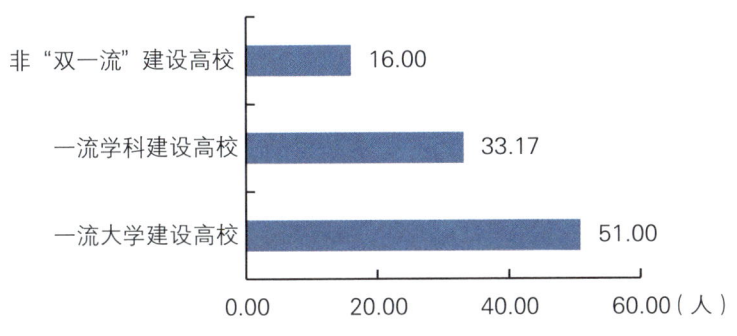

图2-14 各类型高校专职教师具有博士学位的平均人数

从各类学科点专职教师的学位结构来看，一级学科博士点801名专职教师中，具有博士学位的有730人，具有硕士学位的有64人，具有学士学位的有7人，其他0人；一级学科硕士点799名专职教师中，具有博士学位的有671人，具有硕士学位的有108人，具有学士学位的有20人，其他0人；二级学科硕士点33名专职教师中，具有博士学位的有21人，具有硕士学位的有12人，具有学士学位的有0人，其他0人，如图2-15所示。分析可知，各学科点中，具有博士学位的专职教师，一级学科博士点人数最多，一级学科硕士点次之，然后是二级学科硕士点；具有硕士学位的专职教师，一级学科硕士点人数最多，一级学科博士点次之，然后是二级学科硕士点；具有学士学位的专职教师，一级学科硕士点人数最多，一级学科博士点次之，二级学科硕士点没有；其他学位专职教师在各类学科点均没有。

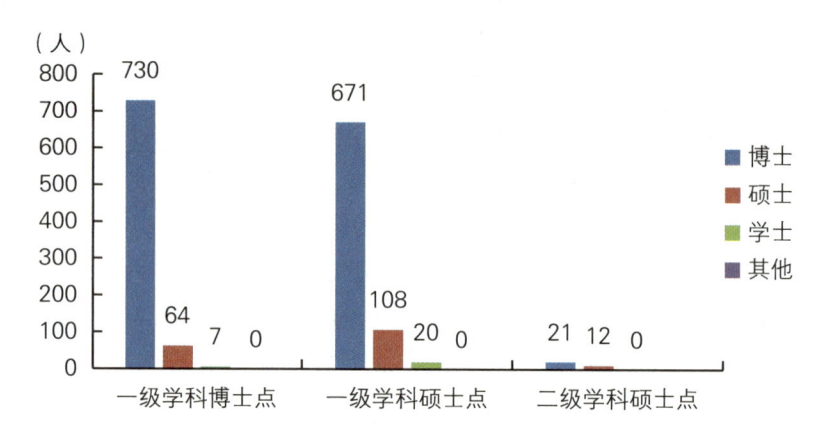

图2-15 各类学科点专职教师的学位结构

结合图2-15的数据可以推算出各类学科点专职教师中具有博士学位的平均人数：一级学科博士点平均有45.63人具有博士学位，一级学科硕士点平均有33.55人具有博士学位，二级学科硕士点平均有21.00人具有博士学位，如图2-16所示。可见，一级学科博士点具有博士学位专职教师的平均人数最多，一级学科硕士点次之，二级学科硕士点最少，呈递减趋势。

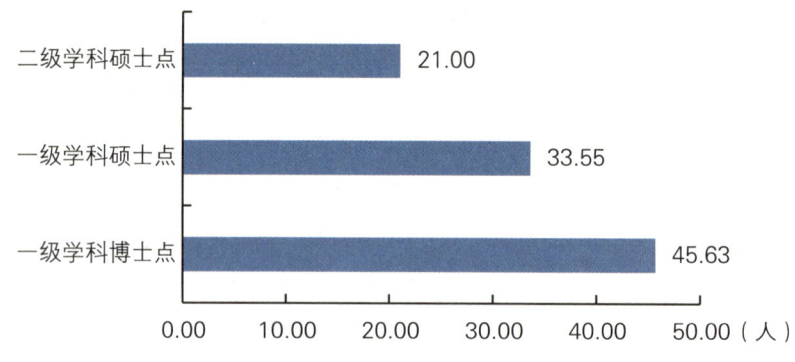

图2-16 各类学科点专职教师具有博士学位的平均人数

由于专职教师不仅承担着思政课学科的科研和教学任务，同时也要承担对党的路线方针政策的宣传工作。因此，马克思主义理论学科与思政课专职教师原则上要求是中共党员。根据图2-17和图2-18，1965名专职教师的政治面貌情况为：中共党员1885人，占专职教师总人数的95.93%，平均每所高校为33.07人；民主党派人士23人，占专职教师总人数的1.17%，平均每所高校为0.40人；其他57人，占专职教师总人数的2.90%，平均每所高校为1.00人。可见，在专职教师的政治面貌情况中，中共党员占主体地位。

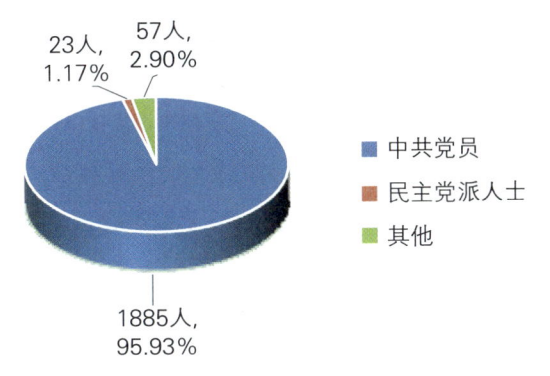

图2-17 专职教师政治面貌情况及其占比

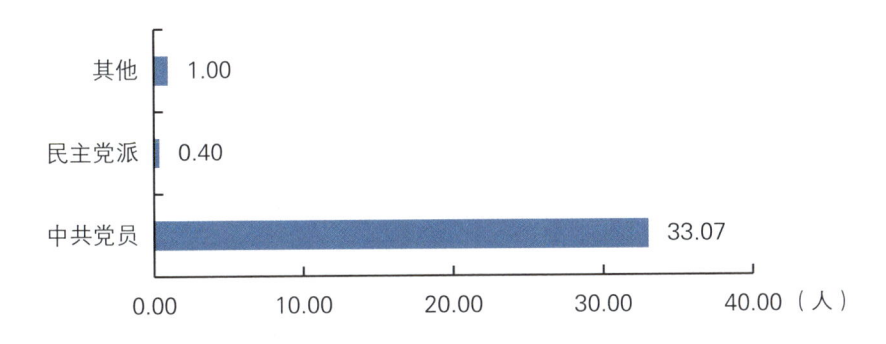

图2-18 不同政治面貌专职教师在各高校的平均人数

从各类型高校专职教师的政治面貌来看，一流大学建设高校426名专职教师中，中共党员414人，民主党派人士1人，其他11人；一流学科建设高校937名专职教师中，中共党员894人，民主党派人士15人，其他28人；非"双一流"建设高校602名专职教师中，中共党员577人，民主党派人士7人，其他18人，如图2-19所示。可见，中共党员人数在各类型高校专职教师中均占绝大多数。

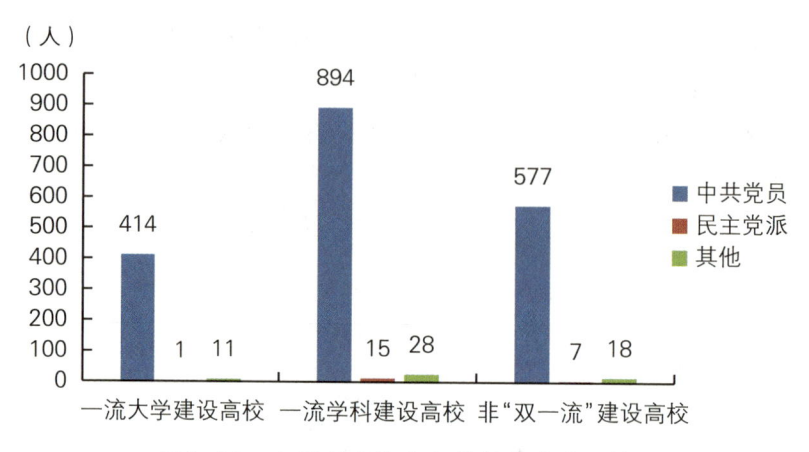

图2-19　各类型高校专职教师的政治面貌

结合图2-19的数据可以推算出各类型高校专职教师为中共党员的平均人数：一流大学建设高校平均有51.75人为中共党员，一流学科建设高校平均有37.25人为中共党员，非"双一流"建设高校平均有23.08人为中共党员，呈递减趋势，如图2-20所示。

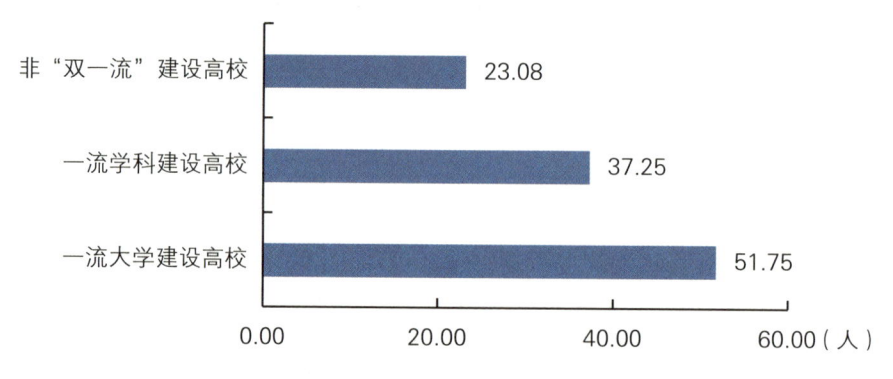

图2-20　各类型高校专职教师为中共党员的平均人数

从各类学科点专职教师的政治面貌来看，一级学科博士点中共党员770人，民主党派人士9人，其他22人；一级学科硕士点中共党员759人，民主党派人士10人，其他30人；二级学科硕士点中共党员33人，民主党派人士0人，其他0人，如图2-21所示。可见，中共党员人数在各类学科点专职教师中均占绝大多数。

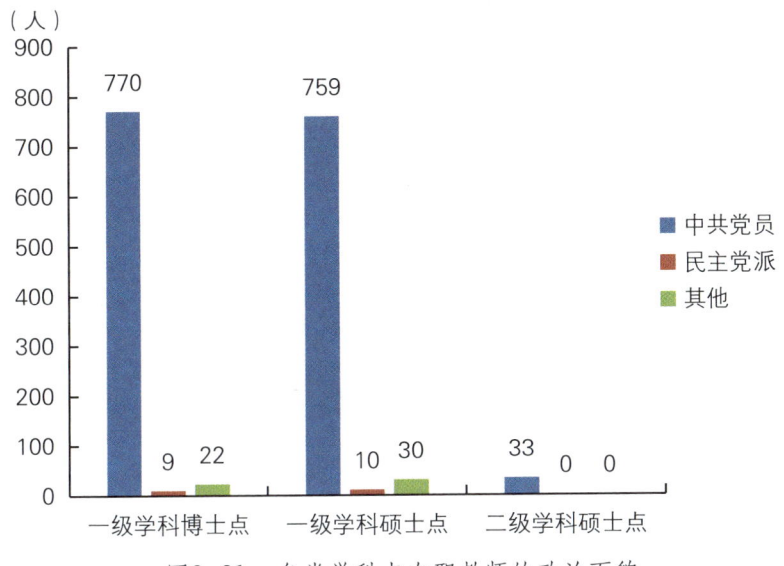

图2-21 各类学科点专职教师的政治面貌

结合图2-21的数据可以推算出各类学科点专职教师为中共党员的平均人数：一级学科博士点平均有48.13人为中共党员，一级学科硕士点平均有37.95人为中共党员，二级学科硕士点平均有33.00人为中共党员。可见，一级学科博士点专职教师为中共党员的平均人数最多，一级学科硕士点次之，二级学科硕士点最少，呈递减趋势，如图2-22所示。

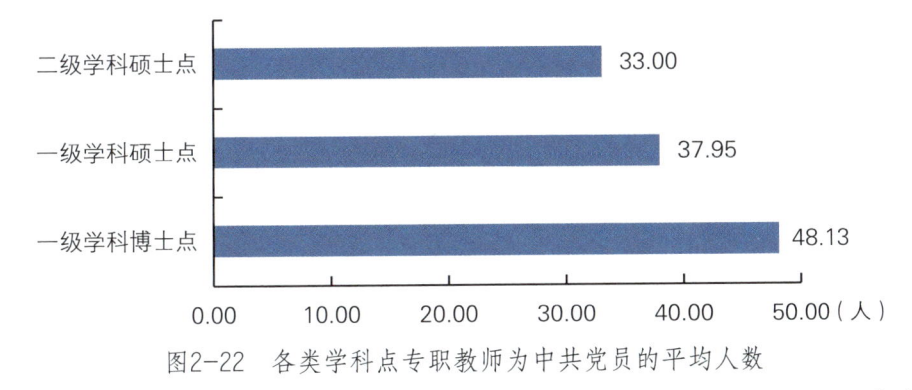

图2-22 各类学科点专职教师为中共党员的平均人数

在专职教师职称结构方面，具有教授职称的专职教师为440人，占专职教师总人数的22.39%，平均每所高校为7.72人；具有副教授职称的专职教师为729人，占专职教师总人数的37.10%，平均每所高校为12.79人；具有讲师职称的专职教师为749人，占专职教师总人数的38.12%，平均每所高校为13.14人；其他职称47人，占专职教师总人数的2.39%，平均每所高校为0.82人，如图2-23和图2-24所示。数据显示，参加调研的北京高校专职教师职称结构总体呈现以副教授、讲师为主体，比例均达35%以上。这也与前述专职教师年龄结构分布相符合。

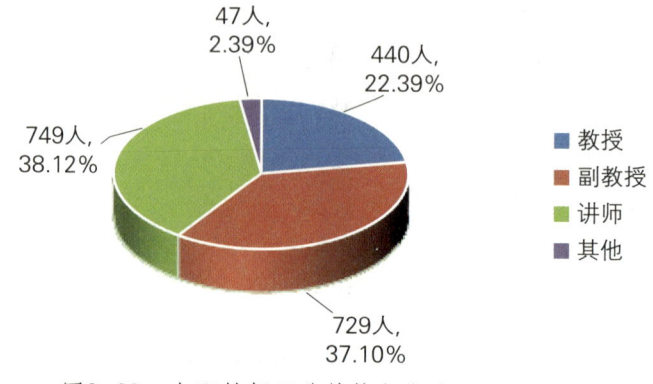

图2-23 专职教师职称结构与占比

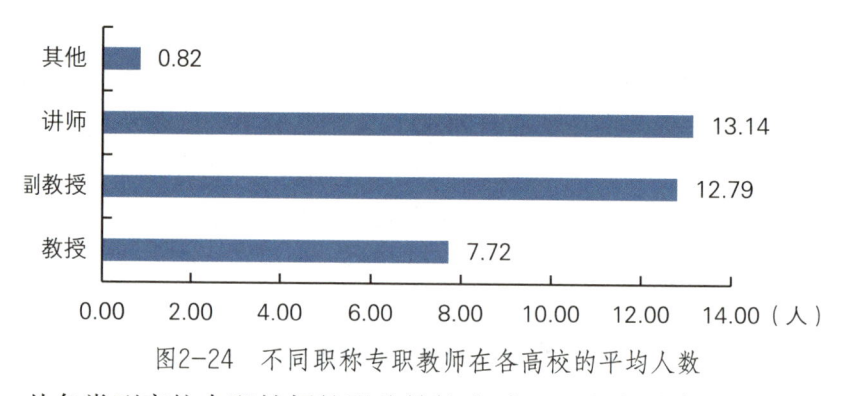

图2-24 不同职称专职教师在各高校的平均人数

从各类型高校专职教师的职称结构来看，一流大学建设高校426名专职教师中，教授为140人，副教授为144人，讲师为113人，其他29人；一流学科建设高校937名专职教师中，教授为216人，副教授为370人，讲师为348人，其他3人；非"双一流"建设高校602名专职教师中，教授为84人，副教授为215人，讲师为288人，其他15人，如图2-25所示。可见，一流学科建设高校专职教师中教授人数最多，一流大学建设高校次之，非"双一流"建设高校最少；一流学科建设高校专职教师中副教授人数最多，非"双一流"建设高校次之，一流大学建设高校最少；一流学科建设高校专职教师中讲师人数最多，非"双一流"建设高校次之，一流大学建设高校最少；其他职称的专职教师一流大学建设高校人数最多，非"双一流"建设高校次之，一流学科建设高校最少。

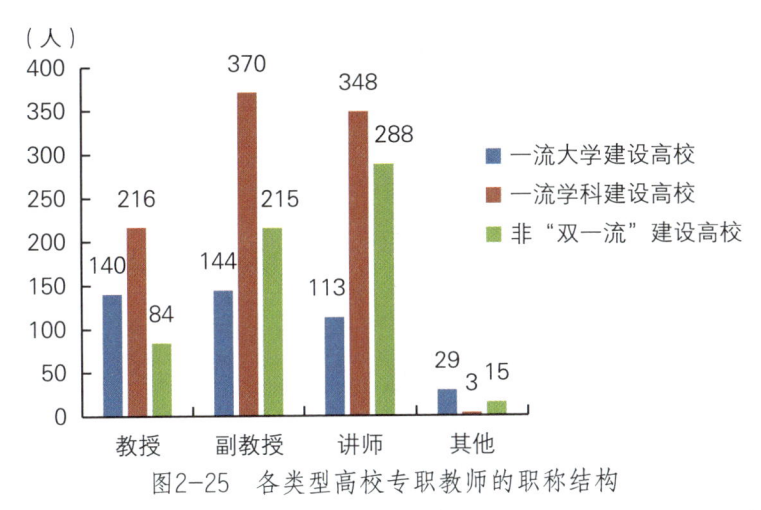

图2-25 各类型高校专职教师的职称结构

结合图2-25的数据可以推算出各类型高校专职教师中教授的平均人数情况为：一流大学建设高校平均为17.50人；一流学科建设高校平均为9.00人；非"双一流"建设高校平均为3.36人，如图2-26所示。可以看出，各类型高校专职教师中教授的平均人数呈递减趋势，一流大学建设高校专职教师中教授的人数最多，一流学科建设高校次之，非"双一流"建设高校专职教师中教授的人数最少。

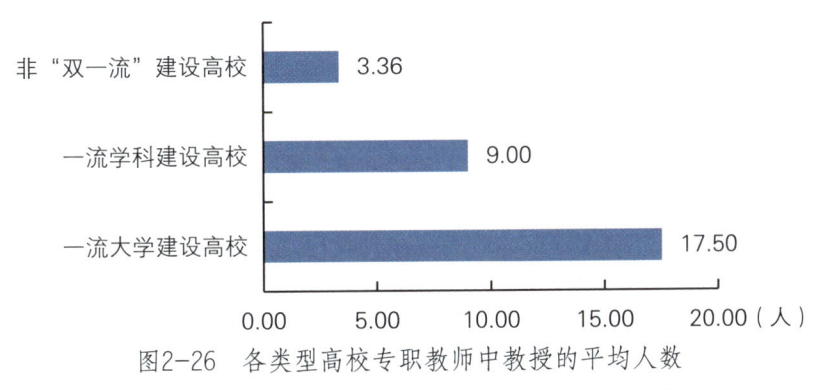

图2-26 各类型高校专职教师中教授的平均人数

从各类学科点专职教师的职称结构来看，一级学科博士点801名专职教师中，教授为239人，副教授为287人，讲师为244人，其他职称31人；一级学科硕士点799名专职教师中，教授为160人，副教授为313人，讲师为326人，其他为0人；二级学科硕士点33名专职教师中，教授为6人，副教授为13人，讲师为14人，其他为0人，如图2-27所示。可见，一级学科博士点教授人数最多，一级学科硕士点次之，二级学科硕士点最少；一级学科硕士点副教授、讲师人数最多，一级学科博士点次之，二级学科硕士点最少；其他职称一级学科博士点有31人，其余学科点则没有。

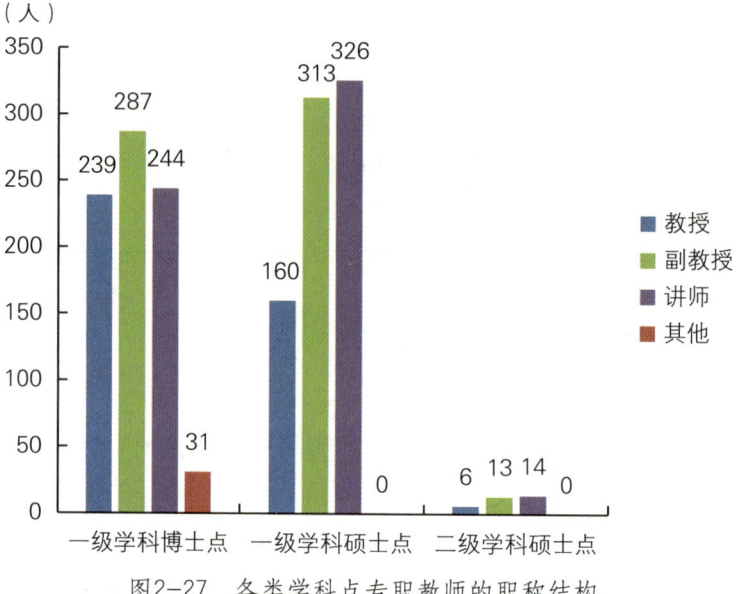

图2-27 各类学科点专职教师的职称结构

结合图2-27的数据可以推算出各类型高校专职教师中教授的平均人数情况为：一级学科博士点平均为14.94人，一级学科硕士点平均为8.00人，二级学科硕士点平均为6.00人，如图2-28所示。可以看出，各类学科点专职教师中教授的平均人数呈递减趋势，一级学科博士点专职教师中教授的平均人数最多，一级学科硕士点次之，二级学科硕士点最少。

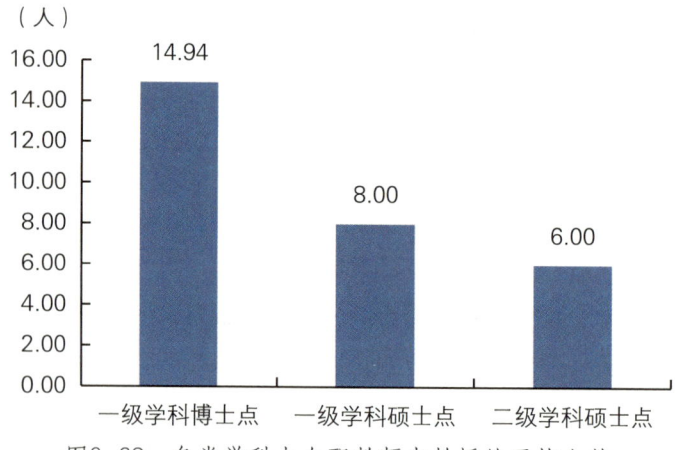

图2-28 各类学科点专职教师中教授的平均人数

在专职教师的男女比例方面，参加本次调查问卷的57所北京高校中，马克思主义理论学科与思政课专职教师中共有男教师831人，占专职教师总人数的42.29%；女教师1134人，占专职教师总人数的57.71%。总体来看，在专职教师男女比例方面，女教师多于男教师，如图2-29所示。

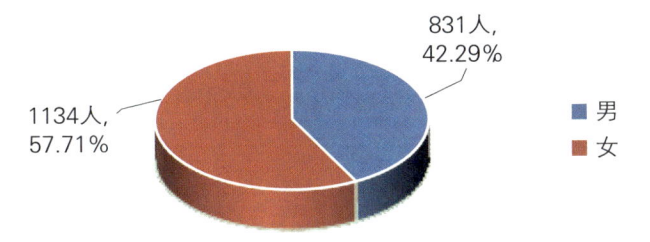

图2-29 专职教师的性别结构与占比

从各类型高校专职教师的性别结构来看，男、女教师的数量分别为：一流大学建设高校男教师为237人，女教师为189人；一流学科建设高校男教师为389人，女教师为548人；非"双一流"建设高校男教师为205人，女教师为397人，如图2-30所示。可见，在各类型高校专职教师的性别结构方面，一流大学建设高校男教师多于女教师，一流学科建设高校和非"双一流"建设高校均为女教师多于男教师。

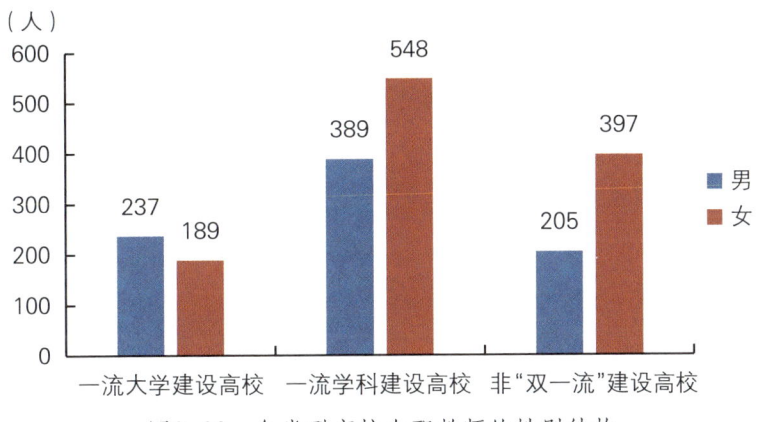

图2-30 各类型高校专职教师的性别结构

从各类学科点专职教师的性别结构来看，男、女教师的数量分别为：一级学科博士点男教师为399人，女教师为402人；一级学科硕士点男教师为313人，女教师为486人；二级学科硕士点男教师为8人，女教师为25人，如图2-31所示。可见，在各类学科点专职教师的性别结构方面，一级学科博士点、一级学科硕士点和二级学科硕士点均为女教师多于男教师。

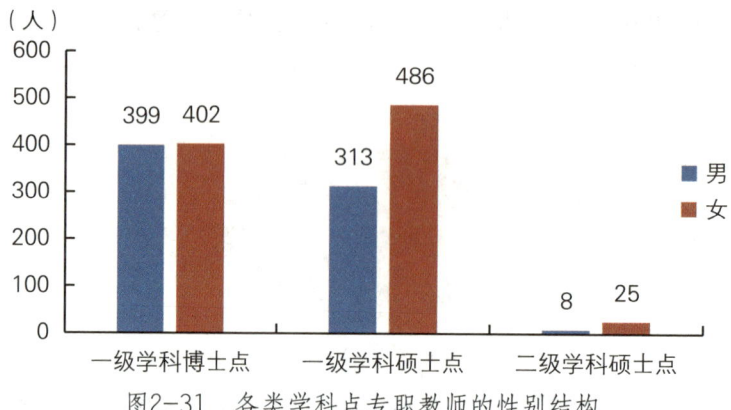

图2-31　各类学科点专职教师的性别结构

在专职教师担任导师方面，各类型高校专职教师担任导师情况为：在一流大学建设高校中担任博士研究生导师的有192人，担任硕士研究生导师的有322人；在一流学科建设高校中担任博士研究生导师的有119人，担任硕士研究生导师的有497人；在非"双一流"建设高校中担任博士研究生导师的有1人，担任硕士研究生导师的有167人，如图2-32所示。可见，在一流大学建设高校中担任博士研究生导师的人数最多，一流学科建设高校次之，非"双一流"建设高校最少；在一流学科建设高校中担任硕士研究生导师的人数最多，一流大学建设高校次之，非"双一流"建设高校最少。

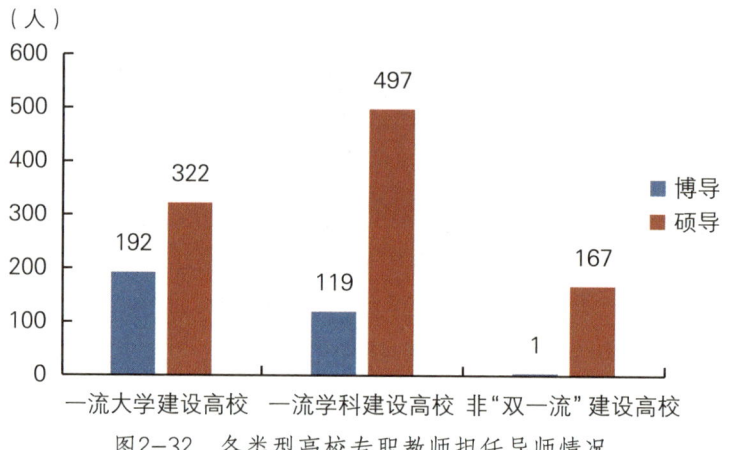

图2-32　各类型高校专职教师担任导师情况

各类学科点专职教师担任导师情况为：在一级学科博士点中担任博士研究生导师的有277人，担任硕士研究生导师的有571人；在一级学科硕士点中担任博士研究生导师的有32人，担任硕士研究生导师的有360人；在二级学科硕士点中担任博士研究生导师的有0人，担任硕士研究生导师的有18人，如图2-33所示。可见，在一级学科博士点中担任博士研究生导师的人数最多，一级学科硕士点次之，二级学科硕士点最少；在一级学科博士点中担任研究生导师的人数最多，一级学科硕士点次之，二级学科硕士点最少。

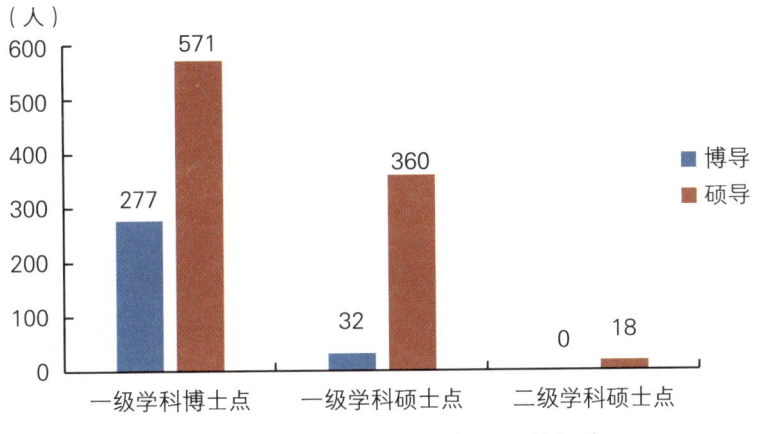

图2-33 各类学科点专职教师担任导师情况

在专职教师承担课程方面，各类型高校专职教师承担课程情况为：一流大学建设高校专职教师承担本科课程的有377人，承担硕士课程的有181人，承担博士课程的有195人；一流学科建设高校专职教师承担本科课程的有799人，承担硕士课程的有382人，承担博士课程的有366人；非"双一流"建设高校专职教师承担本科课程的有559人，承担硕士课程的有165人，承担博士课程的有56人，如图2-34所示。可见，各类型高校专职教师中承担本科课程的人数最多，承担硕士、博士课程的人数较少。

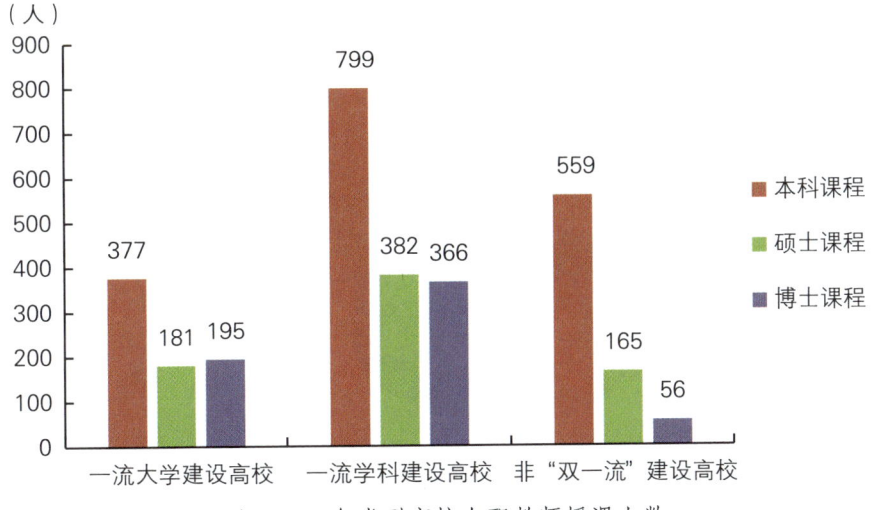

图2-34 各类型高校专职教师授课人数

各类学科点专职教师承担课程情况为：一级学科博士点专职教师承担本科课程的659人，承担硕士课程的有269人，承担博士课程的有288人；一级学科硕士点专职教师承担本科课程的有739人，承担硕士课程的有390人，承担博士课程的有281人；二级学科硕士点专职教师承担本科课程的有18人，承担硕士课程的有8人，承担博士课程的有9人，如图2-35所示。可见，各类学科点专职教师中承担本科课程的人数最多，承担硕士、博士课程的人数较少。

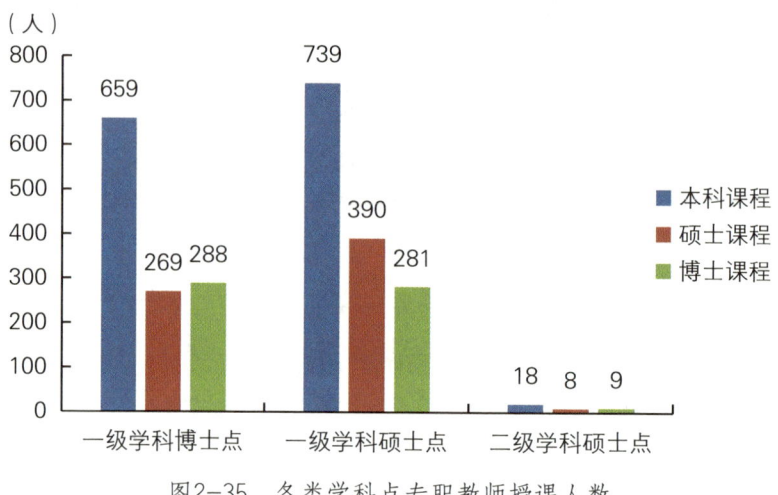

图2-35 各类学科点专职教师授课人数

（二）兼职教师队伍情况

思政课兼职教师主要承担培养研究生，授课，与青年教师结对子，发挥传、帮、带作用等任务。据统计，参加本次问卷调查的北京高校思政课兼职教师共有1128人，如图2-36所示。

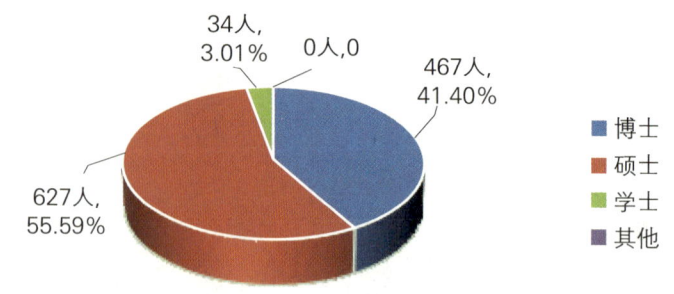

图2-36 兼职教师的学位结构与占比

从图2-36中可以看出，在参加调研的57所北京市高校中，思政课兼职教师的学位情况为：具有博士学位的教师共有467人，占兼职教师总人数的41.40%；具有硕士学位的教师共有627人，占兼职教师总人数的55.59%；具有学士学位的教师共有34人，占兼职教师总人数的3.01%，无其他学位的教师。可见，在参加调研的北京市各高校中，兼职教师中具有硕士学位的教师最多，具有博士学位的次之，具有学士学位的最少，呈现递减趋势。

由图2-37可知，各类型高校兼职教师的学位结构情况为：一流大学建设高校兼职教师中具有博士学位的教师有199人，具有硕士学位的教师有62人，具有学士学位的教师有8人，其他0人；一流学科建设高校兼职教师中具有博士学位的教师有201人，具有硕士学位的教师有366人，具有学士学位的教师有18人，其他0人；非"双一流"建设高校兼职教师中具有博士学位的教师有67人，具有硕士学位的教师有199人，具有学士学位的教师有8人，其他0人。可见，一流学科建设高校、一流大学建设高校、非"双一流"建设高校中具有博士学位的兼职教师人数呈现递减趋势；在一流学科建设高校和非"双一流"建设高校内部，兼职教师中拥有硕士学位的教师最多。

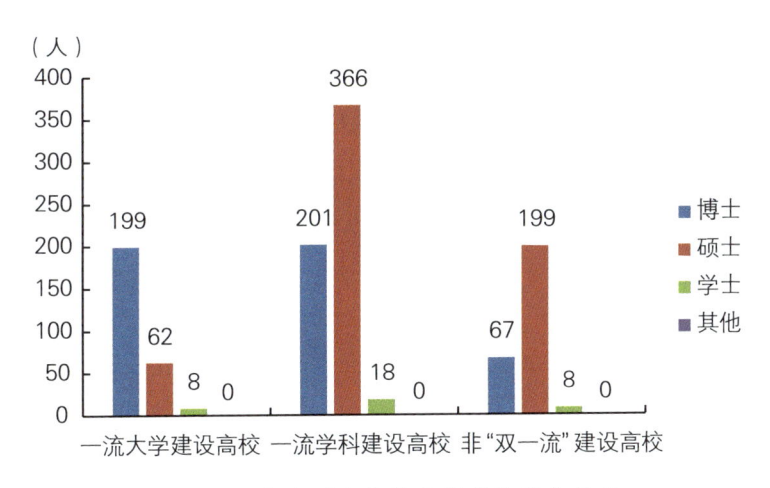

图2-37 各类型高校兼职教师的学位结构

由图2-38可知，各类学科点兼职教师的学位结构情况为：一级学科博士点兼职教师中具有博士学位的教师有286人，具有硕士学位的教师有188人，具有学士学位的教师有15人，其他0人；一级学科硕士点兼职教师中具有博士学位的教师有146人，具有硕士学位的教师有277人，具有学士学位的教师有13人，其他0人；二级学科硕士点兼职教师中具有博士学位的教师有2人，具有硕士学位的教师有29人，具有学士学位的教师有1人，其他0人。可见，一级学科博士点、一级学科硕士点、二级学科硕士点中具有博士学位的人数呈现递减趋势；一级学科硕士点和二级学科硕士点中，兼职教师中拥有硕士学位的教师最多。

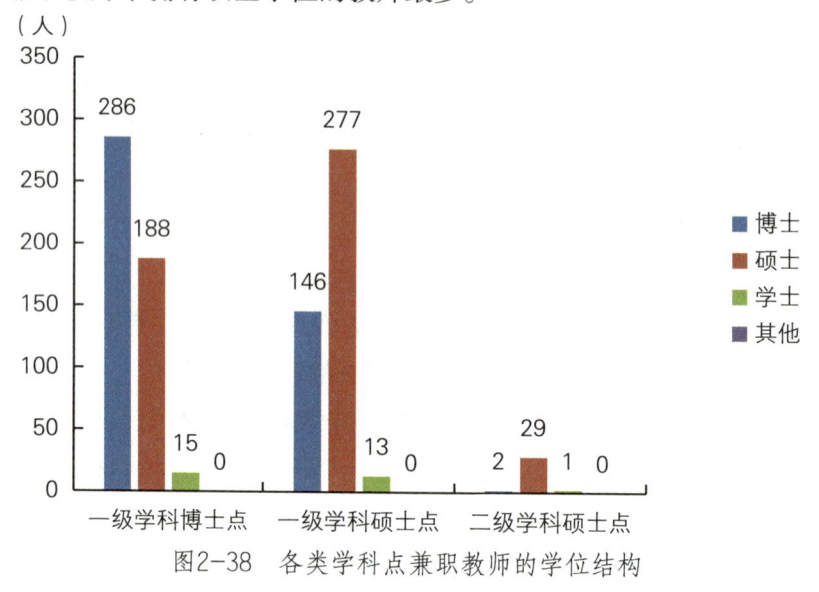

图2-38 各类学科点兼职教师的学位结构

从图2-39中可以看出，在参加调研的57所北京市高校中，思政课兼职教师的职称情况为：具有教授职称的兼职教师共有191人，占兼职教师总人数的16.93%；具有副教授职称的兼职教师共有271人，占兼职教师总人数的24.02%；具有讲师职称的兼职教师共有515人，占兼职教师总人数的45.66%；其他共有151人，占兼职教师总人数的13.39%。可见，兼职教师中讲师人数最多。

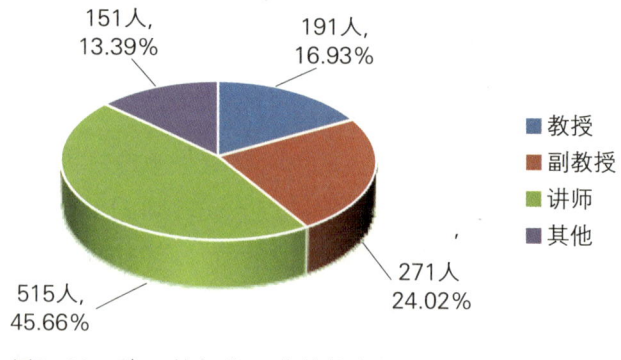

图2-39 兼职教师的职称结构与占比

由图2-40可知，各类型高校兼职教师的职称结构情况为：一流大学建设高校兼职教师中具有教授职称的教师有49人，具有副教授职称的教师有67人，具有讲师职称的教师有127人，其他职称26人；一流学科建设高校兼职教师中具有教授职称的教师有118人，具有副教授职称的教师有136人，具有讲师职称的教师有225人，其他职称106人；非"双一流"建设高校兼职教师中具有教授职称的教师有24人，具有副教授职称的教师有68人，具有讲师职称的教师有163人，其他职称19人。可见，一流学科建设高校教授人数最多，一流大学建设高校次之，非"双一流"建设高校最少；一流学科建设高校副教授人数最多，非"双一流"建设高校次之，一流大学建设高校最少；一流学科建设高校讲师人数最多，非"双一流"建设高校次之，一流大学建设高校最少；其他职称一流学科建设高校人数最多，一流大学建设高校次之，非"双一流"建设高校最少。

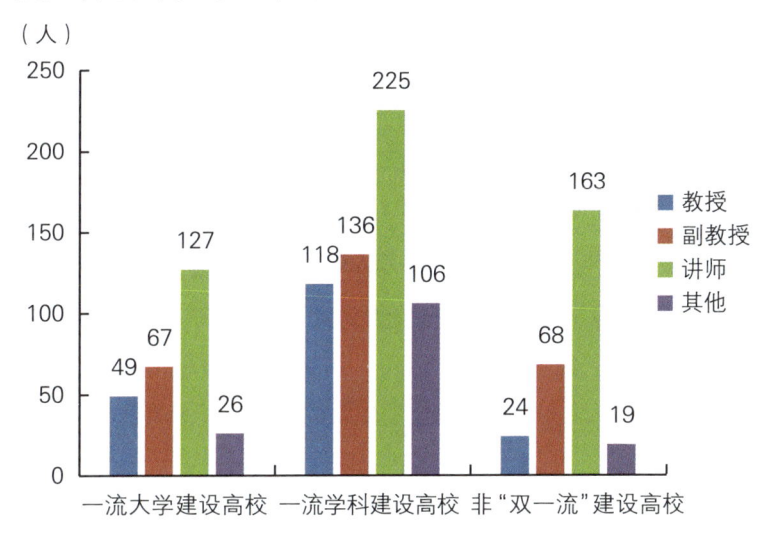

图2-40 各类型高校兼职教师的职称结构

由图2-41可知，各类学科点兼职教师的职称结构情况为：一级学科博士点兼职教师中具有教授职称的教师有119人，具有副教授职称的教师有144人，具有讲师职称的教师有192人，其他34人；一级学科硕士点兼职教师中具有教授职称的教师有61人，具有副教授职称的教师有75人，具有讲师职称的教师有230人，其他70人；二级学科硕士点兼职教师中具有教授职称的教师有4人，具有副教授职称的教师有6人，具有讲师职称的教师有22人，其他0人。可见，一级学科博士点教授、副教授人数最多，一级学科硕士点次之，二级学科硕士点最少；一级学科硕士点讲师人数最多，一级学科博士点次之，二级学科硕士点最少；其他职称一级学科硕士点人数最多，一级学科博士点次之，二级学科硕士点则没有。

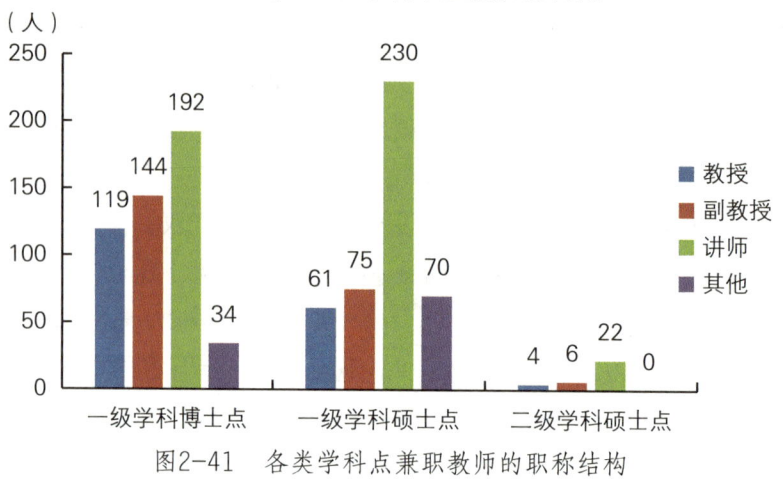

图2-41 各类学科点兼职教师的职称结构

（三）新进教师队伍情况

不断充实教师队伍是推进马克思主义理论学科点可持续发展和加强学科建设的重要条件。据调查，2023年度北京市各高校新进教师共计116人（包含具有马克思主义理论学科点高校的新进教师84人）。

在新进教师年龄结构方面，35岁及以下的共有95人，占新进教师总人数的81.90%；36岁至45岁的共有13人，占新进教师总人数的11.20%；46岁至55岁的共有8人，占新进教师总人数的6.90%；56岁及以上的共有0人，如图2-42所示。可见，新进教师中有超过一半的是35岁及以下的青年教师。

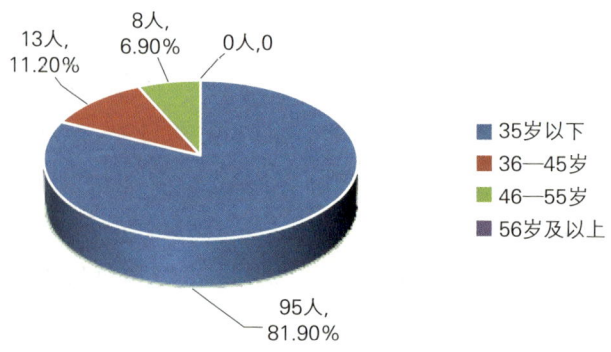

图2-42 新进教师的年龄结构与占比

从各类型高校新进教师的年龄结构来看，一流大学建设高校35岁及以下新进教师13人，36岁至45岁新进教师2人，46岁至55岁新进教师3人，56岁及以上新进教师0人；一流学科建设高校35岁及以下新进教师52人，36岁至45岁新进教师6人，46岁至55岁新进教师3人，56岁及以上新进教师0人；非"双一流"建设高校35岁及以下新进教师30人，36岁至45岁新进教师5人，46岁至55岁新进教师2人，56岁及以上新进教师0人，如图2-43所示。由此可以得出结论：各类型高校新进教师中占主体地位的是35岁及以下的青年教师，36岁至45岁和46岁至55岁的教师较少，没有56岁及以上的新进教师。

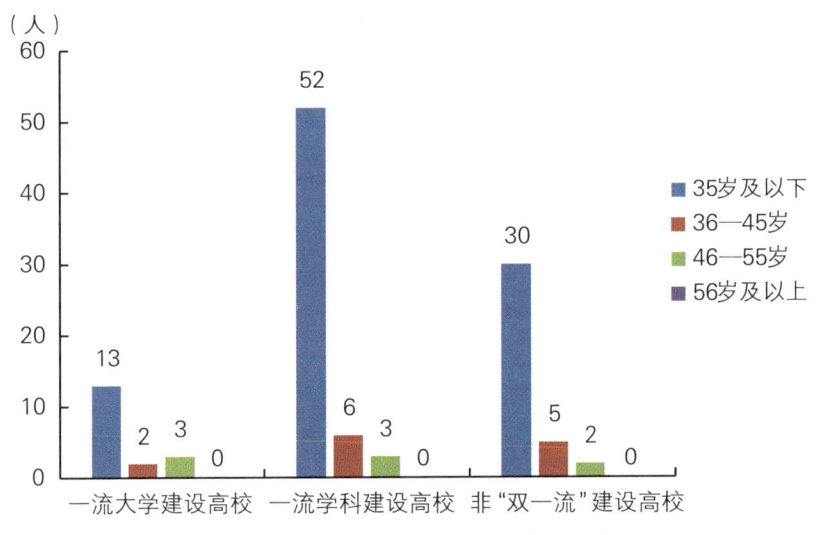

图2-43 各类型高校新进教师的年龄结构

从各类学科点新进教师的年龄结构来看，一级学科博士点35岁及以下新进教师36人，36岁至45岁新进教师4人，46岁至55岁新进教师4人，56岁及以上新进教师0人；一级学科硕士点35岁及以下新进教师33人，36岁至45岁新进教师5人，46岁至55岁新进教师2人，56岁及以上新进教师0人；二级学科硕士点无新进教师，如图2-44所示。由此可以得出结论：各学科点新进教师中占主体地位的是35岁及以下的青年教师，36岁至45岁和46岁至55岁的教师较少，没有56岁及以上的新进教师。

图2-44　各类学科点新进教师的年龄结构

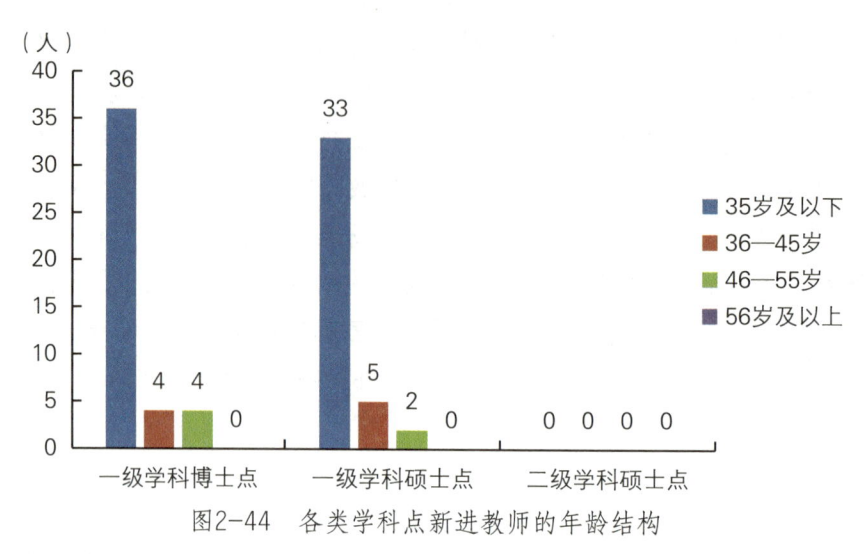

新进教师的学位情况为：具有博士学位的新进教师共115人，占新进教师总人数的99.14%；具有硕士学位的新进教师共1人，占新进教师总人数的0.86%；没有具有学士学位和其他学位的新进教师，如图2-45所示。可见，新进教师的学位以博士学位为主。

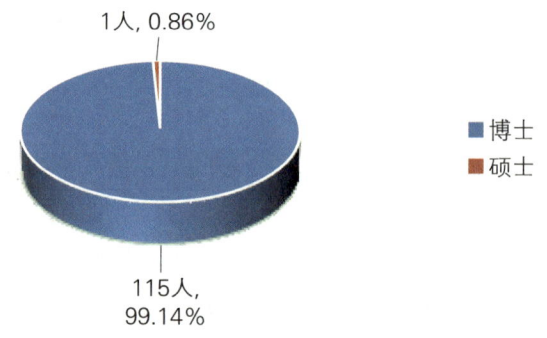

图2-45　新进教师的学位结构与占比

从各类型高校新进教师的学位结构来看，一流大学建设高校具有博士学位的新进教师有18人，没有具有硕士、学士及其他学位的新进教师；一流学科建设高校具有博士学位的新进教师有61人，没有具有硕士、学士及其他学位的新进教师；非"双一流"建设高校具有博士学位的新进教师有36人，具有硕士学位的新进教师有1人，没有具有学士及其他学位的新进教师，如图2-46所示。分析可知，一流学科建设高校新进教师中具有博士学位的人数最多，非"双一流"建设高校人数次之，一流大学建设高校最少，并且各类型高校新进教师的学位均以博士学位为主。

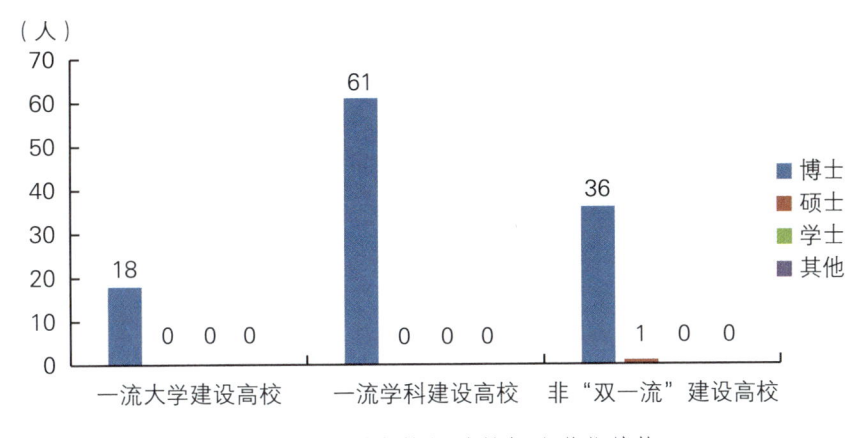

图2-46 各类型高校新进教师的学位结构

从各类学科点新进教师的学位结构来看，一级学科博士点具有博士学位的新进教师有44人，没有具有硕士、学士及其他学位的新进教师；一级学科硕士点具有博士学位的新进教师有40人，没有具有硕士、学士及其他学位的新进教师；二级学科硕士点没有新进教师，如图2-47所示。分析可知，一级学科博士点新进教师中具有博士学位的人数最多，一级学科硕士点次之，并且各类学科点新进教师的学位均为博士学位。

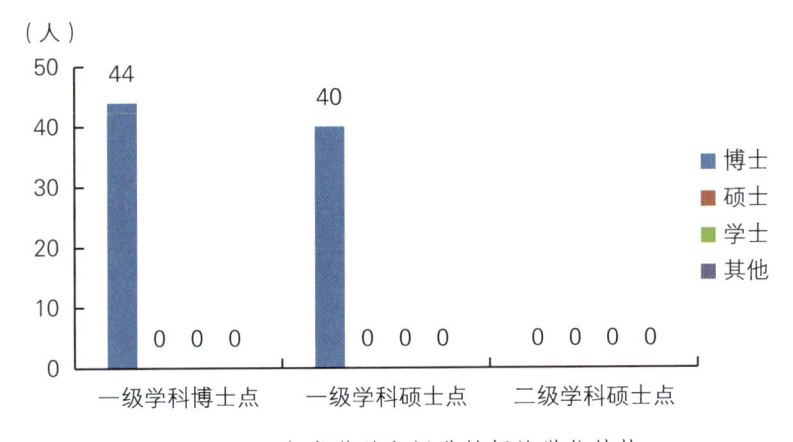

图2-47 各类学科点新进教师的学位结构

如图2-48所示，2023年度北京市各高校新进教师的116人全部是中共党员，无民主党派人士和其他。可见，北京各高校严格按照教育部《高等学校思政课建设标准（暂行）》中关于马克思主义理论学科与思政课专职教师的相关要求，在专职教师的引进上坚持党性原则，注重政治素质，体现了高标准、严要求的进人原则。

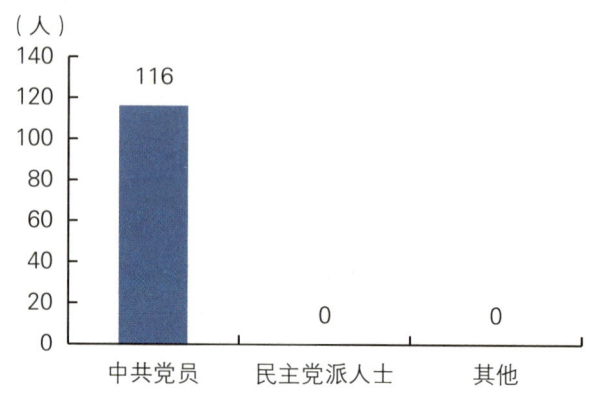

图2-48 新进教师的政治面貌

从各类型高校新进教师的政治面貌情况来看，一流大学建设高校18名新进教师全部是中共党员；一流学科建设高校61名新进教师全部是中共党员；非"双一流"建设高校37名新进教师全部是中共党员，如图2-49所示。可见，各类型高校新进教师全部是中共党员，无民主党派人士和其他。

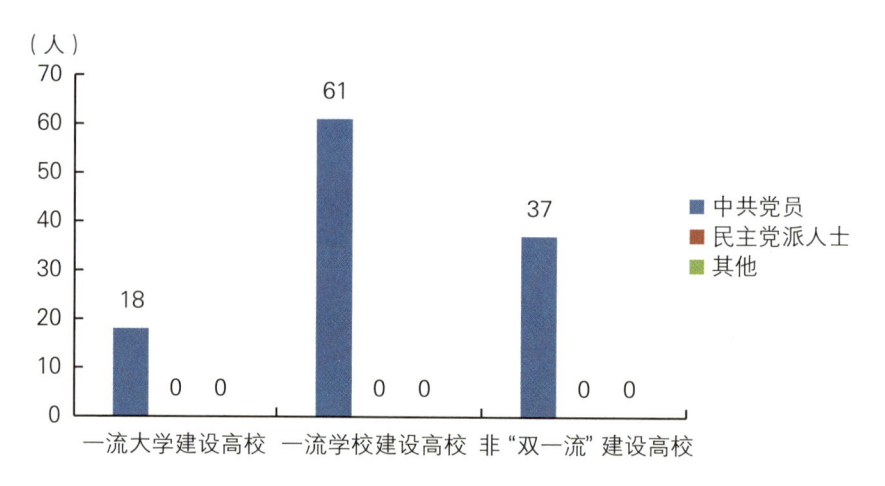

图2-49 各类型高校新进教师的政治面貌情况

从各类学科点新进教师的政治面貌来看，一级学科博士点中共党员44人，无民主党派人士和其他；一级学科硕士点中共党员40人，无民主党派人士和其他；二级学科硕士点无新进教师，如图2-50所示。可见，各类学科点新进教师中全部是中共党员。

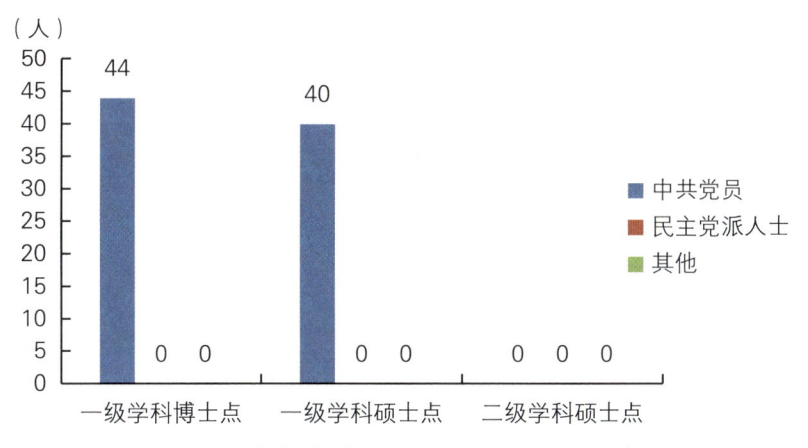

图2-50 各类学科点新进教师的政治面貌情况

新进教师的职称分布情况为：教授9人，占新进教师总人数的7.76%；副教授4人，占新进教师总人数的3.45%；讲师95人，占新进教师总人数的81.89%；其他职称8人，占新进教师总人数的6.90%，如图2-51所示。可以看出，新进教师以讲师为主。

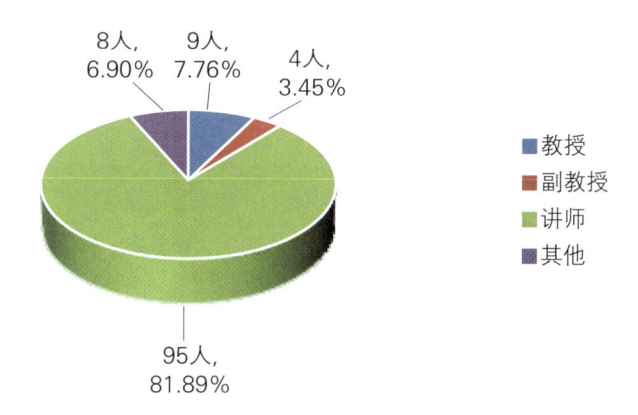

图2-51 新进教师的职称结构与占比

从各类型高校新进教师的职称结构来看，一流大学建设高校18名新进教师中，教授为5人，无副教授，讲师为11人，其他2人；一流学科建设高校61名新进教师中，教授为3人，副教授为2人，讲师为55人，其他1人；非"双一流"建设高校37名新进教师中，教授为1人，副教授为2人，讲师为29人，其他5人，如图2-52所示。

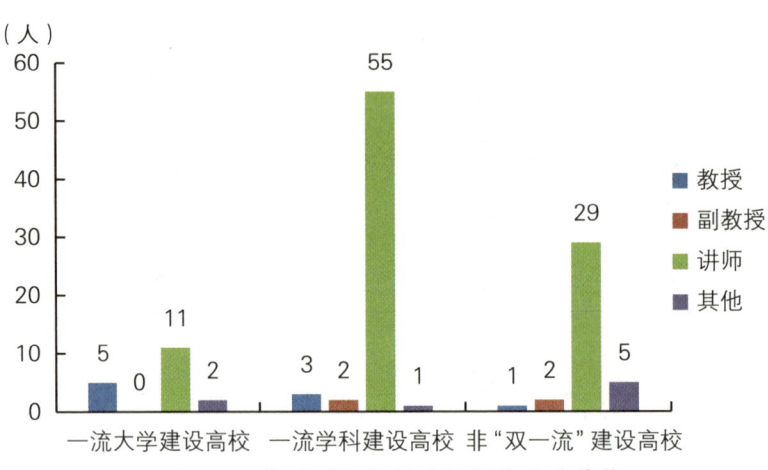

图2-52 各类型高校新进教师的职称结构

从各类学科点新进教师的职称结构来看，一级学科博士点44名新进教师中，教授为5人，副教授为2人，讲师为35人，其他职称2人；一级学科硕士点40名新进教师中，教授为3人，副教授为0人，讲师为37人，其他0人；二级学科硕士点无新进教师，如图2-53所示。

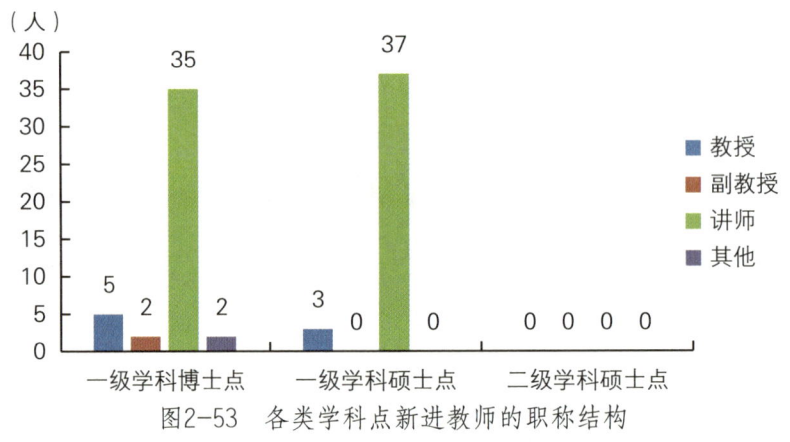

图2-53 各类学科点新进教师的职称结构

在性别构成及分布方面，新进男教师共有49人，占新进教师总人数的42.24%；新进女教师共有67人，占新进教师总人数的57.76%，如图2-54所示。

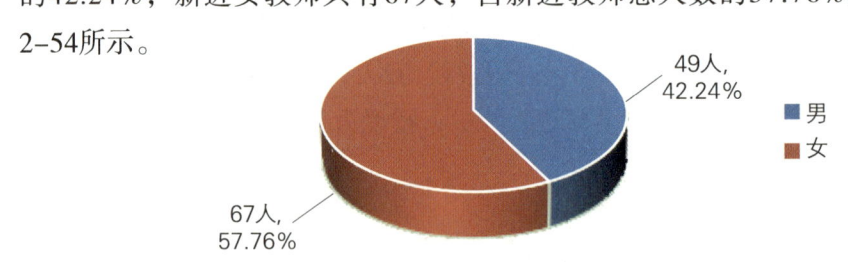

图2-54 新进教师的性别结构与占比

从各类型高校新进教师的性别结构来看，男、女教师的数量分别为：一流大学建设高校新进男教师11人，新进女教师7人；一流学科建设高校新进男教师24人，新进女教师37人；非"双一流"建设高校新进男教师14人，新进女教师23人，如图2-55所示。可见，在各类型高校新进教师的性别结构方面，一流大学建设高校男教师多于女教师，一流学科建设高校和非"双一流"建设高校均为女教师多于男教师。

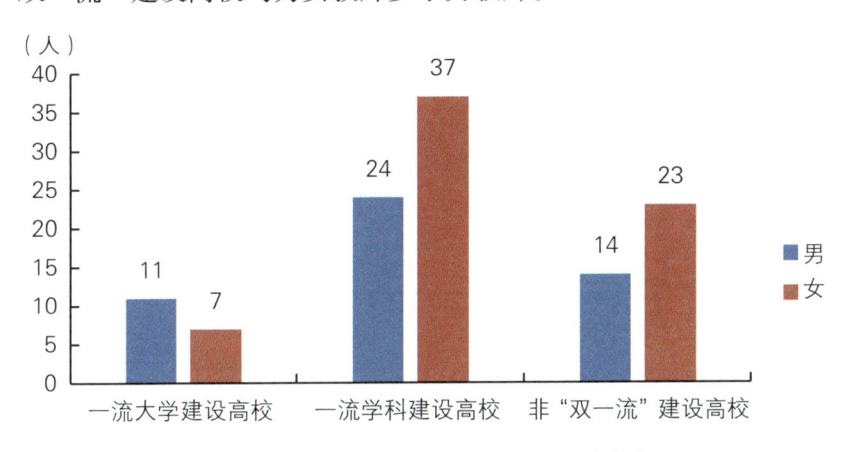

图2-55　各类型高校新进教师的性别结构

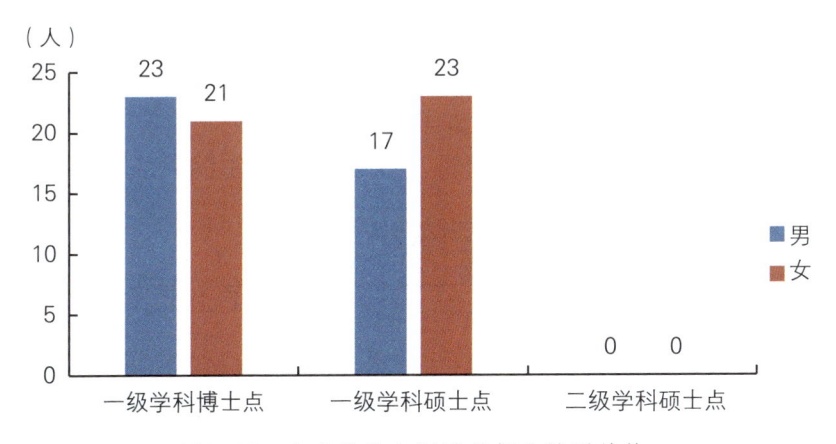

从各类学科点新进教师的性别结构来看，男、女教师的数量分别为：一级学科博士点新进男教师23人，新进女教师21人；一级学科硕士点新进男教师17人，新进女教师23人；二级学科硕士点无新进教师，如图2-56所示。可见，一级学科博士点新进男教师多于女教师，一级学科硕士点新进女教师多于男教师。

图2-56　各类学科点新进教师的性别结构

在新进教师担任研究生导师的情况方面，新进教师担任博士研究生导师的有9人，占新进教师总人数的7.76%；新进教师担任硕士生导师的有8人，占新进教师总人数的6.90%，如图2-57所示。

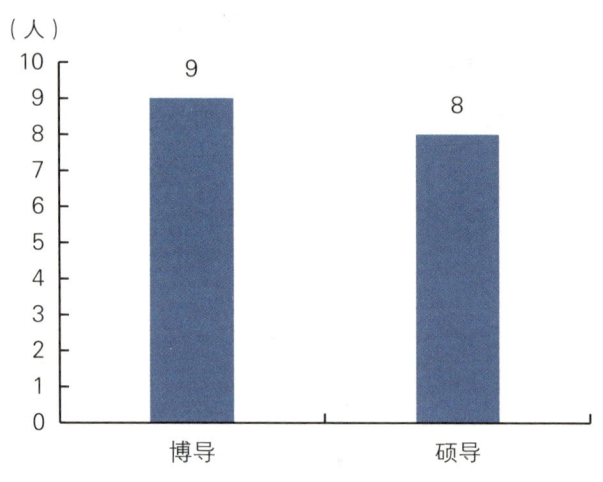

图2-57　新进教师担任研究生导师情况

从各类型高校新进教师担任研究生导师情况来看，一流大学建设高校新进教师中担任博士研究生导师的有8人，担任硕士生导师的有5人；一流学科建设高校新进教师中担任博士研究生导师的有1人，担任硕士生导师的有3人；非"双一流"建设高校新进教师无担任博士、硕士生导师的情况，如图2-58所示。

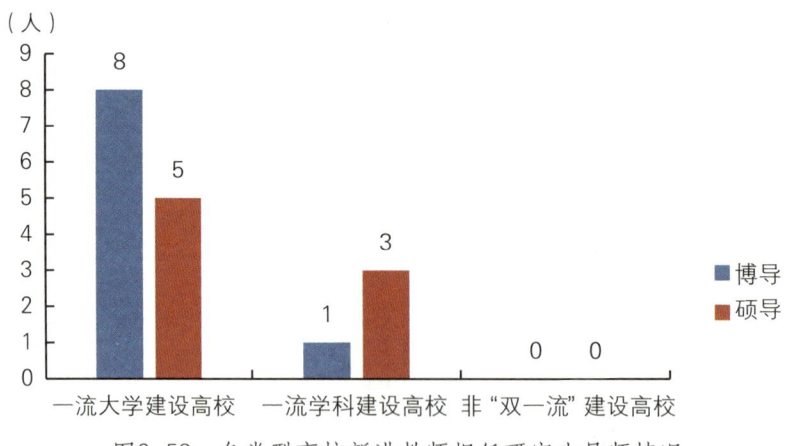

图2-58　各类型高校新进教师担任研究生导师情况

从各类学科点新进教师担任研究生导师情况来看，一级学科博士点高校新进教师中担任博士研究生导师的有7人，担任硕士研究生导师的有6

人；一级学科硕士点高校新进教师中担任博士研究生导师的有2人，担任硕士研究生导师的有2人；二级学科硕士点高校无新进教师，如图2-59所示。

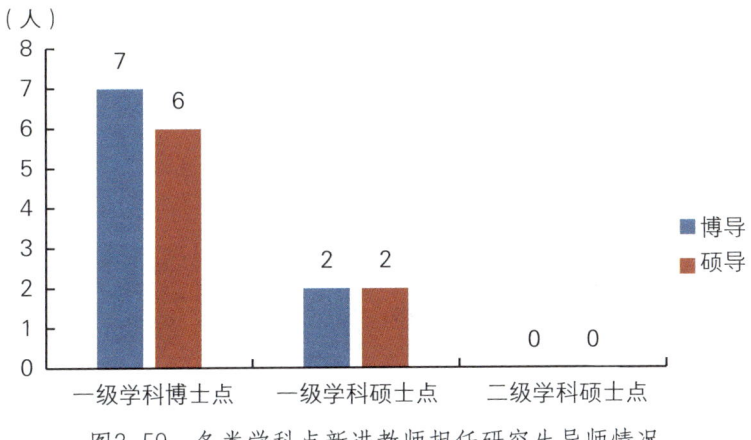

图2-59　各类学科点新进教师担任研究生导师情况

（四）职称晋升情况

根据调查可知，2023年度北京市各高校马克思主义理论学科与思政课专职教师共有162人晋升职称（包含具有马克思主义理论学科点高校的晋升职称的专职教师138人），其中晋升教授40人，晋升副教授80人，晋升讲师42人，如图2-60所示。

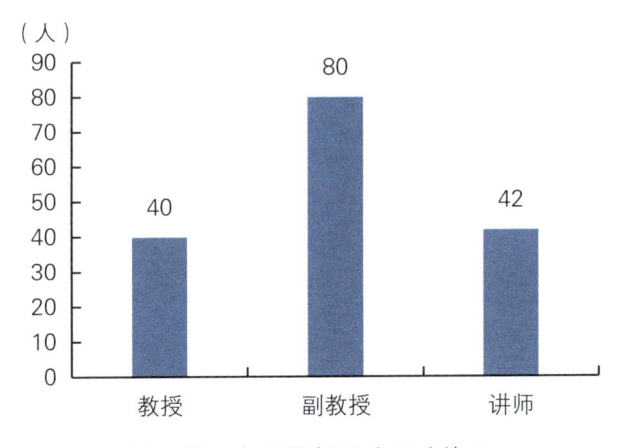

图2-60　专职教师职称晋升情况

从各类型高校教师职称晋升情况来看，一流大学建设高校有11人晋升为教授，17人晋升为副教授，5人晋升为讲师；一流学科建设高校有19人晋升为教授，45人晋升为副教授，21人晋升为讲师；非"双一流"建设高校有10人晋升为教授；18人晋升为副教授，16人晋升为讲师，如图2-61所示。

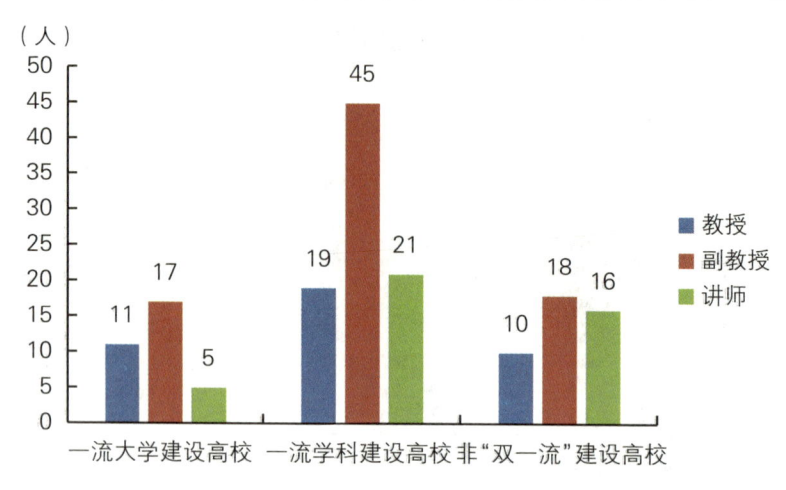

图2-61　各类型高校教师职称晋升情况

从各类学科点教师职称晋升情况来看，一级学科博士点有19人晋升为教授，27人晋升为副教授，14人晋升为讲师；一级学科硕士点有15人晋升为教授，44人晋升为副教授，11人晋升为讲师；二级学科硕士点有3人晋升为教授，2人晋升为副教授，3人晋升为讲师，如图2-62所示。

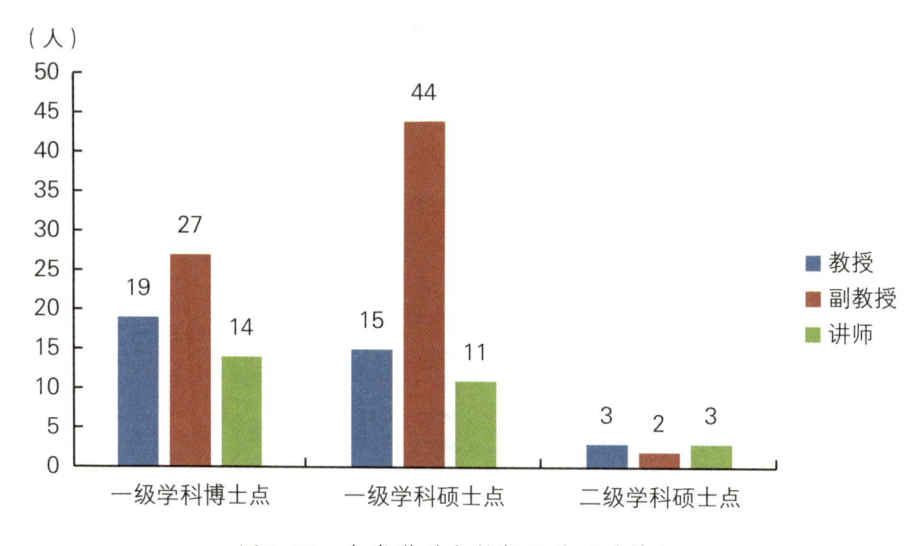

图2-62　各类学科点教师职称晋升情况

（五）相关规定与要求

从各类型高校思政课专职教师队伍建设文件制定情况来看，8所一流大学建设高校和24所一流学科建设高校全部制定了马克思主义理论学科与思政课专职教师队伍建设的相关文件，1所非"双一流"建设高校没有制定相关文件，如图2-63所示。反映出北京高校十分重视思政课专职教师队伍建设，各校的教师队伍管理日益规范化。

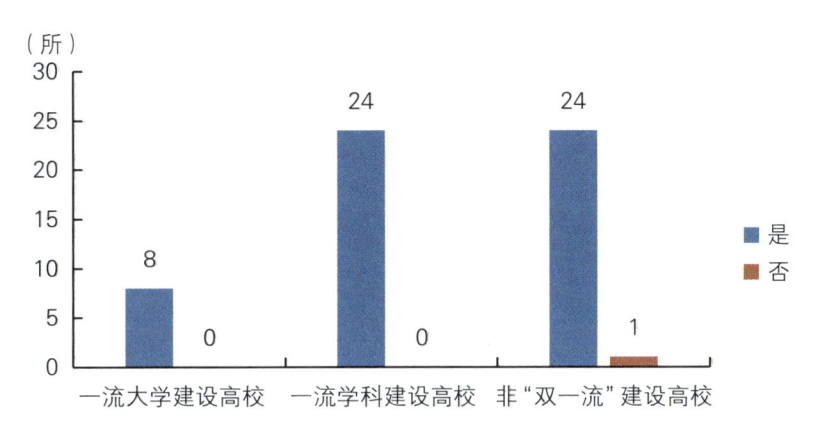

图2-63 各类型高校思政课教师队伍建设文件制定情况

从各类学科点高校教师队伍建设文件制定情况来看，16所一级学科博士点高校、20所一级学科硕士点高校制定了马克思主义理论学科与思政课专职教师队伍建设的相关文件，只有1所二级学科硕士点高校没有制定马克思主义理论学科与思政课专职教师队伍建设的相关文件，如图2-64所示。

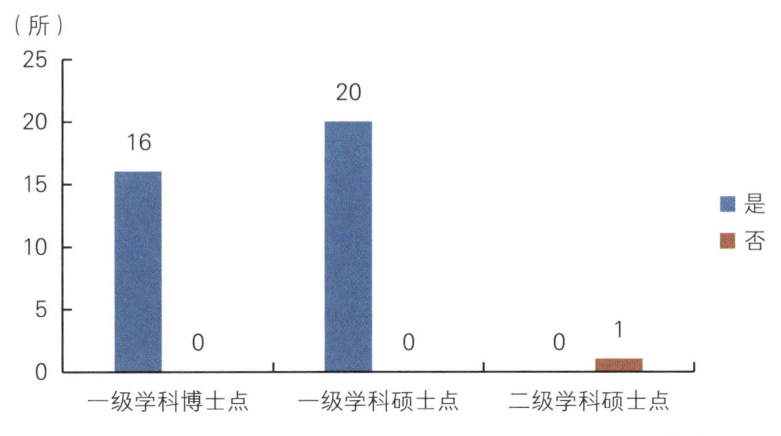

图2-64 各类学科点高校思政课教师队伍建设文件制定情况

从各类型高校按照师生比不低于1∶350的比例核定专职思政课教师岗位的达标情况来看，有42所高校已经达到按照师生比不低于1∶350的比例核定专职思政课教师岗位，其中一流大学建设高校4所、一流学科建设高校16所、非"双一流"建设高校22所；有15所高校未达到按照师生比不低于1∶350的比例核定专职思政课教师岗位，其中一流大学建设高校4所、一流学科建设高校8所、非"双一流"建设高校3所，如图2-65所示。根据图中数据可得出，非"双一流"建设高校在按照师生比不低于1∶350的比例核定专职思政课教师岗位方面完成度最高，一流学科建设高校次之，一流大学建设高校居末。

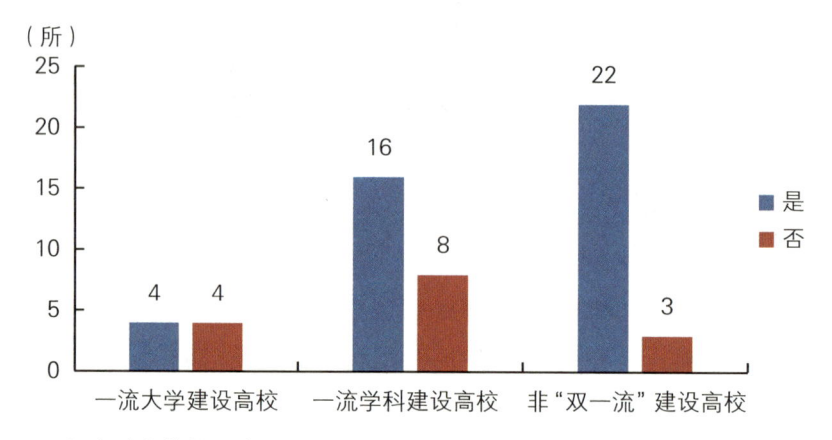

图2-65　各类型高校按照师生比不低于1∶350的比例核定专职思政课教师岗位的达标情况

从各类学科点按照师生比不低于1∶350的比例核定专职思政课教师岗位的达标情况来看，有26所具有马克思主义理论学科点的高校已经达到按照师生比不低于1∶350的比例核定专职思政课教师岗位，其中一级学科博士点高校10所、一级学科硕士点高校15所、二级学科硕士点高校1所；有11所具有马克思主义理论学科点的高校未达到按照师生比不低于1∶350的比例核定专职思政课教师岗位，其中一级学科博士点高校6所、一级学科硕士点高校5所，如图2-66所示。根据图中数据可得出，二级学科硕士点高校在按照师生比不低于1∶350的比例核定专职思政课教师岗位方面完成度最高，一级学科硕士点和一级学科博士点高校次之。

图2-66 各类学科点按照师生比不低于1∶350的比例核定专职思政课教师岗位的达标情况

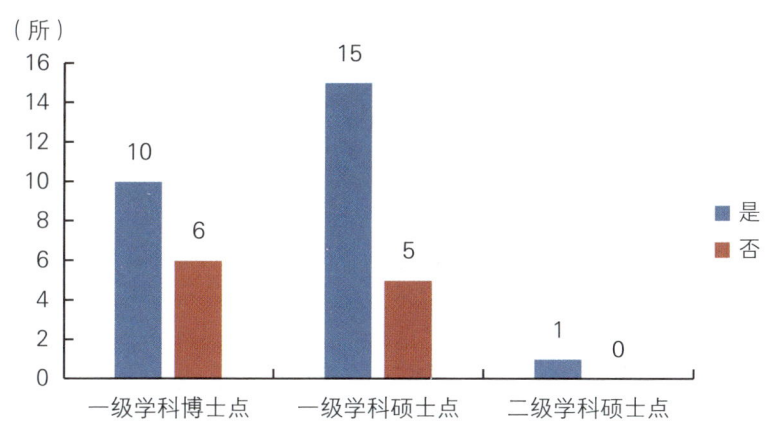

从各类型高校的政策制定是否优先考虑思政课师资队伍建设情况来看，有55所高校在政策制定中会优先考虑师资建设，其中包括8所一流大学建设高校、22所一流学科建设高校和25所非"双一流"建设高校，如图2-67所示。总体来看，绝大多数的各类型高校都非常重视思政课师资队伍建设，已经将之视为政策制定中的重要目标。

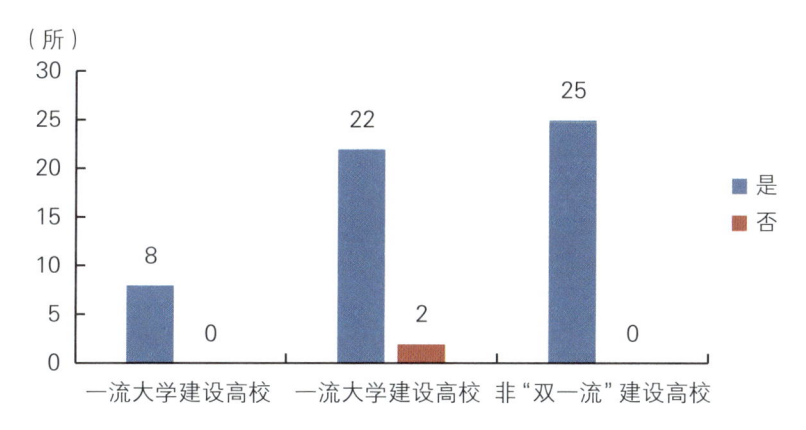

图2-67 各类型高校的政策制定是否优先考虑思政课师资队伍建设

从各类学科点的政策制定是否优先考虑思政课师资队伍建设情况来看，有37所具有马克思主义理论学科点的高校在政策制定中会优先考虑师资队伍建设，其中包括16所一级学科博士点高校、20所一级学科硕士点高校和1所二级学科硕士点高校，如图2-68所示。根据图中数据可得出，各类学科点高校都非常重视思政课师资队伍建设，已经将之视为政策制定中的重要目标。

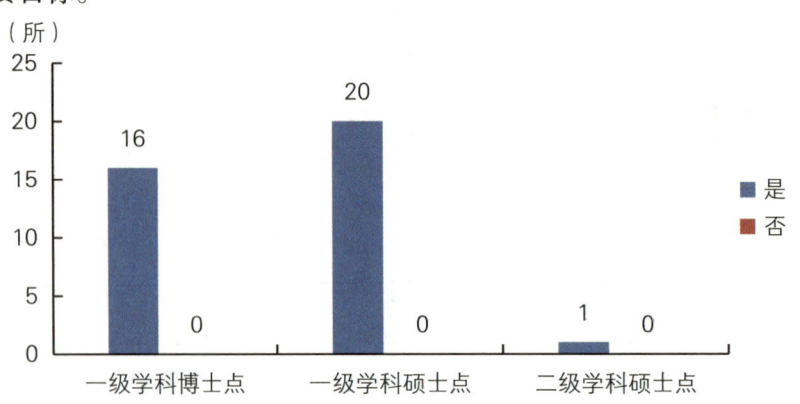

图2-68　各类学科点的政策制定是否优先考虑思政课师资队伍建设

从各类型高校的政策制定是否优先保障思政课教师队伍建设的资金投入情况来看，共有55所高校在政策制定中优先保障资金投入，其中包括6所一流大学建设高校、24所一流学科建设高校和25所非"双一流"建设高校；有2所一流大学建设高校在政策制定中并未能优先保障资金投入，如图2-69所示。表明绝大多数的各类型高校都十分重视高校思政课教师队伍建设的资金保障。

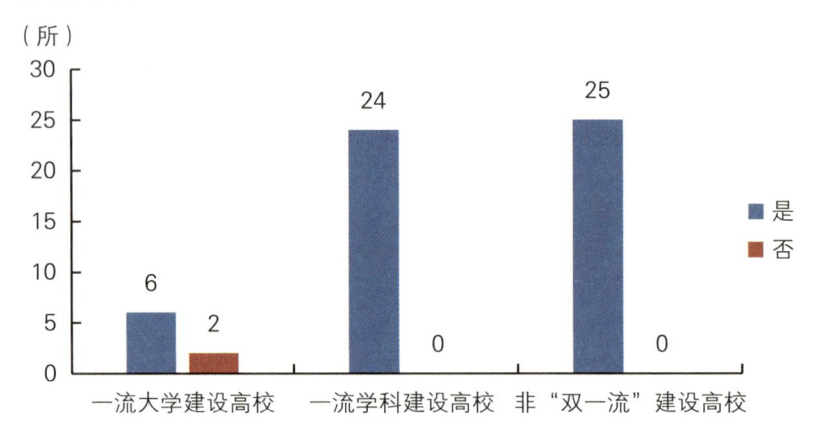

图2-69　各类型高校的政策制定是否优先保障思政课教师队伍建设的资金投入

从各类学科点的政策制定是否优先保障思政课教师队伍建设的资金投入情况来看，共有35所具有马克思主义理论学科点的高校在政策制定中优先保障资金投入，其中包括15所一级学科博士点高校、19所一级学科硕士点高校和1所二级学科硕士点高校；有2所具有马克思主义理论学科点的高校在政策制定中并未能优先保障资金投入，包括1所一级学科博士点高校和1所一级学科硕士点高校，如图2-70所示。表明绝大多数的各类学科点高校都十分重视高校思政课教师队伍建设的资金保障。

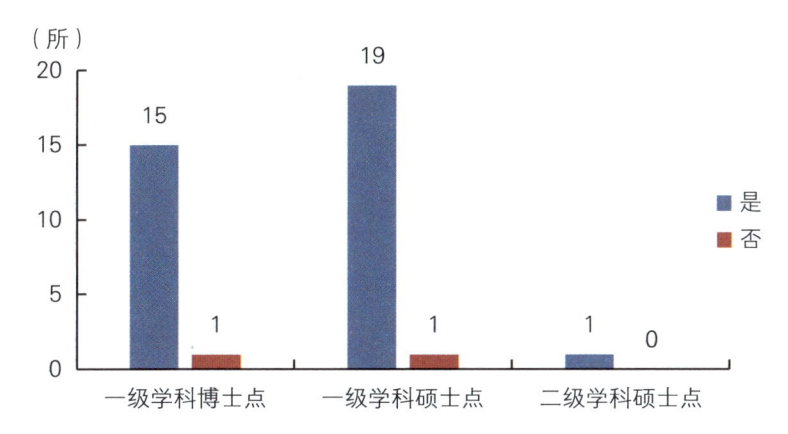

图2-70　各类学科点的政策制定是否优先保障思政课教师队伍建设的资金投入

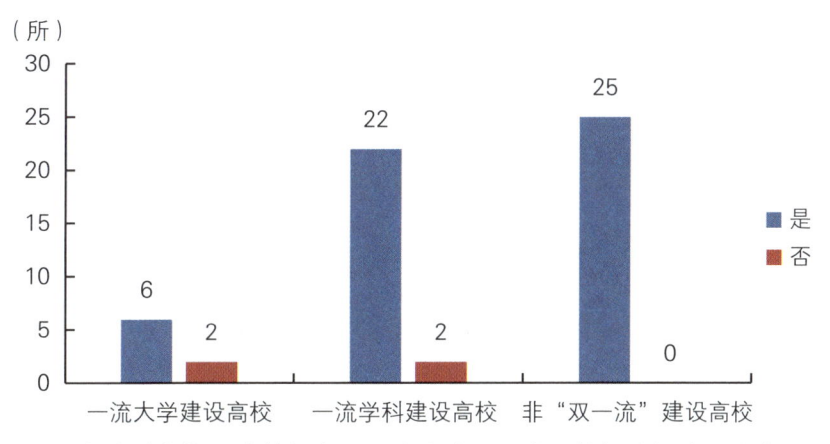

从各类型高校的政策制定是否优先满足思政课教师队伍建设的资源配置情况来看，共有53所高校在政策制定中优先满足资源配置，其中包括6所一流大学建设高校、22所一流学科建设高校和25所非"双一流"建设高校；有4所高校在政策制定中并未能优先满足资源配置，包括2所一流大学建设高校和2所一流学科建设高校，如图2-71所示。表明绝大多数的各类型高校都十分重视高校思政课教师队伍建设的资源配置。

图2-71　各类型高校的政策制定是否优先满足思政课教师队伍建设的资源配置

从各类学科点的政策制定是否优先满足思政课教师队伍建设的资源配置情况来看，共有35所具有马克思主义理论学科点的高校在政策制定中优先满足资源配置，其中包括15所一级学科博士点高校、19所一级学科硕士点高校和1所二级学科硕士点高校；有2所具有马克思主义理论学科点的高校在政策制定中并未能优先满足资源配置，包括1所一级学科博士点高校和1所一级学科硕士点高校，如图2-72所示。表明绝大多数的各类学科点高校都十分重视高校思政课教师队伍建设的资源配置。

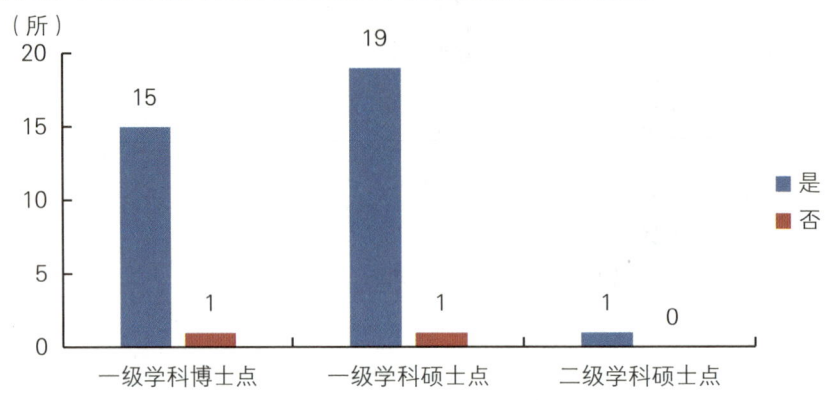

图2-72 各类学科点的政策制定是否优先满足思政课教师队伍建设的资源配置

从各类型高校是否制定了思政课教师任职资格标准和选评办法来看，共有56所高校制定了思政课教师任职资格标准和选评办法，其中包括8所一流大学建设高校、24所一流学科建设高校和24所非"双一流"建设高校；有1所非"双一流"建设高校没有制定相关资格标准和选评办法，如图2-73所示。表明绝大多数的各类型高校的思政课教师任职标准和选评办法均已有章可循，还有个别高校的相关工作仍有待完善。

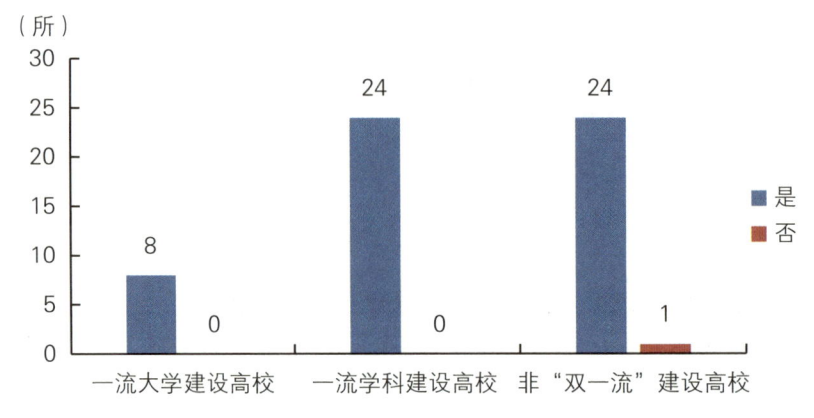

图2-73 各类型高校是否制定了思政课教师任职资格标准和选评办法

从各类学科点是否制定了思政课教师任职资格标准和选评办法来看，37所具有马克思主义理论学科点的高校全部制定了思政课教师任职资格标准和选评办法，如图2-74所示。表明各类学科点高校的思政课教师任职标准和选评办法均已有章可循。

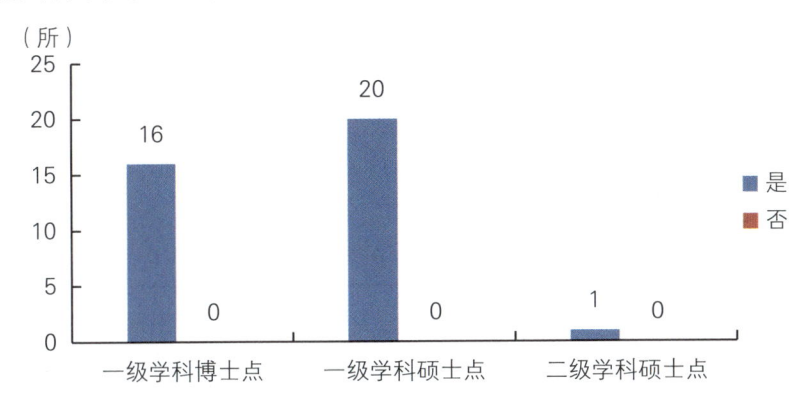

图2-74 各类学科点是否制定了思政课教师任职资格标准和选评办法

从各类型高校对思政课教师职称评定是否单列指标和评聘标准来看，有54所高校对思政课教师职称评定单列指标和评聘标准，其中包括8所一流大学建设高校、22所一流学科建设高校和24所非"双一流"建设高校；有3所高校并未对思政课教师职称评定单列指标和评聘标准，其中包括2所一流学科建设高校和1所非"双一流"建设高校，如图2-75所示。

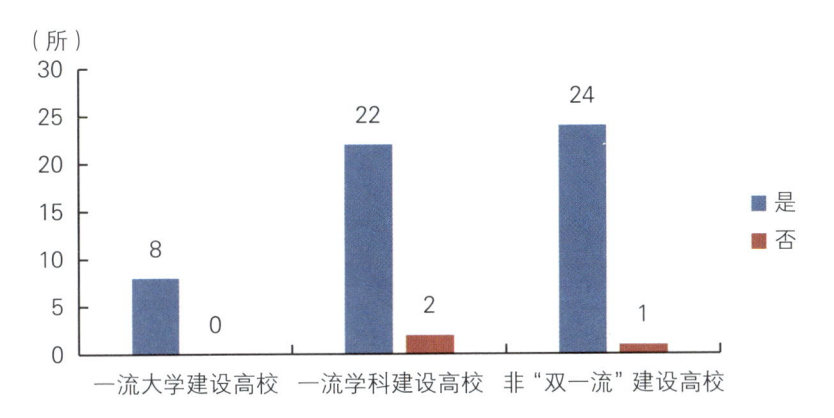

图2-75 各类型高校对思政课教师职称评定是否单列指标和评聘标准

从各类学科点对思政课教师职称评定是否单列指标和评聘标准来看，有36所具有马克思主义理论学科点的高校对思政课教师职称评定单列指标和评聘标准，其中包括15所一级学科博士点高校、20所一级学科硕士点高校和1所二级学科硕士点高校；有1所一级学科博士点高校并未对思政课教师职称评定单列指标和评聘标准，如图2-76所示。

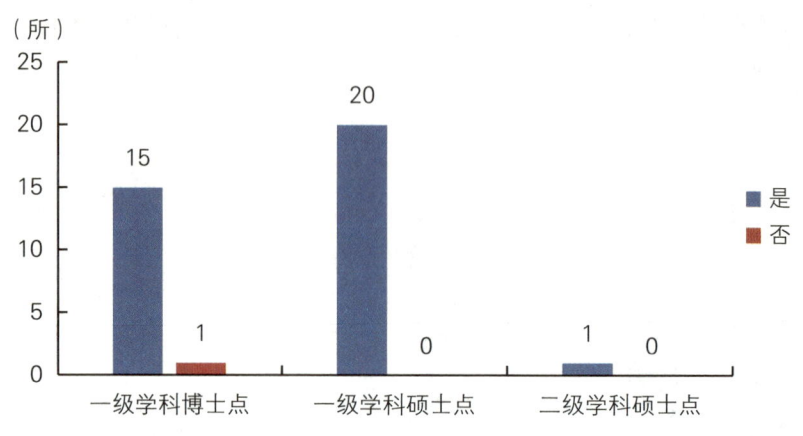

图2-76　各类学科点对思政课教师职称评定是否单列指标和评聘标准

从各类型高校是否推行科研成果代表作制度来看，有50所高校推行科研成果代表作制度，其中包括8所一流大学建设高校、21所一流学科建设高校和21所非"双一流"建设高校；有7所高校未推行科研成果代表作制度，其中包括3所一流学科建设高校和4所非"双一流"建设高校，如图2-77所示。

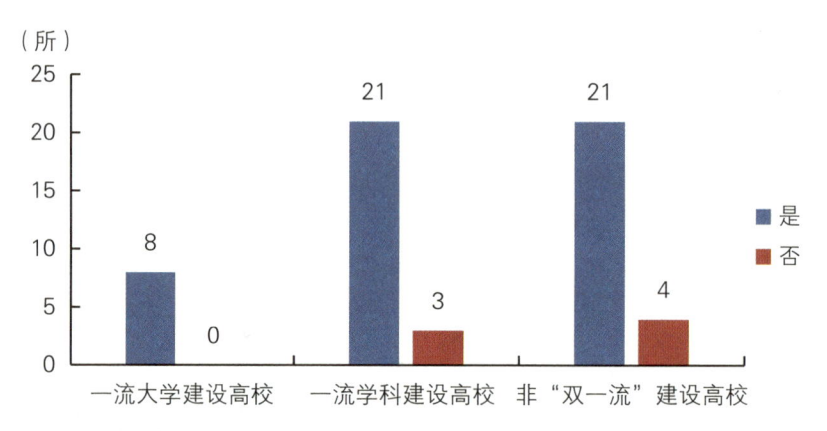

图2-77　各类型高校是否推行科研成果代表作制度

从各类学科点是否推行科研成果代表作制度来看，有34所具有马克思主义理论学科点的高校推行科研成果代表作制度，其中包括16所一级学科博士点高校、17所一级学科硕士点高校和1所二级学科硕士点高校；有3所一级学科硕士点高校未推行科研成果代表作制度，如图2-78所示。

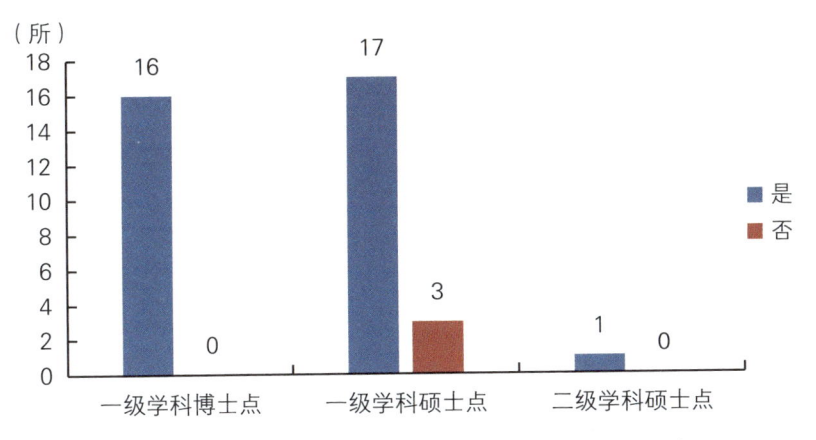

图2-78 各类学科点是否推行科研成果代表作制度

从各类型高校每学年要求思政课教师完成的课时数量与班型系数与其他课程是否一致情况来看，有49所高校要求思政课教师完成的课时数量与班型系数与其他课程是一致的，其中包括7所一流大学建设高校、19所一流学科建设高校和23所非"双一流"建设高校；有8所高校不一致，其中包括1所一流大学建设高校、5所一流学科建设高校和2所非"双一流"建设高校，如图2-79所示。

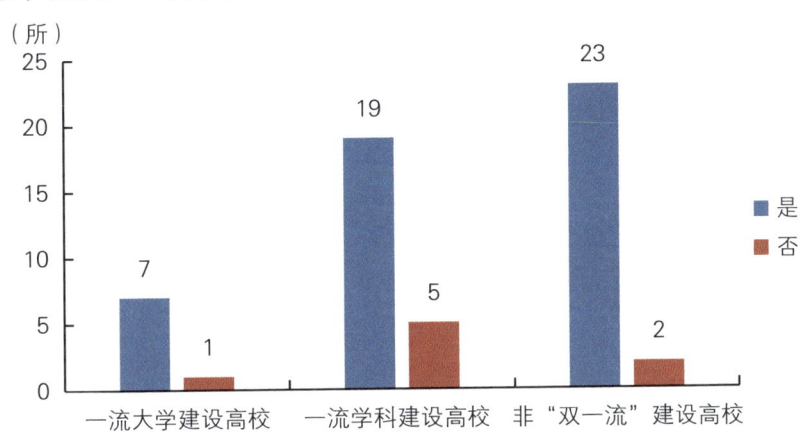

图2-79 各类型高校每学年要求思政课教师完成的课时数量和班型系数与其他课程是否一致

从各类学科点每学年要求思政课教师完成的课时数量与班型系数与其他课程是否一致情况来看，有31所具有马克思主义理论学科的高校要求思政课教师完成的课时数量与班型系数与其他课程是一致的，其中包括11所一级学科博士点高校、19所一级学科硕士点高校和1所二级学科硕士点高校；有6所具有马克思主义理论学科的高校不一致，其中包括5所一级学科博士点高校和1所一级学科硕士点高校，如图2-80所示。

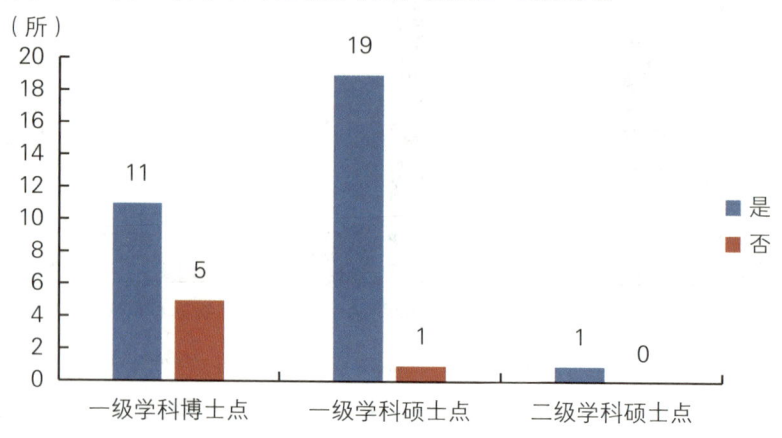

图2-80　各类学科点每学年要求思政课教师完成的课时数量和班型系数与其他课程是否一致

从各类型高校对思政课教师是否有科研要求来看，57所高校对思政课教师都有科研要求，如图2-81所示；从各类学科点对思政课教师是否有科研要求来看，37所具有马克思主义理论学科点的高校对思政课教师也都有科研要求，如图2-82所示。这表明对思政课教师的科研要求是普遍存在的，思政课教师除了要抓好教学工作，科研工作亦不能放松。

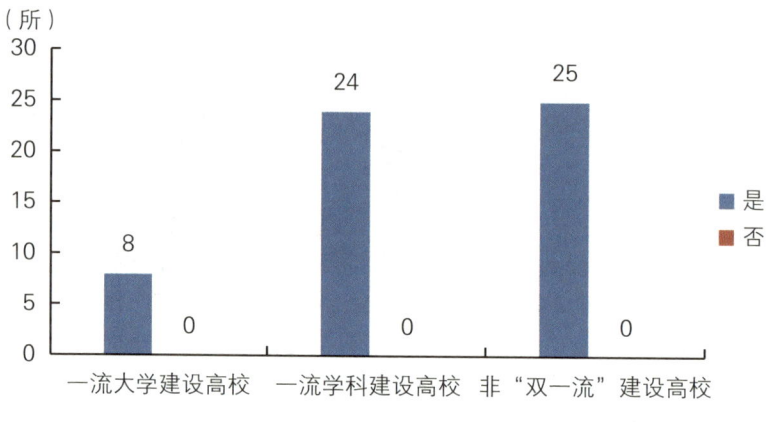

图2-81　各类型高校对思政课教师是否有科研要求

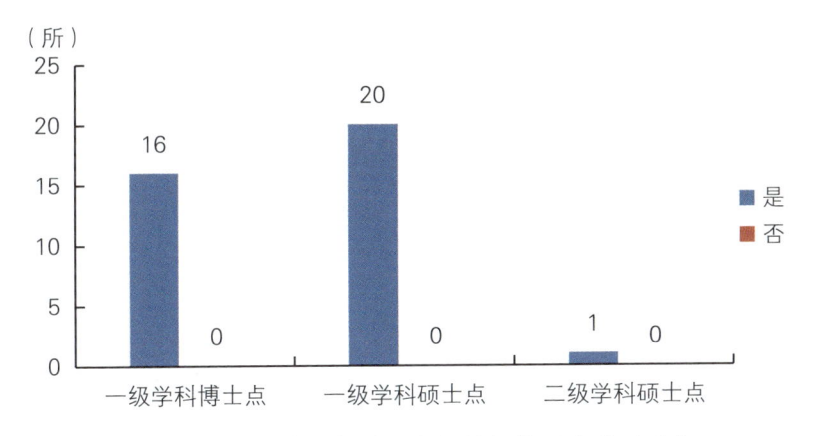

图2-82 各类学科点对思政课教师是否有科研要求

从各类型高校鼓励教师参加培训与进修、提高学历、参加学术会议情况来看，57所高校都鼓励高校教师参加培训与进修、提高学历、参加学术会议，如图2-83所示。由此可知，三种类型的高校都比较重视思政课教师整体素质的提升。

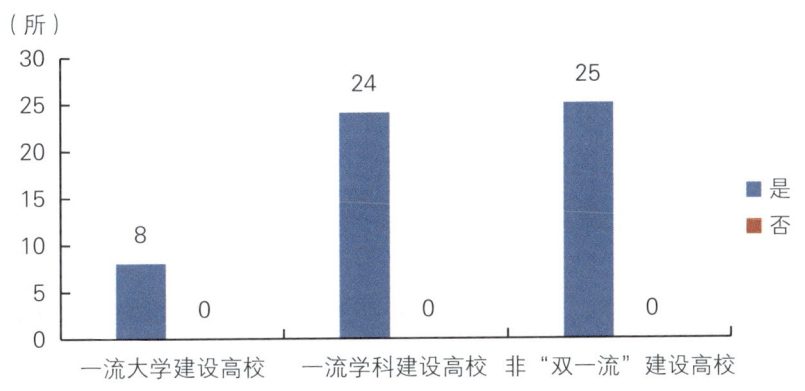

图2-83 各类型高校鼓励教师参加培训与进修、提高学历、参加学术会议情况

从各类学科点鼓励教师参加培训与进修、提高学历、参加学术会议情况来看，37所具有马克思主义理论学科点的高校都鼓励高校教师参加培训与进修、提高学历、参加学术会议，如图2-84所示。由此可知，各类学科点都比较重视思政课教师整体素质的提升。

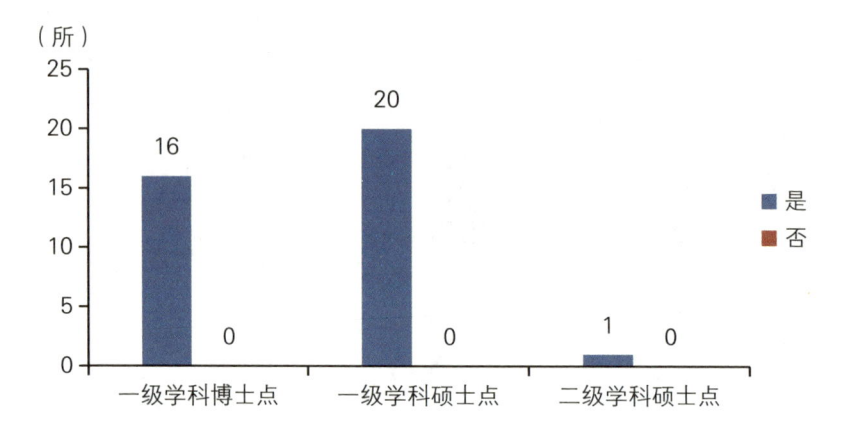

图2-84　各类学科点鼓励教师参加培训与进修、提高学历、参加学术会议情况

对于马克思主义理论学科与思政课专职教师每学年完成的纯学时数量，各校要求不同。从各类型高校要求马克思主义理论学科与思政课专职教师每学年完成的纯学时数情况来看，在8所一流大学建设高校中，分别有2所高校要求马克思主义理论学科与思政课专职教师每学年完成的纯学时在50学时至100学时，有2所高校要求在100学时至150学时，有2所高校要求在150学时至200学时，有2所高校要求在200学时至250学时；24所一流学科建设高校中，分别有1所高校要求马克思主义理论学科与思政课专职教师每学年完成的纯学时在50学时至100学时，有3所高校要求在100学时至150学时，有5所高校要求在150学时至200学时，有7所高校要求在200学时至250学时，有6所高校要求在250学时至300学时，有2所高校要求在300学时以上；25所非"双一流"建设高校中，有1所高校要求马克思主义理论学科与思政课专职教师每学年完成的纯学时在100学时至150学时，有8所高校要求在150学时至200学时，有4所高校要求在200学时至250学时，有5所高校要求在250学时至300学时，有7所高校要求在300学时以上，如图 2-85 所示。由此得出，上述三种类型高校中绝大多数都要求马克思主义理论学科与思政课专职教师每学年完成的纯学时在150学时以上。参与调研的各类型高校马克思主义理论学科与思政课专职教师的教学任务比较繁重。

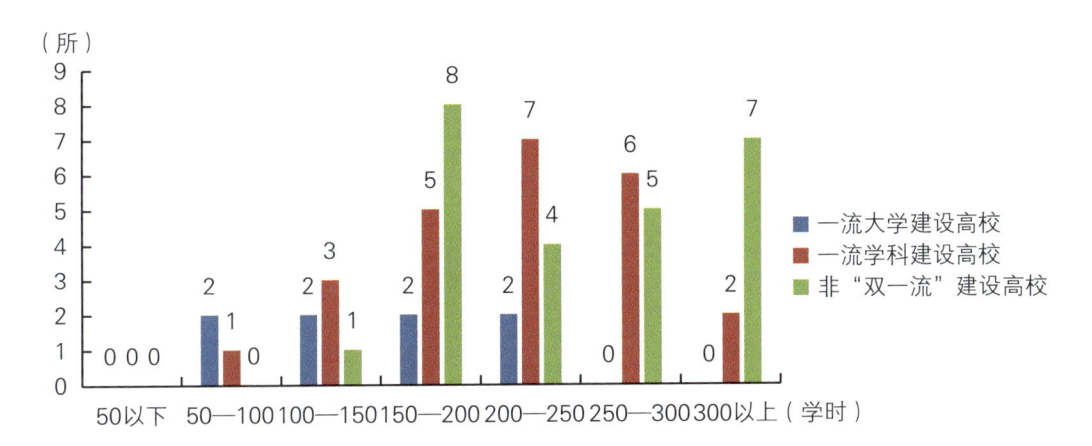

图2-85　各类型高校要求马克思主义理论学科与思政课专职教师每学年完成的纯学时情况

从各类学科点要求马克思主义理论学科与思政课专职教师每学年完成的纯学时数情况来看，16所一级学科博士点高校中，有3所高校要求马克思主义理论学科与思政课专职教师每学年完成的纯学时在50学时至100学时，有4所高校要求在100学时至150学时，有5所高校要求在150学时至200学时，有4所高校要求在200学时至250学时；20所一级学科硕士点高校中，有2所高校要求马克思主义理论学科与思政课专职教师每学年完成的纯学时在100学时至150学时，有5所高校要求在150学时至200学时，有4所高校要求在200学时至250学时，有8所高校要求在250学时至300学时，有1所高校要求在300学时以上；1所二级学科硕士点高校要求马克思主义理论学科与思政课专职教师每学年完成的纯学时在150学时至200学时，如图2-86所示。由此得出，上述三种学科点高校中绝大多数都要求马克思主义理论学科与思政课专职教师每学年完成的纯学时在150学时以上。参与调研的各类学科点马克思主义理论学科与思政课专职教师的教学任务比较繁重。

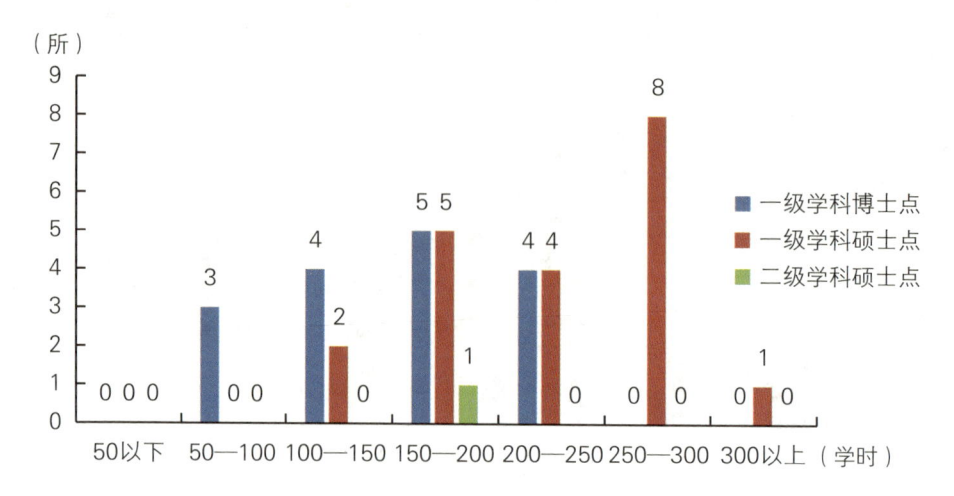

图2-86　各类学科点要求马克思主义理论学科与思政课专职教师每学年完成的纯学时情况

在对其他公共课（或基础课）教师每学年完成纯学时的规定方面，首先，从各类型高校要求其他公共课（或基础课）教师每学年完成的纯学时情况来看，8所一流大学建设高校中，有5所高校要求其他公共课（或基础课）教师每学年完成的纯学时在50学时至100学时，有2所高校要求在100学时至150学时，有1所高校要求在200学时至250学时；24所一流学科建设高校中，有1所高校要求其他公共课（或基础课）教师每学年完成的纯学时在50学时以下，有3所高校要求在50学时至100学时，有1所高校要求在100学时至150学时，有5所高校要求在150学时至200学时，有4所高校要求在200学时至250学时，有7所高校要求在250学时至300学时，有3所高校要求在300学时以上；25所非"双一流"建设高校中，有1所高校要求其他公共课（或基础课）教师每学年完成的纯学时在50学时以下，有3所高校要求在100学时至150学时，有6所高校要求在150学时至200学时，有4所高校要求在200学时至250学时，有4所高校要求在250学时至300学时，其余7所全部要求在300学时以上，如图2-87所示。

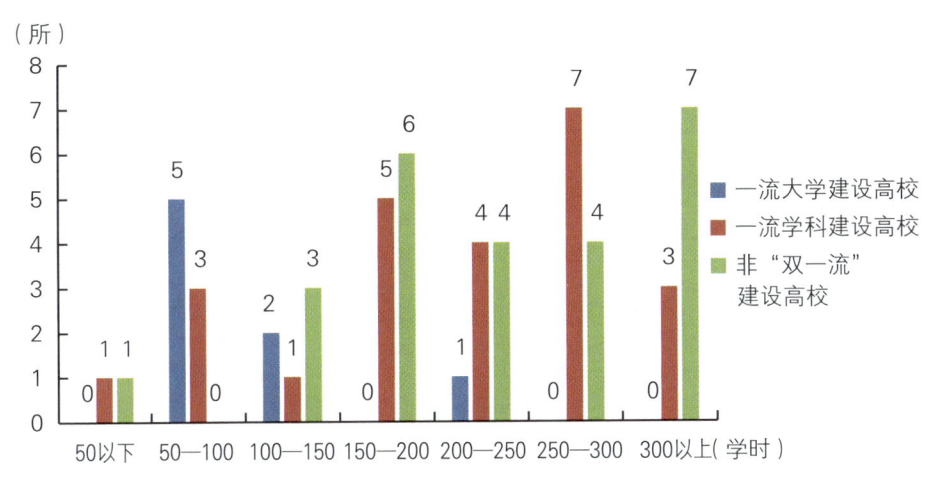

图2-87 各类型高校要求其他公共课（或基础课）教师每学年完成的纯学时情况

  其次，从各类学科点要求其他公共课（或基础课）教师每学年完成的纯学时情况来看，16所一级学科博士点高校中，有1所高校要求其他公共课（或基础课）教师每学年完成的纯学时在50学时以下，有7所高校要求在50学时至100学时，有3所高校要求在100学时至150学时，有3所高校要求在150学时至200学时，有1所高校要求在200学时至250学时，有1所高校要求在250学时至300学时；20所一级学科硕士点高校中，有1所高校要求其他公共课（或基础课）教师每学年完成的纯学时在50学时至100学时，有3所高校要求在100学时至150学时，有4所高校要求在150学时至200学时，有4所高校要求在200学时至250学时，有6所高校要求在250学时至300学时，其余2所全部要求在300学时以上；1所二级学科硕士点高校要求其他公开课（或基础课）教师每学年完成的纯学时在150学时至200学时，如图2-88所示。

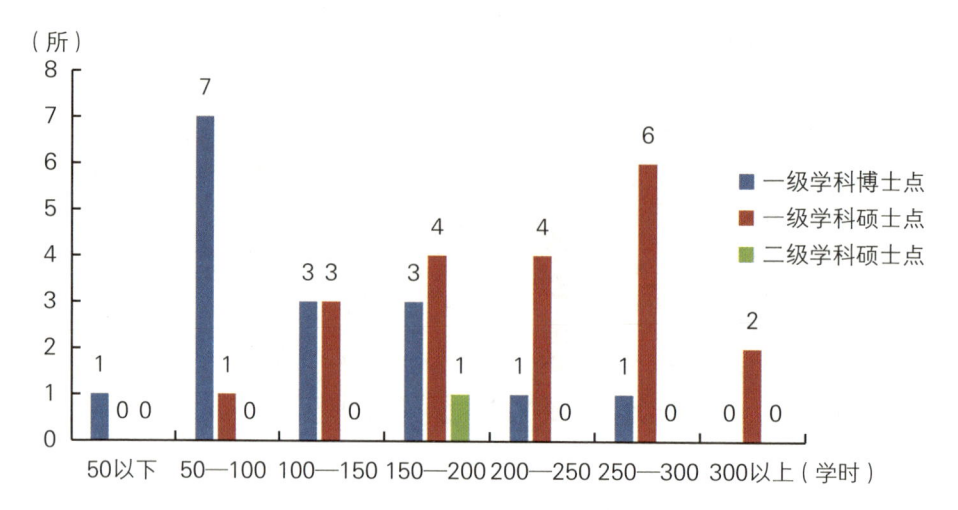

图2-88　各类学科点要求其他公共课（或基础课）教师每学年完成的纯学时情况

在对其他专业教师每学年完成教学工作量的要求方面，首先，从各类型高校要求其他专业教师每学年完成的纯学时情况来看，8所一流大学建设高校中，有2所高校要求其他专业教师每学年完成的纯学时在50学时以下，有3所高校要求在50学时至100学时，有1所高校要求在100学时至150学时，有1所高校要求在150学时至200学时，有1所高校要求在200学时至250学时；24所一流学科建设高校中，有2所高校要求其他专业教师每学年完成的纯学时在50学时以下，有5所高校要求在50学时至100学时，有7所高校要求在100学时至150学时，有2所高校要求150学时至200学时，有1所高校要求在200学时至250学时，有5所高校要求在250学时至300学时，有2所高校要求在300学时以上；25所非"双一流"建设高校中，有1所高校要求其他专业教师每学年完成的纯学时在50学时以下，有3所高校要求在50学时至100学时，有3所高校要求在100学时至150学时，有6所高校要求在150学时至200学时，有3所高校要求在200学时至250学时，有2所高校要求在250学时至300学时，其余7所要求在300学时以上，如图2-89所示。

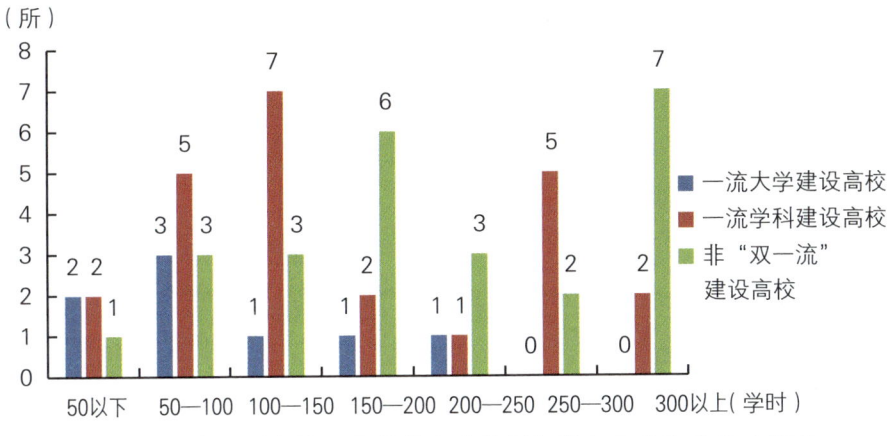

图2-89 各类型高校要求其他专业教师每学年完成的纯学时情况

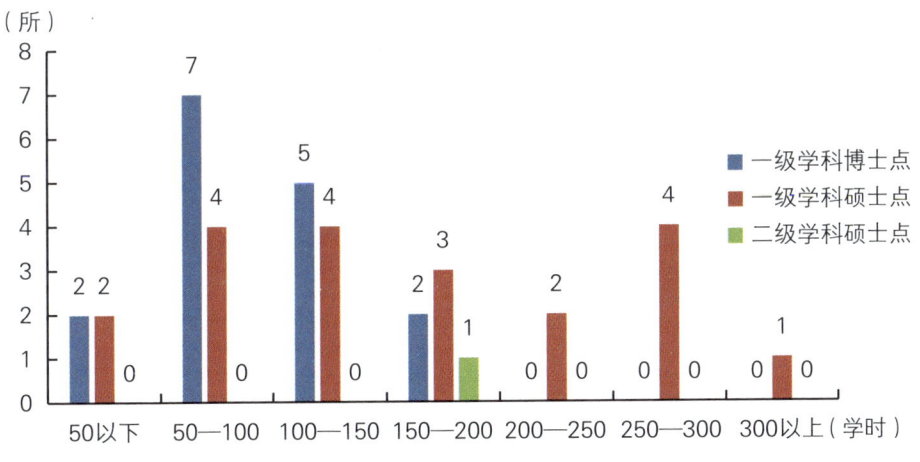

其次，从各类学科点要求其他专业教师每学年完成的纯学时情况来看，16所一级学科博士点高校中，有2所高校要求其他专业教师每学年完成的纯学时在50学时以下，有7所高校要求在50学时至100学时，有5所高校要求在100学时至150学时，有2所高校要求在150学时至200学时；20所一级学科硕士点高校中，有2所高校要求其他专业教师每学年完成的纯学时在50学时以下，有4所高校要求在50学时至100学时，有4所高校要求在100学时至150学时，有3所高校要求在150学时至200学时，有2所高校要求在200学时至250学时，有4所高校要求在250学时至300学时，有1所高校要求在300学时以上；有1所二级学科硕士点高校要求其他专业教师每学年完成的纯学时在150学时至200学时，如图2-90所示。

图2-90 各类学科点要求其他专业教师每学年完成的纯学时情况

各类型高校对硕士生导师上岗的要求各有侧重。首先，从各类型高校对硕士生导师上岗的要求情况来看，参与此次调查研究的各类型高校中，有45所高校对硕士生导师上岗的要求最为看重科研项目，其中一流大学建设高校6所，一流学科建设高校17所，非"双一流"建设高校22所；有10所高校最为看重科研论著，其中一流大学建设高校2所，一流学科建设高校6所，非"双一流"建设高校2所；有2所高校最为看重科研获奖，其中一流学科建设高校1所，非"双一流"建设高校1所，如图2-91所示。总体而言，多数各类型高校对于硕士生导师的上岗要求最为看重科研项目和科研论著，对于科研成果是否获奖的要求相对较低。

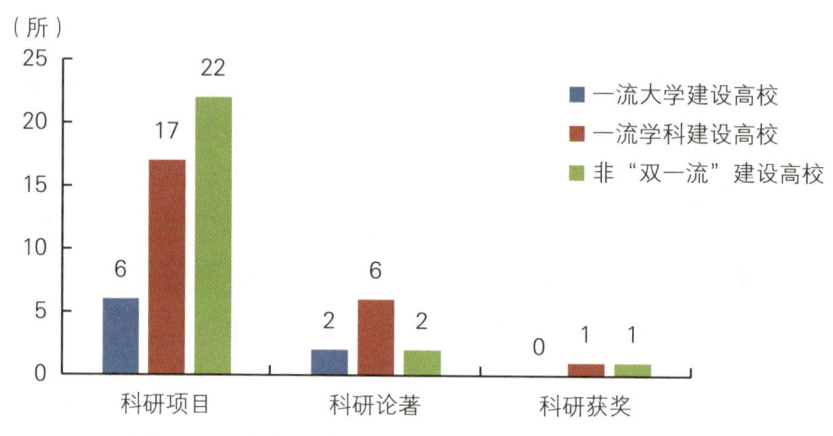

图2-91　各类型高校对硕士生导师上岗的要求情况

其次，从各类学科点对硕士生导师上岗的要求情况来看，有33所具有马克思主义理论学科点的高校对硕士生导师上岗的要求最为看重科研项目，其中一级学科博士点高校14所，一级学科硕士点高校18所，二级学科硕士点高校1所；有3所具有马克思主义理论学科点的高校最为看重科研论著，其中一级学科博士点高校2所，一级学科硕士点高校1所；有1所一级学科硕士点高校最为看重科研获奖，如图2-92所示。总体而言，多数各学科点高校对硕士生导师的上岗要求最为看重科研项目，对科研论著和科研成果是否获奖的要求相对较低。

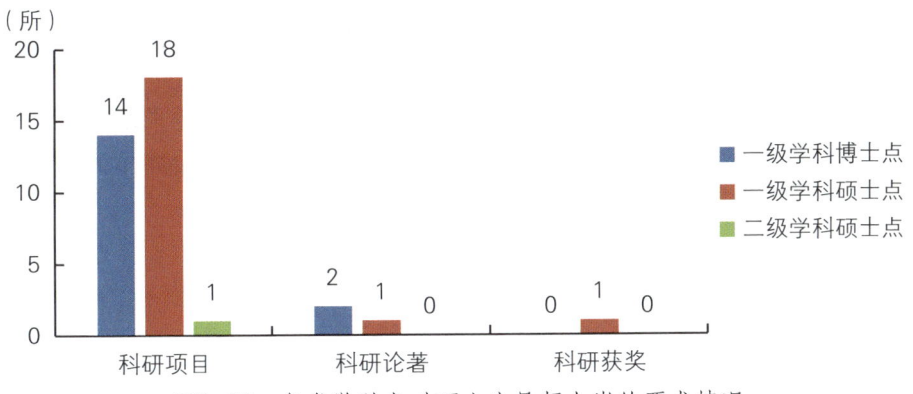

图2-92 各类学科点对硕士生导师上岗的要求情况

各类型高校对博士研究生导师上岗的要求也有所不同。从各类型高校对博士研究生导师上岗的要求情况来看，参与此次调查研究的各类型高校中，有50所高校对博士研究生导师上岗的要求最为看重科研项目，其中一流大学建设高校7所，一流学科建设高校21所，非"双一流"建设高校22所；有5所高校最为看重科研论著，其中一流大学建设高校1所，一流学科建设高校2所，非"双一流"建设高校2所；有2所高校最为看重科研获奖，其中一流学科建设高校1所，非"双一流"建设高校1所，如图2-93所示。总体而言，与对硕士生导师上岗的要求基本相同，多数各类型高校对博士研究生导师的上岗要求最为看重科研项目和科研论著，对于科研成果是否获奖的要求较低。

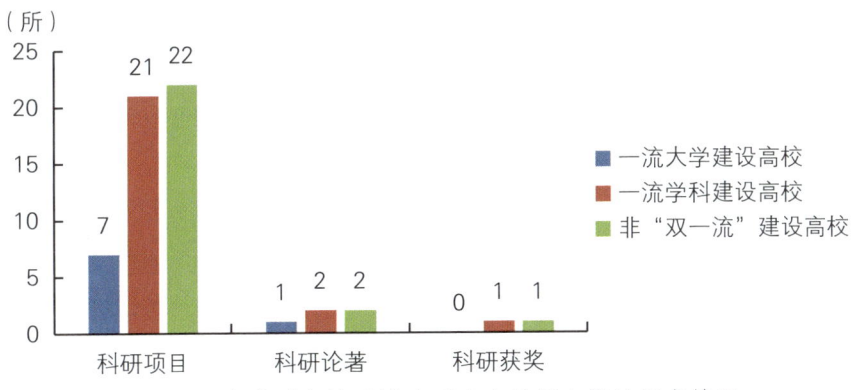

图2-93 各类型高校对博士研究生导师上岗的要求情况

从各类学科点对博士研究生导师上岗的要求情况来看，有33所具有马克思主义理论学科点的高校对博士研究生导师上岗的要求最为看重科研项目，其中一级学科博士点高校14所，一级学科硕士点高校18所，二级学科硕士点高校1所；有3所高校最为看重科研论著，其中一级学科博士点高校2所，一级学科硕士点高校1所；有1所一级学科硕士点高校最为看重科研获奖，如图2-94所示。总体而言，与对硕士生导师上岗的要求基本相同，多数各类学科点高校对博士研究生导师的上岗要求最为看重科研项目和科研论著，对于科研成果是否获奖的要求较低。

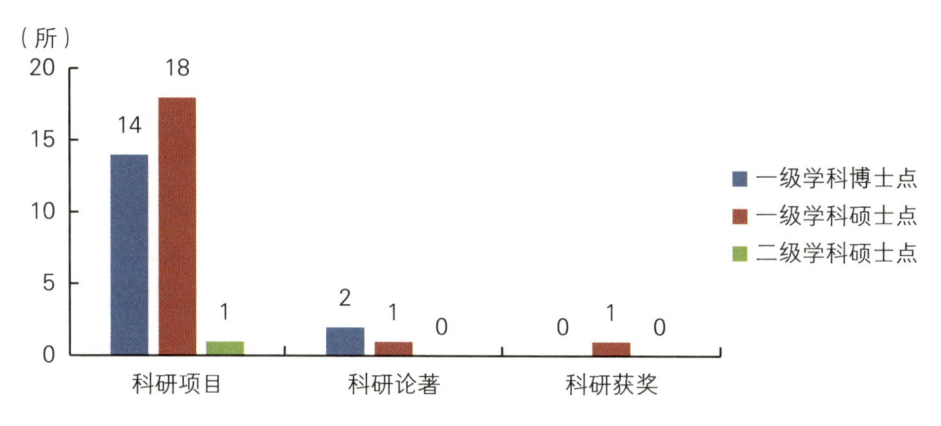

图2-94 各类学科点对博士研究生导师上岗的要求情况

二、主要成绩

思政课是落实立德树人根本任务的关键课程，办好思政课关键在教师。2023年，北京市深入贯彻落实习近平总书记关于教育的重要论述，各高校不断加强马克思主义理论学科和思政课教师队伍建设，着力在建设一支"政治强、情怀深、视野广、思维新、自律严、人格正"的高素质、专业化、创新型的教师队伍上下功夫，并取得了良好的成绩。

（一）教学团队进一步形成

思政课教学团队的形成对于提升思政课教学质量、促进学生全面发展、培养社会主义建设者和接班人具有不可估量的作用。教学团队的形成能够汇聚不同专业背景、研究领域的优秀教师，实现优势互补，提升整体教学水平和专业性。团队成员之间可以相互学习、共同研讨，促进教学内容的更新和教学方法的创新。教学团队注重教学研究与教学实践的紧密结合，通过集体备课、公开课、示范课等多种形式，促进教师之间的交流与合作，提升教师的教学能力和教学水平。面对新时代的新要求，思政课教学改革势在必行。教学团队作为教学改革的主力军，能够积极探索符合时代特点和学生实际的教学改革路径和模式，推动思政课教学模式、教学内容、教学方法等方面的创新，为思政课的发展注入新的活力和动力。据统计，2023年有30个学科点已经形成本科生马克思主义理论学科教学团队（主要指省级和教育部教学团队），有12个学科点已经形成研究生马克思主义理论学科教学团队（主要指省级和教育部教学团队），如图2-95所示。

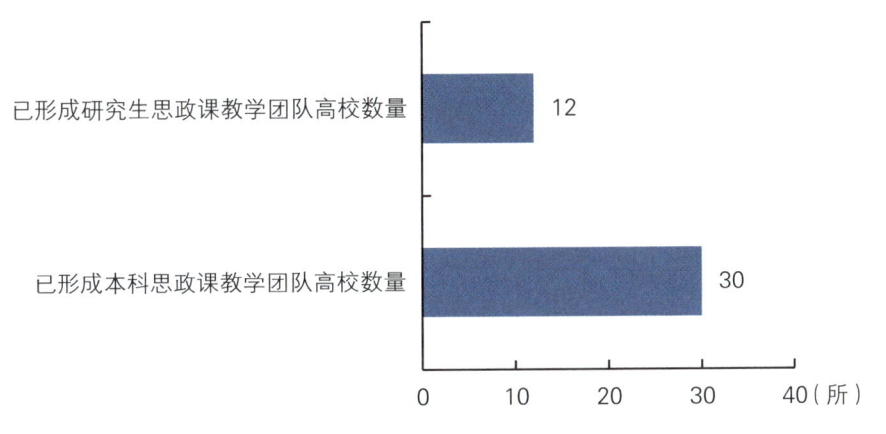

图2-95　本科生、研究生马克思主义理论学科教学团队形成情况

（二）教师队伍结构进一步优化

教师队伍结构的不断优化，体现在专业背景逐步融合于学科、学历结构逐步优化、职称结构趋于合理、学缘结构不断优化、年龄结构日趋合理五个方面。教师队伍专业背景逐步融合于学科，提升了思政教育的针对性和实效性；学历结构的优化意味着教师队伍的专业知识水平和教育教学能力得到显著增强；合理的职称结构激励教师不断提升专业素养和教学水平；学缘结构的不断优化使教师能够带来更多的交叉学科知识和方法，为思政教育注入新的活力和创意；合理的年龄结构使教师队伍能够保持持续的发展和进步，确保思政教育的连续性和稳定性。据统计，2023年，有44所高校思政课教师队伍专业背景逐步融合于学科，有50所高校思政课教师队伍学历结构逐步优化，有42所高校思政课教师队伍职称结构趋于合理，有33所高校思政课教师队伍学缘结构不断优化，35所高校思政课教师队伍年龄结构日趋合理。如图2-96所示。

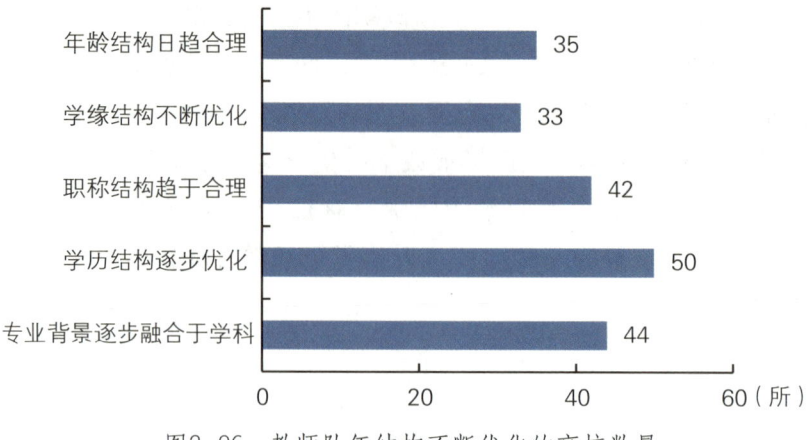

教师队伍结构类型	高校数量（所）
年龄结构日趋合理	35
学缘结构不断优化	33
职称结构趋于合理	42
学历结构逐步优化	50
专业背景逐步融合于学科	44

图2-96 教师队伍结构不断优化的高校数量

近年来"00后"成为大学生主体，更需要青年教师发挥作用。如2-97所示，2014年，北京60所高校思政课专职教师中35岁及以下有228人，36—45岁有475人，46—55岁有466人，56岁及以上有119人；2015年，北京60所高校思政课专职教师中35岁及以下有239人，36—45岁有459人，46—55岁有512人，56岁及以上有112人；2016年，北京60所高校思政课专职教师中35岁及以下有263人，36—45岁有477人，46—55岁有537人，56岁及以上有110人；2017年，北京60所高校思政课专职教师中35岁及以下有288人，36—45岁有464人，46—55岁有553人，56岁及以上有116人；2018年，北京55所高校思政课专职教师中35岁及以下有295人，36—45岁有460人，46—55岁有508人，56岁及以上有127人；2019年，北京55所高校思政课专职教师中35岁及以下有335人，36—45岁有493人，46—55岁有512人，56岁及以上有178人；2020年，北京57所高校思政课专职教师中35岁及以下有434人，36—45岁有544人，46—55岁有515人，56岁及以上有226人；2021年，北京57所高校思政课专职教师中35岁及以下有481人，36—45岁有591人，46—55岁有514人，56岁及以上有274人；2022年，北京57所高校思政课专职教师中35岁及以下有541人，36—45岁有627人，46—55岁有513人，56岁及以上有262人；2023年，北京57所高校思政课专职教师中35岁及以下有533人，36—45岁有664人，46—55岁有517人，56岁及以上有251人。由此可见，北京高校思政课专职教师中青年人的增速更快，年龄结构更加合理。

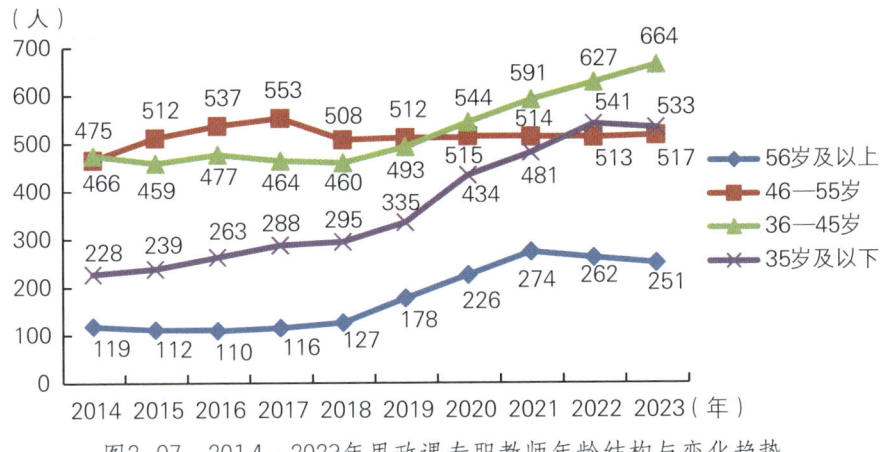

图2-97　2014—2023年思政课专职教师年龄结构与变化趋势

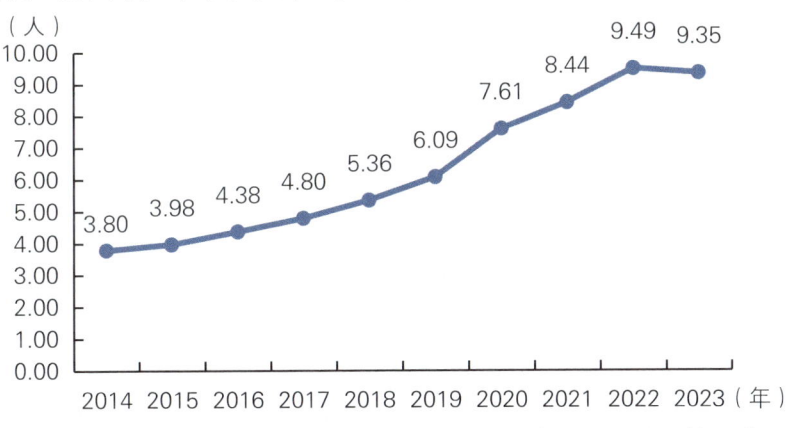

从2014年至2023年思政课专职教师中35岁及以下的平均人数来看，2014年，思政课专职教师中35岁及以下的平均人数为3.80人；2015年，思政课专职教师中35岁及以下的平均人数为3.98人；2016年，思政课专职教师中35岁及以下的平均人数为4.38人；2017年，思政课专职教师中35岁及以下的平均人数为4.80人；2018年，思政课专职教师中35岁及以下的平均人数为5.36人；2019年，思政课专职教师中35岁及以下的平均人数为6.09人；2020年，思政课专职教师中35岁及以下的平均人数为7.61人；2021年，思政课专职教师中35岁及以下的平均人数为8.44人；2022年，思政课专职教师中35岁及以下的平均人数为9.49人；2023年，思政课专职教师中35岁及以下的平均人数为9.35人，如图2-98所示。由此可以看出，2014年至2022年35岁及以下的青年教师平均人数在不断增加，2022—2023年有略微下降。北京高校的专职教师队伍总体上不断趋于年轻化。

图2-98　2014—2023年思政课专职教师中35岁及以下的平均人数

从教师队伍的学位结构来看，北京57所高校的思政课专职教师的学位结构逐步优化。如图2-99所示，2014年全部的1288名专职教师中，具有博士学位的专职教师人数为731人（占比56.75%），硕士学位的人数为439人（占比34.08%），学士学位人数为113人（占比8.77%），其他学位5人（占比0.39%）；2015年全部的1322名专职教师中，具有博士学位的专职教师人数为796人（占比60.21%），硕士学位的人数为417人（占比31.54%），学士学位人数为103人（占比7.79%），其他学位6人（占比0.45%）；2016年全部的1387名专职教师中，具有博士学位的专职教师人数为852人（占比61.43%），硕士学位的人数为435人（占比31.36%），学士学位人数为96人（占比6.92%），其他学位4人（占比0.29%）；2017年全部的1421名专职教师中，具有博士学位的专职教师人数为904人（占比63.62%），硕士学位的人数为420人（占比29.56%），学士学位人数为93人（占比6.54%），其他学位4人（占比0.28%）；2018年全部的1390名专职教师中，具有博士学位的专职教师人数为979人（占比70.43%），硕士学位的人数为332人（占比23.88%），学士学位人数为76人（占比5.47%），其他学位3人（占比0.22%）；2019年全部的1518名专职教师中，具有博士学位的专职教师人数为1106人（占比72.86%），硕士学位的人数为347人（占比22.86%），学士学位人数为64人（占比4.22%），其他学位1人（占比0.07%）；2020年全部的1719名专职教师中，具有博士学位的专职教师人数为1270人（占比73.88%），硕士学位的人数为389人（占比22.63%），学士学位人数为59人（占比3.43%），其他学位1人（占比0.06%）；2021年全部的1860名专职教师中，具有博士学位的专职教师人数为1443人（占比77.58%），硕士学位的人数为366人（占比19.68%），学士学位人数为50人（占比2.69%），其他学位1人（占比0.05%）；2022年全部的1943名专职教师中，具有博士学位的专职教师人数为1558人（占比80.19%），硕士学位的人数为338人（占比17.40%），学士学位人数为43人（占比2.21%），其他学位4人（占比0.21%）；2023年全部的1965名专职教师中，具有博士学位的专职教师人数为1604人（占比81.63%），硕士学位的人数为325人（占比16.54%），学士学位人数为36人（占比1.83%），无其他学位教师。这说明思政课专职教师中拥有博士学位的教师占比在增加，而拥有硕士学位和学士学位的教师占比在减少，表明整个思政课专职教师队伍的学位结构正在逐步优化。

图2-99　2014—2023年思政课专职教师学位结构与变化趋势

从2014年至2023年思政课专职教师具有博士学位的平均人数来看，2014年思政课专职教师具有博士学位的平均人数为12.18人；2015年思政课专职教师具有博士学位的平均人数为13.27人；2016年思政课专职教师具有博士学位的平均人数为14.20人；2017年思政课专职教师具有博士学位的平均人数为15.07人；2018年思政课专职教师具有博士学位的平均人数为17.80人；2019年思政课专职教师具有博士学位的平均人数为20.11人；2020年思政课专职教师具有博士学位的平均人数为22.28人；2021年思政课专职教师具有博士学位的平均人数为25.32人；2022年思政课专职教师具有博士学位的平均人数为27.33人；2023年思政课专职教师具有博士学位的平均人数为28.14人，如图2-100所示。

图2-100　2014—2023年思政课专职教师具有博士学位的平均人数

与此同时，思政课专职教师的职称结构趋于合理。如图2-101所示，2014年，在全部60所高校的思政课专职教师中，拥有教授职称的人数为262人（占比20.34%），副教授为569人（占比44.18%），讲师为439人（占比34.08%），其他18人（占比1.40%）；2015年，在全部60所高校的思政课专职教师中，拥有教授职称的人数为270人（占比20.42%），副教授为587人（占比44.40%），讲师为454人（占比34.34%），其他11人（占比0.83%）；2016年，在全部60所高校的思政课专职教师中，拥有教授职称的人数为285人（占比20.55%），副教授为596人（占比42.97%），讲师为481人（占比34.68%），其他25人（占比1.80%）；2017年，在全部60所高校的思政课专职教师中，拥有教授职称的人数为304人（占比21.39%），副教授为599人（占42.15%），讲师为496人（占比34.90%），其他22人（占比1.55%）；2018年，在全部55所高校的思政课专职教师中，拥有教授职称的人数为308人（占比22.16%），副教授为574人（占比41.29%），讲师为483人（占比34.75%），其他25人（占比1.80%）；2019年，在全部55所高校的思政课专职教师中，拥有教授职称的人数为341人（占比22.46%），副教授为617人（占比40.65%），讲师为543人（占比35.77%），其他17人（占比1.12%）；2020年，在全部57所高校的思政课专职教师中，拥有教授职称的人数为369人（占比21.47%），副教授为673人（占比39.15%），讲师为651人（占比37.87%），其他26人（占比1.51%）；2021年，在全部57所高校的思政课专职教师中，拥有教授职称的人数为412人（占比22.15%），副教授为718人（占比38.60%），讲师为712人（占比38.28%），其他18人（占比0.97%）；2022年，在全部57所高校的思政课专职教师中，拥有教授职称的人数为411人（占比21.15%），副教授为732人（占比37.67%），讲师为745人（占比38.34%），其他55人（占比2.83%）；2023年，在全部57所高校的思政课专职教师中，拥有教授职称的人数为440人（占比22.39%），副教授为729人（占比37.10%），讲师为749人（占比38.12%），其他职称47人（占比2.39%）。由此可以看出，2014年至2023年思政课专职教师中教授、副教授、讲师的职称人数均在波动中呈现出上升趋势，总体上职称结构呈现出高层引领、中坚饱满、年轻力量强的"纺锤形"结构。

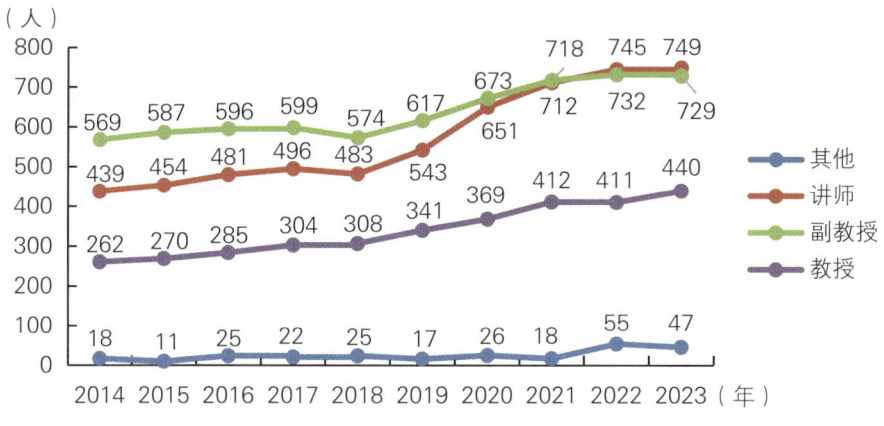

图2-101　2014—2023年思政课专职教师职称结构与变化趋势

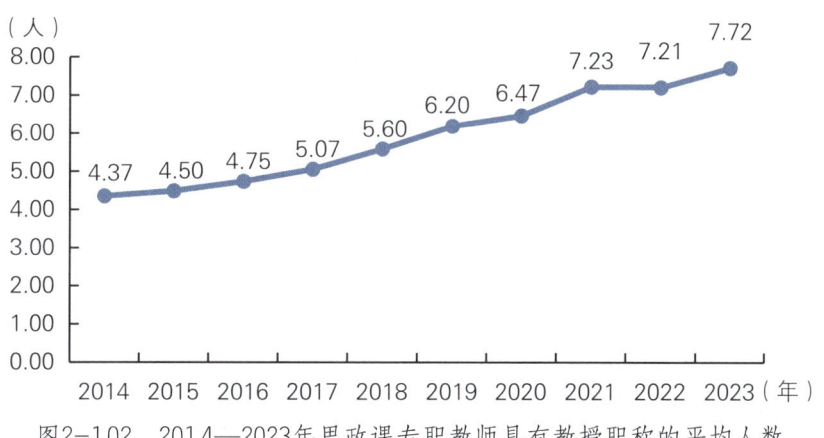

从2014年至2023年思政课专职教师具有教授职称的平均人数来看，2014年，思政课专职教师具有教授职称的平均人数为4.37人；2015年，思政课专职教师具有教授职称的平均人数为4.50人；2016年，思政课专职教师具有教授职称的平均人数为4.75人；2017年，思政课专职教师具有教授职称的平均人数为5.07人；2018年，思政课专职教师具有教授职称的平均人数为5.60人；2019年，思政课专职教师具有教授职称的平均人数为6.20人；2020年，思政课专职教师具有教授职称的平均人数为6.47人；2021年，思政课专职教师具有教授职称的平均人数为7.23人；2022年，思政课专职教师具有教授职称的平均人数为7.21人；2023年，思政课专职教师具有教授职称的平均人数为7.72人，如图2-102所示。由此可以看出，2014年至2023年思政课专职教师具有教授职称的平均人数呈递增趋势（除2021—2022年有略微下降外）。

图2-102　2014—2023年思政课专职教师具有教授职称的平均人数

从2014年至2023年思政课专职教师政治面貌情况与变化趋势来看，2014年，思政课专职教师中为中共党员的有1122人，民主党派人士31人，其他政治面貌135人；2015年，思政课专职教师中为中共党员的有1170人，民主党派人士27人，其他政治面貌125人；2016年，思政课专职教师中为中共党员的有1236人，民主党派人士25人，其他126人；2017年，思政课专职教师中为中共党员的有1272人，民主党派人士26人，其他123人；2018年，思政课专职教师中为中共党员的有1263人，民主党派人士26人，其他101人；2019年，思政课专职教师中为中共党员的有1388人，民主党派人士25人，其他105人；2020年，思政课专职教师中为中共党员的有1569人，民主党派人士24人，其他126人；2021年，思政课专职教师中为中共党员的有1749人，民主党派人士18人，其他93人；2022年，思政课专职教师中为中共党员的有1851人，民主党派人士14人，其他78人；2023年，思政课专职教师中为中共党员的有1885人，民主党派人士23人，其他57人，如图2-103所示。由此可以看出，思政课专职教师中中共党员人数占比最大，鲜明体现出"政治要强"的要求。

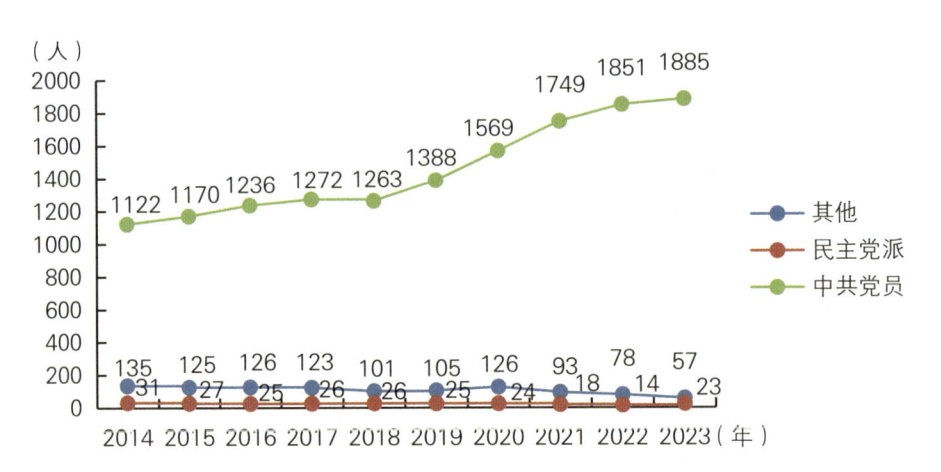

图2-103　2014—2023年思政课专职教师政治面貌情况与变化趋势

从2014年至2023年思政课专职教师中中共党员的平均人数来看，2014年，思政课专职教师中中共党员的平均人数为18.70人；2015年，思政课专职教师中中共党员的平均人数为19.50人；2016年，思政课专职教师中中共党员的平均人数为20.60人；2017年，思政课专职教师中中共党员的平均人数为21.20人；2018年，思政课专职教师中中共党员的平均人数为22.96

人；2019年，思政课专职教师中中共党员的平均人数为25.24人；2020年，思政课专职教师中中共党员的平均人数为27.53人；2021年，思政课专职教师中中共党员的平均人数为30.68人；2022年，思政课专职教师中中共党员的平均人数为32.47人；2023年，思政课专职教师中中共党员的平均人数为33.07人，如图2-104所示。由此可以看出，思政课专职教师中中共党员的平均人数在逐年增加，并且在思政课专职教师的政治面貌中占主体地位。

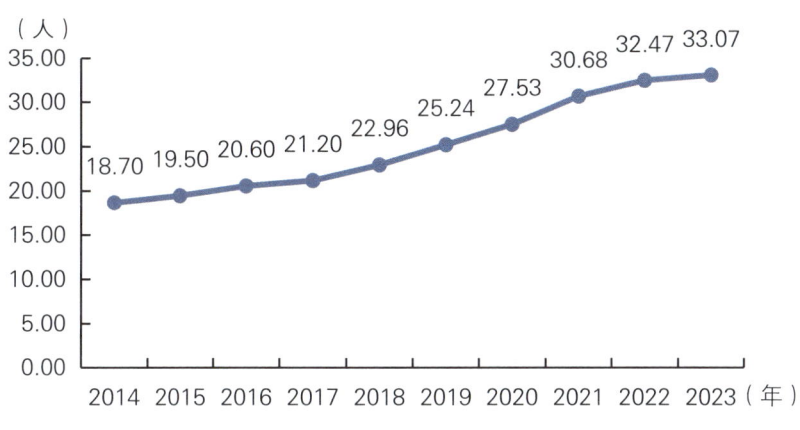

图2-104　2014—2023年思政课专职教师中中共党员的平均人数

（三）教师队伍素质进一步提高

近年来，北京市委教育工委以推动各高校马克思主义学院建设为抓手，在进一步提高思政课教师队伍整体素质方面取得了显著效果。在57所高校中，有38所高校思政课教师队伍规模逐渐扩大，有52所高校思政课教师综合素质不断提升，有39所高校思政课教师培养培训工作和学术交流成绩显著。如图2-105所示。

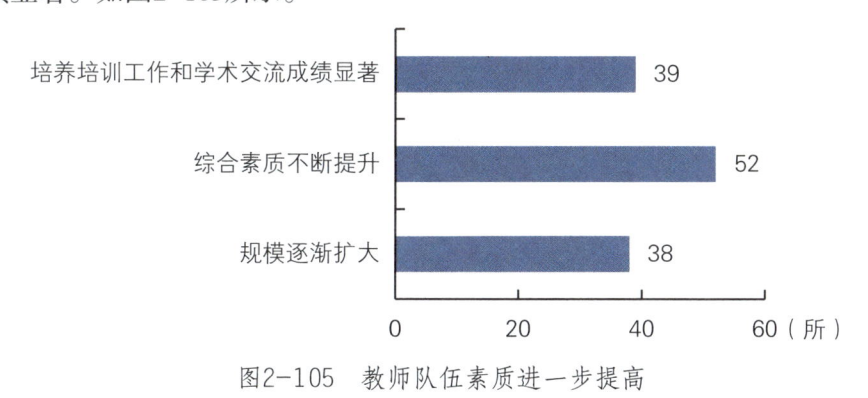

图2-105　教师队伍素质进一步提高

1. 教师队伍规模逐渐扩大

近年来，随着北京市委教育工委对高校马克思主义学院教师队伍建设的重视，各高校在加强人才引进方面付出了诸多努力，并取得了一定效果。

随着近些年思政课建设的大力发展，北京市积极响应扩大思政课教师比例。如图2-106所示，从2014年至2023年参与调研的北京高校思政课专兼职和新进教师人数来看，2014年，思政课专职教师有1288人、兼职教师有396人、新进教师有70人；2015年，思政课专职教师有1322人、兼职教师有417人、新进教师有61人；2016年，思政课专职教师有1387人、兼职教师有455人、新进教师有92人；2017年，思政课专职教师有1421人、兼职教师有452人、新进教师有89人；2018年，思政课专职教师有1390人、兼职教师有533人、新进教师有150人；2019年，思政课专职教师有1518人、兼职教师有667人、新进教师208人；2020年，思政课专职教师有1719人、兼职教师有865人、新进教师188人；2021年，思政课专职教师有1860人、兼职教师有1050人、新进教师175人；2022年，思政课专职教师有1943人、兼职教师有1145人、新进教师136人；2023年，思政课专职教师有1965人、兼职教师有1128人、新进教师116人。总体来看，2014年至2023年思政课教师规模在不断扩大。

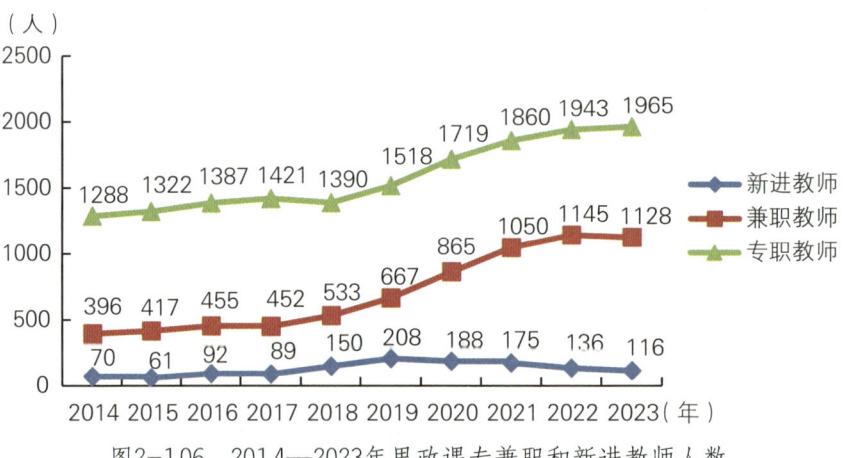

图2-106 2014—2023年思政课专兼职和新进教师人数

从2014年至2023年思政课专职教师的平均人数来看，2014年，思政课专职教师平均人数为21.47人；2015年，思政课专职教师平均人数为22.03人；2016年，思政课专职教师平均人数为23.12人；2017年，思政课专职教师平均人数为23.68人；2018年，思政课专职教师平均人数为25.27人；

2019年，思政课专职教师平均人数为27.60人；2020年，思政课专职教师平均人数为30.16人；2021年，思政课专职教师平均人数为32.63人；2022年，思政课专职教师平均人数为34.09人；2023年，思政课专职教师平均人数为34.47人，如图2-107所示。由此可以看出，2014年至2023年思政课专职教师的平均人数在不断增加，规模在不断扩大。

图2-107　2014—2023年思政课专职教师平均人数

从2014年至2023年思政课兼职教师的平均人数来看，2014年，思政课兼职教师平均人数为6.60人；2015年，思政课兼职教师平均人数为6.95人；2016年，思政课兼职教师平均人数为7.58人；2017年，思政课兼职教师平均人数为7.53人；2018年，思政课兼职教师平均人数为9.69人；2019年，思政课兼职教师平均人数为12.13人；2020年，思政课兼职教师平均人数为15.18人；2021年，思政课兼职教师平均人数为18.42人；2022年，思政课兼职教师平均人数为20.09人；2023年，思政课兼职教师平均人数为19.79人，如图2-108所示。由此可以看出，2014年至2023年思政课兼职教师的平均人数在不断增加（除了2016—2017年、2022—2023年有略微下降），总体而言规模在不断扩大。

图2-108　2014—2023年思政课兼职教师平均人数

从2014年至2023年思政课新进教师的平均人数来看，2014年，思政课新进教师平均人数为1.17人；2015年，思政课新进教师平均人数为1.02人；2016年，思政课新进教师平均人数为1.53人；2017年，思政课新进教师平均人数为1.48人；2018年，思政课新进教师平均人数为2.73人；2019年，思政课新进教师平均人数为3.78人；2020年，思政课新进教师平均人数为3.30人；2021年，思政课新进教师平均人数为3.07人；2022年，思政课新进教师平均人数为2.39人；2023年，思政课新进教师平均人数为2.04人，如图2-109所示。由此可以看出，2014年至2023年思政课新进教师的平均人数在2019年达到高峰，在2019年之后各大高校引进人才的力度仍保持较大力度。

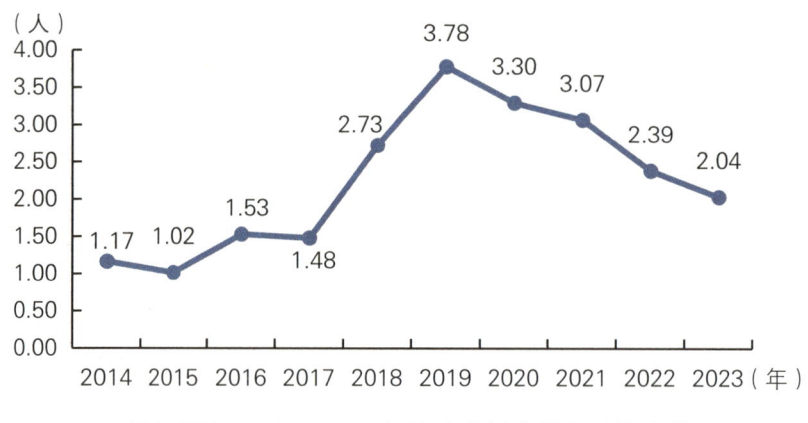

图2-109 2014—2023年思政课新进教师平均人数

2. 杰出人才不断涌现

思想政治理论课教师队伍的整体素质在不断提升，各种杰出人才层出不穷。如图2-110所示，在参加调查的57所高校中，共有马克思主义理论研究和建设工程首席专家9人（其中一流大学建设高校8人，一流学科建设高校1人），国家级教学名师1人（来自一流大学建设高校），长江学者奖励计划特聘教授6人（其中一流大学建设高校5人，一流学科建设高校1人），长江学者奖励计划青年学者4人（其中一流大学建设高校3人，一流学科建设高校1人），万人计划哲学社会科学领军人才11人（其中一流大学建设高校6人，一流学科建设高校4人，非"双一流"建设高校1人），全国宣传文化系统"四个一批"人才8人（其中一流大学建设高校5人，一流学科建设高校2人，非"双一流"建设高校1人），教育部跨世纪人才3

人（均来自一流大学建设高校），教育部新世纪优秀人才6人（其中一流大学建设高校5人，一流学科建设高校1人）。

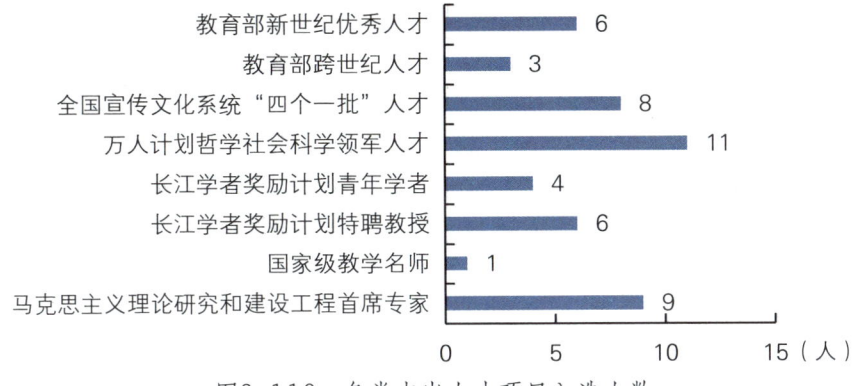

图2-110　各类杰出人才项目入选人数

- 教育部新世纪优秀人才　6
- 教育部跨世纪人才　3
- 全国宣传文化系统"四个一批"人才　8
- 万人计划哲学社会科学领军人才　11
- 长江学者奖励计划青年学者　4
- 长江学者奖励计划特聘教授　6
- 国家级教学名师　1
- 马克思主义理论研究和建设工程首席专家　9

同时，诸多优秀的思政课教师涌现，在多种评比中获得荣誉头衔。如图2-111所示，在参加调查的57所高校中，共有全国优秀教师3人（其中一流大学建设高校1人，非"双一流"建设高校2人），全国教育系统先进工作者1人（来自一流大学建设高校），全国优秀教育工作者1人（来自一流大学建设高校），最美教师7人（其中一流大学建设高校2人，一流学科建设高校3人，非"双一流"建设高校2人），北京市优秀教师7人（其中一流大学建设高校1人，一流学科建设高校3人，非"双一流"建设高校3人），北京市教学名师20人（其中一流大学建设高校8人，一流学科建设高校6人，非"双一流"建设高校6人）。

- 北京市教学名师　20
- 北京市优秀教师　7
- 最美教师　7
- 全国优秀教育工作者　1
- 全国教育系统先进工作者　1
- 全国优秀教师　3

图2-111　各项优秀教师评选活动入选人数

3. 综合素质不断提高

北京各高校采取一系列措施，进一步密切了思政课教师队伍建设与教学、科研、学生的关系，这进一步增强了思政课教师队伍的综合素质，对提升高等教育质量、促进学生全面发展、推动思想政治教育创新发展具有重要意义。教师队伍的持续优化与成长，能够促使教师不断更新教学理念，创新教学方法，使思政课更加贴近学生实际，符合时代要求；教师与学生的互动增强，有助于教师及时了解学生的需求和困惑，从而调整教学内容和方式，提高教学效果；教师队伍中科研能力的提升，有助于形成高水平的科研成果，这些成果可以转化为教学资源，丰富教学内容，提升教学深度。在57所高校中，有52所高校的思政课教师提高了教学水平，46所高校的思政课教师增强了科研能力，44所高校的思政课教师提升了人才培养质量。如图2-112所示。

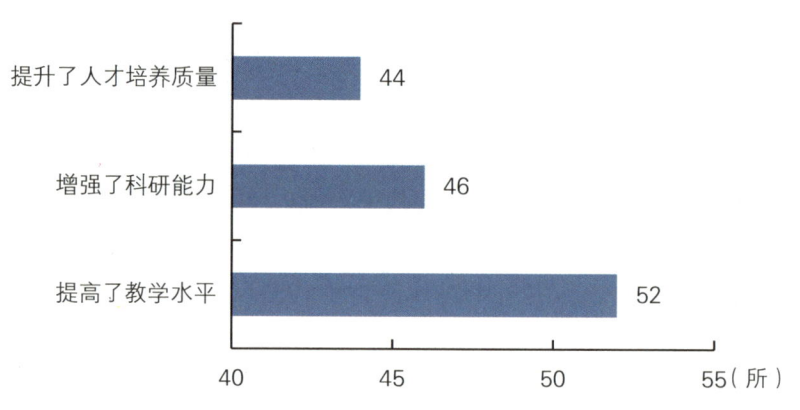

图2-112 教师队伍建设与教学、科研、人才培养的关系进一步密切的高校数量

4. 培训研修持续推进

为深入推进习近平新时代中国特色社会主义思想"三进"，努力建设一支政治强、情怀深、思维新、视野广、自律严、人格正的思政课教师队伍，不断提高教师教书育人能力素质，2023年，社科司、中宣部、北京市委教育工委等举办不同层次、不同内容的培训活动，思政课教师积极参加，还有部分教师进修访学、在职攻读博士学位。如图2-113所示，2023年教师队伍的相关情况如下：2023年高校思想政治理论课骨干教师研修（社科司）114人（其中一流大学建设高校22人，一流学科建设高校41人，非"双一流"建设高校51人），2023年暑期部分高校思想政治理论课骨干教师社会实践研修活动（社科司）246人（其中一流大学建设高校72人，一流学科建设高校128人，非"双一流"建设高校46人），2023年

高校思想政治理论课骨干教师国内高级访问学者（社科司）19人（其中一流大学建设高校15人，一流学科建设高校3人，非"双一流"建设高校1人），第47期全国普通高校"形势与政策"课骨干教师培训（中宣部）217人（其中一流大学建设高校26人，一流学科建设高校175人，非"双一流"建设高校16人），第48期全国普通高校"形势与政策"课骨干教师培训（中宣部）118人（其中一流大学建设高校28人，一流学科建设高校68人，非"双一流"建设高校22人），参加北京市高校思想政治理论课骨干教师研修班142人（其中一流大学建设高校24人，一流学科建设高校63人，非"双一流"建设高校55人），进修访学（仅限境内）6个月以下（不含6个月）81人（其中一流大学建设高校1人，一流学科建设高校36人，非"双一流"建设高校44人），进修访学（仅限境内）6—12个月63人（其中一流大学建设高校46人，一流学科建设高校11人，非"双一流"建设高校6人），在职攻读博士学位的教师（仅限本年度入学）11人（其中一流学科建设高校10人，一流学科建设高校1人）。

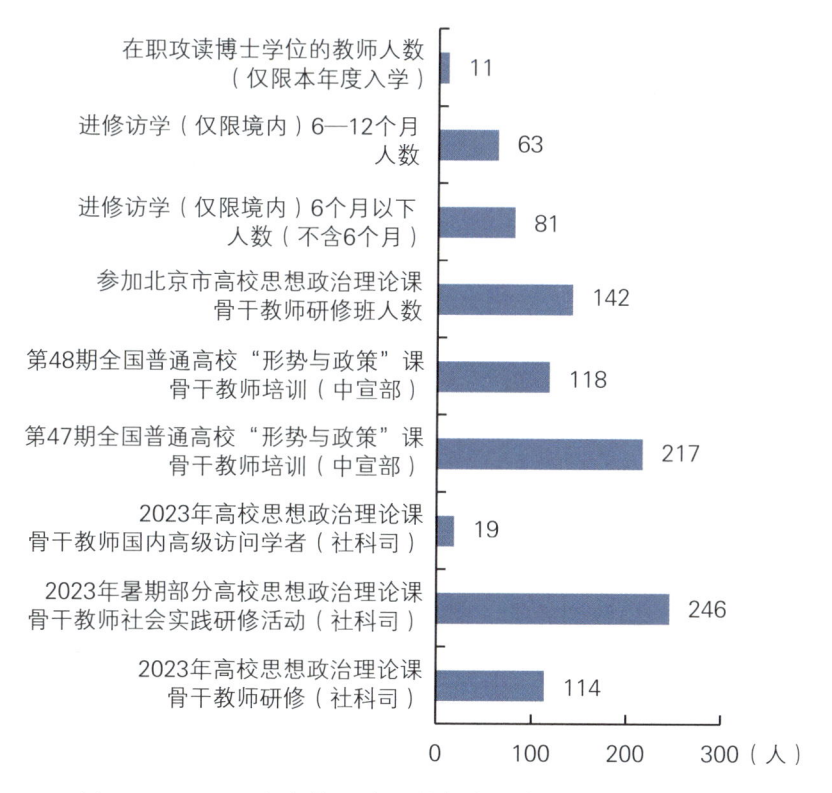

图2-113　2023年高校思政课教师参加各项培训、进修情况

5. 特色活动助力教师跃升

思想政治理论课"青椒论坛"是由北京高校思想政治理论课高精尖创新中心和中国人民大学马克思主义学院主办的系列品牌活动。主要面向全国思政课青年教师，旨在研究探讨在新形势下如何更好地发挥思政课的主渠道作用，帮助思政课青年教师交流教学心得、研讨教学技能、提升教学能力。2023年"青椒论坛"共举办了4期，主题分别为"党的二十大精神融入思想政治理论课教学""讲好新时代'大思政课'""习近平文化思想融入思政课教学""铸牢中华民族共同体意识深度融入思政课教学"。来自全国各地的28位青年教师参与教学展示，11位知名专家学者进行点评和分享。全国思政课教师通过网络直播平台同步收看，取得了热烈反响，为思政课教学改革创新作出了积极贡献。

三、主要问题与对策建议

2023年，北京各高校以习近平总书记关于教育的重要论述为指导，深入贯彻落实教育部等部门的相关规定和意见，狠抓高校思政课教师队伍建设，在优化总体结构、提升综合素质、完善制度供给等方面取得了突出成绩，但仍存在一些改进空间。比如，教师数量仍然不足，人才队伍建设仍需加强，教师队伍的长效管理机制有待进一步完善。因此，还需在强化配齐建强思政课教师队伍的基础上，进一步加强人才队伍建设，健全和完善相关体制机制。

（一）坚持数量与质量并重，全面配齐并加强教师队伍建设

高校作为人才培养的高地，离不开优良的师资队伍。调查显示，当前思政课教师队伍建设在规模和结构方面仍存在以下问题：

一是思政课教师数量不能满足对其需求的情况依然存在。思政课是落实立德树人的关键课程，而上好思政课的关键在于教师。只有把思政课教师队伍配齐建强，思政课教师才能担负起学生健康成长指导者、引路人的责任，才能有效实现立德树人，培养社会主义建设者和接班人的历史使命。教师数量不足，思政课建设就缺乏主体支撑，影响其承担责任与使命的实效性。在参与调研的57所高校中，有39所认为教师数量仍然不足，占总数的68%。如图2-114所示。

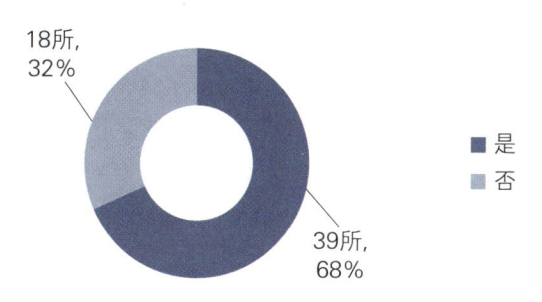

图2-114 对"教师数量是否充足"的看法

二是思政课教师队伍的综合素质有待进一步提高。在参与调研的57所高校中，认为科研意识不强，教学与科研不能互为服务的高校有21所，认为科研方向分散，不能很好地发挥对教学的支撑作用的有36所，认为研究方向游离于马克思主义理论学科的高校有6所，如图2-115所示。认为要提高政治素养的高校有21所，认为要提高教育教学水平的高校有44所，认为要提高科研能力的高校有47所，认为要提高育人本领的高校有30所，如图2-116所示。

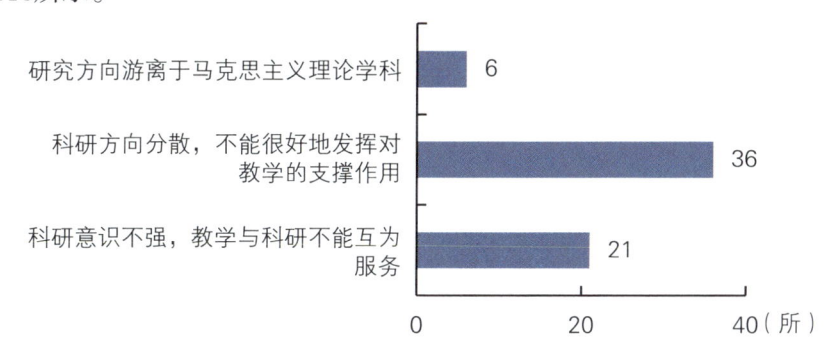

图2-115 对"思政课教师在科研方面存在的主要问题"的看法

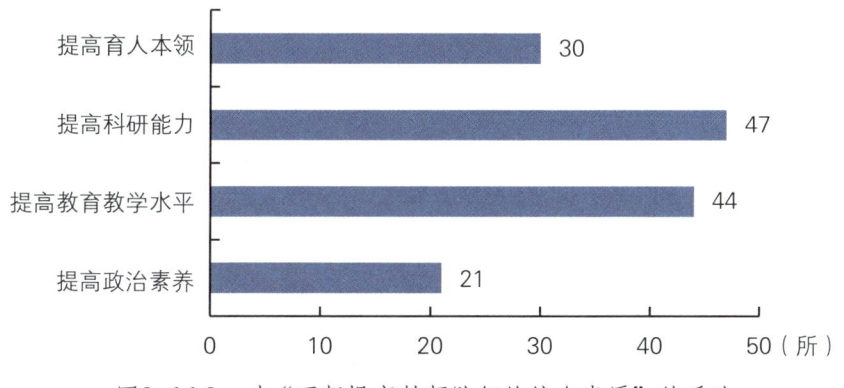

图2-116 对"不断提高教师队伍的综合素质"的看法

三是思政课教师队伍的结构也有待进一步优化。教师队伍结构存在问题，思政课建设就会存在质量隐患，不利于提升教学质量、促进教学创新。在参与调研的57所高校中，认为教师队伍专业背景庞杂的有10所，认为教师队伍学缘结构不合理的有13所，认为教师队伍学历结构参差不齐的有5所，认为教师队伍职称结构比例失调的有25所，如图2-117所示。

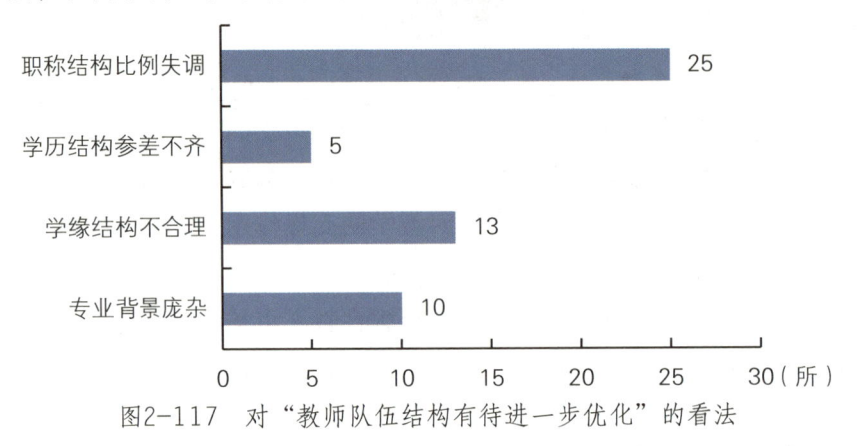

图2-117 对"教师队伍结构有待进一步优化"的看法

高校思政课教师的首要职责是为国家和社会培养高质量的人才，配齐思政课教师队伍并大力提升其综合素质是确保这一使命顺利完成的必要条件。因此，北京各高校要以问题为导向开展相应的工作。为解决以上问题，要继续加大对思政课教师队伍建设的资源投入力度，配齐建强思政课专职教师队伍，不断提高教师队伍的综合素质，优化教师队伍结构。配齐思政课教师队伍是确保学校思想政治教育有效进行的重要环节。针对目前思政课教师数量仍不能满足对其需求的情况，各高校应自觉将思政课教师队伍配比达标作为重要任务来落实，根据学校规模、学生人数及教学需求，科学规划思政课教师数量与结构。此外，北京作为高校聚集地，有着丰富的名师资源。各高校可以通过邀请外校教师授课或招收特聘教授等方式共享教师资源，解决教师数量缺乏的问题。

提升教师的素质与能力是一项永无止境的任务，是办好思政课、做好思想政治工作的必然要求。各高校在配齐思政课教师队伍前提和基础上，应注重解决"多而不优""多而不强"的问题，积极为思政课教师参加社会实践和学习考察创造条件，积极开展社会实践和学习考察活动，使教师队伍不断变优变强。能否运用信息技术是当前评判教师综合素质的一项重要标准，要使思政课教师积极探索网络等新媒体技术与传统思想政治理论课堂的深度融合，利用智慧课堂等现代教育技术手段，如智慧课堂、慕课等，提高教学效率和质量，减轻教师负担。优化思政课教师结构是提升思政课教学质量、加强思想政治工作的重要环节。优化思政课教师结构需要从多个方面入手，包括坚持专职为主、专兼结合的原则、优化年龄学历和职称结构、加强教师队伍建设与培养、拓宽教师知识视野与提升教学能力以及完善激励机制与评价体系等。

（二）注重培养学科带头人，加强人才队伍建设

培养具有影响力的学科带头人和拔尖人才对于推动思政课教学改革与创新、提升教学质量与效果、加强师资队伍建设以及推动思政教育理论研究与实践探索等方面都具有重要作用。调查结果显示，当前思政课教师队伍仍缺乏有影响力的中青年学科带头人和拔尖人才。在参加调研的57所学科点高校中，认为缺乏有影响力的中青年学科带头人和拔尖人才的有49所，占总数的86%，如图2-118所示。针对该问题，在参加调研的57所高校中，认为需要以政策吸纳优秀人才的有41所，认为需要对已有人才加大扶持力度的有48所，认为需要从本校培养的有31所，如图2-119所示。

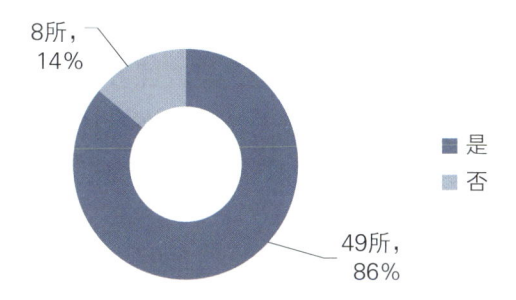

图2-118 对"有影响的中青年学科带头人和拔尖人才是否缺乏"的看法

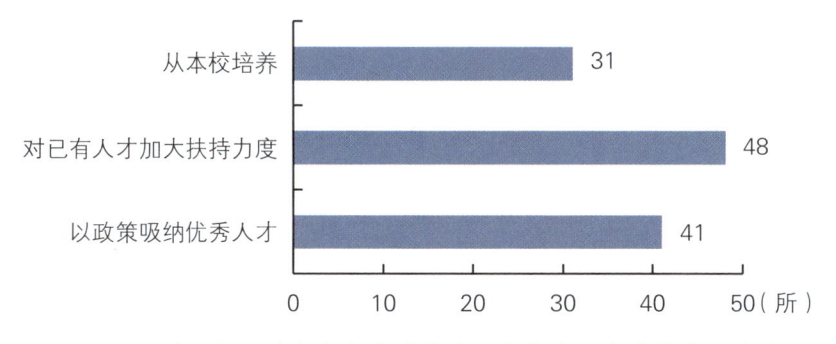

图2-119 对"加强对中青年学科带头人和拔尖人才的培养"的看法

思想政治理论课教师队伍建设是推动马克思主义理论学科建设的根本。建立一支政治立场坚定、业务能力强、文化道德素质高的思想政治理论课教师队伍，是加强马克思主义理论学科建设的根本，是学科建设的长远大计。学科带头人是学科领域的专家和领军人物，各高校应制定相关政策措施，包括经费支持、资源配置、人才培养等方面的政策倾斜，为培养马克思主义理论学科带头人和拔尖人才提供有力保障。北京各高校应挖掘和宣传一批在思政课教学中表现突出的学科带头人，树立典型和榜样，发挥他们的示范引领作用，总结和推广思政课学科带头人培养的成功经验和做法，为其他教师提供借鉴和参考。各高校应以国家和北京市的各类重点人才工程为依托，做大做强高层次人才，大力培育马克思主义理论学科领军人才和名师团队，加强学科平台建设，鼓励广大中青年教师积极参与学术交流和合作研究，提升人才培养能力，采取各种措施为中青年学科带头人的发展提供有力扶持与保障。

（三）健全和完善领导机制，落实各项政策保障

优化思政课教师队伍建设，既离不开政策层面的有力支持，也需要构建完备的制度体系。健全且行之有效的制度体系是促进思政课教师队伍建设规范化、标准化的载体，是提高思政课教师队伍管理水平、推动北京各高校思政课教师队伍稳定发展的基础。在参加调研的57所高校中，认为教师超负荷承担教学工作的有42所，认为研究生导师担任思政课的情况参差不齐的有11所，如图2-120所示。

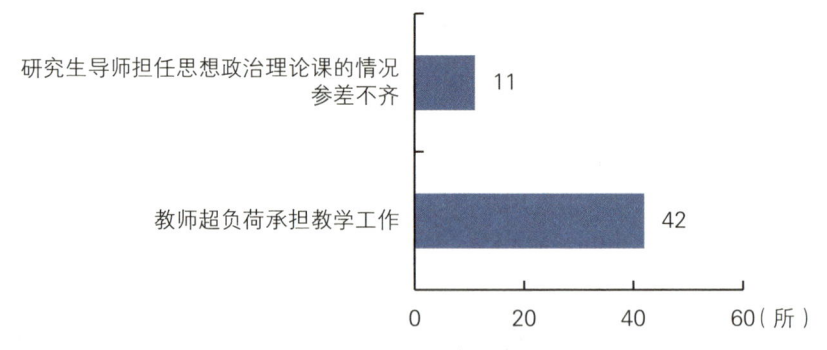

图2-120 对"教师队伍的长效管理机制有待进一步完善"的看法

在教师每学年完成纯学时的要求方面，没有高校要求思政课教师每学年完成纯学时为50学时以下，要求完成50~100学时的高校有3所，要

求完成100~150学时的有6所，要求完成150~200学时的有15所，要求完成200~250学时的有13所，要求完成250~300学时的有11所，要求完成300学时以上的有9所。要求其他公共（或基础课）教师每学年完成纯学时为50学时以下的高校有2所，要求完成50~100学时的有8所，要求完成100~150学时的有6所，要求完成150~200学时的有11所，要求完成200~250学时的有9所，要求完成250~300学时的有11所，要求完成300学时以上的有10所。要求专业课教师每学年完成纯学时为50学时以下的高校有5所，要求完成50~100学时的有11所，要求完成100~150学时的有11所，要求完成150~200学时的有9所，要求完成200~250学时的有5所，要求完成250~300学时的有7所，要求完成300学时以上的有9所，如图2-121所示。可见，多数高校要求思政课教师每学年完成的纯学时都比其他公共基础课和专业课教师更多；相较其他学科教师而言，思政课教师承担着较为繁重的教学任务。

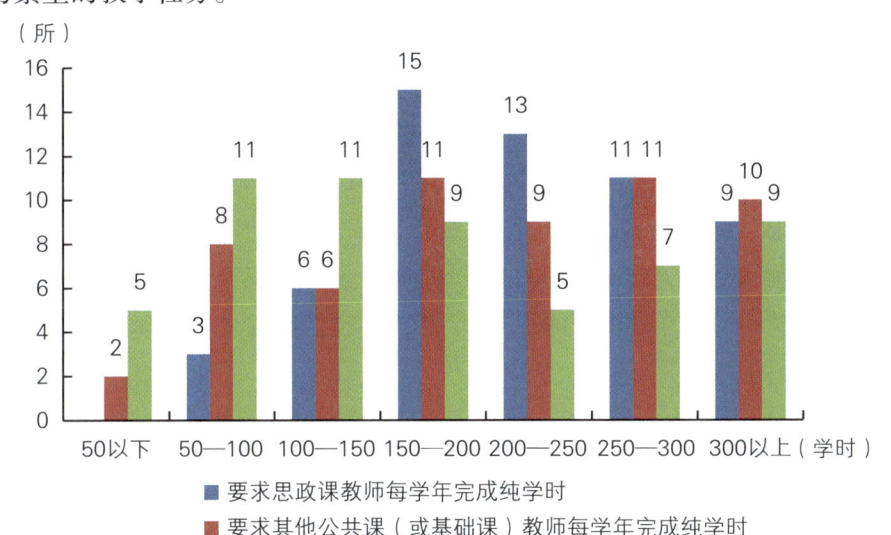

图2-121 教师每学年完成纯学时要求对比

思政课一直都是高校必修课中的重要课程。随着高校扩招和学生人数的增加，思政课教师的教学任务也随之加重。许多思政课教师需要承担多个班级的教学任务，甚至需要跨校区授课，致使工作量巨大。为解决这一问题，需要进一步完善教师队伍的长效管理机制。高校应加大对思政课教师的招聘和培养力度，吸引更多优秀的人才加入思政课教师队伍。同时，应加强对现有教师的培训和进修，提高他们的教学水平和专业素养。此外，高校应根据思政课教师的实际情况和能力水平，合理分配教学任务，并建立科学合理的教师考核评价体系，将教学工作和科研工作并重考虑。

思想政治理论课教师队伍建设政策落实力度和好坏程度，都直接关系到教师的切实权益和积极性，从而影响思想政治理论课教学的实效性。近年来，党中央、国务院和教育部门采取各项有力措施，出台了一系列政策文件，从人力、资金、政策等各方面保障思政课教师队伍发展。各高校应积极将相关政策落实落地，确保各项政策的保障作用能够真正实现。此外，中国特色社会主义进入新时代以来，马克思主义理论学科发展迅速，马克思主义学院教师队伍不断壮大，各高校应根据马克思主义学院实际情况制定更加具有针对性的政策。比如，在教师相关成果的认定标准方面，应打破论文、奖项、课题等传统评价要素的限制，以评价促发展，着力拓宽思政课教师的成长发展通道。在职称评定方面，应注重对思政课教师系列适当倾斜，出台对思政课教师单评单列的政策，从而提升思政课教师干事创业的积极性。

综上所述，2023年，北京高校思政课教师队伍建设取得了显著成就。为进一步在守正创新中推动思政课建设内涵式发展，使思政课在新时代能够有新气象、新作为，必须大力加强高校思政课教师队伍建设。北京各高校应持续加大对思政课教师队伍建设的资源倾斜，完善思政课教师队伍的体制机制建设，增强教师的积极性、主动性、创造性，为推动思政课建设打开新局面提供高质量的师资保障。

第三章 科学研究

2023年，北京高校马克思主义理论学科科学研究在已有成果的基础上取得了新的进展。在这一年，北京市学习贯彻落实党的二十大精神，进一步加强马克思主义理论学科建设和思想政治理论课改革创新，继续出台并狠抓落实一系列旨在推动新时代高校马克思主义理论学科发展的重要举措，直接有力地促进了科学研究的发展。本章分为三部分：一是基本数据分析，基于调研数据分析北京高校马克思主义理论学科的总体科研状况；二是介绍科学研究的进展，对本年度主要研究的理论问题及核心观点进行梳理，着重选取了一些有代表性的观点进行综述；三是基于数据分析和研究综述，揭示北京高校马克思主义理论学科科研方面现存的主要问题，探讨进一步推动科学研究发展的对策建议。

一、调研数据展示与分析

本调研由参研高校自行填报，所有科研成果的取得期限为2023年1月至12月，主要统计分析著作出版、论文发表、科研课题、科研获奖、成果社会影响、学术交流等方面。

（一）著作出版

1. 著作出版总数

2023年，参与调研的北京高校马克思主义理论学科共计出版著作281部，比2022年增加32部。其中，专著197部，比2022年增加40部；编著71部，比2022年减少13部；译著13部，比2022年增加5部。一流大学建设高校出版专著73部，编著25部，译著4部；一流学科建设高校出版专著86部，编著33部，译著7部；非"双一流"建设高校出版专著38部，编著13部，译著2部（见图3-1）。

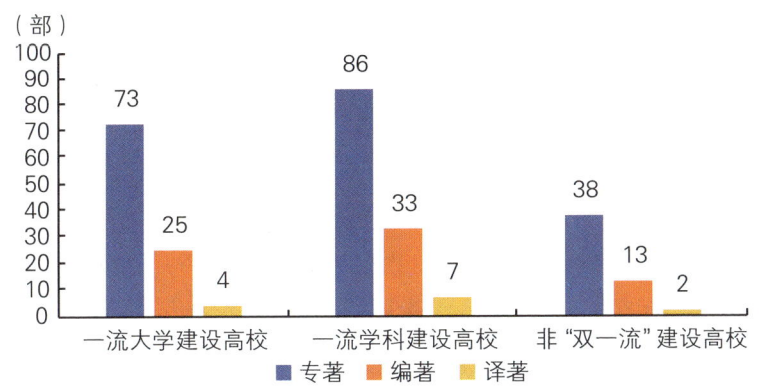

图3-1 2023年参与调研的北京高校马克思主义理论学科年度出版著作情况

从2023年参与调研的北京不同类型高校出版著作的平均数来看，一流大学建设高校年度平均出版约为12.75部，一流学科建设高校年度平均出版约为5.25部，非"双一流"建设高校年度平均出版约为2.12部。这充分反映出一流大学建设高校马克思主义理论学科整体上科研实力更强的客观事实。例如，清华大学马克思主义学院主持编写的《马克思主义经典文献世界传播通考》（100卷），这是国内第一部全面具体展现马克思主义经典文献在世界范围内翻译传播各方面情况的大型丛书，丛书前30卷于2023年1月出版。

从2017年至2023年参与调研的北京高校马克思主义理论学科著作总数变化情况来看，2017年本学科共出版著作180部，2018年本学科共出版著作236部，2019年本学科共出版著作213部，2020年本学科共出版著作184部，2021年本学科共出版著作169部，2022年本学科共出版著作249部，2023年本学科共出版著作281部。可见，北京高校马克思主义理论学科著作出版情况虽有波动，但整体发展较为平稳（见图3-2）。

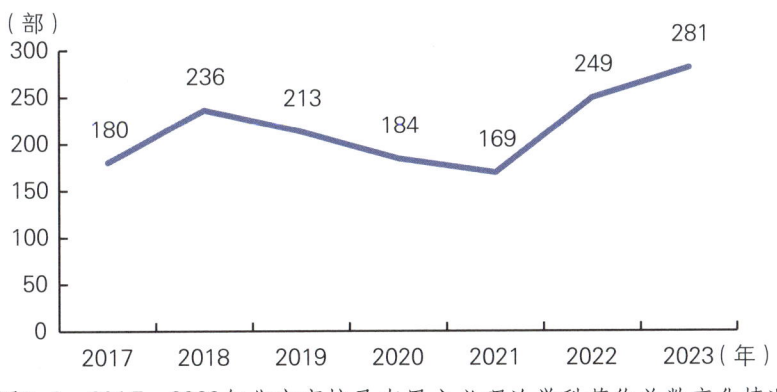

图3-2 2017—2023年北京高校马克思主义理论学科著作总数变化情况

2. 专著出版情况

2023年，参与调研的北京高校马克思主义理论学科出版专著197部，其中一流大学建设高校73部，一流学科建设高校86部，非"双一流"建设高校38部。有29所高校出版总数在3部（含3部）以上，约占全部调研高校总数的50.88%。其中，年度出版数量最多的是清华大学14部，其次是北京大学12部，中国人民大学11部，北京林业大学10部，北京师范大学、北京工业大学均为9部，北京邮电大学8部，北京航空航天大学、北京理工大学、中国农业大学、中国矿业大学（北京）、北京工商大学均为7部，中央民族大学、北京科技大学均为6部，中央财经大学、北京化工大学、北京中医药大学、北京第二外国语学院、北京联合大学均为5部，中国石油大学（北京）、北京外国语大学、北京语言大学、北京体育大学、首都师范大学、北方工业大学均为4部，中国人民公安大学、北京建筑大学、中央戏剧学院、北京物资学院均为3部（见表3-1）。从2023年参与调研的北京不同类型高校出版专著的平均数来看，一流大学建设高校年度平均出版约9.13部，一流学科建设高校年度平均出版约3.58部，非"双一流"建设高校年度平均出版1.52部。

表3-1　2023年参与调研的北京高校马克思主义理论学科专著出版3部（含3部）以上情况排名

学校	部数（部）
清华大学	14
北京大学	12
中国人民大学	11
北京林业大学	10
北京师范大学	9
北京工业大学	9
北京邮电大学	8
北京航空航天大学	7
北京理工大学	7
中国农业大学	7
中国矿业大学（北京）	7
北京工商大学	7

续表

学校	部数（部）
中央民族大学	6
北京科技大学	6
中央财经大学	5
北京化工大学	5
北京中医药大学	5
北京第二外国语学院	5
北京联合大学	5
中国石油大学（北京）	4
北京外国语大学	4
北京语言大学	4
北京体育大学	4
首都师范大学	4
北方工业大学	4
中国人民公安大学	3
北京建筑大学	3
中央戏剧学院	3
北京物资学院	3

纵观2017年至2023年参与调研的北京高校马克思主义理论学科出版专著情况，2017年本学科共出版105本专著，2018年本学科共出版143本专著，2019年本学科共出版专著153部，2020年本学科共出版专著137部，2021年本学科共出版专著122部，2022年本学科共出版专著157部，2023年本学科共出版专著197部，可以看出，从2017年向2018年过渡阶段出版数量增幅明显，2018年到2019年，高校马克思主义理论学科出版专著总数大致相当，继续保持增长趋势，2019年到2021年虽呈下降趋势，但总体数量保持平稳，2021年到2023年是增幅的高峰期（见图3-3）。

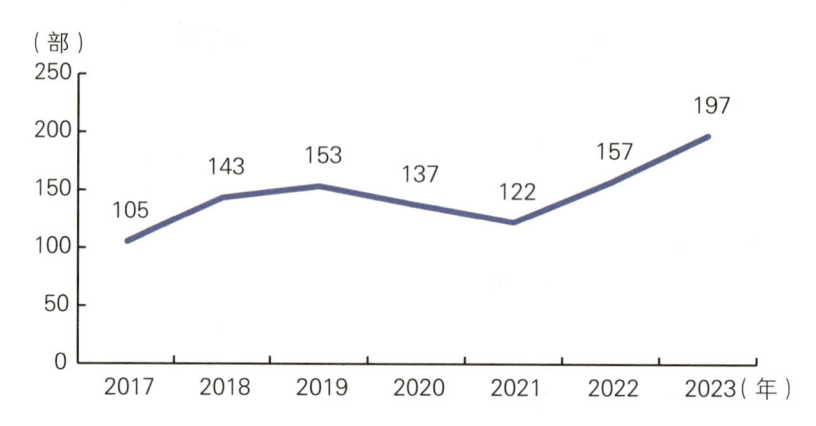

图3-3　2017—2023年北京高校马克思主义理论学科专著总数变化情况

3. 编著出版情况

2023年，参与调研的北京高校马克思主义理论学科共出版编著71部，出版数量在3部（含3部）以上的高校有11所，占参与调研高校总数的19.30%。其中，年度出版编著数量最多的是北京师范大学10部，其次是北京大学、清华大学、中国石油大学（北京）、北京体育大学均为5部，北京林业大学4部，中国农业大学、北京外国语大学、中国人民公安大学、对外经济贸易大学、首都经济贸易大学均为3部（见表3-2）。从2023年参与调研的北京不同类型高校出版编著的平均数来看，一流大学建设高校年度平均出版约3.13部，一流学科建设高校年度平均出版约1.38部，非"双一流"建设高校年度平均出版0.52部。

表3-2　2023年参与调研的北京高校马克思主义理论学科编著出版3部（含3部）以上情况排名

学校	部数（部）
北京师范大学	10
北京大学	5
清华大学	5
中国石油大学（北京）	5
北京体育大学	5
北京林业大学	4
中国农业大学	3
北京外国语大学	3

续表

学校	部数（部）
中国人民公安大学	3
对外经济贸易大学	3
首都经济贸易大学	3

4. 译著出版情况

2023年，参与调研的北京高校马克思主义理论学科译著出版总数为13部，清华大学、北方工业大学均为2部，北京师范大学、北京航空航天大学、中央财经大学、北京交通大学、北京邮电大学、中国传媒大学、北京林业大学、北京体育大学、首都师范大学均为1部。其中，一流大学建设高校出版译著4部，一流学科建设高校出版译著7部，非"双一流"建设高校出版译著2部（见表3–3）。

表3–3　2023年参与调研的北京高校马克思主义理论学科译著出版情况排名

学校	部数（部）
清华大学	2
北方工业大学	2
北京师范大学	1
北京航空航天大学	1
中央财经大学	1
北京交通大学	1
北京邮电大学	1
中国传媒大学	1
北京林业大学	1
北京体育大学	1
首都师范大学	1

（二）论文发表

1. 论文发表总数

2023年，参与调研的北京高校马克思主义理论学科共发表论文2629篇，比2022年增加257篇。其中，CSSCI来源期刊论文818篇，CSSCI扩展版来源期刊论文145篇，全国中文核心期刊论文687篇，《人民日报》理论文章40篇，《光明日报》理论文章110篇，《经济日报》理论文章35篇，国（境）外学术期刊发文41篇。可见，CSSCI论文发表数量高于全国中文核心期刊数量，这充分表明北京地区高校马克思主义理论学科对科研有着强烈的质量意识，瞄准高水平的期刊。一流大学建设高校发表论文1140篇，约占总数的43.36%，占比最大；一流学科建设高校发表论文1105篇，约占总数的42.03%，占比次之；非"双一流"建设高校发表论文384篇，约占总数的14.61%，占比最小（见图3-4）。

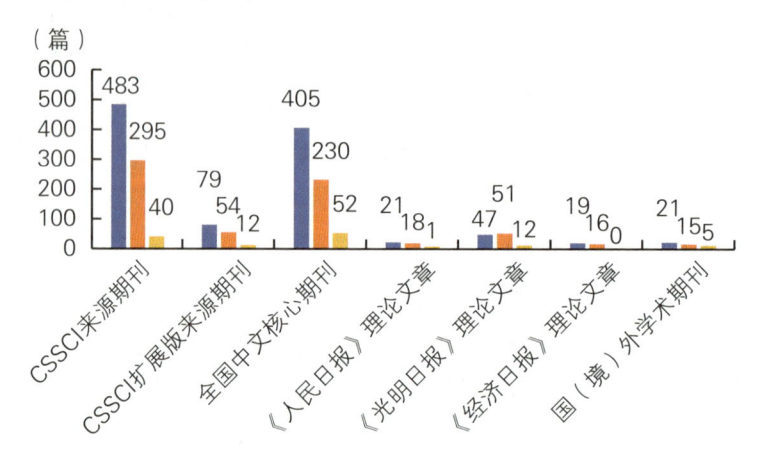

图3-4 2023年参与调研的北京高校马克思主义理论学科发表论文情况

从论文发表数量来看，2023年发表论文最多的高校是北京大学285篇，其次是北京师范大学225篇，清华大学187篇，中国人民大学173篇，北京交通大学146篇，北京航空航天大学88篇，对外经济贸易大学75篇，中国农业大学72篇，北京化工大学71篇，北京理工大学70篇（见表3-4）。2023年发表论文数量多的前四名高校均为一流大学建设高校，都拥有马克思主义理论一级学科博士点，也都是全国重点马克思主义学院。

表3-4 2023年参与调研的北京高校马克思主义理论学科论文发表数量前十名

学校	篇数（篇）
北京大学	285
北京师范大学	225
清华大学	187
中国人民大学	173

续表

学校	篇数（篇）
北京交通大学	146
北京航空航天大学	88
对外经济贸易大学	75
中国农业大学	72
北京化工大学	71
北京理工大学	70

从2023年参与调研的北京高校马克思主义理论学科论文发表总数的平均值来看，一流大学建设高校年度平均发表论文约142.50篇，一流学科建设高校年度平均发表论文约46.04篇，非"双一流"建设高校年度平均发表论文15.36篇。这鲜明地反映出"双一流"建设高校马克思主义理论学科整体上科研实力更强的客观事实。

从2017年至2023年参与调研的北京高校马克思主义理论学科论文发表情况来看，2017年本学科共发表1981篇论文，2018年本学科共发表2246篇论文，2019年本学科共发表2159篇论文，2020年本学科共发表2006篇论文，2021年本学科共发表2437篇论文，2022年本学科共发表2372篇论文，2023年本学科共发表2629篇论文。可见，北京高校马克思主义理论学科论文发表数量情况稍有波动、稳中有进（见图3-5）。

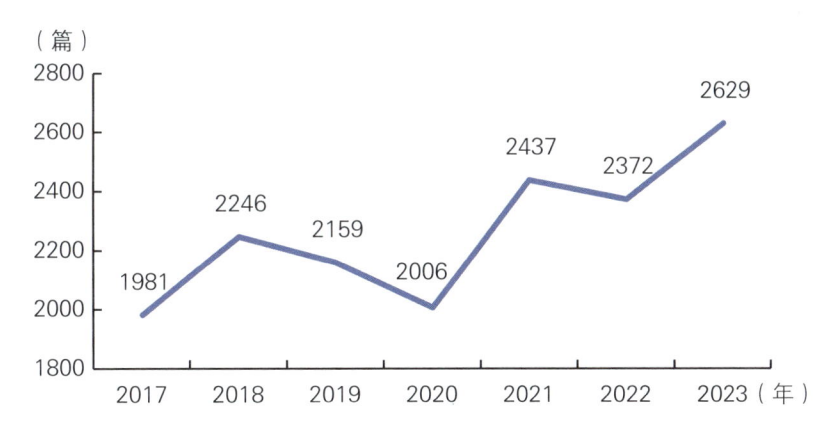

图3-5　2017—2023年北京高校马克思主义理论学科论文总数变化情况

2. CSSCI来源期刊发表情况

2023年，参与调研的北京高校CSSCI来源期刊发表论文共计818篇。其中，一流大学建设高校483篇，约占总数的59.05%，占比最大且过半；一流学科建设高校295篇，约占总数的36.06%，占比次之；非"双一流"建设高校40篇，约占总数的4.89%，占比最小（见图3-6）。从2023年参与调研的北京高校CSSCI来源期刊论文发表总数的平均值来看，一流大学建设高校年度平均发表约为60.38篇，一流学科建设高校年度平均发表约为12.29篇，非"双一流"建设高校年度平均发表为1.6篇。可见，一流大学建设高校的科研实力雄厚，三种类型高校之间的科研水平差距较大。

（篇）

类型	篇数
一流大学建设高校	483
一流学科建设高校	295
非"双一流"建设高校	40

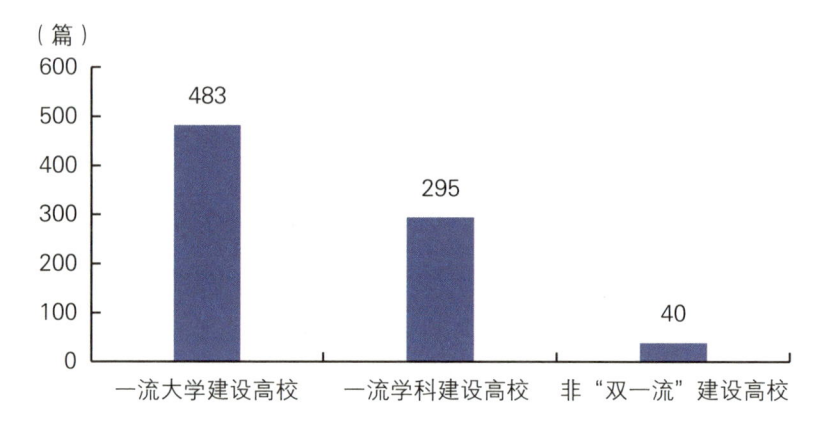

图3-6 2023年参与调研的北京高校马克思主义理论学科CSSCI来源期刊发表篇数

2023年，参与调研的北京高校马克思主义理论学科CSSCI来源期刊发表数量前十名的情况为：中国人民大学131篇，清华大学120篇，北京大学85篇，北京师范大学44篇，北京科技大学34篇，中央财经大学33篇，北京航空航天大学31篇，中国政法大学31篇，北京理工大学30篇，北京交通大学29篇。这些高校都拥有一级学科博士学位点，CSSCI来源期刊发表数量与该校本学科的整体实力基本吻合（见表3-5）。

表3-5 2023年参与调研的北京高校马克思主义理论学科CSSCI来源期刊论文发表前十名

学校	篇数（篇）
中国人民大学	131
清华大学	120
北京大学	85
北京师范大学	44

续表

学校	篇数（篇）
北京科技大学	34
中央财经大学	33
北京航空航天大学	31
中国政法大学	31
北京理工大学	30
北京交通大学	29

从2017年至2023年高校马克思主义理论学科CSSCI来源期刊发表情况来看，2017年本学科共发表580篇，2018年本学科共发表696篇，2019年本学科共发表667篇，2020年本学科共发表884篇，2021年本学科共发表853篇，2022年本学科共发表740篇，2023年本学科共发表818篇（见图3-7）。可见，北京高校马克思主义理论学科的高水平论文发表数量总体呈上升趋势，对学界更高评价的期刊刊文的重视程度更加明显。CSSCI来源期刊发文量充分说明一个学科点的年度整体科研水平和实力，因为目前高校教师刊文首选是CSSCI来源期刊，其次是CSSCI扩展版来源期刊或全国中文核心期刊。

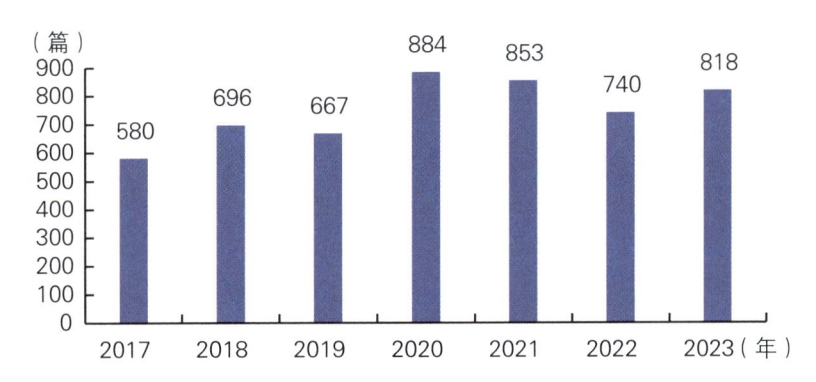

图3-7　2017—2023年北京高校马克思主义理论学科CSSCI来源期刊论文总数变化情况

3. CSSCI扩展版来源期刊发表情况

2023年，参与调研的北京高校马克思主义理论学科CSSCI扩展版来源期刊发表论文共计145篇。其中，一流大学建设高校79篇，约占总数的

54.48%，占比最大且过半；一流学科建设高校54篇，约占总数的37.24%，占比次之；非"双一流"建设高校12篇，占总数的8.28%，占比最小（见图3-8）。从2023年北京参与调研的各类高校CSSCI扩展版来源期刊论文发表总数的平均值来看，一流大学建设高校年度平均发表约为9.88篇，一流学科建设高校年度平均发表2.25篇，非"双一流"建设高校年度平均发表0.48篇。

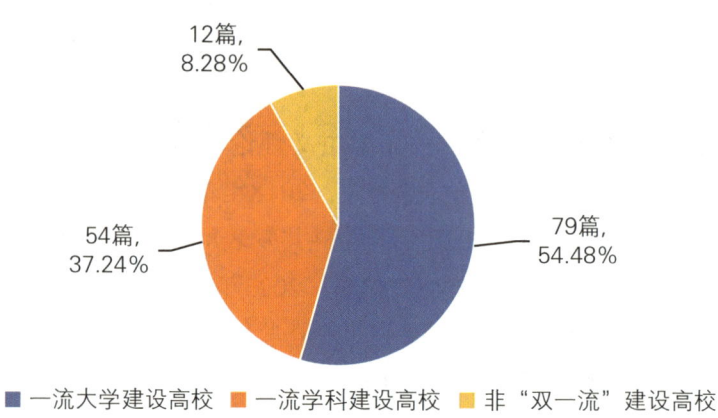

图3-8　2023年参与调研的北京高校马克思主义理论学科CSSCI扩展版来源期刊发表篇数

4. 全国中文核心期刊发表情况

2023年，参与调研的北京高校马克思主义理论学科全国中文核心期刊发表论文共计687篇。其中，一流大学建设高校405篇，约占总数的58.95%，占比最大且过半；一流学科建设高校230篇，约占总数的33.48%，占比次之；非"双一流"建设高校52篇，约占总数的7.57%，占比最小（见图3-9）。从2023年参与调研的各类北京高校全国中文核心期刊发表总数的平均值来看，一流大学建设高校年度平均发表约为50.63篇，一流学科建设高校年度平均发表约为9.58篇，非"双一流"建设高校年度平均发表约为2.08篇。

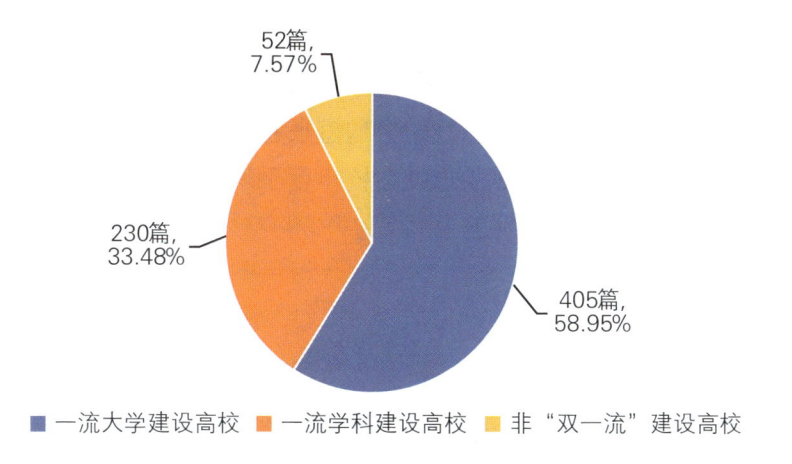

图3-9　2023年参与调研的北京高校马克思主义理论学科全国中文核心期刊发表篇数

从2017年至2023年北京高校马克思主义理论学科全国中文核心期刊发表论文情况来看，2017年本学科共发表390篇，2018年本学科共发表559篇，2019年本学科共发表740篇，2020年本学科共发表652篇，2021年本学科共发表889篇，2022年本学科共发表530篇，2023年本学科共发表687篇（见图3-10）。可见，2017—2023年北京高校马克思主义理论学科全国中文核心期刊论文数量整体呈现波浪增长的态势。

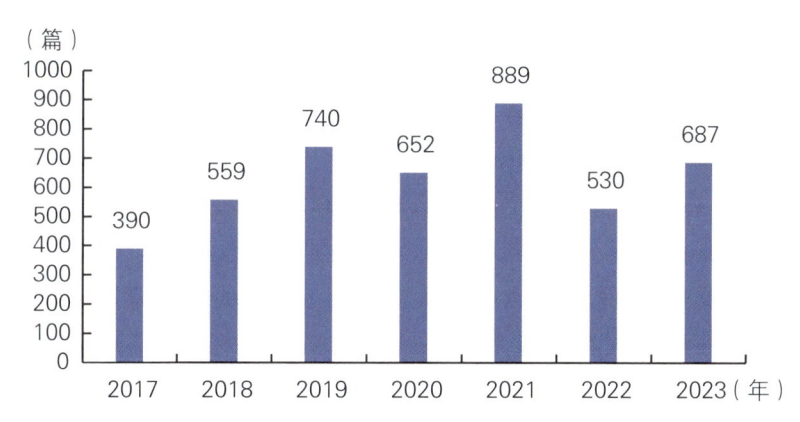

图3-10　2017—2023年北京高校马克思主义理论学科全国中文核心期刊论文总数变化情况

5. 国（境）外学术期刊发表情况

2023年，参与调研的北京高校马克思主义理论学科国（境）外学术期刊发表论文共计41篇。其中，一流大学建设高校21篇，约占总数的

51.22%；一流学科建设高校15篇，约占总数的36.59%；非"双一流"建设高校5篇，约占总数的12.19%（见图3-11）。从2023年参与调研的各类高校国（境）外学术期刊发表总数的平均值来看，一流大学建设高校年度平均发表约为2.63篇，一流学科建设高校年度平均发表约为0.63篇，非"双一流"建设高校年度平均发表为0.2篇。

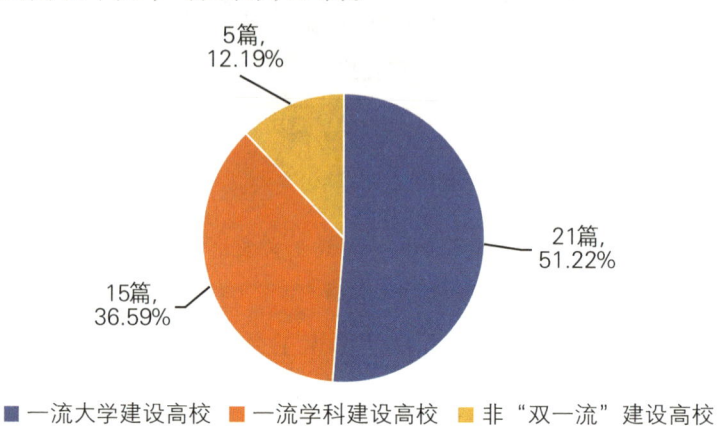

图3-11　2023年参与调研的北京高校马克思主义理论学科国（境）外学术期刊发表论文篇数

（三）课题项目

1. 国家社会科学基金项目方面

2023年，参与调研的北京高校马克思主义理论学科获批的国家社会科学基金项目共89项。从项目类型上看，重大项目11项，重点项目15项，一般项目23项，青年项目15项，后期资助项目12项，专项课题13项。从学校类型上看，一流大学建设高校39项，一流学科建设高校42项，非"双一流"建设高校8项（见图3-12）。从2023年参与调研的北京高校马克思主义理论学科获批国家社会科学基金项目的平均值来看，一流大学建设高校年度平均约为4.88项，一流学科建设高校年度平均为1.75项，非"双一流"建设高校年度平均为0.32项。可以看出，"双一流"建设高校在国家社科基金项目上占有绝对优势。

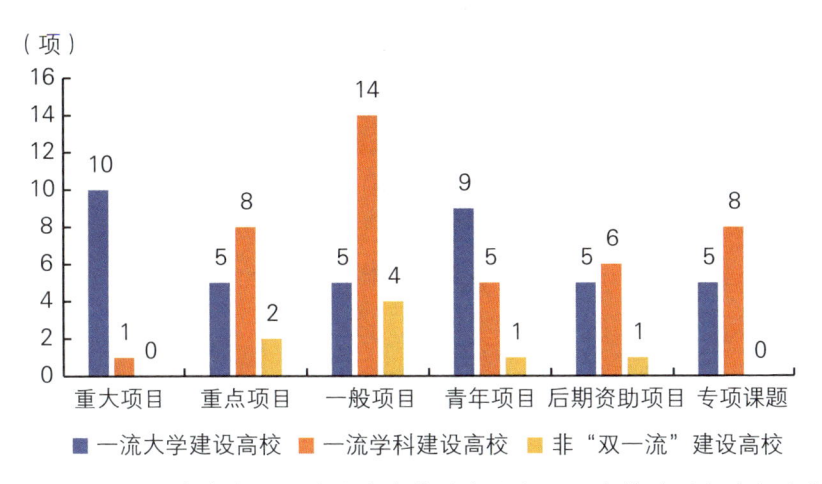

图3-12　2023年参与调研的北京高校马克思主义理论学科国家社会科学基金立项情况

2023年，参与调研的北京高校马克思主义理论学科获批的国家社会科学基金重大项目11项（见表3-6）。作为能够反映高校马克思主义理论学科的整体科研实力的指标之一，国家社科基金重大项目的获得数量，反映了该校本学科的科研实力。

表3-6　2023年参与调研的北京高校马克思主义理论学科获得国家社科基金重大项目情况

序号	项目名称	负责人	工作单位
1	弘扬以伟大建党精神为源头的中国共产党人精神谱系研究	吴潜涛	清华大学
2	新时代中国共产党推进理论创新研究	肖贵清	清华大学
3	中国式现代化的中国特色和本质要求研究	沈江平	中国人民大学
4	马克思主义基本原理同中华优秀传统文化相结合的科学内涵和实践路径研究	杨增崒	北京师范大学
5	新时代建设具有强大凝聚力和引领力的社会主义意识形态研究	黄建军	北京师范大学
6	人民至上与唯物史观新发展研究	徐斌	北京师范大学
7	新时代建立和完善党的自我革命制度规范体系研究	王春玺	北京航空航天大学
8	马克思主义经典作家的共同体思想研究	谢惠媛	北京航空航天大学
9	新时代新征程完善思想政治工作体系的重大理论与实践问题研究	张毅翔	北京理工大学
10	深化对"五个必由之路"规律性认识研究	陈洪玲	北京理工大学
11	中国共产党三个"历史决议"的比较研究	朱家梅	中央财经大学

2023年，参与调研的北京高校马克思主义理论学科共获得国家社科基金项目90项，获得数量在3项（含3项）以上的高校有13所，占参与调研高校总数的22.81%。其中，年度获得数量最多的是清华大学11项，其次是北京航空航天大学7项，北京理工大学6项，北京大学、北京师范大学、北京化工大学均为5项，中国人民大学、北京交通大学、首都师范大学均为4项，中央财经大学、中国政法大学、中国地质大学（北京）、北京林业大学均为3项（见表3-7）。

表3-7 2023年参与调研的北京高校马克思主义理论学科获得国家社科基金项目3项（含3项）以上情况排名

学校	项数（项）
清华大学	11
北京航空航天大学	7
北京理工大学	6
北京大学	5
北京师范大学	5
北京化工大学	5
中国人民大学	4
北京交通大学	4
首都师范大学	4
中央财经大学	3
中国政法大学	3
中国地质大学（北京）	3
北京林业大学	3

从2017—2023年北京高校马克思主义理论学科国家社会科学基金项目立项变化情况来看，2017年本学科国家社会科学基金项目立项52项，2018年本学科国家社会科学基金项目立项68项，2019年本学科国家社会科学基金项目立项87项，2020年本学科国家社会科学基金项目立项83项，2021年本学科国家社会科学基金项目立项78项，2022年本学科国家社会科学基金项目立项102项，2023年本学科国家社会科学基金项目立项89项。可以看出，北京高校马克思主义理论学科国家社会科学基金项目近年来稍有波动，大体上呈逐渐上升趋势（见图3-13）。

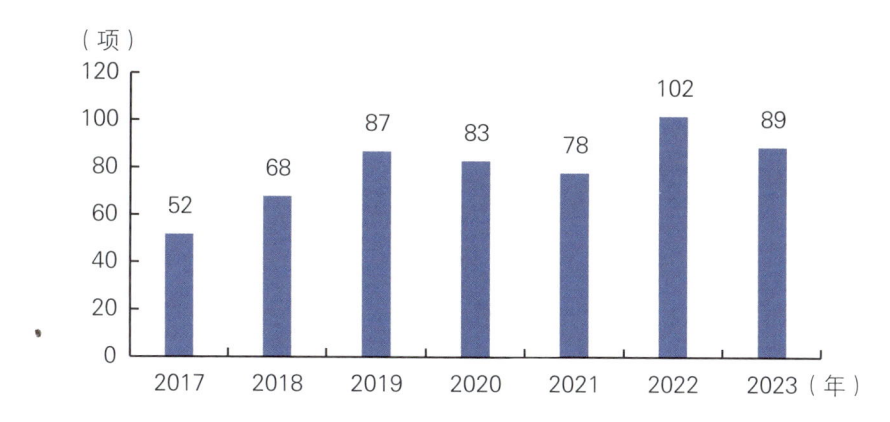

图3-13　2017—2023年北京高校马克思主义理论学科国家社会科学基金项目总数变化情况

2. 全国教育科学规划项目方面

全国教育科学规划课题依托单位主要是高等院校、中央与地方的社科院、专科院校、中小学。其中，无论是从立项总量还是从各类项目立项数来看，高等院校已经成为全国教育科学规划课题立项的主要阵地。2023年，北京高校的教育科学规划项目主要集中在教育学学科，马克思主义理论学科立项为0项。

3. 教育部人文社会科学研究项目方面

2023年，参与调研的北京高校马克思主义理论学科在教育部人文社会科学研究项目方面共有69项。从项目类型上看，重大项目18项，规划项目6项，青年项目14项，专项课题31项，后期资助项目0项。从学校类型上看，一流大学建设高校35项，一流学科建设高校31项，非"双一流"建设高校3项，相比之下一流大学建设高校项目最多（见图3-14）。2023年，从各类学校获批教育部人文社会科学研究项目的平均值来看，一流大学建设高校年度平均约为4.38项，一流学科建设高校年度平均约为1.29项，非"双一流"建设高校年度平均约为0.12项。可以看出，一流大学建设高校在教育部人文社会科学研究项目上占有绝对优势。

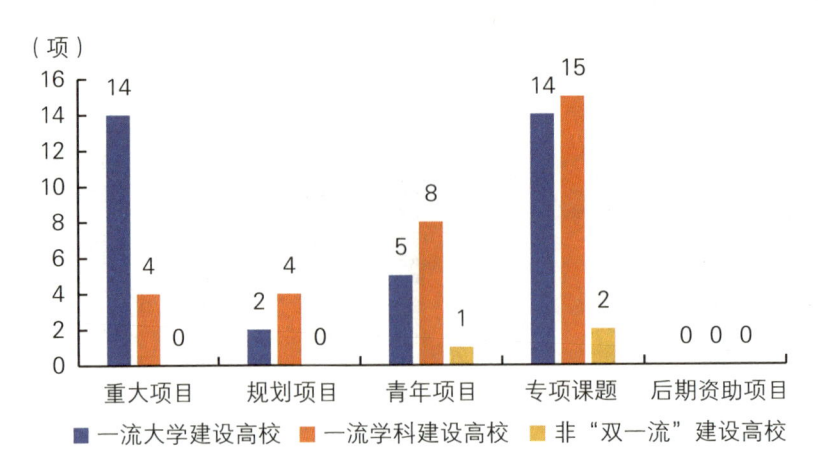

图3-14　2023年参与调研的北京高校马克思主义理论学科教育部人文社会科学研究项目立项情况

从2017—2023年教育部人文社会科学研究项目立项变化情况可以看出，2017年立项38项，2018年立项56项，2019年立项55项，2020年立项29项，2021年立项57项，2022年立项43项，2023年立项69项。可以看出，北京高校马克思主义理论学科教育部人文社会科学研究项目近年来大体上稍有波动，呈逐渐上升趋势（见图3-15）。

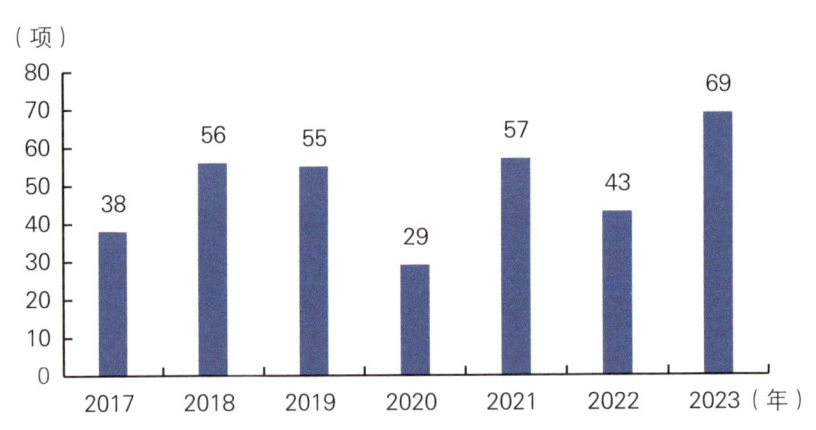

图3-15　2017—2023年北京高校马克思主义理论学科教育部人文社会科学研究项目总数变化情况

4. 北京市社会科学基金项目方面

2023年，参与调研的北京高校马克思主义理论学科在北京市社会科学基金项目方面共有56项。从项目类型上看，重大和重点项目24项，一般项目21项，青年项目11项。从学校类型上看，一流大学建设高校27项，一流学科建设高校22项，非"双一流"建设高校7项（见图3-16）。从参与调研高校获批北京市社会科学基金项目平均值上看，一流大学建设高校年度平均约为3.37项，一流学科建设高校年度平均约为0.92项，非"双一流"建设高校年度平均约为0.28项。可以看出，一流大学建设高校在北京市社会科学基金项目上占有绝对优势。

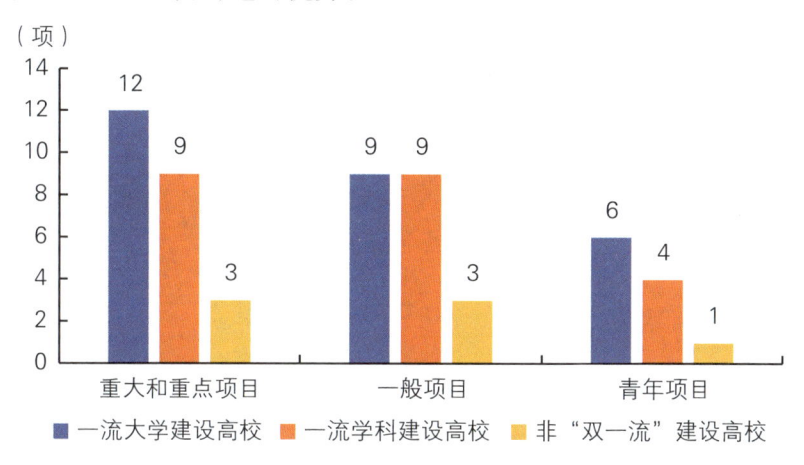

图3-16　2023年参与调研的北京高校马克思主义理论学科北京市社会科学基金项目获批情况

从2017—2023年参与调研高校马克思主义理论学科北京市社会科学基金项目立项变化情况可以看出，2017年北京市社会科学基金项目立项41项，2018年北京市社会科学基金项目立项46项，2019年北京市社会科学基金项目立项44项，2020年北京市社会科学基金项目立项64项，2021年北京市社会科学基金项目立项58项，2022年北京市社会科学基金项目立项34项，2023年北京市社会科学基金项目立项56项。可以看出，北京高校马克思主义理论学科北京市社会科学基金项目2020年明显增长，其余年份波动不大（见图3-17）。

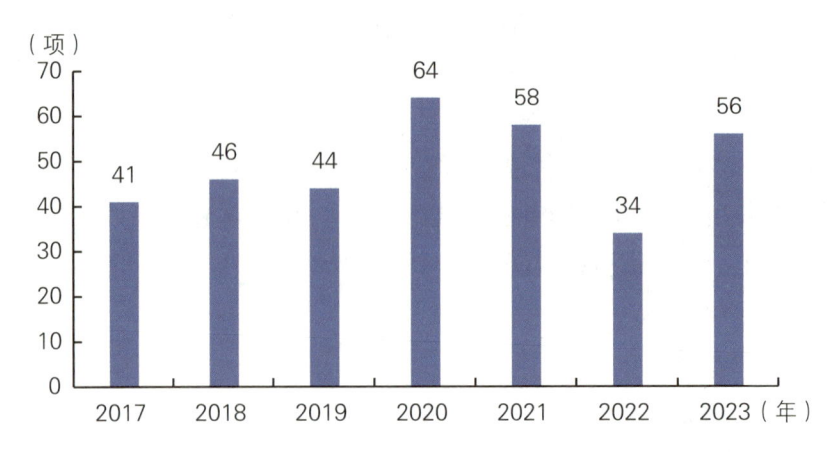

图3-17 2017—2023年北京高校马克思主义理论学科北京市社会科学基金项目总数变化情况

（四）科研获奖

2023年，教育部高等学校科学研究优秀成果奖（人文社会科学）未在评奖时间内，故北京高校马克思主义理论学科未有此类奖项。2023年，参与调研的北京高校马克思主义理论学科北京市哲学社会科学优秀成果奖共计18项。其中，一等奖4项，二等奖14项（见表3-8）。

表3-8 2023年参与调研的北京高校马克思主义理论学科北京市哲学社会科学优秀成果奖情况（按公示的获奖等级排序，同等级获奖成果名单不分先后）

序号	奖项	成果名称	获奖者	工作单位
1	一等奖	中国共产党经济思想百年历程	张雷声	中国人民大学
2	一等奖	中共党史学科基本理论问题研究	王炳林	北京师范大学
3	一等奖	中国共产党宗教理论百年发展史	何虎生	中国人民大学
4	一等奖	马克思"科技—经济"思想及其发展研究	刘冠军	首都经济贸易大学
5	二等奖	论中国式现代化新道路与人类文明新形态	孙代尧	北京大学
6	二等奖	公德之道：当代中国社会公德建设与治理研究	王维国	中国社会科学院大学
7	二等奖	正确认识和把握实现共同富裕的战略目标和实践途径	肖潇	北京师范大学
8	二等奖	中国当代生态生产力发展研究	王鲁娜	北京工商大学
9	二等奖	历史主动精神的科学内涵	侯衍社	中国人民大学
10	二等奖	中国化马克思主义党建理论研究	韩振峰	北京交通大学

续表

序号	奖项	成果名称	获奖者	工作单位
11	二等奖	中国特色社会主义分配制度的理论基础、实践特性与效率效应研究	曹永栋	对外经济贸易大学
12	二等奖	中国特色社会诚信建设研究	王淑芹	首都师范大学
13	二等奖	中国式现代化的本质意蕴与价值追求	赵义良	北京航空航天大学
14	二等奖	理论何以自信	秦宣	中国人民大学
15	二等奖	马克思主义基本原理同中华优秀传统文化相结合的历史考察与时代要求	王易	中国人民大学
16	二等奖	世界百年未有之大变局下的意识形态风险及其防范	魏志奇	中国地质大学（北京）
17	二等奖	新时代高校思想政治教育学原理	冯刚	北京师范大学
18	二等奖	西方哲学史（5卷本）	冯俊	清华大学

（五）论文转载

2023年，参与调研的北京高校马克思主义理论学科论文被《新华文摘》《中国社会科学文摘》《高等学校文科学术文摘》《人大复印报刊资料》转载数量共计134篇。从转载类型上看，《新华文摘》21篇，《中国社会科学文摘》15篇，《高等学校文科学术文摘》9篇，《人大复印报刊资料》89篇。从学校类型上看，一流大学建设高校99篇，一流学科建设高校29篇，非"双一流"建设高校6篇（见图3-18）。可见，"双一流"建

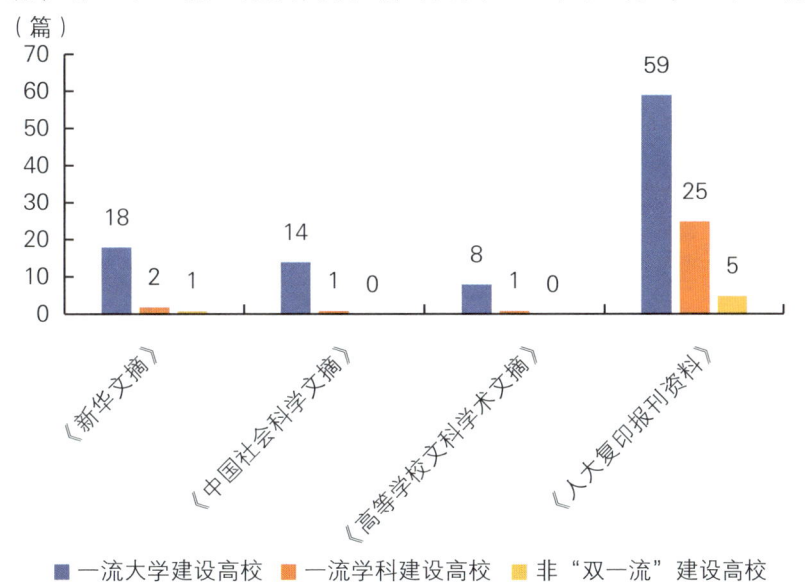

图3-18　2023年参与调研的北京高校马克思主义理论学科论文转载情况

设高校整体上学术论文影响力较大，一流大学建设高校的学术论文影响力尤为显著。

《新华文摘》综合影响力强，其转载情况是学术论文社会影响力的重要体现。2023年，参与调研的北京高校马克思主义理论学科《新华文摘》转载数量共计21篇。其中，年度转载数量最多的是清华大学8篇，其次是北京大学5篇，北京航空航天大学3篇，中国人民大学2篇，北京外国语大学、首都师范大学、北京语言大学均为1篇（见表3-9）。

表3-9　2023年参与调研的北京高校马克思主义理论学科《新华文摘》全文转载情况排名

学校	篇数（篇）
清华大学	8
北京大学	5
北京航空航天大学	3
中国人民大学	2
北京外国语大学	1
首都师范大学	1
北京语言大学	1

《中国社会科学文摘》具有较高的学术价值，其转载情况是学术论文学术影响力的重要体现。2023年，参与调研的北京高校马克思主义理论学科《中国社会科学文摘》转载数量共计15篇。其中，年度转载数量最多的是清华大学、中国人民大学均为5篇，其次是北京大学、北京航空航天大学均为2篇，北京外国语大学1篇（见表3-10）。

表3-10　2023年参与调研的北京高校马克思主义理论学科《中国社会科学文摘》全文转载情况排名

学校	篇数（篇）
清华大学	5
中国人民大学	5
北京大学	2
北京航空航天大学	2
北京外国语大学	1

（六）成果采纳

2023年，参与调研的北京高校马克思主义理论学科研究成果被采纳的共计67项。从转载类型上看，中央采纳批示13项，教育部及其他部委采纳批示43项，北京市委市政府采纳批示11项。从学校类型上看，一流大学建设高校19篇，一流学科建设高校29篇，非"双一流"建设高校19篇（见图3-19）。

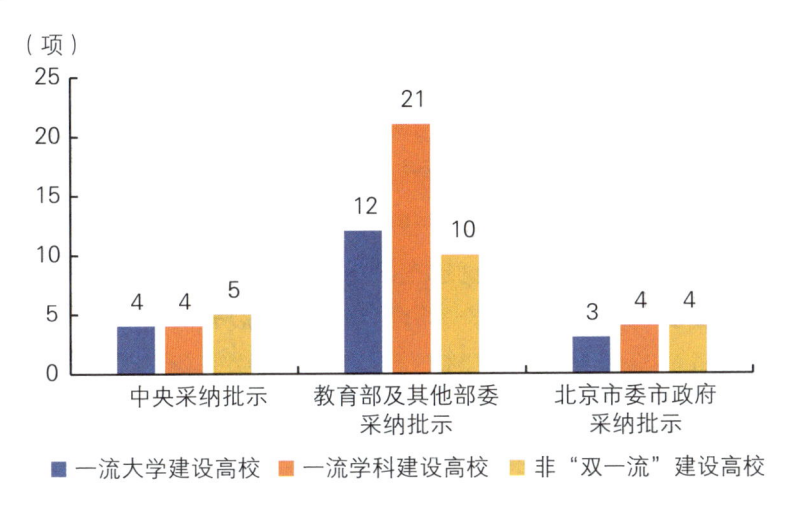

图3-19　2023年参与调研的北京高校马克思主义理论学科研究成果被采纳情况

（七）学术交流

1. 主办全国性（国际）学术会议情况

2023年，参与调研的北京高校马克思主义理论学科主办全国性和国际性学术会议共计52次。其中，一流大学建设高校16次，一流学科建设高校28次，非"双一流"建设高校8次（见图3-20）。

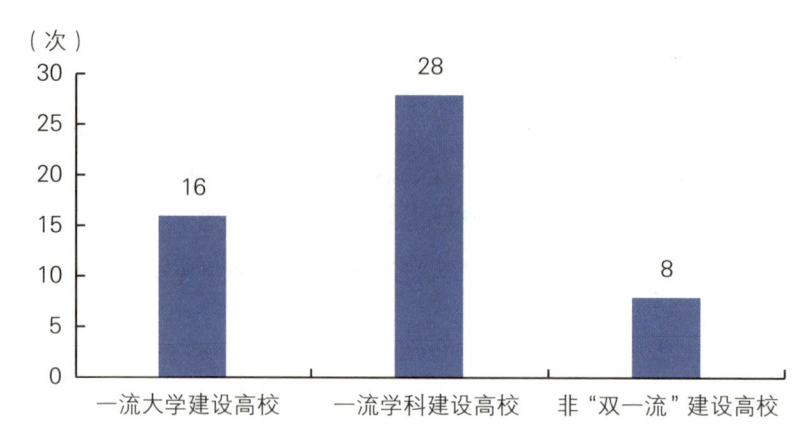

图3-20　2023年参与调研的北京高校马克思主义理论学科主办全国性（国际）学术会议情况

2023年，北京共有28所高校举办全国性的学术会议，主要围绕新时代党和国家的重大会议精神、马克思主义中国化时代化、高校思政课教育教学理论与实践、马克思主义理论学科建设等主题展开。首先，以党的二十大精神为重点，关注中国式现代化、马克思主义中国化时代化、"两个结合"、"根脉"、"魂脉"等方面。其次，以中国共产党重大历史成就为重点，关注一百多年来党的政治建设、思想建设、文化建设、理论创新、自我革命等方面。再次，以习近平总书记关于思政课重要论述为重点，关注思政课改革与创新、大中小思政课一体化、大思政课建设等方面。最后，以中国特色社会主义新时代伟大变革为重点，关注马克思主义与中国现实问题、马克思主义与中国式现代化、21世纪马克思主义创新发展等方面。此外，还关注毛泽东诞辰130周年、改革开放45周年等重要纪念活动。

2. 主办北京市学术会议情况

2023年，参与调研的北京高校马克思主义理论学科主办北京市学术会议共计43次。其中，一流大学建设高校13次，一流学科建设高校19次，非"双一流"建设高校11次（见图3-21）。

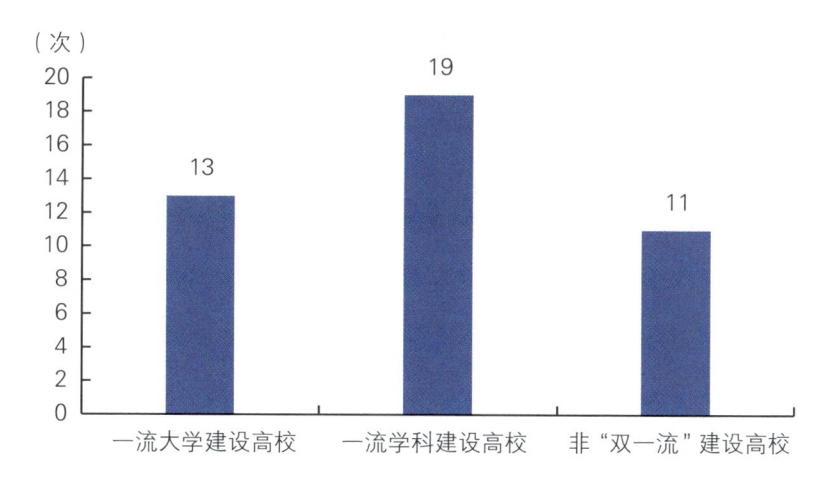

图3-21　2023年参与调研的北京高校马克思主义理论学科主办北京市学术会议情况

2023年，北京高校主办的北京市学术会议大部分是由北京市教育工委主办、各高校具体承办的，会议主题主要围绕学习贯彻党的二十大精神、推进马克思主义中国化时代化、思政课教育教学改革等方面。

二、主要成绩

2023年，北京高校马克思主义理论学科的科学研究成果丰硕，整体上发展平稳，马克思主义基本原理研究、马克思主义发展史研究、马克思主义中国化研究、国外马克思主义研究、思想政治教育研究、中国近现代史基本问题研究、党的建设研究、高校思政课教育教学研究都各自取得了相当的进展。

（一）马克思主义基本原理研究

2023年，马克思主义基本原理研究主要集中在马克思主义基本原理的整体性研究、历史唯物主义基本问题研究、辩证唯物主义基本问题研究、马克思主义政治经济学研究、马克思主义政治哲学研究、中国式现代化理论体系研究、人类文明新形态研究等七个方面。

1. 马克思主义基本原理的整体性研究

有学者指出，在马克思主义自主知识体系的整体建构中，首要的问题就是马克思主义基本原理自主知识体系的建构，而在这项建构工作中又需要厘清马克思主义基本原理的研究对象、研究范围和研究任务，这里的研究对象是"世界观、方法论及其运用于分析人类社会形态",研究范围是马克思主义"基本原理构成内容与历史发展构成内容的统一性",研究任务是"通过揭示客观事物的运动规律,完成世界观和方法论的原理阐释、世界观和方法论运用于分析人类社会形态的原理阐释,以及从'世界观和方法论'到'其运用于分析人类社会形态'的提升性研究"①。

只有更准确、完整地把握马克思主义基本原理知识体系,才能更好地展开马克思主义自主知识体系的构建,加快中国特色哲学社会科学知识体系的构建,进而推动中国自主的知识体系的整体构建,而延续近几年来的研究趋势,中国自主的知识体系的构建问题,一直是马克思主义基本原理研究领域的热点。正如有学者所指出的,我们要明确"中国自主的知识体系不是对中国历史文化的复制,更不是对西方现代观念体系的迁移,而是将马克思主义基本原理同中国具体实际相结合、同中华优秀传统文化相结合的创新探索,是构建中国特色哲学社会科学学科体系、学术体系和话语体系的目标"②。

与前些年的情况相比,除了强调马克思主义科学理论体系的创新发展③,强调马克思主义者的使命任务④,本年度的研究更为重视的一个方面就是马克思主义自主知识体系特别是马克思主义基本原理自主知识体系的构建的"问题导向"⑤。正如有学者所指出的,这种问题导向、问题意识不仅是要认识到"描绘从马克思到当代发展的历史、逻辑与问题意识",能帮助我们"更好地理解马克思哲学在当代的发展及其呈现方式,把握资本主义社会变迁的内在问题"⑥,更是要求我们能够更及时、有效地运用理论发现问题、直面问题、研究问题、解决问题:"坚持问题导向,内在地包含了承认问题而不否认问题、发现问题而不忽略问题、直面问

---

① 张雷声:《论马克思主义基本原理的研究对象、范围及任务》,《马克思主义理论学科研究》2023年第10期。
② 臧峰宇、沈江平、王立、王莅:《建构中国自主知识体系的时代使命和议程》,《中国人民大学学报》2023年第5期;陈培永:《马克思主义为什么行:中国化时代化的视角》,北京:中国人民大学出版社2023年版。
③ 刘建军、邱安琪:《新时代对马克思主义创新发展内在规律的科学揭示》,《马克思主义与现实》2023年第6期。
④ 刘建军:《论马克思主义者的使命任务》,《马克思主义研究》2023年第11期。
⑤ 顾海良:《坚持问题导向的道理和哲理》,《中国高校社会科学》2023年第3期。
⑥ 仰海峰:《从马克思到当代:历史、逻辑与问题意识》,《学术月刊》2023年第7期。

题而不回避问题、研究问题而不搁置问题、解决问题而不放过问题的基本要求。"①

2. 历史唯物主义基本问题研究

本年度的历史唯物主义基本问题的研究主要集中于对人的发展的具体形式、世界历史理论、封建社会向资本主义社会"过渡问题"以及马克思恩格斯晚年历史学、人类学思考等问题上。

其一,在人的发展的一般性原理的正面论证②和反面论证③的基础上,研究者对人的发展的历史形态的具体规定又展开了讨论。在这方面,有学者具体梳理了《政治经济学批判(1857—1858年手稿)》中劳动"主体—客体"关系,即人作为"劳动主体"演进的三大发展形式理论和生产资料作为"劳动客体"在所有制关系的三大历史形态理论,在此基础上来"深化《资本论》对劳动'主体—客体'的系统探索"。④有学者做了更宽泛的思想史梳理,即认为《德意志意识形态》中的"现实的人"还只是一种"思维抽象",是最宏观的表述,到了《哲学的贫困》《共产党宣言》当中,"现实的人"才获得"思维具体"意义上的规定,即中观的规定,当然,只有到了《资本论》中,马克思才在最微观的意义上探讨"人"。⑤

其二,在马克思主义世界历史理论的问题上,研究者不仅谈论了世界历史进程的内生逻辑这样比较宏阔的问题,还深入封建社会向资本主义社会"过渡问题"这样的历史理论的细部。就世界历史的内生逻辑而言,有学者着重探讨了自然与历史的矛盾,在《德意志意识形态》中,"马克思恩格斯基于自然与历史的冲突,提出了区分传统社会与现代社会的方法论原则;阐明了自然形成的民族历史与资本的世界历史的基本区别;揭示了资本与大工业消灭自然形成的地域局限性而开辟世界市场、推动历史向世

---

① 刘建军、邱安琪:《论坚持问题导向》,《思想理论教育导刊》2023年第2期。
② 陈新夏:《马克思主义人的发展理论的哲学基础》,《广西师范大学学报(哲学社会科学版)》2023年第4期。
③ 陈新夏:《人的发展理论对人性观念的批判继承》,《天津社会科学》2023年第4期。
④ 顾海良:《劳动"主体—客体"关系中人的发展形式和所有制历史形态——马克思〈政治经济学批判(1857—1858年手稿)〉再研究》,《江西社会科学》2023年第8期。
⑤ 莫小丽:《马克思"现实的人"概念的本质规定和历史嬗变——从〈德意志意识形态〉到〈共产党宣言〉》,《现代哲学》2023年第5期。

界历史转变的基本逻辑"①，这一逻辑在《资本论》中则最终呈现为"蕴含着资本、世界历史与共产主义三位一体的历史图式和理论结构"②。就上述"过渡问题"而言，则有学者专门讨论了在这一问题上，马克思的解释与斯密的理论之间复杂的关系，尤其是马克思到底是如何"突破斯密分工逻辑所建构的历史发展序列"，批判斯密关于"过渡问题"的"商业化"解释的。③

其三，关于马克思恩格斯晚年的历史学与人类学，本年度的研究则不仅涵盖了相关解释史的梳理，还在历史与现实的映射当中，回应了马克思恩格斯晚年的若干历史学、人类学构想。就对先行研究的梳理而言，有学者概括出了马克思主义人类学研究的三种理论进路："由马克思恩格斯首创的从马克思主义出发阐释人类学，受劳伦斯·克拉德影响的从人类学视角反观马克思的思想，由法国思想界引发的基于资本批判的主题探索马克思主义与人类学的互动融合。"④而关于马克思晚年对东方社会的理解，则不仅有学者指出，在《给〈祖国纪事〉杂志编辑部的信》中，马克思"明确反对把自己关于西欧发展道路的'历史概述'彻底变成'一般发展道路的历史哲学'"⑤，有学者更细致地论证了，亚细亚社会是如何构成"资本扩张过程中遭受重创且无法消弭的一道空间界限"的，而"亚细亚社会与西方资产阶级社会的冲突不仅证明了资本主义不是人类历史的唯一出路，而且还为人类社会超越资本逻辑的统治提供了新的历史选择"⑥。

此外，关于马克思恩格斯自由观对此前种种自由观的超越问题，关于

---

① 刘敬东：《自然和历史的冲突与历史向世界历史的转变——〈德意志意识形态〉片论》，《马克思主义与现实》2023年第4期。
② 刘敬东：《资本、世界历史与共产主义的三位一体——〈资本论〉及其手稿的一个考察》，《马克思主义研究》2023年第2期。
③ 兰洋：《马克思〈政治经济学批判大纲〉中的"过渡问题"——以对斯密"商业化"理论的批判为视角》，《学术研究》2023年第6期。
④ 王莅：《马克思主义人类学的逻辑主题及历史展开》，《国外理论动态》2023年第6期。
⑤ 沈江平、金星宇：《为什么"历史概述"不能变成"一般发展道路的历史哲学"——对〈给〈祖国纪事〉杂志编辑部的信〉"历史哲学"的考察》，《吉林大学社会科学学报》2023年第3期；孙来斌：《经济文化落后国家现代文明发展的革命辩证法——对〈给〈祖国纪事〉杂志编辑部的信〉与〈论我国革命〉交相辉映的思想光芒》，《马克思主义理论学科研究》2023年第9期。
⑥ 王莅：《亚细亚社会与资本扩张的空间界限——基于马克思的资本批判视角》，《马克思主义与现实》2023年第2期。

马克思主义中的人民范畴、无产阶级范畴问题①，关于马克思私有财产语境中的共产主义理论问题②，还有关于马克思与达尔文的关系问题③，本年度的研究都给出了不同程度的理论关切。

3. 辩证唯物主义基本问题研究

在辩证唯物主义概念、思想体系研究方面比较有代表性的工作首先体现在对马克思主义的思想方法的研究上，特别是"抽象"方法上。正如有学者所指出的，"《资本论》的'抽象力'是'研究方法'和'叙述方法'的内在统一"，"'研究方法'是思维认识'现实的运动'的方法，即'从具体到抽象，再从抽象上升到具体'；'叙述方法'是思维以适当的形式叙述和再现'现实的运动'的方法，即'从抽象上升到具体'"，"《资本论》的方法不仅是作为方法论和认识论的辩证法，而且是唯物主义历史观"④，也正是在这个意义上，从思想史的角度上看，马克思的"抽象"方法既超越了斯密的形式抽象方法，也超越了黑格尔的思辨抽象方法⑤；而就"抽象"方法与马克思的其他理论范畴的关系而言，"抽象和物化在生产场域、交换场域和思维场域内发生，不仅三个场域不可分割、相互作用，抽象和物化相伴相生，互为构成性条件，即抽象只有通过物化才能实现，物化亦只有诉诸抽象才成为可能"。⑥

另外，就辩证唯物主义概念、思想体系的研究而言，尽管有学者主张唯物辩证法才是《1844年经济学哲学手稿》思想理论创新的根本所在，并由此反对将异化劳动视为《1844年经济学哲学手稿》的主要理论基础⑦，有学者严格区分了《1844年经济学哲学手稿》中的异化概念与《德意志意

---

① 陈培永、豆颖康：《人民范畴及其相关命题再思考》，《山东社会科学》2023年第4期；林锋、王先鹏：《马克思恩格斯的"无产阶级"概念及其现代发展》，《教学与研究》2023年第1期。
② 李惠斌：《"私有财产的前进运动"：马克思私有财产语境中的共产主义理论——一种语境学的考察》，《新时代马克思主义论丛》2023年第1期。
③ 王茁：《论自然状态历史化的进化论方案——重建马克思与达尔文的思想关联》，《哲学动态》2023年第11期。
④ 庄忠正：《〈资本论〉的"抽象力"何以可能》，《马克思主义理论学科研究》2023年第1期。
⑤ 庄忠正、陆君瑶：《"抽象力"：从斯密、黑格尔到马克思》，《教学与研究》2023年第5期。
⑥ 庄忠正、刘纪龙：《试论三重场域中的抽象与物化及其关系》，《马克思主义哲学研究》2023年第1期。
⑦ 林锋、赵立凯：《〈1844年经济学哲学手稿〉的唯物辩证法基础新探》，《学术研究》2023年第3期；林锋、王先鹏：《〈1844年经济学哲学手稿〉与马克思的新世界观》，《福建师范大学学报（哲学社会科学版）》2023年第5期。

识形态》以后的文本中的异化概念，认为后者"不再是本质地揭示社会存在和历史发展的理论基础和前提，而是对社会演化和历史运动之特定结果的表层把握"①，这些研究都在不同程度降低了马克思的劳动概念特别是异化劳动概念的理论定位，但是，对于更多的研究者来说，劳动概念仍然是本年度研究的热点问题。②在这方面，有学者就指出，"异化劳动理论是马克思《1844年经济学哲学手稿》的核心思想"，"异化劳动理论包含着两条逻辑，其一是着眼于私有制条件下社会的主要矛盾与人的生存困境，寻找异化劳动得以发生的现实根源，致力于扬弃异化的事实逻辑；其二是立足于人的生命活动的超越性，根据对社会现实的辩证否定来构建合理的价值指向，思考人与社会未来发展的价值逻辑"③，也正是在这个意义上，马克思的"劳动—对象性活动"范式构成了马克思的辩证法的存在论基础。④

4. 马克思主义政治经济学研究

如上所述，就中国自主的知识体系的构建而言，"如何把中国的成功实践经验上升为系统化的理论学说，为中国建成社会主义现代化强国与实现中华民族伟大复兴提供高水平的理论支撑，是广大哲学社会科学工作者的时代使命"，更具体地说，为构建中国自主的经济学知识体系，厘清马克思主义政治经济学与中国特色社会主义政治经济学的关系，把握"中国特色社会主义政治经济学从开创到形成和发展，再到拓展和系统化的经济学说的创立，是当代中国马克思主义政治经济学及其科学体系的形成和发展过程，也是马克思主义政治经济学中国化时代化的历史和理论的演进过程"这条线索⑤，这是当前马克思主义政治经济学研究的一项重要工作，而这项工作的一个重要前提就是澄清马克思主义政治经济学的一些基础概

---

① 王峰明、王叔君：《"生命异化"还是"劳动异化"——评对马克思异化概念的后形而上学诠释》，《浙江大学学报（人文社会科学版）》2023年第8期。
② 邹广文、王璇：《马克思劳动与生活关系的原初语境》，《理论探讨》2023年第1期。
③ 徐斌、韩潇：《〈1844年经济学哲学手稿〉中异化劳动理论的双重逻辑》，《马克思主义哲学》2023年第5期。
④ 郗戈、陈洪鑫：《马克思对黑格尔辩证法批判的哲学"范式转换"意蕴——基于〈巴黎手稿〉黑格尔批判部分的分析》，《中国高校社会科学》2023年第4期。
⑤ 顾海良、张凯：《马克思主义政治经济学与中国特色社会主义政治经济学》，《政治经济学评论》2023年第4期；顾海良：《马克思经济思想的当代视界（增补本）》，北京：社会科学文献出版社2023年版。

念和核心论证。

与往年的研究相比，本年度的研究者在对资本的"本性""行为特性""行为规律"等方面的研究上有了比较大的进展，但也产生了比较大的分歧。有学者做过这样的总结："就资本的本性而言，作为一种经济范畴，资本是一种形式规定或具有形式规定性；其中，生产关系构成其本质规定，承载生产关系的种种物质实体则构成其物质规定"，"为生产而生产、为消费而消费，是资本最为本真的行为特征和规律"。①在这个意义上，"社会主义需要资本，并不是因为资本不再追求价值增值和不再剥削劳动，而是因为处于初级阶段的社会主义需要吸收和借鉴资本的文明成果"②。相反，另一些学者则主张，"资本逻辑不是纯粹客观的'物'的逻辑，过于强调资本逻辑的增殖原则易造成资本逻辑解读的泛化"，他们认为需要区分"资本主义生产方式下典型样态的资本逻辑"和非典型样态的资本逻辑，在后者那里，即"当资本被社会主义生产关系所限制时这一矛盾则表现为一种有限的资本逻辑，生产过程的矛盾已经不是资本生产与社会形态之间的制度性矛盾，而是一种外在矛盾"，在社会主义的条件下，"生产关系的调节将生产与生产条件的内在矛盾转化为一种可限制或可解决的外在矛盾"。③

澄清资本的"本性""行为特性""行为规律"对于我们研究、分析和解决当下的经济生活中所遇到的新情况、新问题是非常有帮助的。有学者就指出，"随着数字劳动的兴起，劳动关系、劳动方式、劳动时空和劳动感受发生变化，人呈主体性复归表征，但这种复归是有限且表面的"，因为"数字劳动并未摆脱资本逻辑，它只不过是资本粉饰增殖内核、扩张权力统治的隐秘形式"。④也正是在这个意义上，有学者认为，时下的一些关于数字资本主义的研究貌似提出了一些新见解，但这些所谓新见解毋宁说是建立在对劳动、商品与资本的误解的基础之上的谬论，譬如森健、

---

① 王峰明：《如何认识资本的特性和行为规律——基于马克思〈资本论〉及其手稿的阐释》，《当代经济研究》2023年第6期。
② 王峰明：《马克思"资本观"三题议——与邱海平教授商榷》，《现代哲学》2023年第6期。
③ 郝立新、冯显婷：《资本逻辑的本质、作用机制及其存在样态——基于〈资本论〉及其手稿的文本研究》，《当代经济研究》2023年第8期。
④ 徐斌、张子玥：《马克思资本批判视域下数字劳动者的主体性审思》，《科学社会主义》2023年第5期。

日户浩之等人就不仅混淆了商品和产品，混淆了商品价值和价格，还混淆了创造价值的劳动和不创造价值的劳动，混淆了劳动和非劳动，就数字资本本身而言，他们不仅误解了资本本质，也误解了资本利润源泉，暴露了他们"对资本主义暂时性、历时性的无知"[1]。

此外，像"资本家是人格化的资本"与"工人是人格化的劳动时间"这两个命题的关系[2]以及《资本论》中"恐慌"概念与"危机"概念的关系[3]这类虽然"细微"却以小见大的理论问题，像马克思对斯密的批判与超越[4]以及马克思资本主义理论与韦伯资本主义理论的渊源关系问题[5]这类常谈常新的经济思想史问题，还有像短缺经济学对理解当前全球资本主义的系统性危机的启发意义这样比较"当下化"的热点问题[6]，本年度的研究者都做了不同程度的考察。

5. 马克思主义政治哲学研究

和去年的情况一样，研究者的兴趣点已不再集中于前些年的那些热点问题，譬如马克思恩格斯本人思想发展历程中关于分配正义的探讨的挖掘、考证，又譬如马克思主义政治哲学体系的构建、思想实验的设计，研究者或者回到更广阔的思想史的语境当中来重新检讨在更宏大的政治哲学问题特别是国家理论上（当然，人们的讨论并不限于国家问题[7]），马克思与前人关系的思想原貌，或者致力于重新激活文本与时代的交互映射关系，展现马克思恩格斯对国际关系敏锐的政治学、政治哲学分析。

其一，对于国外学者在分配正义理论研究上的得失功过，本年度的马克思主义基本原理研究者的工作已经不再停留于一般的介绍、梳理，而是

---

[1] 王峰明：《数字经济条件下的劳动、商品与资本——基于马克思〈资本论〉及其手稿的辨析》，《马克思主义研究》2023年第12期。
[2] 王洪波、张朝阳：《马克思资本批判时间维度下的工人存在人格化——以"工人是人格化的劳动时间"为论域》，《马克思主义与现实》2023年第6期。
[3] 刘新刚、田曦：《〈资本论〉中的恐慌范畴及其当代启示》，《马克思主义与现实》2023年第2期。
[4] 李彬彬：《马克思对亚当·斯密价值理论的批判和超越——基于〈政治经济学批判（1861—1863年手稿）〉的研究》，《马克思主义理论学科研究》2023年第12期。
[5] 郗戈、赵瑞泽：《马克思资本主义理论的多维透视——基于马克思与韦伯思想对话的视野》，《吉林大学社会科学学报》2023年第2期。
[6] 朱安东、杨帅泓：《"短缺经济学"与全球资本主义的系统性危机》，《马克思主义与现实》2023年第4期。
[7] 沈江平：《政治哲学视域中的美好生活建构》，《学术研究》2023年第2期。

希望提升到理论概括、总结的阶段。譬如有学者就指出，"分配正义的历史逻辑涵括：前资本主义基于劳动与所有相统一的朴素形式、资本主义基于资本所有权的异化形式，以及后资本主义基于按劳分配和按需分配的理想形式，这三个层级构成了分配正义的历史逻辑和实践次序"。①

其二，不少学者所指出的，现代国家批判是马克思思想中的重要主题，"反映了马克思对人类政治文明进步的深刻省思"。更具体地说，有学者就区分出了马克思的现代国家批判的四个层次，即哲学批判、宗教批判、制度批判和实践批判：哲学批判，即联系黑格尔国家哲学的"副本"来批判现代国家的社会历史现实的"原本"；宗教批判在于"揭露现代国家与宗教国家"的同构性；"制度批判"则在于"剖析现代国家与市民社会的制度安排及其结构性矛盾和危机"；最后，实践批判揭示了现代国家的消亡与无产阶级革命的关系。②还有的学者将上述哲学批判与实践批判进一步细化，强调在国家理论上，马克思之所以需要且能够批判黑格尔，正在于前者对于普遍性的界定与后者的不同，"黑格尔赋予国家神性基础，强调国家的普遍性源于客观意志，是自在和独立的普遍性"，"马克思则基于人民的立场提出国家的普遍性是人民类意志的客体化"，且马克思对这种普遍性的认识本身是在变化的，即存在一个"对人们的普遍性由先验的逻辑设定到物质生产的现实证成"的认识转变过程。③

其三，如果说上述关于马克思对现代国家的批判的研究似乎更多的还是着眼于国家体系内部，或者说着眼于国家与市民社会的关系，这是对既往研究的延续与推进，那么本年度研究对马克思恩格斯如何理解把握"国际秩序"的关注则可以视作一种研究视域上的拓展④。具体来说，相关学者认为，马克思对"战争与和平"问题、"康德问题"以及更具体的"维也纳体系"问题的历史唯物主义审视，"开辟了政治哲学的全新视域，解析了生产逻辑、资本–霸权逻辑和人类命运共同体逻辑，奠定了思想与现

---

① 黄建军：《马克思分配正义的历史逻辑及实践层级》，《人民论坛·学术前沿》2023年第13期。
② 张晓萌、周鼎：《马克思现代国家批判的历史生成及四重维度》，《江海学刊》2023年第6期。
③ 王代月：《马克思对黑格尔国家观的变革及其理论效应》，《哲学研究》2023年第2期。
④ 兰洋：《世界秩序的政治哲学筹划：青年马克思对黑格尔的批判》，《中国高校社会科学》2023年第2期。

实辩证互动的有效方式"。①

6. 中国式现代化理论体系研究

正如有学者所指出的，"中国式现代化理论体系的创立是当代中国马克思主义、21世纪马克思主义发展的最新重大成果，科学回答了在当今世界处于百年未有之大变局下的中国式现代化向何处去、人类文明向何处去的时代之问"②，如何在马克思主义基本原理这一学科视域下来把握中国式现代化理论体系也是本年度的一大研究热点。③与马克思主义基本原理这一学科的联系最为密切的相关研究有马克思的现代性批判理论，唯物史观与中国式现代化的关系研究，还有中国式现代化的世界历史意义研究。

其一，有学者指出，"马克思的现代性批判呈现出资本主义形式与现代文明成果的历史性'剥离'进而社会主义新形式与现代文明成果的更高水平'结合'的世界历史趋势，这为理解中国式现代化的人类普遍性与中国特殊性，把握中国特色社会主义对人类现代文明的占有、吸收和创造进程提供了科学方法论"④；有学者指出，"马克思对资本主义现代性，存在一个从接受到批判的思想演进过程"，"马克思的资本主义现代性批判具有双重维度：'原本批判'与'副本批判'"。⑤

其二，有学者指出，"在唯物史观展开的世界历史进程中，现代化具有复合模式，即资本主义现代化和社会主义现代化，这两种现代化模式表

---

① 兰洋：《"战争与和平"的政治哲学解读与马克思的范式革命》，《哲学研究》2023年第5期；兰洋：《马克思对"康德问题"的解答与世界秩序的政治哲学阐释》，《马克思主义与现实》2023年第6期；兰洋：《马克思批判维也纳体系的演进逻辑及其当代价值》，《马克思主义理论学科研究》2023年第2期。
② 杨金海：《深化对中国式现代化理论体系的认识》，《思想理论教育导刊》2023年第4期。在较为宽泛的意义上，可以参考下列研究：顾海良：《中国式现代化"理论体系"对重大时代课题的创造性探索》，《红旗文稿》2023年第5期；戴木才：《论中国式现代化理论体系的基本建构》，《中国人民大学学报》2023年第6期；赵义良：《中国式现代化与中国道路的现代性特征》，《中国社会科学》2023年第3期；艾四林：《中国式现代化与共同富裕：艾四林访谈录》，北京：研究出版社2023年版。
③ 与此不同的是，在马克思主义基本原理这一特定学科视域下对"两个结合"问题的研究就还有可以进一步展开的空间，更宽泛的研究可参看王易：《深刻把握马克思主义基本原理同中华优秀传统文化相结合的理论意蕴》，《马克思主义研究》2023年第7期；顾海良：《"第二个结合"：马克思主义中国化时代化的理论精粹和学理挈要》，《学术界》2023年第12期；徐斌：《"两个结合"思想升华的三层意蕴及原创性贡献》，《甘肃社会科学》2023年第3期；邹广文：《以文化自信自强铸就中国文化新辉煌》，《求索》2023年第2期。
④ 郗戈、舒雅婷：《马克思现代性批判视域下的中国式现代化》，《江海学刊》2023年第5期。
⑤ 刘军：《马克思的现代性理论及其当代意蕴》，《马克思主义理论学科研究》2023年第5期。

明现代化具有多样性。中国式现代化作为人类现代化历史进程中的发展道路，既具有现代化的普遍性，又具有现代化的特殊性"。[1]

其三，有学者指出，我们不应仅仅局限在中国式现代化与西方现代化的比较上，还要看到中国式现代化对非西方世界的意义，"中国式现代化不仅打破了西方发达国家现代化模式的垄断地位，而且扬弃了包括'发展主义'思潮、依附论、世界体系论在内的后发国家不发展理论"[2]。

此外，像中国式现代化的文明观问题的研究[3]，像中国式现代化进程中人的现代化问题的研究[4]，像中国式现代化的价值观问题的研究[5]，像中国式现代化话语体系建构的研究[6]，像中国式现代化与"新的文化生命体"关系的研究[7]，都构成了本年度相关研究的重要组成部分。

7. 人类文明新形态研究

同样，关于人类文明新形态的研究，也有如何在马克思主义基本原理这一学科视域下加以把握的问题，具体地说，这里不仅涉及马克思恩格斯的文明理论的研究，还涉及唯物史观与人类文明新形态的关系的研究等。关于第一个方面的问题，有学者指出，马克思恩格斯"通过对资本主义文明形态的历史发生过程的研究，揭示了人类文明的起源、本质和发展趋势"，而"中国共产党将马克思主义基本原理同中国具体实际相结合，领导中国人民成功探索、推进和拓展了中国式现代化，创造了人类文明新形态，丰富和发展了马克思、恩格斯关于人类文明发展的思想"[8]。更具体

---

[1] 黄建军、王若齐：《唯物史观视域下中国式现代化的本质属性与原创性贡献》，《新疆师范大学学报（哲学社会科学版）》2023年第4期；朱安东：《中国式现当代的世界历史意义》，《思想教育研究》2023年第3期；邹广文、王璇：《中国式现代化的时代境遇》，《求是学刊》2023年第3期。
[2] 兰洋：《中国式现代化对后发国家不发展理论的超越》，《西南大学学报（社会科学版）》2023年第3期；兰洋：《中国式现代化对依附—世界体系论的扬弃与超越》，《内蒙古社会科学》2023年第1期；兰洋：《中国式现代化对西方生态现代化理论的突破》，《山西大学学报（哲学社会科学版）》2023年第2期；郗戈等：《身边的马克思》，北京：中国财政经济出版社2023年版。
[3] 邹广文、华思衡：《中国式现代化的文明观建构》，《思想教育研究》2023年第10期；邹广文：《文化中国的憧憬：建成社会主义文化强国研究》，北京：中国人民大学出版社2023年版。
[4] 郝立新：《中国式现代化与促进人的全面发展》，《思想理论教育导刊》2023年第4期；郝立新、孙岱瑄：《中国式现代化进程中人的现代化的内在逻辑》，《中南民族大学学报（人文社会科学版）》2023年第3期。
[5] 艾四林、徐若菲：《深入理解中国式现代化的价值观》，《思想理论教育导刊》2023年第6期。
[6] 艾四林、陈钿莹：《中国式现代化话语体系建构的三重维度》，《山东大学学报（哲学社会科学版）》2023年第2期。
[7] 邹广文：《中国式现代化呈现新的文化生命体》，《中国纪检监察》2023年第22期。
[8] 杨河、杨伊佳：《马克思、恩格斯关于人类文明发展思想研究》，《哲学动态》2023年第5期。

地说，有学者指出，马克思、恩格斯批判并重塑了当时欧洲流行的话语中对"文明"与"野蛮"的区分，强调"'文明'国家只是在生产方式和社会形态上进步，不是所有方面都进步、都文明，也有伪善性、野蛮性；'野蛮'国家不是所有方面都野蛮，一些方面相对于所谓的文明国家可能更道德、更文明"，从而批判性看待资本主义社会的现代文明。[1]关于上述第二个方面的问题，则有学者指出，"马克思把人类文明形态从'神话''精神'和'事实'拉回到人类社会历史本身，开创了解释人类文明发展的新范式"，"在唯物史观视域中，人类文明形态在历史规律中实现了'逻辑证成'，在社会形态中实现了'历史生成'"，"在历史规律和社会形态展开的逻辑中，人类文明新形态超越了资本主义文明，是社会主义文明的实践展开"。[2]此外，像人类文明新形态与马克思人学的关系研究[3]，像人类文明新形态中文明的延续性问题研究[4]，也都构成了本年度相关研究的重要组成部分。

（二）马克思主义发展史研究

2023年，马克思主义发展史研究主要集中在马克思主义通史研究、马克思主义国别史和阶段史研究、马克思主义专题史研究、马克思主义传播史研究、马克思主义文本文献研究等五个方面。

1. 马克思主义通史研究

一部马克思主义发展史就是马克思、恩格斯以及他们的后继者们不断根据时代、实践、认识发展而发展的历史，是不断吸收人类历史上一切优秀思想文化成果丰富自己的历史。马克思主义通史是学科整体性研究的总体框架，是关于马克思主义发展历史全貌及其内在规律的研究。

有学者认为，在世界百年未有之大变局下，有必要对和平与发展的时代主题进行再思考。作出和平与发展时代主题的判断，并不意味着战争消失，当然也不能因有战争爆发就认为和平与发展的时代主题发生了改变。

---

[1] 陈培永：《深入思考马克思恩格斯关于文明问题的研究》，《马克思主义理论学科研究》2023年第6期。
[2] 黄建军：《唯物史观视域中的人类文明新形态》，《中国社会科学》2023年第10期。
[3] 于红霞：《历史生成、现实超越、未来构建：人类文明新形态的三维审视——以马克思人学为视角》，《宁夏大学学报（哲学社会科学版）》2023年第6期。
[4] 邹广文：《连续性：中华文明的首要特性》，《人民论坛》2023年第14期。

不能轻易改变对和平与发展时代主题的认定，但当前应补充强调，当今国际形势的主要特征是总体和平、局部冲突，总体稳定、局部动荡，且冲突与动荡有显著增多之势，共存与安全的问题已经被摆在更加突出的位置。面对"逆时代主题事件"频发，不能因此就动摇对时代主题的判断，但应看到，其虽然只是少数和支流，却存在不断放大的可能，若任其发生"量的累积""质的飞跃"，就有可能影响到时代主题的变化方向。捍卫和平与发展的时代主题，应该在把和平与发展作为全人类共同价值弘扬的基础上，防止局部冲突向世界战争演变，防止发展长期停滞，树立不得不加入战争的底线思维。[①]

有学者认为，习近平总书记作出"初步构建中国式现代化的理论体系"的论断，从党的百年奋斗历程回溯中，展现了中国式现代化作为马克思主义中国化时代化重大理论创新的历史根据，在"理论体系"上丰富了中国式现代化理论的时代意蕴和世界意义；从进军第二个百年奋斗目标的战略擘画中，彰显了中国式现代化的内涵、特征和特色以及本质和要求等的集成性创新，在"理论体系"上凸显了中国式现代化的理论力量和思想智慧；从对三个重大时代课题的新的回答中，昭示了中国式现代化的理论创新和理论创造，在"理论体系"上升华了当代中国马克思主义、21世纪马克思主义的新境界；从对世界观和方法论以及系统过程的重大关系探索中，揭示了中国式现代化学理和哲理所在，在"理论体系"上提升了中国式现代化科学性、全面性和系统性的意境。[②]

有学者认为，中国式现代化蕴含的以人民为中心、人民至上的独特价值观，明显区别于西方现代化以资本为中心、资本至上的价值观。中国式现代化道路坚定了发展中国家独立自主地走现代化道路的信心，打开了发展中国家走向现代化的思路，为发展中国家现代化提供了新选择和新智慧；中国式现代化道路终结了西方的"历史终结论"，彰显了社会主义制度的优势，为世界社会主义走出低谷打下了基础、提供了智慧；中国式现代化发展了马克思主义现代化理论，为创造人类新文明作出了重要贡献。

---

① 陈培永、李颖：《世界百年未有之大变局下和平与发展时代主题的再思考》，《世界社会主义研究》2023年第11期。
② 顾海良：《中国式现代化的战略擘画和理论体系升华》，《马克思主义理论学科研究》2023年第3期。

全面深入系统研究中国式现代化道路对推动人类文明发展进步具有重要的世界意义。①

2. 马克思主义国别史和阶段史研究

马克思主义国别史是处于不同现实制度环境和不同历史阶段的马克思主义发展历史及其特征和特殊规律的研究。其主要包括马克思主义在各个国家以及发展过程中各个历史阶段的研究，尤其是包括世界各国的共产党理论和左翼思想发展变化的研究。

有学者认为，在改革开放45周年之际，回顾改革开放经济学说的演进及其理论创新有着重要意义。改革开放经济学说以社会主义市场经济理论为主题，实现了从经济机制到经济体制、再到经济制度改革和发展的理论创新；以"发展"为主导理论和根本理念，新发展理念是最显著的理论结晶和思想智慧。改革开放始终与社会主义现代化紧密相连，中国式现代化理论体系集中体现了这一经济学说的要领，成为全面建成社会主义现代化强国的理论指导和实践指南。改革开放以来围绕社会主义基本经济制度的理论探讨，以社会主义初级阶段生产关系和分配关系以及与之相应的经济体制改革为基础，形成了社会主义基本经济制度的创新性理论。对开拓什么样的中国特色"系统化的经济学说"和怎样开拓中国特色"系统化的经济学说"的探索，对这一经济学说的学理和方法有着深刻启示。②

始于20世纪50年代中后期的英国新左翼运动，开启了第二次世界大战后西方新左翼运动的序幕和资本主义社会的反思浪潮。其兴起是国际环境与英国国内因素综合作用的结果。在政治运动活跃期，英国新左翼通过创办期刊、举办论坛、开办俱乐部和咖啡馆等推动新兴思想的讨论和传播，积极参与核裁军运动以影响现实政治，并尝试通过动员工人阶级来扩大政治影响力。自20世纪60年代初起，英国新左翼将重心转向了思想领域，《新左翼评论》成为其思想的主要传播平台，动态展现了其思想倾向的演变历程。英国新左翼推动了马克思主义在英国的本土化，为文化马克思主义和文化政治学的发展奠定了基础，丰富了西方政治思想资源。但在政治

---

① 冯颜利：《开创中国式现代化道路世界意义的学理意涵——以中国式现代化蕴含的独特价值观为研究视角》，《贵州省党校学报》2023年第6期。
② 顾海良：《改革开放的光辉历程与经济学说的学理创新——改革开放45年中国特色社会主义政治经济学发展回眸》，《当代世界与社会主义》2023年第6期。

实践和思想层面，英国新左翼存在难以克服的局限性。以英国新左翼为切入点进行研究，有助于进一步分析和总结西方左翼的当代困境，进而更深入地认识当今世界社会主义面临的挑战和时代机遇。①

3. 马克思主义专题史研究

马克思主义专题史是马克思主义发展史理论性、整体性与综合性的统一，是对马克思主义某一具体思想范畴、某一具体问题或某一专门学科领域历史发展及其规律的研究。其主要包括如马克思主义哲学史、马克思主义政治经济学史、科学社会主义史等专门领域或问题的形成史、范畴史等的研究。

有学者认为，人民是一个具有建构性特质的主体范畴，它的出场激活了原初意义上的民众，使其从被统治者成为享有权力的主权者。人民范畴的建构性特质不仅在于它客观揭示了现实，还在于它改变了现实。"人民是历史的创造者"是从历史的起源和发展动力的角度讲的，但它并不否认少数英雄人物所起的重要作用，它反对的是认为只有他们才能决定人类社会历史进程和发展方向。"人民是历史的剧中人"是说人民中的每一个人都是历史这部剧的参演者，都在这部剧中扮演了或轻或重的角色。"人民是历史的剧作者"意味着人民是历史大戏幕后的主导者，人民的活动创造着、推动着历史的进程。"人民是历史的见证者"是说人民既在历史之中又可以抽身其外去关注它。"人民是真正的英雄"并不否定某个人在日常生活中、在某个事件中是英雄，只有放眼整个历史进程而不是仅仅聚焦某个历史事件，才能把握人民作为真正英雄的出场。理解"以人民为中心"应摆脱"主客体二元对立"的观念，形成"主体与主体间性"的思维方式。"以人民为中心"意味着不是以权力为中心，不是以资本为中心，也不是以少数人为中心，而是以大多数人为中心。"以人民为中心"本身包含着实现公平正义、团结合作的价值意蕴。②

有学者认为，马克思、恩格斯对"文明"与"野蛮"的使用，受到当时欧洲流行话语的影响，但批判并重塑了这套话语。"文明"国家只是在生产方式和社会形态上进步，不是所有方面都进步、都文明，也有伪善性、野蛮性；"野蛮"国家不是所有方面都野蛮，一些方面相对于所谓文

---

① 黄斐：《英国新左翼的历史兴衰与时代反思》，《马克思主义研究》2023年第8期。
② 陈培永：《人民范畴及其相关命题再思考》，《山东社会科学》2023年第4期。

明国家可能更道德、更文明。作为"现代文明形态"的资本主义文明形态，并没有达到真正意义上的文明，人类社会应该超越这种文明形态，走向新的文明形态。人类文明新形态应该是资本为人所掌握、为人所服务的文明形态，是走向人的自由而全面发展的文明形态。人类文明新形态的创造，离不开物质技术提供硬核基础，必须重视生产力的发展和科学技术的创新，要摆脱唯我独尊的、单一的甚至是唯一的文明观，塑造出交流互鉴的新型文明观。①

4. 马克思主义传播史研究

马克思主义传播史是马克思主义发展史历史性、规律性与发展史的统一，是对马克思主义在不同历史时期、不同国家、不同地区传播历史过程及其特点和规律的研究。其主要包括马克思主义在不同历史时期、不同国家、不同地区的传播、实践以及发展历史的研究。

有学者认为，在世界马克思主义研究园地，尽管苏联和东德学者使用过"19世纪的马克思主义哲学""德国的马克思-列宁主义哲学史""马克思主义哲学史"等概念，但是，是中国学者首次明确地开辟了"马克思主义哲学史"这一学科方向。其中庄福龄发挥了至为重要的作用，作出了杰出的贡献。他作为中国马克思主义哲学史学科的开拓者之一，参与策划、主编的八卷本《马克思主义哲学史》是该学科具有奠基性意义的巨著；他是中国马克思主义哲学史学会的创立者之一，担任该学会会长长达28年；他由"马克思主义哲学史"（"内史"）向"马克思主义史"（"外史"）的拓展、对马克思主义研究中"史""论"关系的系统阐发，以及新的时代境遇下的进一步深化的构想等，对于在新的时代境遇下推进马克思主义理论的发展具有重要意义。②

特别说明，清华大学马克思主义学院主持编写的《马克思主义经典文献世界传播通考》（100卷），这是一项具有奠基性、基础性、创新性的学术工程和出版工程，是国内第一部全面具体展现马克思主义经典文献在世界范围内翻译传播各方面情况的大型丛书，精心打造具有中国特色的马

---

① 陈培永：《深入思考马克思恩格斯关于文明问题的研究》，《马克思主义理论学科研究》2023年第6期。
② 聂锦芳：《马克思主义哲学史研究的奠基、拓展和深化——庄福龄的学术历程及贡献》，《中国高校社会科学》2023年第2期。

克思主义传播史研究学派，丛书前30卷于2023年1月出版。

5. 马克思主义文本文献研究

文献研究，特别是文献考证研究和文献诠释学研究是马克思主义发展史学科的基本范式之一。学者们高度重视马克思主义经典著作的研究和再研究，特别是对《1844年经济学哲学手稿》《关于费尔巴哈的提纲》《德意志意识形态》《共产党宣言》《资本论》等经典著作进行了再研究。通过对经典著作的再研究、再阐释、再发掘，丰富和拓展了马克思主义发展史的研究思路。

有学者认为，《1844年经济学哲学手稿》全文发表90多年来，得到学界广泛关注和深入研究，主要原因是马克思在其中把握了时代的根本问题并给予正确回答。每个时代都客观地蕴含着特有的主要矛盾，这种矛盾在主体意识的理论把握中表现为该时代的重大问题。没有离开时代的问题，也没有不存在任何问题的时代。研究问题就是研究时代，若要把握时代，就要把握时代的问题。我们要结合实际，把经典著作中的思想精华转化为具有时代特征的哲学理论，秉持符合时代精神的价值观，创造我们时代的美好生活。深化对马克思主义哲学的理解，关键是研究马克思主义哲学同中国具体实际和中华优秀传统文化相结合的内在机理，不断推进马克思主义哲学中国化时代化。[1]

有学者认为，马克思在《巴黎手稿》"对黑格尔的辩证法和整个哲学的批判"部分对黑格尔的第二次系统批判，蕴含着哲学范式转换的重大理论意义。在此批判中，辩证法所依赖的存在论基础及立足其上的能动性原则不断发生位移和质变，从而呈现为诸种哲学范式之间的对话交锋。马克思借由费尔巴哈哲学对黑格尔"绝对—自我意识"范式进行批判性分析，揭露了黑格尔辩证法的神秘外观并拯救了黑格尔哲学的积极成果。同时，马克思在肯定费尔巴哈"人本学—对象性意识"范式通达现实的基础上反对其感性直观和非历史性，并重构了现实范畴，由此，马克思的"劳动-对象性活动"范式得以生成。而这一新范式，恰恰成为马克思开启哲学革命的理论基石，并进一步具体化发展为"生产—历史性活动"范式，引导哲学革命进一步深化为政治经济学批判，因而具有重要的哲学

---

[1] 陈先达、臧峰宇：《重新理解〈1844年经济学哲学手稿〉的时代价值》，《马克思主义与现实》2023年第3期。

史变革意义。①

有学者认为，马克思基于对俄国问题的长期研究，在《给〈祖国纪事〉杂志编辑部的信》中给出了自己的答案，强调不能将西欧社会发展道路泛化为人类社会发展的一般道路。列宁积极探索帝国主义条件下经济文化落后国家的文明发展出路，晚年在《论我国革命》中驳斥了关于十月革命违背世界文明发展规律的攻讦。两篇文献一脉相承、交相辉映，反对了将西方现代文明发展道路普适化，肯定了俄国现代文明道路的特殊性，辨析了生产力因素的决定作用。其中闪耀的革命辩证法思想光辉，对于深入认识现代文明发展道路的普遍性与特殊性、非西方文明发展道路的可能性与现实性，深刻领会中国式现代化的丰富内涵，具有重要启示意义。②

有学者认为，《政治经济学批判（1857—1858年手稿）》和《政治经济学批判（1861—1863年手稿）》，包含了马克思对《资本论》之外的更为广泛的经济学问题的思考，也包含了其超越经济学视界的探索。《政治经济学批判》两部手稿以"五篇结构计划"和"六册结构计划"为总纲、为依循。对于《政治经济学批判》手稿与《资本论》手稿的关系，应该从手稿本身的对象结构、思维结构和外在形式结构的演进和过程上来探索。《马克思恩格斯文集》第8卷标示的《政治经济学批判（1857—1858年手稿）》《政治经济学批判（1861—1863年手稿）》和《资本论（1863—1865年手稿）》的名称，是对马克思三部经济学手稿内涵和学理的准确把握；但把这三部经济学手稿简单地称作《资本论》的"第一稿""第二稿"和"第三稿"是有片面性的。③

有学者认为，人作为劳动主体演进的三大发展形式理论和生产资料作为劳动客体在所有制关系的三大历史形态理论，是马克思《政治经济学批判（1857—1858年手稿）》的重要内容，也是对这一手稿思想内涵和学理意蕴研究的重要课题。在这一课题研究中，要厘清交换关系中主体、客体和中介三个要素的内涵，理解劳动"主体—客体"关系社会性和历史性的

---

① 郗戈、陈洪鑫：《马克思对黑格尔辩证法批判的哲学"范式转换"意蕴——基于〈巴黎手稿〉黑格尔批判部分的分析》，《中国高校社会科学》2023年第4期。
② 孙来斌：《经济文化落后国家现代文明发展的革命辩证法》，《马克思主义理论学科研究》2023年第9期。
③ 顾海良：《马克思〈政治经济学批判〉手稿的理论地位和学理意蕴——纪念马克思逝世一百四十周年》，《社会科学战线》2023年第8期。

内在属性；要把握人的发展的三大形式的理论挈要，理解劳动主体演进的"社会形式"的基本特征；要搞清对客体所有和占有关系演进的三大历史形态的理论精微，理解对生产资料客体所有和占有关系的根本性质；要深化《资本论》对劳动"主体—客体"关系的系统探索，理解人的发展形式和所有制历史形态理论的总体关系和本质规定。①

（三）马克思主义中国化研究

2023年，马克思主义中国化研究主要集中在习近平新时代中国特色社会主义思想研究、中国式现代化理论研究、中国特色社会主义重大理论和实践问题、马克思主义中国化基础理论问题研究、中国共产党与马克思主义中国化时代化研究等五个方面。

1. 习近平新时代中国特色社会主义思想研究

关于习近平新时代中国特色社会主义思想的世界观、方法论，有学者认为，要从哲学高度认知习近平新时代中国特色社会主义思想，映现其认识世界和改造世界的双重功能。具体而言，可从自然观、历史观和方法论层面领会和把握其深刻内涵，从鲜明的阶级立场、深厚的中国底蕴、科学的创新意识、宽广的世界情怀总结其鲜明特质，在路径探源、价值指引和方法拓新中全面厘定其实践逻辑和创新实践路径，将党的创新理论贯穿治国理政各领域全过程，切实以科学的世界观和方法论引领奋进新征程、实现中国梦的伟大实践。②有学者认为，党的二十大报告深刻阐释了习近平新时代中国特色社会主义思想的世界观和方法论，这是一次重大的思想理论创新。作为当代中国马克思主义和21世纪马克思主义、中华文化和中国精神的时代精华，习近平新时代中国特色社会主义思想的世界观和方法论这一崭新理论形态实现了在19世纪的马克思主义经典理论基础之上世界观和方法论层面的坚持、深化与拓展。"六个坚持"既是深刻理解习近平新时代中国特色社会主义思想必须牢牢把握的重要原则，也是继续推进党的理论创新必须始终坚持的基本点。"六个坚持"集中体现了当代中国共产

---

① 顾海良：《人的发展形式和所有制历史形态——马克思〈政治经济学批判（1857—1858年手稿）〉再研究》，《江西社会科学》2023年第8期。
② 沈江平：《习近平新时代中国特色社会主义思想的世界观和方法论：内涵、特质与实践逻辑》，《新疆师范大学学报(哲学社会科学版)》2023年第1期。

党人推进理论创新的智慧与经验，生动反映了中国共产党人成熟的马克思主义观，深刻赋予了马克思主义立场观点方法以时代新意。[1]

理论创新和贡献是深入学习和理解习近平新时代中国特色社会主义思想的重要维度，有学者认为习近平新时代中国特色社会主义思想对马克思主义哲学的创新性发展主要体现在六个方面：对于马克思主义哲学自然观、哲学实践观、唯物辩证法、发展观以及人民群众观和世界历史观的创新性发展。[2]有学者指出，习近平新时代中国特色社会主义思想立足于新时代新实践，围绕着新时代坚持和发展什么样的中国特色社会主义、怎样坚持和发展中国特色社会主义等重大时代课题，在守正创新中坚持科学社会主义基本原则，运用全新的视野、科学的方法，以党的领导深化了社会主义本质特征，以历史文化延展了社会主义历史渊源，以新时代厘定了社会主义发展方位，以"四个全面"完善了社会主义建设布局，以中国式现代化构建了现代化理论，以自我革命加强社会主义执政党建设，以人类命运共同体擘画未来全球愿景。这一系列重要创新观点，对科学社会主义作出系统性原创性的理论贡献，指引了习近平新时代中国特色社会主义的伟大变革。[3]

关于习近平文化思想研究，主要表现在三个方面。一是习近平文化思想的科学内涵。有学者认为，习近平文化思想是中华文化和时代精神的精华，习近平文化思想以坚定中国特色社会主义文化自信为战略出发点，以培育践行社会主义核心价值观为中轴，以建设中华民族现代文明为落脚点，构成了一个科学完备、逻辑严密的科学体系。习近平文化思想是对"我们是谁，我们从哪里来，我们要到哪里去"这一重大时代课题的回答，体现了中国共产党的文化主体性和历史主动性的统一，体现了马克思主义的历史观和文化观的统一，是对马克思主义文化理论的创新性发展和原创性贡献。[4]有学者以"思想解放"界定"第二个结合"，指出"第二

---

[1] 杨增崞、修政：《深刻认识习近平新时代中国特色社会主义思想的世界观和方法论》，《学校党建与思想教育》2023年第1期。
[2] 刘军：《习近平新时代中国特色社会主义思想对马克思主义哲学的创新性发展》，《马克思主义与现实》2023年第4期。
[3] 陶文昭：《习近平新时代中国特色社会主义思想对科学社会主义的理论贡献》，《马克思主义研究》2023年第4期。
[4] 宋友文：《习近平文化思想的科学体系和理论创新》，《南京社会科学》2023年第12期。

个结合"是习近平文化思想的核心要义、主体内容和基本方法，具有本源性和统摄性。习近平文化思想以"第二个结合"推进又一次思想解放为显著特征和鲜明标识，对一系列根本性、关键性的重大问题给予明确回答，推进了重大理论创新，实现了重大理论突破。[①]有学者认为，习近平文化思想是新时代党领导宣传思想文化建设经验的理论总结与思想提升，极大地丰富和发展了马克思主义文化理论，在党的文化事业发展史上具有里程碑意义。从内涵看，习近平文化思想是以文化使命为统领，由文化传承、文化创新、文化权益、文化共识、文化引领等方面构成的完备理论体系。从特征看，习近平文化思想具有鲜明的科学性、人民性、实践性、发展性，不仅体现了习近平文化思想的本质，而且展现了习近平文化思想的理论形象。从核心要义看，习近平文化思想主要围绕保障文化安全、坚定文化自信、建设文化强国、增强文化影响等价值目标为新时代宣传思想文化建设提供思想武器和行动指南，为以中国式现代化全面推进中华民族伟大复兴坚定信念、振奋人心、凝聚力量。[②]二是习近平文化思想的理论贡献。有学者指出，习近平文化思想深化了对文化本质和文化自信自强的认识，深化了对文化发展道路的认识，深化了对新时代文化使命的认识，深化了意识形态工作与党和国家中心工作之间关系的认识，深化了对意识形态阵地管理的认识。习近平文化思想回答了新时代我国文化建设举什么旗、走什么路、坚持什么原则、实现什么目标等根本问题，涵盖文化建设的方向、目标、道路、原则等重要方面，是相对完整的思想体系。[③]习近平文化思想促进马克思主义文化理论发展新境界进行阐释，习近平文化思想是对新时代党领导文化建设实践经验的理论总结，是对马克思主义文化理论的创新发展。马克思主义文化理论为习近平文化思想的形成发展奠定了坚实的理论基础；中国共产党的文化理论为习近平文化思想的形成发展提供了直接的思想来源；坚持"两个结合"为习近平文化思想的形成发展提供了科学的方法路径。习近平文化思想内容丰富、博大精深，构成了习近平新时代中国特色社会主义思想的文化篇，谱写了马克思主义文化理论

[①] 郭建宁：《深刻领会习近平文化思想的核心要义》，《思想教育研究》2023年第11期。
[②] 赵卯生、陈滢、周芳：《习近平文化思想的内涵、特征与核心要义》，《新疆师范大学学报(哲学社会科学版)》2023年第1期。
[③] 汪亭友、李敏：《习近平文化思想的科学内涵、价值意蕴与原创性贡献》，《新疆师范大学学报(哲学社会科学版)》2023年第4期。

发展的新篇章。①三是习近平文化思想的重大意义。有学者指出，习近平文化思想指明了我国社会主义文化发展的正确方向，同时指明了马克思主义中国化时代化"第二个结合"即马克思主义基本原理同中华优秀传统文化相结合的正确方向。习近平文化思想体现了大历史观，指引我们以更加宽广的视野、更加长远的眼光把握世界历史的发展脉络和正确走向，认清我国社会发展、人类社会发展的大逻辑、大趋势，同时也指导着我国着力加强国际传播能力建设、促进文明交流互鉴，创造出史无前例的对外交往和文明交流。②

关于习近平经济思想研究。有学者认为习近平经济思想促进了中国特色"系统化的经济说"的创新，而开拓中国特色"系统化的经济学说"，也是习近平经济思想的理论特色和学理依循。党的十八大以来，习近平经济思想围绕新时代中国特色社会主义初级阶段生产方式和经济关系发展这一根本的、核心的问题，开创了以社会主义经济关系"形成史"为对象特征的马克思主义政治经济学样态，对中国特色"系统化的经济学说"的理论以及"系统化"结构问题作出系列的创新性探索；以运用习近平新时代中国特色社会主义思想的世界观和方法论为基础，对发展什么样的中国特色"系统化的经济学说"和怎样发展中国特色"系统化的经济学说"问题作出创新性探索；在集中于中国特色社会主义政治经济学研究中，也对当代资本主义政治经济学特别是对人类命运共同体政治经济学作出创新性探索。③有学者从习近平经济思想的世界观、方法论及其对唯物史观的拓展为基点进行研究，作为习近平经济思想的世界观方法论，坚持人民至上、坚持自信自立、坚持守正创新、坚持问题导向、坚持系统观念、坚持胸怀天下有其独特内涵，是对唯物史观的进一步运用和发展：坚持人民是历史创造者的群众史观；立足发展实践揭示经济运动客观规律；从生产力与生产关系结合角度看待经济问题；抓住生产资料所有制这个根本问题；坚持

---

① 韩振峰：《习近平文化思想开辟了马克思主义文化理论发展新境界》，《中国高校社会科学》2023年第6期。
② 刘书林：《习近平文化思想产生的重大意义》，《思想理论教育导刊》2023年第11期。
③ 顾海良：《习近平经济思想与中国特色"系统化的经济学说"的开拓》，《经济研究》2023年第9期。

辩证法、两点论，协调经济结构的平衡关系。①有学者指出，面对全球性问题不断凸显、逆全球化浪潮席卷、经济实力"东升西降"，习近平经济思想彰显了时代之新；面对社会主要矛盾的新转变、经济发展的新阶段、人民需要的新特点，习近平经济思想反映了实践之新；基于时代之新和实践之新，习近平制定了经济发展的"一二三四"，即"一个任务""两个根本""三个新"和"四个方案"，系统回答了经济发展的任务、性质、方位、理念、格局、制度、战略、保障、方法等一系列重大理论和现实问题，呈现了理论之新。②

关于习近平生态文明思想研究。有学者认为，习近平生态文明思想是"两个结合"的理论成果和创新典范，它对中国为什么建设生态文明、建设什么样的生态文明和怎样建设生态文明的重大理论与实践问题作了系统而深刻的回答。学习贯彻习近平生态文明思想，最重要的是把握好它的世界观方法论，坚持好、运用好贯穿其中的立场观点方法，不断拓展生态文明认知的广度和深度，以新的理论指导新的实践。③有学者从制度维度理解习近平生态文明思想，认为制度维度是深入研究阐释习近平生态文明思想的科学体系及其践行的一个重要视角。进入新时代，习近平生态文明思想经历了一个理论意涵不断丰富深化、体系架构渐趋清晰的发展过程，先后形成了以党的十八大报告和党的十九大报告两个权威文献为蓝本、以2015年《生态文明体制改革总体方案》和2019年党的十九届四中全会《中共中央关于坚持和完善中国特色社会主义制度推进国家治理体系和治理能力现代化若干重大问题的决定》为主要样态的框架构想或顶层设计，从而对我国新时代生态文明建设的"制度之维"作出了既高瞻远瞩又立足现实的整体筹谋与规划安排。④有学者对习近平生态文明思想的科学体系和重大意义进行研究，习近平生态文明思想是中国共产党不懈探索生态文明建设的智慧结晶，是马克思主义基本原理同中国生态文明建设实践相结合、同中华优秀传统生态文化相结合的重大成果。在习近平生态文明思想指引下，我国生态文明建设发生历史性、转折性、全局性变化。思想之光照亮

---

① 蔡万焕：《习近平经济思想的世界观方法论及其对唯物史观的发展》，《思想理论教育导刊》2023年第7期。
② 王娜：《科学把握习近平经济思想的理论贡献》，《马克思主义理论学科研究》2023年第2期。
③ 郇庆治：《我国生态文明建设的伟大变革及基本经验》，《当代世界与社会主义》2023年第6期。
④ 郇庆治：《论习近平生态文明思想的制度维度》，《行政论坛》2023年第4期。

前行征程。习近平生态文明思想是一个逻辑严密、系统完整、内涵丰富的科学体系，标志着我们党对社会主义生态文明建设的规律性认识达到新高度。建设人与自然和谐共生的现代化，为中华民族伟大复兴夯实生态安全基石。习近平生态文明思想为全球生态环境治理提供重要借鉴。深入阐释习近平生态文明思想的世界意义，有力提升中国自主生态文明知识体系的感召力，让世人看见为人类作更大贡献的"美丽中国"。①

学者们还深入研究了习近平关于中华民族现代文明的重要论述。首先，建设中华民族现代文明是党和人民在新时代新的文化使命。挖掘民族文化禀赋，理解和理顺民族文化禀赋与建设中华民族现代文明的基本原则、主要路径之间的内在机理，是建设中华民族现代文明的必然要求。中华民族文化禀赋既表现为把礼仪文明作为民族认同的基本标准，又展现为遵道尚德和求仁崇义的德性文明特质，还蕴含于近代中国建立容纳古今中西优秀文化要素的新文明形态的革命诉求中。这种民族文化禀赋，一方面有利于坚持价值主体性原则、历史主动性原则、综合创新性原则，依据以人民为中心、主动运用文明发展规律和促进不同文化的综合创新来建设中华民族现代文明；另一方面有利于夯实建设中华民族现代文明的主要路径，即以实事求是为原则推进"两个结合"，既弘扬爱国主义精神，建设中华民族共有精神家园，彰显中华民族现代文明的民族特性，又立足民族复兴伟业，推动构建人类命运共同体，彰显中华民族现代文明的世界意义。②其次，以文化自觉建设中华民族现代文明的时空逻辑。人类文明的历史演进要在具体的时空环境中才能实现，中华民族现代文明的空间指向必须通过时间得以纵向延续，其时间指向则必须通过空间得以横向展开，两者的耦合共同构成中华民族现代文明的时空环境。一方面，建设中华民族现代文明的"时间轴"指向在传统和现代的结合中克服文化惰性，赋予中国式现代化的文化新形态以更宏阔的历史纵深；另一方面，建设中华民族现代文明的"空间轴"指向在世界文明交融的语境下摆脱"学徒"状态，找到中华民族现代文明的自我定位，并明确自身文明的存在意义以及

---

① 樊良树：《习近平生态文明思想的科学体系和重大意义》，《理论视野》2023年第7期。
② 金德楠、宇文利：《民族文化禀赋与建设中华民族现代文明》，《中国高校社会科学》2023年第6期。

对世界的可能性贡献。①最后，中华民族现代文明是一种崭新的现代文明形态。有学者指出，科学概括中华民族现代文明的内涵及特性，是研究中华民族现代文明价值与意义、路径与方式的理论基础。与其他文明形态相比，中华民族现代文明具有古今的融贯性、建设领域的全面性、建设内容的精神性、建设对象的整体性四大特征。②

2. 中国式现代化理论研究

关于中国式现代化的鲜明特色研究。有学者认为，中国式现代化具有鲜明的中国个性特征，这种特征系统表现为三个方面：其一，中国式现代化是在中国特殊国情基础上启动并逐渐形成的现代化形态，这种独特性主要体现为现代化启动阶段面临着多重任务、资金积累艰难、社会动荡、中央政府权力式微等方面。其二，世界现代化历史发展进程中的经验和教训启示着中国式现代化道路探索的必然性。欧美现代化历程中所经历的殖民扩张、财富掠夺以及严重贫富分化、人民权利被漠视、社会动荡等问题警告中国不能简单复制西方现代化模式。按照欧美模式进行现代化建设的广大亚非拉国家在发展进程中普遍欠发达、欠稳定、欠安全的历史和现状也从另一个侧面说明了坚持中国式现代化道路的必然性。其三，1949年之后，在中国共产党领导下，中国形成了以人口规模巨大、坚持共同富裕、物质文明与精神文明协调发展、人与自然和谐共生、坚持和平发展为特色的中国式现代化。③有学者认为，中国式现代化闯出了一条基于中国基本国情、客观实际、文化传统、制度体制、思维方式等要素推动自身发展的现代化之路，是被实践充分证明行之有效的原创版，打破了西方在现代化道路问题上的理论与话语垄断，彰显出鲜明的中国特色。从中国特色的角度出发，中国式现代化是激活中华文明的现代化，是切合中国实际的现代化，是坚持人民至上理念的现代化，是遵循独特策略方法的现代化，是呈现人类文明新形态的现代化，为广泛凝聚合作共识、推动世界历史发展、引领人类文明进步提供了强大力量。④此外，有学者研究了中国式现代化的价值观，认为坚持以人民为中心和构建人类命运共同体，是中国式现代

---

① 邹广文、赵月：《以文化自觉建设中华民族现代文明的时空逻辑》，《中共中央党校(国家行政学院)学报》2023年第6期。
② 王淑芹：《关于中华民族现代文明特性的思考》，《马克思主义理论学科研究》2023年第11期。
③ 程美东：《论中国式现代化的中国个性特征》，《马克思主义研究》2023年第7期。
④ 程赞、吴俊：《论中国式现代化的中国特色》，《西南大学学报(社会科学版)》2023年第3期。

化的根本价值取向；社会主义核心价值观，构成中国式现代化的基本价值追求；"和平、发展、公平、正义、民主、自由"，表达了中国式现代化的人类共同价值主张。中国式现代化的独特价值观，凸显了中国式现代化的方向和精神追求，实现了对西方现代化价值观的超越，引领着世界现代化和人类文明进步的发展方向。①

关于中国式现代化的创造性发展研究。一是从中国式现代化路径谱系的实践创新层面，人类社会进入现代化发展阶段，首先是从西方资本主义国家开始的，形成了所谓西方式现代化。唯物史观认为，西方式现代化的资本主义本质决定了其被超越的历史必然性。在建立社会主义基本制度的基础上，中国式现代化创造性地实现了从西方式现代化的资本本位到人民本位的制度置换，创造性地实现了对西方式现代化的本质超越。在改革开放和中国特色社会主义建设的伟大进程中，中国式现代化创造性地建构了以共建共享、历史主动、和平发展、命运与共、合作共赢等为丰富内涵的理论体系和实践路径，从而超越了以逐利本性、自发生成、丛林法则、全面扩张、唯我独霸等为主要内容的西方式现代化理论体系和发展路径，走出了一条现代化发展的新道路，创新发展丰富了21世纪的马克思主义现代化理论与实践，为社会主义现代化理论作出了原创性贡献，为世界现代化理论作出了创造性贡献。②二是从中国式现代化对世界社会主义的重大意义层面，中国式现代化是中国共产党在领导国家建设和发展过程中进行现代化探索而形成的重大成果，是中国共产党领导的社会主义现代化，这是中国式现代化的本质特征。社会主义现代化经历了一百多年的艰辛探索，取得过重要成就，也有过深刻教训。中国式现代化成功走出了一条独具特色的社会主义现代化新路，实现了对苏联式现代化的创新性超越，树立了社会主义现代化的成功范例，在社会主义现代化探索史乃至世界社会主义发展史上具有特殊而重大的意义。③

关于中国式现代化理论体系研究。一是中国式现代化理论体系的创立是当代中国马克思主义、21世纪马克思主义发展的最新重大成果，科学回答了在当今世界处于百年未有之大变局下的中国式现代化向何处去、人类

---

① 艾四林、徐若菲：《深入理解中国式现代化的价值观》，《思想理论教育导刊》2023年第6期。
② 戴木才：《论中国式现代化的创造性发展》，《哲学研究》2023年第12期。
③ 宫玉涛：《中国式现代化对世界社会主义的重大意义》，《科学社会主义》2023年第3期。

文明向何处去的时代之问。深化对中国式现代化理论体系的认识，需要从世界潮流发展的高度分析这一理论体系形成的历史必然性，在此基础上从理论和实践、国内和国际、比较研究和学理分析上，深化对中国式现代化根本性质、丰富内涵、显著优势等的认识，把握中国式现代化的重大现实意义和深远历史意义。[1]二是中国式现代化理论体系突破了西方现代化实践及其观念长期以来对世界各国追求现代化产生的束缚与限制，集中展现了中国开展现代化建设的实践探索与理论成就；作为这一理论体系重要构成内容的中国式现代化的五大特色，呈现并诠释了"是怎样的"中国式现代化，凸显了"基于自己国情的中国特色"；九条本质要求明确了中国式现代化的实践遵循，深度阐明了为什么说中国式现代化是强国建设、民族复兴的唯一正确道路。[2]三是中国式现代化对马克思主义中国化时代化作出重要理论贡献，中国式现代化是马克思主义现代化思想在中国的新发展，也是新时代坚持"两个结合"的光辉典范，揭示了马克思主义中国化时代化的内在机理，深化了党对如何坚持和发展马克思主义的规律性认识。中国式现代化是党领导人民在实践探索中取得的新成果，也是强国建设、民族复兴的唯一正确道路，以其走得通、行得稳的实践逻辑证明了"中国化时代化的马克思主义行"的真理性判断。中国式现代化是习近平新时代中国特色社会主义思想的重要组成部分和重大理论创新，也是新时代中国共产党开辟马克思主义中国化时代化新境界的鲜明标识，为马克思主义中国化时代化作出了重大理论贡献。[3]四是整体性视域下的中国式现代化理论研究，有学者认为，将中国式现代化置于世界现代化的历史视野中开展研究，有利于加强中国式现代化研究与世界各国的互动交流；将中国式现代化置于党的百年奋斗历史进程中开展研究，有利于把握中国式现代化形成与发展的历史逻辑；将中国式现代化置于科学社会主义发展过程中开展研究，有利于把握中国式现代化创新和发展的理论逻辑；将中国式现代化置于"两个大局"现实背景下开展研究，有利于把握中国式现代化推进和拓展的实践逻辑。通过对中国式现代化进行系统分析、整体把握，

---

[1] 杨金海：《深化对中国式现代化理论体系的认识》，《思想理论教育导刊》2023年第4期。
[2] 常庆欣：《深刻理解和全面把握中国式现代化理论体系》，《人民论坛》2023年第19期。
[3] 黄刚：《中国式现代化对马克思主义中国化时代化的理论贡献》，《江苏师范大学学报（哲学社会科学版）》2023年第5期。

不断推动中国式现代化研究向多维度、立体化、多层次发展，更好把握和阐释中国式现代化的丰富理论内涵。①

关于中国式现代化的话语体系问题。学者对如何构建中国式现代化的话语体系进行了研究，中国式现代化话语是中国特色哲学社会科学话语体系的重要组成部分，也是中国特色社会主义现代化实践的理论表达。中国式现代化话语立足于"中国特色社会主义"这一支点，实现了将马克思主义基本原理同中国具体实际相结合、同中华优秀传统文化相结合，弥补了我国现代化话语与现代化发展不相匹配的短板，向世界展示了中国形象，提升了中国的国际话语权。首先，要强化马克思主义中国化时代化理论的指导力与阐释力，以中国实践支撑中国话语，在丰富中国式现代化话语资源的同时推动话语创新发展，使大众"愿意听"。其次，要在叙述中国式现代化形成机理与重大成就的同时，注重阐发中国式现代化的比较优势与世界价值，不断推动中国式现代化话语的系统构建，使大众"听得懂"。再次，要完善话语和传播格局的"四梁八柱"，完善话语传播的制度体系，创新话语传播的媒介载体，建设现代化话语研究的人才队伍，使大众"听得见"。最后，要增强"自塑"与"他塑"的联动影响，以坚定的立场、包容的态度看待国际国内对中国式现代化话语的应用与传播，以谦虚的姿态接受善意的批评，使大众"乐意说"。②有学者对中国式现代化话语体系的叙事逻辑与赓续路向进行阐释，西方现代化话语的内在缺陷与中国式现代化的创新突破，为中国式现代化话语叙事提供可能空间，而掌握相应话语权的时代诉求则是催生中国式现代化话语体系出场的直接动因。中国式现代化话语体系在叙事逻辑上以历时与共时相糅合的时空逻辑阐明其何以生成，以普遍与特殊互嵌的比较叙事逻辑论证其何以取胜，以总体与具体互构的方法叙事逻辑说明其何以传播，初步构建出具有说服力和可接受性的话语叙事逻辑。新起点上，建构中国式现代化话语体系，应始终把握好时间与空间、普遍与特殊、总体与具体之间的张力关系，在恪守合法边界基础上强化话语阐释的彻底性、在把握比较优势基础上推进话语的普遍性建构、在遵循科学方法论上推进视域融合与资源整合，切实提升中

---

① 肖贵清、卢阳：《整体性视域下的中国式现代化》，《当代世界与社会主义》2023年第6期。
② 王海军、郑阳：《中国式现代化话语的体系建构与时代审思》，《当代世界社会主义问题》2023年第3期。

国式现代化话语的解释力、认同力和传播力。[1]

共同富裕与中国式现代化的关系问题也是学者们关注和研究的重点。有学者基于中国式现代化的分配制度认为，党的二十大报告对中国式现代化和完善收入分配制度展开了重要论述。构建中国式现代化分配制度是实现全体人民共同富裕的重要制度保障，而"人民至上"则是其价值主线，这与传统社会的"阶级至上"和西方式现代化的"资本至上"都存在本质差异。社会主义现代化建设的过程是艰辛且曲折的，相对应的分配制度也需要根据社会背景的变化进行相应调整，调整的基础是对高增长阶段中富裕差异的厘清，这种差异是在基础设施建设需求、人口流动受阻、城乡财产制度差异和体制转轨信息不对称等历史原因的影响下产生的。为了持续迈向共同富裕，需要通过提升初次分配和再分配阶段居民部门的收入占比，打破羁绊城乡要素流动的行政性阻碍，增加居民可支配收入的多样性和严格规范财富积累机制等针对性的现实路径来构建高质量发展阶段的中国式现代化分配制度。[2]有学者从中国式现代化对共同富裕问题的解答及其世界历史意义出发进行研究，习近平总书记在党的二十大报告中关于"中国式现代化是全体人民共同富裕的现代化"的理论创见和实践思路，对这一重大悖论性问题给出了科学解答。中国式现代化对共同富裕悖论性问题的解答形成三大重要成果：在理论层面，从总体性、系统性角度对"现代化""共同富裕"及其相互关系进行了重塑，实现了理论上的原创性发展；在实现思路方面，坚持问题导向，完成了解答共同富裕悖论性问题具体方法路径的伟大实践创造；在制度保障方面，创新了解决共同富裕悖论性问题的治理体系和治理能力。上述重大创新成果是马克思主义世界历史观在新时代的创新发展，创造了人类文明新形态。[3]

3. 中国特色社会主义重大理论和实践问题研究

关于人类文明新形态的研究。有学者探讨了人类文明新形态的构成要素与发展过程，在求解人类文明形态发展过程的问题中对主体社会形态、

---

[1] 曹睿卓、董贵成：《中国式现代化话语体系的叙事逻辑与赓续向》，《西北民族大学学报(哲学社会科学版)》2023年第5期。
[2] 解安、侯启缘：《迈向共同富裕的中国式现代化分配制度——价值意蕴、富裕差异与现实路径》，《青海社会科学》2023年第4期。
[3] 刘新刚：《中国式现代化对共同富裕问题的解答及其世界历史意义》，《马克思主义研究》2023年第3期。

经济社会形态、技术社会形态、交往社会形态等有机统一的多重维度分析，立体呈现阐释人类文明形态的外部视角。通过内外部视角的探查，人类文明新形态之"新"表现为：准确把握了生产力、生产关系、经济基础、上层建筑等基本要素及其矛盾运动，准确把握了经济、政治、文化、社会、生态等具体要素的紧密联系，准确把握了物质文明、政治文明、精神文明、社会文明、生态文明协调发展的现实存在形式；正处于由物的依赖性文明加速转向人的自由全面发展文明、社会主义文明相较于资本主义文明日益展现明显优势、工业文明发展演进至数字文明、中华民族现代文明与世界文明多样性深度融合的阶段。[1]有学者对中国特色社会主义和人类文明新形态的关系进行探究，"文明"是标志人类进步状态的概念，是对人类认识和改造世界积极成果的整体性概括和正面性评价。"文明形态"既可以在时间向度上指称人类历史发展不同阶段的文明样态，也可以在空间向度上指称人类不同地域呈现的文明样态。中国特色社会主义能够成为一种文明形态，因为它是在中国这样一个文明型国家进行的文明创造，传承了中华文明基因并吸纳了世界文明的有益成果，成为物质文明、政治文明、精神文明、社会文明、生态文明的统一体。它作为世界上一种新近出现并独具特色的文明新形态，不是单一而典型的文明形态，而是复杂的"非典型性"文明形态，必须用中华文明、现代化文明、社会主义文明的多重维度来综合把握。中国特色社会主义文明新形态是中华文明的当代形态、社会主义文明的中国形态、现代化文明的超越形态。这一文明新形态丰富了世界文明多样性，促进了不同文明交流互鉴，推动了人类文明进步，并对人类文明未来发展具有引领作用。中国特色社会主义文明形态虽已形成，但尚在发展中，将会在未来显现出更清晰轮廓和更成熟样态。[2]

关于中华优秀传统文化与中国特色社会主义的关系研究。有学者认为，中华优秀传统文化是建设中华民族现代文明的文化根基，是造就新的文化生命体的独特基因，是涵养社会主义核心价值观的重要源泉。中华优秀传统文化具有促进经济高质量发展的独特优势，重点体现在规约市场自

---

[1] 秦宣、俞佳奇：《人类文明形态的构成要素与发展过程——兼论人类文明新形态的深刻内涵》，《当代世界与社会主义》2023年第5期。
[2] 刘建军：《论中国特色社会主义创造了人类文明新形态》，《中国社会科学》2023年第3期。

发逻辑、集中力量办大事、促进科技创新、驱动文化产业等方面。中华优秀传统文化是全面提高国家治理能力和治理水平的宝贵思想资源，从治理主体、治理目标、治理手段、外交之道、风险治理、共同体建设等方面，为推进国家治理现代化提供了深层的精神文化力量。①

关于全过程人民民主的研究。有学者对全过程人民民主的原创性贡献进行探讨，全过程人民民主是新时代中国共产党对人民民主理论的创新和发展。习近平总书记关于全过程人民民主重要论述对马克思主义民主政治理论的原创性贡献主要体现在：从价值论角度阐述了全过程人民民主的战略地位，强调全过程人民民主是坚持党的属性和践行党的根本宗旨的必然要求、社会主义民主政治的本质属性、中国式现代化的本质要求；从认识论角度提出了全过程人民民主重大理念，并从根本保证、价值旨归、形态架构、鲜明特色、政治优势、治理效能、评价标准等多重维度赋予了全过程人民民主丰富的时代内涵；从方法论角度作出新征程发展全过程人民民主的战略部署，坚持运用系统思维多措并举扎实推进全过程人民民主建设。②

4. 马克思主义中国化的基础理论问题研究

一方面，聚焦马克思主义中国化时代化开展研究，有学者对党的二十大提出的"开辟马克思主义中国化时代化新境界"重大理论课题的丰富内涵进行深入理解，从理论形态看，习近平新时代中国特色社会主义思想是具有严谨科学体系和内在精神实质的创新理论，是当代中国马克思主义、二十一世纪马克思主义；从实践创造看，中国式现代化和人类文明新形态是当今最主要的成果体现；从文化根基看，习近平新时代中国特色社会主义思想植根中华文化沃土、弘扬中国精神，是中华文化和中国精神的时代精华；从时代特征看，在统筹两个大局的视野下把握历史主动，体现了鲜明的时代精神。③有学者立足深刻把握马克思主义基本原理同中华优秀传统文化相结合的理论意蕴，认为坚守好马克思主义魂脉和中华优秀传统文化根脉是马克思主义中国化时代化理论创新的基础和前提。坚持把马克思

---

① 孙来斌：《中华优秀传统文化与中国特色社会主义》，《马克思主义研究》2023年第8期。
② 王一喆、王春玺：《习近平关于全过程人民民主重要论述的原创性贡献》，《广西社会科学》2023年第7期。
③ 郭建宁、魏月妍：《开辟马克思主义中国化时代化新境界》，《中国高校社会科学》2023年第1期。

主义基本原理同中华优秀传统文化相结合是习近平新时代中国特色社会主义思想的重要内容，其深刻揭示了我们党成功开辟和发展中国特色社会主义道路的历史文化底蕴，用马克思主义激活中华优秀传统文化中富有生命力的优秀因子并赋予其新的时代内涵，让中华优秀传统文化成为现代的；将中华民族的伟大精神和丰富智慧更深层次地注入马克思主义，让马克思主义成为中国的。作为开辟和发展中国特色社会主义道路的规律性认识，"第二个结合"是对马克思主义中国化时代化历史经验的深刻总结，是对中华民族现代文明建设规律的理论把握，也是以中华文化创造人类文明新形态的高度自信与自觉。在新的起点上继续推动文化繁荣、建设文化强国、建设中华民族现代文明，需要巩固主体性，以守正创新世界观和方法论为指引；把握规律性，深刻把握中华文明发展规律；强化引领性，积极构建马克思主义理论学科自主知识体系。[①]有学者认为，科学把握马克思主义中国化时代化，是准确理解"中国化时代化的马克思主义行"的重要基础。中国共产党百年奋斗的历史，充分体现了时代化与马克思主义中国化的结合，说明了马克思主义中国化创新性成果的鲜明时代特征和丰富时代内涵。习近平新时代中国特色社会主义思想紧扣时代课题，在推进马克思主义中国化的新飞跃中，开辟了马克思主义中国化时代化理论创新和理论创造的新境界。中国化时代化马克思主义之所以行，根本就在于我们党创造性地运用马克思主义世界观、方法论认识和解决中国发展问题。习近平新时代中国特色社会主义思想创造性地运用马克思主义的立场、观点、方法，观察世界、认识世界、改造世界，在对中国和世界问题的分析中，形成了中国化时代化马克思主义的世界观和方法论，彰显了"中国化时代化马克思主义行"的真谛。[②]有学者对开辟马克思主义中国化时代化的新境界开展研究，把马克思主义的魂脉和中华优秀传统文化的根脉融汇于强国建设、民族复兴的伟大实践，书写了党的理论创新和实践创新的新篇章，开辟了马克思主义中国化时代化的新境界。[③]有学者讨论了马克思主义中国化、时代化、大众化的关系，认为马克思主义中国化与时代化是

---

① 王易：《深刻把握马克思主义基本原理同中华优秀传统文化相结合的理论意蕴》，《马克思主义研究》2023年第7期。
② 张雷声：《科学把握马克思主义中国化时代化》，《教学与研究》2023年第1期。
③ 林建华：《坚守马克思主义的魂脉和中华优秀传统文化的根脉》，《党建》2023年第9期。

"化马克思主义"与"化中国"的统一,"化马克思主义"与"化时代"的统一,根本上的共同点在于都包含着"化马克思主义"的内容,都强调坚持与发展马克思主义相统一的科学方法论。"马克思主义中国化时代化"这一表述,体现出中国化的马克思主义秉持全球眼光、国际视野,引领了人类社会发展,是具有时代意义、世界意义的马克思主义。马克思主义大众化可以理解为"化马克思主义"与"化大众"的统一,主要强调的是把抽象理论形象化、通俗化。马克思主义中国化时代化这一系列成果,若无法实现大众化,力量就很难发挥出来,就很难转化为实践。①

另一方面,聚焦毛泽东思想开展研究。毛泽东思想是马克思主义中国化研究的重要内容,也是马克思主义中国化研究的理论基础,理论界持续关注和研究。

一是毛泽东对马克思主义中国化的贡献。有学者梳理毛泽东领导中国共产党人推进马克思主义中国化时代化的历史过程,得出以下结论:第一,毛泽东是马克思主义中国化的伟大开拓者。他从中国革命一开始就旗帜鲜明地坚持马克思主义与中国实际相结合,是党内把马克思主义与中国实际相结合的主要代表,在我们党的历史上第一个提出马克思主义中国化的概念和任务。第二,毛泽东创造性地提出了马克思主义中国化的基本理论和方法。他提出马克思主义中国化的任务是用马克思主义解决中国问题,是用马克思主义之矢去射中国革命之的;提出用马克思主义解决中国问题必须一切从中国实际出发,特别是从中国的基本国情出发;提出把马克思主义基本原理与中国实际相结合的根本方法是实事求是;提出中国化的马克思主义应当是新鲜活泼的,具有为中国老百姓所喜闻乐见的中国作风与中国气派;等等。这些理论和方法,奠定了马克思主义中国化的理论基础。第三,毛泽东领导全党成功地把马克思主义基本原理与中国革命的具体实践相结合,创立了毛泽东思想,实现了马克思主义中国化的第一次历史性飞跃。②

二是毛泽东的建党学说。毛泽东的建党学说作为毛泽东思想的重要组成部分,丰富发展了马克思主义建党学说,至今闪耀着马克思主义真理的

---

① 陈培永、李颖:《关于马克思主义中国化、时代化与大众化关系的再思考》,《思想理论教育》2023年第2期。
② 闫志民:《毛泽东同志对马克思主义中国化的重大贡献》,《人民论坛》2023年第23期。

光辉。有学者认为，毛泽东的建党学说成功地解决了农民和小资产阶级占人口大多数的国家建设马克思主义政党的难题。他特别注重从思想上建设党，培育和发扬党的优良作风，创造了在全党通过批评与自我批评进行马克思列宁主义思想教育的整风形式，还在新中国成立前后，提出要警惕资产阶级思想的侵蚀，反对脱离群众的官僚主义。毛泽东关于党的建设的理论与实践，对新时代坚定不移全面从严治党，深入推进新时代党的建设新的伟大工程，具有重要的理论和实践意义。①

三是毛泽东思想中的具体理论研究。有学者也对毛泽东政策和策略思想进行研究，认为毛泽东政策和策略思想是毛泽东带领中国人民在革命与建设过程中逐步形成的理论方法，是中国共产党作为大国大党的独特方法论。回到马克思主义理论和中国革命与建设的具体实践，才能更为深入地理解毛泽东政策和策略思想的具体所指与重大意义。在中国共产党从局部执政转向全面执政的过程中，毛泽东领导了多项重要政策的制定、调整、执行的全过程，由此形成了"政策和策略是党的生命"这一著名论断，对新中国建设影响深远。新时代新征程，统筹"两个大局"，不断提高党员干部的政策和策略水平，推动社会主义现代化建设事业向前发展。②有学者对毛泽东调查研究思想展开研究，毛泽东调查研究思想内涵丰富、体系严密，是实现党的实事求是思想路线的有效途径，是解决中国革命与建设问题的重要法宝，是制定正确方针政策的科学依据，是贯彻党的群众路线的内在要求，是完成党的工作任务的科学方法。新时代发扬毛泽东调查研究的优良传统，有利于践行党的实事求是思想路线，有利于科学把握马克思主义的世界观和方法论，有利于推进新时代党的理论创新，有利于弘扬党密切联系群众的工作作风。③

5. 中国共产党与马克思主义中国化时代化研究

关于中国共产党的自我革命研究。有学者探讨了中国共产党实现长期执政的演进逻辑，认为"人民监督"是党保障人民当家作主，保持与人民群众血肉联系，充分发挥人民群众积极性、主动性、创造性的重要法宝。

---

① 王传利：《论毛泽东党的建设学说的历史性贡献》，《世界社会主义研究》2023年第12期。
② 夏清、巫涵：《毛泽东政策和策略思想的历史考察论析》，《中国特色社会主义研究》2023年第6期。
③ 马雪梅、王炳林：《毛泽东调查研究思想的历史审视》，《四川师范大学学报(社会科学版)》2023年第6期。

"自我革命"是中国共产党在全面从严治党过程中成功经验的总结升华，它立足于全面从严治党的实践，是保持党的生机与活力的根本精神要求。从"人民监督"到"自我革命"的发展，是一个从外部监督向内外结合、从他律到自律、从实践探索到理论自觉的变化过程。"人民监督"与"自我革命"内外联动、相互贯通，统一于党的领导之下，业已成为推动中国特色社会主义事业发展的重要方略。①有学者分析了党的自我革命制度规范体系的运行机制，党的自我革命制度规范体系的运行机制是指党的自我革命制度系统内部各要素在系统运转过程中相互联系、相互作用、相互影响，共同耦合形成的程序和运行方式。它主要包括价值规范机制、自我净化机制、自我完善机制、权力监督制约机制、问责机制、纠正偏差机制等六大机制。党的自我革命制度规范体系的功能主要体现为：为深入推进全面从严治党提供制度保障，为以党的自我革命引领伟大社会革命提供制度保障，为确保党在国家治理中发挥统领作用提供制度保证。②有学者对大党独有难题与自我革命的关系进行研究，勇于自我革命是中国共产党百余年奋斗培育的鲜明品格，也是解决党内难题的一条重要经验。党的十八大以来，以习近平同志为核心的党中央在全面从严治党伟大实践中，围绕党的自我革命提出了一系列原创性的新思想新观点新论断，为破解大党独有难题提供了科学指引。深入推进新时代党的建设新的伟大工程，必须坚持以党的自我革命破解大党独有难题。③

关于中国共产党的历史主动精神研究。有学者对中华人民共和国成立前夕党的历史主动精神进行研究，认为历史主动精神是中国共产党勇担历史重任、科学把握历史发展规律和大势、主动应对风险和挑战的宝贵精神品格。中华人民共和国成立前夕，面对新民主主义革命胜利后党的工作重心的转移以及新形势与新任务所带来的诸多风险和挑战，中国共产党充分发扬历史主动精神，通过加强党的自身建设来引领党和国家事业更好地前

---

① 周良书、李泽宇：《从"人民监督"到"自我革命"——中国共产党实现长期执政的演进逻辑》，《甘肃社会科学》2023年第5期。
② 王春玺、俞光瑞：《党的自我革命制度规范体系的运行机制与功能定位》，《北京联合大学学报（人文社会科学版）》2023年第6期。
③ 赵付科、侯伟：《以党的自我革命破解大党独有难题》，《当代世界与社会主义》2023年第6期。

进。①有学者结合中国共产党历史上的三个历史决议探讨党的历史主动精神，三个历史决议通过呈现历史成就、总结历史经验、规划历史任务，体现了党对马克思主义政党执政规律、社会主义建设规律和人类社会发展规律认识的不断深化，展现了历史进程中主体的能动意义。在重大历史转折关头，以决议形式总结历史、把握规律、规划未来，为统一全党思想、全党意志、全党行动，推动党和国家事业行稳致远具有重大意义。②

关于中国共产党的形象及其传播研究。有学者认为，中国共产党的国际形象是中共形象的重要组成部分。中国共产党成立一百多年来，始终高度重视国际形象建设，通过加强党的建设，领导中国革命、建设、改革取得历史性成就，不断提升中国综合实力与国际地位，同时积极开展对外传播，中国共产党良好国际形象得以确立，也赢得了国际社会的赞誉。中国共产党国际形象建设经历了四个历史阶段，加强自身国际形象建设的自觉性不断增强，领导国际形象建设的体制机制更加健全，国际形象得到进一步改善，国际传播能力显著增强，中国共产党国际形象的学科体系、学术体系、话语体系初步形成。在此基础上，也积累了丰富的经验，包括始终把引领塑造良好国际形象放在党的工作的重要位置，始终不忘初心、牢记使命，筑牢中国共产党国际形象的根基，始终坚持"自塑"与"他塑"相统一，开展积极的国际形象塑造工作，始终坚持提高党的国际传播能力，始终坚持回应回击各种错误思潮影响等。③

（四）国外马克思主义研究

2023年，国外马克思主义研究文章数量不多，内容相对聚焦。一是聚焦总体性思想，特别是对20世纪中叶国外马克思主义的总体性思想进行反思性研究；二是聚焦国外马克思主义代表人物，特别是对以卢卡奇、阿尔都塞、科尔施等为代表国外马克思主义者的精细化研究；三是聚焦重大现实问题，特别是对数字资本主义等问题的批判性研究。

---

① 周良书、沈珊珊：《中华人民共和国成立前夕党发扬历史主动精神的三重路径》，《北京航空航天大学学报(社会科学版)》2023年第4期。
② 李明奎、周子衿：《中国共产党发扬历史主动精神的科学方法——基于三个历史决议的分析》，《思想理论教育导刊》2023年第5期。
③ 韩强：《论中国共产党国际形象的百年建构》，《北京联合大学学报(人文社会科学版)》2023年第6期。

1. 总体性思想的新变化及其反思性研究

"总体性思想"是马克思哲学的重要内容，也是国外马克思主义哲学的重要主题。自卢卡奇重新恢复这一思想以来，对资本主义社会物化的批判，特别是对资本主义社会碎片化的批判，是法兰克福学派、法国马克思主义者关注的重要话题。

有学者认为，自卢卡奇等第一代国外马克思主义者之后，总体性思想成为后来者批判资本主义社会及其思想的一个重要基点。在这一过程中，国外马克思主义者的总体性思想也发生着重要的变化：在法兰克福学派那里，一方面，总体性思想是其理论的重要主题；另一方面，对总体性的反思又推动着他们放弃了同一性的哲学，走向非同一性的哲学思考；在法国马克思主义者萨特看来，总体性是一种凝固化的存在，马克思主义哲学的辩证法强调的是总体化。对总体性的反思推动着后马克思主义思想的发展，如何建构一种非奴役的、非同质化的总体，成为他们的理论主题。总体性思想的建构、解构与再建构，一方面体现了马克思主义哲学在当代的演变；另一方面体现了当代学者面对资本主义社会变迁时的理论思考。[①]

2. 国外马克思主义者提出的重要概念的精细化研究

以卢卡奇等为代表的国外马克思主义者提出了许多重要概念。学者们对这些重要概念的探讨是学术研究的重要内容。相较于过去简单引介和泛化解读，现在的概念研究更加精细化、深入化，并由概念集群透视思想要义和思想探索的发展脉络。

有学者认为，从早期的《现代戏剧发展史》，中期的《历史与阶级意识》《青年黑格尔》，到晚期的《社会存在本体论》等著作，构成了卢卡奇一生的探索之路。这一探索之路以"物化"概念（群）为核心线索，通过对资本主义主导的所谓现代性的反思与揭示，铺陈了卢卡奇物化逻辑的萌芽、确立、演变的历程。在此嬗变过程中，卢卡奇不仅历经了个人思想发展史上的从走向马克思、作为马克思学徒期的"徘徊""直面"马克思，到实施其所认为的"马克思式救赎"，而且也因此为其身后的整个西方马克思主义贡献了一个迄今依然十分具有活力和争议性的范畴——"物化"，以及与之密切相关的由异化、外化、客体化和物象化等组成的概念

---

① 仰海峰：《总体性、总体化与否定的辩证法——20世纪中叶国外马克思主义的总体性思想》，《北京师范大学学报》2023年第3期。

群。总体来看，卢卡奇的物化逻辑经历了从客体化原则、对象化原则、物化原则至物象化原则这样逐步"升华"的四个阶段。探寻卢卡奇物化逻辑的嬗变过程，勾连其不同时期思想升华的纽结，梳理其思想发展的主干和分枝，铺陈其一生思想展开的画面，某种意义上就是整个西方马克思主义形成与发展的缩影。①《历史与阶级意识》的三个译本分别将zugerechnet翻译为"归因于""被确定了的""被赋予的"，第三版中的"被赋予的阶级意识"这一译法被广泛接受。有学者详细考证了这个修饰语的法学来源及其法律归责之本义，探查了卢卡奇对它的伦理学挪用以及关于伦理责任的层级区分，论述了卢卡奇对这个修饰语的政治哲学拓展、提升以及赋予它的全新内涵，说明了把zugerechnet Klassenbewuβtsein译为"可推定的阶级意识"的合理性及恰当性。卢卡奇通过"可推定的阶级意识"概念揭示了阶级意识本质上是一种内在意识、自我意识和批判意识，而这些独特维度明确表征出它与列宁主义的阶级意识概念的显著差异性。卢卡奇通过"可推定的阶级意识"概念揭示了阶级意识本质上是一种内在意识、自我意识和批判意识，而这些独特维度明确表征出它与列宁主义的阶级意识概念的显著差异性。正是这种差异性使我们清楚地看到，"被赋予的阶级意识"这种译法乃是从列宁主义的视角过度诠释卢卡奇意识理论的畸形产物。这样，我们才能完整而准确地把握卢卡奇阶级意识概念的精神实质，并真切地领悟"可推定的阶级意识"中所蕴含的伦理责任、政治责任和历史责任。②

有学者认为，国家的相对自主性问题是20世纪马克思主义国家理论的一个重大课题。根据阿尔都塞，国家的相对自主性指的是政治上层建筑具有相对于经济基础的自主性，意识形态国家机器具有相对于镇压性国家机器的自主性，并且各意识形态国家机器之间亦是相互独立的。普兰查斯在继承阿尔都塞结构主义方法的基础上，通过对生产方式的历史考察和对葛兰西霸权概念的借鉴与改造，将相对自主性规定为资本主义国家特有的一种属性，认为资本主义国家自主性除了指政治上层建筑具有相对于经济基础的自主性，还指国家相对于权力集团和霸主派别的自主性，阶级斗争会

---

① 张秀琴：《卢卡奇物化逻辑的嬗变研究》，《山东社会科学》2023年第1期。
② 周凡、王诗语：《在意识的密林中探行——从卢卡奇政治哲学的一个概念谈起》，《马克思主义与现实》2023年第4期。

影响国家自主性的程度，从而推进了国家相对自主性理论的发展。①

有学者认为，20世纪20年代初，随着第二国际的崩溃，第三国际崛起并很快取而代之，工人运动被几种"相互竞争"的马克思主义主张所分裂。面对马克思主义遭遇的危机，柯尔施主张超越争论，对历史唯物主义作出历史唯物主义的解释，这种解释实质上就是西方马克思主义的理论建构。通过探寻马克思主义与哲学之间的关系，追溯马克思主义的三个发展阶段，分析马克思主义面临的危机，总结马克思主义的基本特征，柯尔施试图通过无产阶级的革命实践，使马克思主义获得新的历史延续。柯尔施对马克思主义未来发展路径的设想勾画出他对马克思主义认识的丰富图景，这种理论建构实质上是一种"后马克思主义"。②

3. 数字资本主义研究

对重大现实问题的敏锐观察和深入反思是国外马克思主义研究的一个重要向度。随着新一轮科技革命和产业变革的快速发展，资本主义数字化的趋势不断增强。数字技术与资本主义的联盟，推动资本主义进入一个新的发展阶段并呈现一系列新的变化和特征。在此过程中，人的存在及其意义、劳动与资本的关系等问题都有新的理论空间。自然而然，与此相关的数字资本主义研究也持续升温并不断深化。

有学者认为，在数字资本主义全球布展、圈占劳动和建构新帝国的背景下，西方左翼发起了对数字资本逻辑及其引发的人的"新异化"的激进批判。西方左翼认为，数字资本主义引发了人的存在论变革，正在使人从现实实体向抽象虚体，从有身份的人格向无人格的身份，从独立性个体向独异性群体转变。在数字资本驱动的这场转变中，智能算法和数字技术实现了对人的新排斥，加深了对劳动的筛选，强化了对人的活动的监控和对数据的征用，最终使人在数字化生存境遇中渐渐无用化、贫穷化、边缘化、微粒化，甚至沦为无用阶层、剩余之人、数字穷人和虚拟微粒人。相比较而言，中国式现代化成功破解了资本逻辑与人的逻辑的悖论，有效规避了数字资本主义引发的人的"新异化"，但在发展数字经济和建设数字中国的过程中，我们仍要警惕数字资本主义对人的发展的挑战，坚持以人

---

① 王亚宁：《论普兰查斯对阿尔都塞"国家相对自主性"理论的继承与发展》，《当代国外马克思主义评论》总第30辑。
② 赵婧：《论柯尔施西方马克思主义的理论建构》，《国外理论动态》2023年第6期。

的劳动逻辑驾驭数字资本逻辑，以真正的共同体规约虚拟的数字共同体，以数据共有共享弥合数字鸿沟，不断促进人的发展。①

4. 生态学马克思主义研究

人与自然的关系是制约和影响人类存在和发展的基本关系。随着生产力的不断发展，人类认识自然、改造自然的能力不断增强，资本主义生态危机日益加深。人与自然的关系问题成为国外马克思主义重点研究的课题。沿着这一课题，围绕所谓生态学问题的生态学马克思主义研究也逐渐成为一个理论热点。这里既涉及马克思主义与生态学的关系问题，也涉及当代马克思主义生态学的建构。

关于马克思主义与生态学的关系问题研究。在生态学的讨论中，一些学者将马克思与生态学对立起来。这一方面源自对以苏联为代表的马克思主义的批判，只不过在批判中将"婴儿"与"洗澡水"一起倒掉了；另一方面也源自对马克思哲学的不同理解，认为马克思强调的是通过生产力的发展来不断满足人的需要，自然在这里成为一个被改造、被征服的对象。从总体上来看，这些学者认为马克思主义将人看作自然的主人，历史唯物主义给自然保留了极少的空间。有学者认为，马克思主义与生态学并不是对立的。面对生态学问题，历史唯物主义一方面需要向外延伸到自然界中，看到自然或"第二自然"对人类历史产生的作用；另一方面也需要向内延伸，即要看到人类在生物学上的变化以及社会化了的人类自身的再生产，会对自然界的历史产生巨大影响。资本主义生态危机主要在于资本主义生产条件再生产的危机，只有生态学社会主义才能解决这一危机。传统的社会主义主要专注于资本的生产与再生产过程，生态学社会主义则更关注生产条件的生产与再生产，这是对生产力的生产与再生产的社会批判，是对资本逻辑的根本性批判，只有在这一批判中，才能走出生态学危机，走出资本主义危机。②

关于当代马克思主义生态学的建构。有学者认为，在当代马克思主义生态学的建构中，存在着三条不同的逻辑：一是从控制自然出发的生态学

---

① 巩永丹：《西方左翼对数字资本主义人的"新异化"的批判及其启示》，《马克思主义研究》2023年第1期。
② 仰海峰：《资本生产条件批判与生态学社会主义——〈自然的理由〉与马克思主义生态学的第二种逻辑》，《东北师大学报（哲学社会科学版）》2023年第5期。

思想，强调人对自然的操控是现代生态危机的根源；二是从资本逻辑出发，将生态问题看作资本生产的结果；三是试图重新以自然为前提，以实现人与自然之间新陈代谢的平衡，福斯特关于马克思主义生态学的理解正是从这一思路出发的。虽然他强调马克思哲学的实践唯物主义特性，但他更强调自然本身的根本地位以及人与自然之间的平衡发展，认为这也是社会主义对于生态学的意义。[①]

（五）思想政治教育研究

2023年，思想政治教育研究主要集中在思想政治教育基本理论研究、新阶段思想政治教育研究、网络思想政治教育研究、高校思想政治教育研究、思想政治教育专题研究、社会主义核心价值观研究等六个方面。

1. 思想政治教育基本理论研究

关于思想政治教育方法论研究。思想政治教育历史研究方法，有助于建构思想政治教育历史自主知识体系，进而建构思想政治教育自主知识体系，推动思想政治教育历史学科和思想政治教育学科发展。有学者认为，思想政治教育的历史性源于人的历史性。思想政治教育历史研究和中国共产党思想政治教育历史研究，必须以马克思主义和中国马克思主义为理论基础，坚持唯物史观、大历史观和正确党史观，还要遵循历史研究的一般方法，处理好逻辑与历史、史实与史论、守正与创新的辩证关系，坚持逻辑与历史相统一、史与论相统一、守正与创新相统一。[②]文本研究方法是思想政治教育研究的重要方法之一。有学者认为，从程序和环节上看，思想政治教育文本研究方法包含着文本归类、文本调查、文本阐释、文本评论、文本应用等基本形式。运用思想政治教育文本研究方法应坚持整体性、求是性、充分性和导向性原则，其实施思路包括服务思想政治教育活动，坚持科学思想方法论的指导，坚持义理、考据和辞章相统一，做到点、线、面、体相结合。[③]数据分析是一种重要的统计分析方法。有学者认为，数据分析应用于思想政治教育领域，可以满足思想政治教育分析模

---

① 仰海峰：《福斯特的自然唯物主义与马克思主义生态学的第三种逻辑》，《当代中国价值观研究》2023年第5期。
② 王树荫：《论思想政治教育的历史研究方法》，《教学与研究》2023年第12期。
③ 宇文利：《论思想政治教育的文本研究方法》，《教学与研究》2023年第12期。

式迭代更新的实际需要，契合应对思想政治教育复杂化趋势的现实要求。特别是通过寻求偶发数据突变映射的必然缘由，把握局部数据变化蕴含的整体趋势，从而揭示思想政治教育数据变化的必然联系。①有学者认为，灌输论是马克思主义思想政治教育的理论原则和方法论基础。习近平总书记提出理论灌输与思想启发相结合、总体漫灌与个体滴灌相结合、显性灌输与隐性灌输相结合、讲故事与讲道理相结合、知识灌输与情感培育相结合等观点，创新了马克思主义灌输论的方式方法。②

关于思想政治教育与经典文本研究。近年来，学界非常注重经典文本的研究，挖掘经典文本中的思想政治教育理论。有学者认为，《共产主义运动中的"左派"幼稚病》是无产阶级政党进行思想政治教育的重要教材。其中蕴含着马克思主义思想政治教育内容、原则、方法和组织的重要思想，包含着若干精辟的马克思主义思想政治教育科学论断，同时其理论主题、论述逻辑和话语表达对新时代思想政治教育具有重要启示。③有学者则从《〈政治经济学批判〉序言》④《德意志意识形态》⑤《路德维希·费尔巴哈和德国古典哲学的终结》⑥等经典文本中挖掘思想政治教育理念，其中有"苦恼的疑问""物质生活制约着精神生活""意识到并力求克服现存冲突"，从"意识形态批判"通往"哲学革命"等思想政治教育理念。有学者认为，列宁"灌输论"是马克思主义思想政治教育理论的重要内容，通过研究列宁"灌输论"的原文本意可以发现，它充分重视受众的主体性。这主要表现在重视受众群体的内在理论需求及其内在差异性，重视灌输手段多样性，重视所灌输内容与群众运动的有效结合。⑦

---

① 冯刚：《思想政治教育数据分析的逻辑理路》，《河海大学学报（哲学社会科学版）》2023年第1期。
② 赵春丽等：《习近平坚持和发展马克思主义灌输理论的三个维度》，《北京教育（德育）》2023年第7期。
③ 张智：《〈共产主义运动中的"左派"幼稚病〉思想政治教育意蕴》，《学校党建与思想教育》2023年第10期。
④ 钟启东：《〈政治经济学批判〉序言中的思想政治教育理念》，《教学与研究》2023年第9期。
⑤ 钟启东：《〈德意志意识形态〉中的思想政治教育理念》，《马克思主义理论教学与研究》2023年第2期。
⑥ 钟启东：《〈路德维希·费尔巴哈和德国古典哲学的终结〉中的思想政治教育理念》，《思想政治教育研究》2023年第2期。
⑦ 卢刚等：《列宁"灌输论"中关于受众主体性的理论阐释》，《世界社会主义研究》2023年第8期。

关于思想政治教育学科研究。在即将迎来思想政治教育学科设置40周年之际，学者们基于思想政治教育学科发展从不同视角展开探讨。有学者认为，新时代思想政治教育学科需要按照系统论的思维推进学科发展，在基础理论上实现马克思主义中国化时代化特别是习近平新时代中国特色社会主义思想的学理化沉淀，达到学科理论基础向马克思主义理论的整体回归；在学科命题创新上实现由虚到实，达到向客观现实寻求解释性话题的目标；在学科融合上实现由彼到此的过渡，达到在学科跨界融合中证成自身的主体性存在；在关键领域实现由表及里的推进，实现沿着双循环逻辑推进命题的精细化研究。[①]有学者认为，新时代思想政治教育学科应通过彰显思想政治教育特色、加强整体性研究、增强理论现实关注度、创新话语路径推进比较思想政治教育学研究，实现学科跨越式发展。[②]有学者认为，思想政治教育学科发展近40年历程，思想政治教育持续创新发展的动力不断增强，使思想政治教育学科始终保持着旺盛的活力。未来理论与实践融合的不断深入，研究视野的持续开拓，思想政治教育实践在守正创新中的不断深化，思想政治教育必将在内涵式发展的道路上迈上新高度。[③]有学者从比较思想政治教育视角提出，面向新时代新征程"建构中国自主的知识体系"的时代任务，要从学科自觉迈向话语自觉，以问题意识和本土意识为指引，在"两个结合"和全人类视角的辩证统一中实现学科价值。[④]有学者认为，思想政治教育学科发展要深化高校思想政治工作史研究以强化学科发展的史实支撑；总结高校思想政治工作发展规律以丰富学科研究的理论蕴涵；促进理论与实践紧密契合以增强高校思想政治工作实效；创新丰富研究范式以推动高校思想政治工作治理现代化水平。[⑤]

2. 新阶段思想政治教育研究

关于新时代思想政治工作体系研究。有学者认为，新时代思想政治工

---

① 宇文利：《新时代思想政治教育学科的学术进路》，《思想教育理论导刊》2023年第4期。
② 邢国忠等：《学科成立以来比较思想政治教育学研究的回顾与前瞻》，《思想政治教育研究》2023年第2期。
③ 冯刚：《思想政治教育学科40年创新发展的历程与经验》，《南京大学学报（社会科学版）》2023年第4期。
④ 王慧敏：《基于学术史考察的比较思想政治教育学科意识反思和话语建设探赜》，《思想教育研究》2023年第12期。
⑤ 冯刚：《改革开放以来高校思想政治工作口述史研究的学科意义》，《思想政治教育研究》2023年第1期。

作应加强党委统一领导，弥补工作短板缺陷，注重资源均衡分布；树立全党全社会积极协作的"大思政观"，形成思想政治工作大格局；努力消解影响体系运行的各类阻力和堵点；确保宣传教育方案、内容、方法、评测的科学性；为中国式现代化提供持续有力的政治保障、权益保障和人才保障。①有学者认为，加快构建符合新时代要求的高质量思想政治工作体系，要以治理思维深化顶层设计；以激发动力作为重要途径；以守正创新为根本旨归。②有学者认为，新时代完善思想政治工作体系需要充分认识其融通思想与实践、贯通历史与现实、联通主体与客体的价值旨趣，把准系统性有待提升、整体性有待优化、协同性有待加强、平衡性有待调整等问题困境，以"固根基、扬优势、补短板、强弱项"的战略部署为依据来寻求完善思想政治工作体系的实践方略。③有学者梳理思想政治工作体系建设发展历程，得出思想政治工作体系建设在实践中愈加凸显实践性、愈加注重制度化、愈加趋向整体性，而新时代思想政治工作体系建设呈现出科学化、法治化、数字化的发展趋势。④有学者从数字化的视角提出，思想政治工作体系建构要在完善思想政治工作体系中特别注重提升主体数字素养；不断优化体系内容，建立思想政治工作数字平台；将数字技术嵌入思想政治工作各个环节，实现技术势能的充分释放；思想政治工作体系各要素加强人机协同实现数字治理。⑤

关于现代化视域下思想政治教育研究。中国式现代化是全面的、综合的、系统的现代化，思想政治工作现代化是推进中国式现代化的题中之义，也是其重要的支撑和保障。因而，思想政治教育如何满足推进中国式现代化的需要成为学者们关注的课题。有学者认为，从新时代思想政治工作现代化的发展趋势看，它将会实现从服务中国式现代化到实现思想政治工作自身现代化，从提高思想政治上的积极性到形成现代思想政治素质，从借鉴性的思想政治教育系统到独立而完整的现代思想政治工作制度的进

---

① 张毅翔等：《新时代思想政治工作体系运行的实践特质》，《思想政治教育研究》2023年第6期。
② 冯刚等：《新时代思想政治工作体系建构的生成逻辑》，《思想理论教育导刊》2023年第1期。
③ 包丽颖等：《新时代完善思想政治工作体系的价值旨趣、问题困境与实践路径》《思想政治教育研究》2023年第6期。
④ 李洁：《新时代思想政治工作体系建设的主要成就、鲜明特征与发展趋势》，《高校马克思主义理论研究》2023年第4期。
⑤ 吴倩：《数字化时代思想政治工作体系建构的基础、逻辑与路径》，《思想政治教育研究》2023年第6期。

展。①有学者认为，思想政治教育与促进精神生活共同富裕在价值主体、价值属性、价值目标、价值功能方面内在耦合，有着凝聚思想共识、弘扬主流价值、净化社会风尚、实现精神自强、培育时代新人等功能优势。这能为精神生活共同富裕提供思想基础、价值根基、文化资源和内生动力。②有学者从社会治理的视角提出，思想政治教育功能发挥遵循要以社会治理问题为导向的社会要求适应律；以教育主客体品质为关键的素质精神支配律；以治理主体相融合的交互主体整合律；以内外环境改善为治要的协调控制并存律。③

此外，有学者进一步梳理中国共产党思想政治教育史，以史为鉴，为新发展阶段思想政治教育提供史学支撑。有学者以党史、新中国史、改革开放史、社会主义发展史、中华民族发展史重大问题的科学分析和正确结论为基本遵循，以党的百年思想政治教育实践进程和理论发展为核心依据，以推动解决新时代思想政治教育实际问题为价值旨归，系统梳理百年思想政治教育的历史脉络、丰富内容、基本经验。④有学者认为，新中国成立初期的扫盲运动中，思想政治教育始终占据重要的地位，在内容设计和教育载体与方法两大方面积累了宝贵的经验。在新时代，思想政治教育必须贯穿文化教育全过程，需要党和政府主动履行教育职能，调动群众自身积极性和主动性，结合群众生产生活实际，推动马克思主义通俗化和大众化。⑤

3. 网络思想政治教育研究

关于网络思想政治教育理论研究。面对网络意识形态发展的新形势、新特征，需要深入研究和掌握网络意识形态建设的哲学方法论。有学者认为，网络意识形态建设要坚持辩证唯物主义和历史唯物主义世界观和方法论的指导，坚持一元唯物论，认清网络意识形态的现实根源，立足现实开

---

① 宇文利：《中国式现代化视域下新时代思想政治工作现代化的进向》，《思想教育研究》2023年第5期。
② 冯刚等：《思想政治教育促进精神生活共同富裕的功能优势与实现路径》，《思想理论教育导刊》2023年第8期。
③ 钱周伟：《社会治理中思想政治教育功能发挥规律探析》，《领导科学论坛》2023年第4期。
④ 王树荫：《思想政治教育（中国共产党百年教育理论与实践研究丛书）》，北京：中国人民大学出版社2023年版。
⑤ 封世蓝等：《新中国成立初期扫盲运动中的思想政治教育及其启示》，《思想教育研究》2023年第1期。

展网络意识形态建设；坚持联系和发展的观点，树立网络意识形态建设的全局观、系统观和发展观，全面推进网络意识形态建设；遵循矛盾发展的基本规律，增强发现和化解矛盾的能力，掌握网络意识形态建设主动权；坚持人民至上理念，站稳网络意识形态建设的人民立场，推动网信事业发展造福于人民。[1]有学者从哲学反思的视角探讨数字思政，认为从本体论角度来看，既要考虑数字技术在技术手段层面的工具理性，又要考虑数字技术服务于人的价值理性；从认识论角度来看，数字技术的介入，将会对主客体的关系问题和思维方式产生影响，需理性看待数字鸿沟问题、数字风险问题和人的异化问题；从方法论的角度来看，需把握"内化"与"外化"的关系问题、话语问题和质量评价问题。[2]

关于高校网络思想政治教育研究。互联网已经成为高校大学生学习生活的重要"生态环境"，也是思想政治教育工作面临的"最大变量"。学者们研究网络思想政治教育的实践问题，主要集中在高校学生群体。有学者认为，网络思想政治教育体系需要看成立体完整的生态系统来构建，以优质内容开发计划为"核心"、以先锋平台培育计划为"支柱"、以网络能力提升计划为"动能"、以舆情引导保障计划为"屏障"，以破解当前高校网络思想政治教育存在的难点问题，推动教育者与受教育者在网络环境中形成"共生关系"。[3]有学者认为，加强高校网络思想政治教育的守正创新，需要创新网络思想政治教育内容的供给机制和表达方式；增强网络思想政治教育内容的参与性和互动性；尽快改变技术严重落后的被动局面；打造强有力的网络思想政治教育队伍；引导师生自觉生成个性化的网络思想政治教育内容。[4]有学者提出，通过健全体制机制、优化内容供给、拓展网络平台、加强队伍建设等，创新高校网络思想政治教育。[5]有学者从思想政治教育主体间性的结构与演化、网络文化与思想政治教育的相互影响、高校思想政治教育的观念及创新等方面研究互联网时代高校思

---

[1] 张瑜等：《新时代网络意识形态建设的哲学方法论探析》，《思想教育研究》2023年第3期。
[2] 冯刚等：《新时代数字思政的哲学反思》，《思想理论教育导刊》2023年第10期。
[3] 鲍良玉：《高校网络思想政治教育立体生态的构建》，《思想理论教育导刊》2023年第7期。
[4] 铁铮等：《新时代高校网络思想政治教育创新探究》，《北京教育（高教）》2023年第2期。
[5] 张景波等：《创新高校网络思想政治教育的逻辑、困境与理路》，《北京教育（德育）》2023年第3期。

想政治教育工作的理论基础。[1]

此外，有学者围绕当前网络存在比较突出的现象或问题做深入分析。有学者认为，智能思政"信息茧房"对教育对象产生信息窄化、认知固化、圈层壁垒等负面效应，严重影响教育内容的全面性、教育主体的能动性和教育观念的认同度。这既要巩固主流价值导向，构建智能思政优质内容推荐图谱，又要增强智能素养教育，提升智能思政主体技术应用能力，同时还要推进信息共享融合，强化智能思政教育应用平台建设。[2]有学者认为，算法推荐已成为影响高校大学生价值观塑造的新变量，必须优化算法生态，营造清朗空间；掌握算法特点，走出"信息茧房"；创新教育模式，搭建互动平台；坚守话语阵地，主动规训算法之"术"，用主流价值导向驾驭"算法"。[3]有学者提出辅导员可以通过主动甄别、耐心引导、注重共情、打破圈层的方式，消解大学生因"信息茧房"对错误意见达成认同的不良心理机制与网络平台的负面影响。[4]有学者分析当前青年播客热现象，认为播客在促进网络文化繁荣的同时，也具有冲击主流意识形态传播力、消解主流意识形态引领力、弱化主流意识形态整合力的潜在风险。这需要从推进播客阵地建设，大力打造官方播客品牌；加大内容审查力度，建立综合协作的监管机制；鼓励正能量节目创作，营造向上向善的交流环境，开辟网络思想政治教育新空间。[5]

4. 高校思想政治教育研究

高校始终是意识形态工作的前沿阵地，事关党和人民事业的人才培养。加强高校思想政治教育，推进高校思想政治工作高质量发展，成为学者们关注的热点。学者们采取跨学科的视角创新高校思想政治教育。有学者从损失厌恶效应视角，思考如何增进高校思想政治教育治理动力，认为以需求理论、人的全面发展理论、遵循规律性认识理论为理论驱动力，深

---

[1] 李楠：《互联网时代高校思想政治教育工作及创新发展路径研究》，银川：宁夏人民出版社2023年版。
[2] 王天明等：《智能思政"信息茧房"的生成机理与治理路径》，《贵州师范大学学报（社会科学版）》2023年第5期。
[3] 周晔等：《算法推荐视域下高校思想政治教育探析》，《北京邮电大学学报（社会科学版）》2023年第10期。
[4] 麦什一等：《微时代大学生信息茧房效应及辅导员的应对研究》，《北京教育（德育）》2023年第5期。
[5] 张瑜等：《青年播客热现象的原因、风险及应对》，《思想理论教育》2023年第2期。

刻理解高校思想政治教育工作中安于现状的矛盾与张力，巧用逻辑思维、借助网络思维、注重即时反馈，有利于提升高校思想政治教育治理的应变力。①有学者从沉浸式体验视角下提出，促进高校思想政治教育发展要优化教育素材内容、加强硬件配置投入和加强教育工作者培训。②有学者认为，优化高校思想政治教育接受动力要在动力要素与动力系统、目标优化与路径优化、方法多样性与提升实效性的统一中，不断提升高校思想政治教育接受主体价值判断的科学性，促进高校思想政治教育接受矛盾的积极转化，在优化高校思想政治教育环境中创设接受文化，着力激发高校思想政治教育接受合动力的生成。③

高校思想政治教育的主要对象就是大学生（包括研究生），学者们从不同视角对此开展研究。有学者认为，"00后"大学生更高的精神追求需要榜样的引领和号召，因而高校思想政治教育要赋予榜样人物新解读，打造榜样教育新阵地，构建榜样引领新格局，不断提高榜样示范的育人效应。④有学者认为，新时代青年易于产生理想和现实、主义和问题、利己和利他、小我和大我以及民族和世界等五对关系的思想困惑。做好青年思想政治教育，要紧紧围绕这"五对关系"开展有针对性的教育工作。⑤有学者基于对首都4所市属工科高校学生日常思想政治教育的调查，提出要聚焦城市属性、强化政治品质培养，聚焦市属高校办学定位、明确服务导向，聚焦工科学生成长发展、提升综合素养。⑥有学者从复杂理论视角下考察"一站式"学生社区建设，提出要强化党建引领的核心地位、构建多元主体复合的协同育人机制、构建学生参与的多中心协同治理机制、构建多部门联动的资源整合机制。⑦有学者认为，研究生导师、专兼职辅导

---

① 王振等：《损失厌恶效应视角下增进高校思想政治教育治理动力的思考》，《思想理论教育导刊》2023年第4期。
② 李文静：《沉浸式体验下高校思想政治教育发展路径研究》，《思想理论教育导刊》2023年第9期。
③ 张欣：《新时代高校思想政治教育接受动力的优化》，《思想理论教育导刊》2023年第9期。
④ 付丽莎：《"00后"大学生榜样认同的新趋势及引导策略研究》，《思想理论教育导刊》2023年第1期。
⑤ 马卿誉：《新时代青年思想政治教育要讲清"五对关系"》，《思想教育研究》2023年第2期。
⑥ 陈红英等：《首都市属工科高校学生日常思想政治教育的目标实现路径探索》，《思想教育研究》2023年第8期。
⑦ 李时宇等：《复杂理论视角下"一站式"学生社区的建设路径与优化对策研究》，《思想教育研究》2023年第6期。

员、班主任是研究生思想政治教育体系中非常重要的三支队伍，各方要资源共享、同向同行、密切配合、协同发力，努力实现"三方力量"协同优化。①

教师群体，特别是青年教师群体（包括辅导员）也是高校思想政治教育的重要对象。有学者认为，高校辅导员制度是集教育功能、管理功能和服务功能于一体的，具有浓厚中国特色的制度，符合思想引领、价值引导和全面发展的人才成长规律。辅导员政策发展史充分体现了中国共产党思想政治工作在高校的实践探索与理论建构，研究辅导员政策发展史有助于新时代新征程辅导员队伍建设的高质量发展。②随着"双一流"建设的推进，海归青年教师占比和人数增量凸显。有学者认为，要有针对性地开展海归"青椒""薪火计划"，通过配备"引导人"、引导"软着陆"、浓浓"中华情"、代代"薪火传"等方面加强海归青年教师思想政治教育。③有学者认为，高校思想政治工作应尊重青年教师和学生在价值引领方面的同向性和价值需求方面的同构性，一体化构建工作协同机制，确保思政工作取得实效。④

5. 思想政治教育专题研究

关于爱国主义教育研究。有学者认为，新时代新征程上弘扬爱国主义精神必须与扩大对外开放相结合，既要激发人民群众的爱国热情，又要培育理性、包容、开放的社会心态；既要增强对中华民族悠久历史和灿烂文化的自豪感，又要尊重各国历史特点和文化传统；既要建设中华民族现代文明，又要积极构建人类命运共同体，实现"天下大同"的价值追求。⑤有学者基于党的二十大报告中的爱国主义重要论述的分析，认为新时代新征程爱国主义要以中国式现代化全面推进中华民族伟大复兴、坚持和完善"一国两制"推进祖国统一、坚决贯彻总体国家安全观为宏伟目标；确立了爱国主义要以坚持和加强党的全面领导、坚持中国特色社会主

---

① 刘燕等：《研究生思想政治教育"三方力量"协同育人现状及优化路径研究》，《北京教育（德育）》2023年第3期。
② 冯刚：《深化高校辅导员政策发展的规律性认识》，《学校党建与思想教育》2023年第6期。
③ 夏青等：《高校海归青年教师思想政治教育困境及对策探析》，《北京教育（高教）》2023年第11期。
④ 刘巍等：《构建青年师生思想政治工作融合的有效路径》，《北京教育（高教）》2023年第8期。
⑤ 刘建军等：《弘扬爱国主义精神与扩大对外开放相结合的三重维度》，《社会主义核心价值观研究》2023年第6期。

义道路、深入实施人才强国战略为基本原则，体现了新时代爱国主义的本质特征；拓展了爱国主义的全面推进中国特色大国外交、为人类谋进步为世界谋大同、推动构建人类命运共同体的国际视野，凸显了爱国主义与国际主义的内在一致性。①有学者分析了青年爱国主义教育方法的百年演进，认为中国共产党运用不同方式方法和途径载体开展青年爱国主义教育，形成了具有中国特色的青年爱国主义教育方法演进之路，体现了党求真务实、开拓创新的实践品格。②

关于理想信念教育研究。筑牢理想信念根基的重要前提在于加强正确历史观教育。有学者认为，要以大历史观为方法，引导青少年拓宽历史视野，培养历史思维；以"四史"教育为主要内容，引导青少年厘清历史脉络，深化历史认知；以反对历史虚无主义为基本原则，引导青少年增强历史认同，坚定历史自信。③有学者认为，新时代青年坚定理想信念主要表现为认同党执政的合法性基础、坚定共同的价值目标追求、提升思想水平和精神境界。筑牢新时代青年理想信念要以理论武装、政治引领、实践锤炼为基本遵循，不断增强青年对马克思主义信仰、共产主义远大理想和中国特色社会主义共同理想的理论认同、政治认同和实践认同。④有学者认为，新时代筑牢党员干部理想信念根基，需要发挥价值主导力、心理认同驱动力以及外在环境影响力，构建激发党员干部坚定共产党人理想信念的动力机制。⑤有学者梳理习近平关于新时代青年坚定理想信念重要论述，认为这些重要论述体现着政治要求与学理阐释的统一、理想与实践的知行统一、内容与形式的高度统一，丰富发展了马克思主义关于青年思想政治教育的理论。⑥此外，有学者基于1949—2022年《人民日报》五四社论的分析，认为中国共产党青年理想信念教育媒介话语遵循以马克思主义为理论源点、共产主义为价值取向、中国特色社会主义为实践起点

---

① 王树荫等：《新时代新征程爱国主义的经典论断》，《思想战线》2023年第6期。
② 温静等：《青年爱国主义教育方法的百年演进》，《思想教育研究》2023年第4期。
③ 蓝晓霞等：《新时代加强青少年正确历史观教育的理论思考与实现进路》，《思想理论教育导刊》2023年第12期。
④ 石亚玲等：《新时代青年坚定理想信念略论》，《学校党建与思想教育》2023年第8期。
⑤ 秦彪生：《新时代筑牢党员干部理想信念根基研究》，北京：人民出版社2023年版。
⑥ 高莹：《习近平关于新时代青年坚定理想信念重要论述探析》，《思想理论教育导刊》2023年第11期。

的生成逻辑。①

6. 社会主义核心价值观研究

随着对社会主义核心价值观研究的不断深入，近年来学者们或从人类共同价值观、或从核心价值观的生活化、或从核心价值观的评价体系等视角开展探讨，进一步拓展延伸了社会主义核心价值观研究。主要有：有学者认为，构建人类命运共同体的国际伦理精神，从哲学层面看，主要体现为民生伦理、责任伦理、美德伦理、合作伦理、发展伦理的精神，回应了人类对幸福的渴求、对美好生活的向往；破解了责任赤字，为构建人类责任共同体提供了践履义务的精神之道；破解了信任赤字，为消解全球信任危机、弘扬信任美德提供了路径；破解了合作赤字，为推行正和博弈的治理范式提供了伦理范导；破解了发展赤字，为倡导公正性全球发展模式、实现美善发展的真实共同体，提供了中国智慧。②有学者认为，培育和践行社会主义核心价值观，亟须开展操作化研究，并提出建构形成一个覆盖国家、社会、公民个人三个维度，由12个一级指标、43个二级指标、84个三级指标构成的社会主义核心价值观指标体系。③有学者认为，家训可以通过促成个体价值观念、行为准则和人格特质来实现社会主义核心价值观的内化。新时代应以政府为主导，充分挖掘社会力量与家庭的文化建设潜能，弘扬优良家训，使家庭、社会与公共领域在核心价值上同频共振，深入推进社会主义核心价值观融入日常生活、融入社会发展。④有学者从话语分析视域下提出借助概括、凝练等"缩写"策略，用语词、概念建构起一套文化象征系统，其话语实践需要进一步遵循生活化的逻辑"解码"，依托融通历史与现实的多维阐释促进价值理解，在平等对话的关系性建构中增进价值认同，在榜样典范的价值引领中落实为全体社会成员的自觉价值承担，将蕴含在"关键词"中的规范性要求"日常化、具体化、形象化"。⑤此外，有学者从社会主义核心价值观视域下分析高校人工智

---

① 苏继文等：《论中国共产党青年理想信念教育的媒介话语》，《浙江工业大学学报（社会科学版）》2023年第3期。
② 李谧：《构建人类命运共同体的国际伦理精神》，《社会主义核心价值观研究》2023年第4期。
③ 张权等：《社会主义核心价值观操作化的指标体系建构》，《科学社会主义》2023年第6期。
④ 袁和静：《以家训为载体推进社会主义核心价值观"内化"研究》，《社会主义核心价值观研究》2023年第6期。
⑤ 王莛：《话语分析视域下的核心价值观生活化逻辑》，《北京师范大学学报（社会科学版）》2023年第6期。

能伦理教育，提出要以社会主义核心价值观引领人工智能伦理教学资源建设和自主知识体系构建。①

（六）中国近现代史基本问题研究

2023年，中国近现代史基本问题研究主要集中在马克思主义在中国传播研究、中国共产党奋斗历程和基本经验研究、纪念毛泽东同志诞辰130周年研究、抗日战争研究、解放战争研究、新时代伟大变革及其意义研究六个方面。

1.马克思主义在中国传播研究

其一，早期中国共产党人选择马克思主义的背景研究。有学者认为，清末民初马克思主义文献作为西学东渐大潮的一部分传入中国，对中国社会产生了深远的历史影响。一是初步传播了马克思主义学说和科学社会主义理论，将马克思主义的世界观和方法论带入近代中国社会的问题域中；二是运用中国传统思想资源和话语体系对马克思主义理论进行了中国式的转译和阐释，构建起与中华优秀传统文化互通共融的新的理论阐释体系和传播体系；三是以解决近代中国社会总体性危机为导向，提供了启动社会革命的思想引擎，为实现民族复兴探寻思想指引和可能出路。②有学者认为，20世纪初，一批中国先进分子受十月革命的影响和马克思列宁主义革命理论的感召，实现了由朴素的救国救民理想向共产主义信仰的转变，坚定地选择了马克思列宁主义，成为中国共产党的早期党员。俄罗斯国家社会政治历史档案馆馆藏史料清晰地记录了中国共产党早期留苏党员思想转变的心路历程以及对革命初心的践履，为我们留下了十分珍贵的精神遗产。③

其二，早期中国现代化的理论和概念研究。有学者认为，20世纪20年代初，李大钊、恽代英、瞿秋白等中国共产党思想家，关于"以工立国"的理论及其中国工业化道路和方式的各种观点，形成中国共产党关于社

---

① 田凤娟等：《社会主义核心价值观视域下高校人工智能伦理教育探析》，《思想教育研究》2023年第5期。
② 路宽：《真理启蒙曙光初现东方地平线——马克思主义在中国清末民初时期的传播及影响》，《思想理论教育导刊》2023年第9期。
③ 叶帆：《中国共产党早期党员对革命初心的践履与启示——以俄藏档案为中心的历史考察》，《思想理论教育导刊》2023年第10期。

主义工业化和现代化的基本思想；杨明斋对"以农立国"论基本观点的驳斥，对那一时期中国思想界产生了较为广泛的影响，甚至可以被看作20世纪30年代关于"中国现代化问题"探索的直接的思想来源。1933年7月，《申报月刊》设立"中国现代化问题"特辑，提出了"中国现代化问题"以及现代化中"工业化"意义和道路等问题，成为中国思想界第一次以"中国现代化"为主题进行的思想交流和交融。①有学者认为，20世纪二三十年代，"现代化"概念在中国逐渐传播开来，而中国"现代化"实践要早于"现代化"概念。近代以来，社会各方力量都为探索中国现代化作出一定贡献，然而，他们并没有找到一条成功的中国现代化道路。新民主主义革命时期，中国共产党对现代化的探索，塑造了中国式现代化的雏形。中国共产党领导新民主主义革命取得成功，为中国式现代化创造了根本社会条件。②

2. 中国共产党奋斗历程和基本经验研究

其一，中国式现代化的历程和经验研究。有学者认为，新民主主义革命时期中国共产党的中心任务是夺取全国政权，但是关于工业化建设的目标、方针及其政策等都已经有较为深入的思考；新中国成立后，以毛泽东同志为主要代表的中国共产党人将现代化战略构想落地为实践探索，经历了从"工业化"到"四个现代化"、从"以苏为师"到"以苏为鉴"的探索过程；党的十一届三中全会作出了把全党工作的重点转移到社会主义现代化建设上来的重大决策，逐步探索出一条具有中国特色的现代化道路，开启了中国式现代化的新篇章；党的十八大以来，中国共产党成功推进和拓展了中国式现代化，概括提出并深入阐述了中国式现代化理论。③有学者认为，新民主主义革命为实现现代化创立了根本社会条件，社会主义革命和建设为现代化建设奠定了根本政治前提和宝贵经验、理论准备、物质基础，改革开放和社会主义现代化建设为中国式现代化提供了充满活力的体制保证和快速发展的物质条件，新时代成功推进和拓展了中国式现代

---

① 顾海良：《20世纪30年代"中国现代化"问题论争及其思想史意义》，《经济思想史学刊》2023年第2期。
② 林绪武：《现代化的中国化：民主革命时期中国现代化的历史演进》，《江苏社会科学》2023年第6期。
③ 肖贵清、卢阳：《整体性视域下的中国式现代化》，《当代世界与社会主义》2023年第6期。

化。①有学者认为，从中国现代化道路的探索历程来看，中国共产党促使中国的现代化探索实现由被动适应到主动引领的深刻转变，党领导中国式现代化成为历史必然；从现代化的理论特性来看，中国共产党构建了不同于中国传统的、西方国家的、以往社会主义国家的现代化理论体系，创造了面向未来的人类文明新形态；从现代化的实践图景来看，中国式现代化的推进关键在党，必将在党的领导下不断推向前进。②

其二，思想文化建设的历程和经验研究。有学者认为，中国共产党坚持以马克思主义教育服务于党和国家的中心任务，以马克思主义教育推进党性、党风教育，以中国化马克思主义理论最新成果丰富充实马克思主义学习教育的基本内容，以马克思主义教育武装党员、青年，教育人民，培养无产阶级革命和社会主义建设接班人等基本原则，谱写了百年马克思主义教育的光辉历程。③有学者认为，党在领导中国革命、建设和改革的历史进程中，坚持和发展马克思主义，加强意识形态工作，开展舆论引导和舆论斗争，推动内宣外宣一体发展，构建起以马克思主义为指导的意识形态话语权，积累了宝贵经验，即坚持党管宣传、党管意识形态、党管媒体，坚持马克思主义在意识形态领域指导地位，坚持以人民为中心的宣传思想工作导向，坚持围绕中心工作壮大主流思想舆论。④

其三，破解大党独有难题的历程和经验研究。有学者认为，毛泽东以"民主新路"破题，依靠发展人民民主和接受人民监督不断破解历史周期率。经过百年奋斗特别是党的十八大以来的新实践，习近平总书记探索出一条依靠自我革命解决自身问题、破解历史周期率的成功道路，给出了跳出治乱兴衰周期率的第二个答案。发展人民民主和推进自我革命这"两个答案"理论同源、一脉相承、相辅相成，统一于马克思主义唯物史观视域之中、贯穿走好"赶考"之路的伟大历程之中、深化于外部监督与内部

---

① 沈传亮：《中国式现代化》，北京：人民出版社2023年版。
② 何虎生、周子衿：《中国共产党领导中国式现代化的内在逻辑》，《中国特色社会主义研究》2023年第4期。
③ 杨峻岭、李毅博：《中国共产党马克思主义教育的回顾与启示》，《思想理论教育导刊》2023年第7期。
④ 张传泉：《中国共产党构建意识形态话语权的理论基础、光辉历程及宝贵经验》，《理论学刊》2023年第6期。

监督的良性互动之中。① 有学者认为，中国共产党由弱变强，克服种种苦难，不断走向辉煌，一条重要的经验就是加强党的建设，以俭克腐，维护党的勃勃生机。中国共产党不间断号召党员干部克勤克俭，发起了数次节约运动，纯洁了党员干部思想，培育了廉洁的社会风气，保持顽强的革命斗志。②

其四，国际形象建构的历程和经验研究。有学者认为，一百多年来，中国共产党国际形象建设经历了四个历史阶段，加强自身国际形象建设的自觉性不断增强，领导国际形象建设的体制机制更加健全，国际形象得到进一步改善，国际传播能力显著增强，中国共产党国际形象的学科体系、学术体系、话语体系初步形成。在此基础上，也积累了丰富的经验，包括始终把引领塑造良好国际形象放在党的工作的重要位置，始终不忘初心、牢记使命，筑牢中国共产党国际形象的根基，始终坚持"自塑"与"他塑"相统一，开展积极的国际形象塑造工作，始终坚持提高党的国际传播能力，始终坚持回应回击各种错误思潮影响，等等。③

其五，中共党史研究的方法论研究。有学者认为，书法问题关乎党史研究的主旨与要义。它要求研究者一方面在价值取向上，做到"鉴空衡平，微言大义"，另一方面还要在书写方式上，讲究谋篇布局，使其富于起伏变化。一是书法不隐，即要求作者坚持真理，尊重史实，不为利益所诱，不为权势所屈，虽遭挫折也不移易。二是虚实结合，其中心意思就是要作者别出心裁，独断治学，虚实相资，详略互见。三是有文有质，在党史研究中，虽强调史实，注重科学性，但也要讲究文辞，注重可读性。④

3. 纪念毛泽东同志诞辰130周年研究

其一，毛泽东与马克思主义中国化时代化研究。有学者认为，毛泽东为马克思主义中国化时代化作出了开创性贡献，推动马克思主义中国化时代化实现了第一次历史性飞跃。毛泽东在历史与现实的交织、认识与实践

---

① 韩振峰、米亭：《中国共产党跳出历史周期率的"两个答案"及其内在统一关系》，《求实》2023年第1期。
② 王传利：《以俭克腐：百年大党风华正茂的宝贵经验》，《毛泽东邓小平理论研究》2023年第3期。
③ 韩强：《论中国共产党国际形象的百年建构》，《北京联合大学学报（人文社会科学版）》2023年第6期。
④ 周良书：《中共党史研究中的"书法"问题》，《党史研究与教学》2023年第4期。

的发展中，提出了马克思主义中国化时代化的历史任务，把马克思主义基本原理同中国具体实际相结合、同中华优秀传统文化相结合，形成了具有鲜明中国特色的新民主主义革命理论、社会主义改造理论和社会主义建设的基本思想。①有学者认为，毛泽东为马克思主义中国化作出了开拓性的理论贡献。一是提出"马克思主义的中国化"科学命题，标志着中国共产党在思想理论上的自觉和成熟。二是为马克思主义中国化开辟了正确道路，为坚持这条道路提出了一系列指导原则。三是在推进马克思主义中国化的理论探索进程中形成的毛泽东思想三个活的灵魂，始终贯穿和指引着中国共产党的百年理论探索和理论创造。四是毛泽东思想的创立实现了马克思主义中国化的第一次理论飞跃，为后面的飞跃奠定了基础。②

其二，毛泽东与新中国建国方案研究。有学者认为，新中国成立前夕，中国共产党和毛泽东立足中国国情，借鉴苏联建国经验，构建了一个现代国家的制度框架，主要包括发展导向的工业化战略及相应的经济制度、有中国特色的新型国家政治制度和政党制度、自主性的外交战略等。③有学者认为，以毛泽东为代表的中国共产党人提出了"人民民主专政"的建政思想，为避免引起政治上的误解，在这一思想提出之初，中共注意区分人民民主专政与无产阶级专政，强调二者在性质上的不同。在毛泽东"三年准备、十年计划经济建设"战略规划的指导下，新中国于1952年发起了"三反""五反"运动。以此为标志，我国国内阶级关系开始发生转变。中共中央重新阐释了人民民主专政和无产阶级专政的关系，强调人民民主专政本质上就是无产阶级专政。④

其三，毛泽东与中国式现代化研究。有学者认为，毛泽东对中国式现代化作出了开创性历史贡献：一是为中国式现代化的成功奠定了实践基础，二是为中国式现代化的成功奠定了物质基础，三是为中国式现代化的成功奠定了理论基础，四是为中国式现代化的成功奠定了制度基础，五是

---

① 肖贵清：《毛泽东对马克思主义中国化时代化的历史贡献》，《马克思主义理论学科研究》2023年第10期。
② 李捷：《毛泽东对开辟马克思主义中国化的杰出历史贡献》，《长征学刊》2023年第2期。
③ 孙代尧：《新中国建国方案与马克思主义国家理论的中国化创新——以1948—1949年毛泽东的制度设计为中心的考察》，《马克思主义研究》2023年第10期。
④ 周家彬：《中华人民共和国成立前后毛泽东关于人民民主专政和无产阶级专政关系的探索》，《党史研究与教学》2023年第6期。

初步形成了中国式现代化的本质特征、显著特色。①有学者认为，毛泽东《论十大关系》提出的"调动一切积极因素"，是基于中国人口多、经济落后的考虑，是以苏联东欧国家经验教训为鉴戒，探索中国式现代化道路的起步。②

其四，毛泽东的政治遗产及其当代价值研究。有学者认为，毛泽东领导设计的新中国政治制度，是在马克思主义指导下尊重本国历史传承与文化传统的政治探索，启迪着未来制度设计的思路。毛泽东奠定了唯物辩证法在中国政治实践中的基本方法，他高超的战略艺术与精妙的领导方法仍然值得品鉴学习。毛泽东使得平民取向价值观与道德理想主义情怀深入人心，为社会道德建设提供价值参考。③有学者认为，毛泽东的战略预见主要体现在三个方面：洞察历史趋势，正确预见前途方向；运用辩证思维，掌握科学预见方法；依托群众力量，推动战略预见向现实转化。当前，面对复杂多变的国内外形势，学习毛泽东的战略预见，有助于增强党的战略思维能力，提高党的领导水平。④

4. 抗日战争研究

其一，抗日战争时期党的建设研究。有学者认为，延安时期中国共产党将自我革命真正付诸实践，这场自我革命中心议题是，反对主观主义以整顿学风，反对宗派主义以整顿党风，反对党八股以整顿文风。党探索出一系列行之有效的途径与方法，以保证自我革命的顺利进行。一是坚持"问题导向"，二是总结"历史经验"，三是强调"以上率下"，四是注重"自我反省"，五是实行"民主集中"，六是主张"团结同志"，七是把握"辩证思维"。⑤

其二，抗日战争时期思想文化建设研究。有学者认为，抗大是抗日战争时期我们党着眼于培养军政干部的迫切需要而创办的。抗大始终高度重视思想政治工作，把"坚定正确的政治方向"作为教育方针的第一条，并颁布政治工作暂行条例，使思想政治工作有章可循；把思想政治教育贯穿

---

① 李捷、陈美芳：《毛泽东对中国式现代化的开创性贡献》，《当代中国史研究》2023年第6期。
② 李正华、宋月红：《中国式现代化简史》，北京：当代中国出版社2023年版。
③ 程美东、陈晴：《毛泽东的政治遗产及其当代价值》，《北京大学学报（哲学社会科学版）》2023年第1期。
④ 陈明凡、张学森：《毛泽东的战略预见及当代启示》，《理论学刊》2023年第2期。
⑤ 周良书：《延安时期中国共产党自我革命研究》，《马克思主义理论学科研究》2023年第7期。

教育教学全过程，在教学内容中突出思想政治教育，教育学员克服非无产阶级思想意识，加强教员队伍建设；通过结合革命形势进行教育，因时制宜、因材施教，发扬艰苦奋斗作风，参加生产劳动实践等方法，把干部培养同革命需要紧密结合起来；通过开展文体、革命宣传等活动，寓思想政治教育于学员文化生活之中，发挥出以文化人、以文育人的重要作用。[1] 有学者认为，全民族抗战时期，中国共产党文字改革坚定"中国化"路径，贯彻民族的、科学的、大众的新民主主义文化建设原则，转化拉丁化新文字和传统汉字为人民所用，为改变中国人精神面貌、推动人的现代化架起了一座坚实的文化桥梁。[2]

其三，陕甘宁边区研究。有学者认为，陕甘宁边区救国公粮政策的发展过程大致可以分为三个阶段：1937—1938年，中共初步实施救国公粮政策，征收方式以政治动员、自愿报缴为主，在此过程中犯了"平均摊派"的右倾错误；1939—1940年，中共对救国公粮政策进行了初步调整，征粮重心向富户转移，这一时期出现了加征大户的"左"的倾向；1941年之后，中共深化改进救国公粮政策，开展征粮调查、引入民主评议，由此实现了累进征收与民主评议的有效结合并推动了边区各阶层人民合理负担。救国公粮政策的出台、实施与改进过程，充分体现了中国共产党实践、认识、再实践、再认识的实践论，同时也彰显了中国共产党的使命担当。[3]

5. 解放战争研究

其一，中国共产党政权意识研究。有学者认为，"贫雇农打江山坐江山"是解放战争时期出现在解放区的一种口号，是在土地改革过程中随着群众路线被理解为贫雇路线而确立起来的。这一口号在阶级关系上表现为排斥中农，在政权形式上表现为"贫雇专政"，导致解放区的政权建设偏离了新民主主义的轨道，党对农村基层政权的领导被削弱甚至取消。中共中央批评并纠正了这一错误倾向，重塑了中国共产党政权意识，从而保证了党的集中统一领导的实现，同时也为新中国成立后的制度转型创

---

[1] 洪若曦、韩华：《抗大开展思想政治工作的四条经验》，《党的文献》2023年第4期。
[2] 王可心、邱吉：《全民族抗战时期中共新民主主义文化建设与人的现代化》，《教学与研究》2023年第10期。
[3] 尚娜娜、康沛竹：《抗战时期陕甘宁边区救国公粮政策的实施与改进》，《中国农史》2023年第2期。

造了条件。①

其二，解放区研究。有学者认为，解放战争时期，冀鲁豫解放区探索推进优秀传统文化艺术转化成为新民主主义文化的有机组成部分，其文化治理的方法论特色是群众路线。首先是运用群众路线组织和教育民间文化人、艺人，实现瓦解封建文化组织体系和巩固新民主主义文化阵地的目标；其次是动员文艺工作者与民间艺人共同创作，运用传统文化艺术形式来表达新民主主义价值理念，产生新作品；在此基础上，把业务改造与思想教育结合起来，全面提升传统文化艺术的价值内涵，创造为人民群众喜闻乐见的新民主主义文化艺术作品，满足人民群众的文化需求。②

其三，七届二中全会研究。有学者认为，毛泽东《在中国共产党第七届中央委员会第二次全体会议上的报告》诞生于中国革命的历史转折关头，在当务之急层面，阐述了"怎样建设一个新中国"的各项具体任务；在长远目标层面，提出了中国革命阶段转变的战略构想；在党的建设方面，提出了加强党的干部队伍建设和思想作风建设的基本要求。③

6. 新时代伟大变革及其意义研究

其一，新时代的伟大变革研究。有学者认为，新时代生态文明建设发生了举世瞩目的伟大变革，主要体现为三个方面：党的理论知识水平与实践推动能力大幅度提高，生态文明制度与政策体系的初步建立和改革创新，美丽中国建设与生态环境保护治理现代化的显著成效。④有学者认为，历史是整体性的客观存在，新时代十年伟大变革要从总体上呈现；历史是过去在时间上的演变发展，新时代十年伟大变革要在过程上有反映；历史是与自然相联系的人类社会历史，新时代十年伟大变革要生动呈现人民群众的伟大创造。⑤

其二，新时代伟大变革的意义研究。有学者认为，从中共党史看，新时代的中国共产党无论是在历史经验、治国理政能力方面，还是在推进马

---

① 欧阳军喜：《解放战争时期土地改革与中国共产党政权意识的重塑——以"贫雇农打江山坐江山"口号的形成与纠正为例》，《中共党史研究》2023年第6期。
② 吴起民：《群众路线与中华优秀传统文化的创新性发展：以冀鲁豫解放区为例》，《思想理论教育导刊》2023年第1期。
③ 肖贵清：《中国革命历史转折关头马克思主义中国化的重要文献——再读毛泽东〈在中国共产党第七届中央委员会第二次全体会议上的报告〉》，《湖南第一师范学院学报》2023年第5期。
④ 郇庆治：《我国生态文明建设的伟大变革及基本经验》，《当代世界与社会主义》2023年第6期。
⑤ 赵朝峰：《新时代十年伟大变革的历史学叙述》，《史学集刊》2023年第5期。

克思主义中国化时代化方面、开展党的建设新的伟大工程方面，均达到一种新高度、进入一种新境界；从新中国历史看，我国无论就综合国力、经济总量、科技实力等而言，还是就人均国内生产总值、三次产业结构、教育普及等而言，均处在并跑甚至领跑世界现代化的国家队列里，民族复兴进入不可逆转的历史进程；从改革开放历史看，中国特色社会主义制度更加健全、更加成熟，从而为民族复兴提供了最根本、最稳定的保证；从社会主义发展史看，新时代中国特色社会主义以蓬勃发展的昂扬姿态向世界表明：社会主义没有辜负中国，中国也没有辜负社会主义；从中华民族发展史看，新时代全面建成小康社会，中华民族迎来从站起来、富起来到强起来的历史飞跃，中国式现代化创造了人类文明新形态。[1]

（七）党的建设研究

2023年，党的建设研究主要集中在党的建设基本问题研究、党内法规制度体系研究、党的建设学科建设研究、高校党建和企业党建研究等四个方面。

1. 党的建设基本问题研究

在坚持和加强党中央集中统一领导方面。有学者回顾了新中国成立以来"党领导一切"的历史沿革。认为经历了社会主义革命和建设时期的初步探索，改革开放和社会主义现代化建设新时期的调整规范，中国特色社会主义新时代的强化拓展。呈现出地位日益巩固、范围日益拓展、方式日益完善、制度日益健全的特征。当下更好坚持党的领导，应坚定不移全面从严治党，时刻遵循以人民为中心的根本立场，深入贯彻党的全面领导，着力增强党的执政本领。[2]有学者总结了"两个确立"的决定性意义，认为在理论意蕴上，"两个确立"内涵明确，相辅相成，是一个有机整体，是对马克思主义建党学说和历史唯物主义学说的继承和发展。在历史经验上，"两个确立"是新时代中国共产党取得的重大政治成果，是中国共产党百年奋斗的经验总结，是中国革命、建设、改革不断取得伟大胜利的根本保证。在时代价值上，"两个确立"确保中国共产党成功应对各种风险

---

[1] 杨凤城、肖政军：《论中国特色社会主义新时代的里程碑意义》，《教学与研究》2023年第4期。
[2] 秦宣、张镭宝：《新中国成立以来"党领导一切"的历史沿革、发展特征与经验启示》，《世界社会主义研究》2023年第12期。

挑战，实现了新时代的伟大变革，创造了新时代的伟大成就。在重大意义上，"两个确立"是坚持和发展中国特色社会主义的定盘星，是实现新时代新征程使命任务的领路人，是破解"百年大党难题"的主心骨。①有学者回顾了中共党史党建学知识体系视域下的"两个确立"，认为作为一项原创性的政治概念，"两个确立"呈现"核心意识"→第一个"确立"→第二个"确立"→"两个维护"→"两个确立"的发展之脉。②

在思想建设方面。有学者总结了毛泽东思想建党理论，认为这是在一个农民占大多数的国度锻造马克思主义政党的创举。革命导师将改造世界的希望寄托在大城市的无产阶级身上，但从未否认农民等其他阶级对无产阶级革命的支持。近代中国半殖民地半封建的社会性质，决定没有占人口大多数的农民的参加，革命很难成功。毛泽东始终将农民看作革命的重要力量，为防止在农民入党的同时将各种非无产阶级思想带入党内，必须着重从思想上建党。一方面，增加党的工人成分，但反对唯成分论；另一方面，吸收农民和小资产阶级的先进分子入党，并在思想上进行教育。超越唯出身论或唯成分论，不是降低党员的标准，党员成分对党的性质有着极为重要的影响，但不是决定因素，关键在于党员持什么样的世界观。非无产阶级出身的人被锻造成坚强的共产党的关键，就是用马克思主义改造各种非无产阶级思想。正是在毛泽东的建党思想的路线指导下，我们党解决了在中国这样一个农民占大多数的国度，怎样建设一个马克思主义政党的问题，建成了一支真正的工人阶级和中华民族的先锋队。③有学者总结了中国共产党意识形态工作队伍建设的历程，认为经历了新民主主义革命时期的起步与奠基，社会主义革命和建设时期的发展与曲折，改革开放和社会主义现代化建设新时期的调适与革新，中国特色社会主义新时代的巩固与开拓。意识形态队伍建设总体上呈现出四个方面的鲜明特征，即以围绕中心与服务大局为战略出发点，以思想建设与理论武装为核心着力点，以党政主导与多方参与为重要切入点，以制度规范与作风建设为根本落脚点。新时代加强意识形态工作队伍建设，要坚持固本培元与创新发展相统

---

① 王树荫：《深刻领悟"两个确立"的决定性意义》，《北京交通大学学报（社会科学版）》2023年第1期。
② 耿化敏、吕晓莹：《中共党史党建学知识体系视阈下的"两个确立"——基于一项政治概念的历史考察》，《教学与研究》2023年2期。
③ 王传利：《论毛泽东党的建设学说的历史性贡献》，《世界社会主义研究》2023年第12期。

一的建设理念、目标引领与问题导向相结合的实施方略、整体推进和重点突破相协同的总体思路、顶层设计与基层探索相贯通的工作机制。①

在制度建设方面。党的二十大报告提出"完善党的自我革命制度规范体系"的重要命题是学界研究热点。有学者总结了党的自我革命制度规范体系的实践价值与完善路径，认为党的自我革命制度规范体系体现了无产阶级政党本质属性，勇于自我革命是无产阶级政党先锋队性质的本质体现，无产阶级政党的革命性锻造必须以体系化的制度为支撑，制度要适应时代和实践的发展才能确保"自我革命永远在路上"。党的自我革命制度规范体系的实践价值体现在：立足党的建设新的伟大工程，为全面从严治党提供基本遵循；立足现代国家建构，为塑造现代政党—国家关系提供基本框架；立足政党制度建设，为人类政治文明提供新型政党制度。当下，完善党的自我革命制度规范体系应坚持的原则与路径包括：坚持科学原则，正确处理规模与质量、创新与总结、认知与逻辑的关系；坚持民主原则，增强制度规范体系的正当性基础和发展活力；坚持责任原则，既增强个体责任，也明确组织责任，从层层传导压力走向层层激发动力。②有学者总结和完善了党的自我革命制度规范体系的历史源流、科学方法与重大意义，认为完善党的自我革命制度规范体系经历了新民主主义革命时期的萌芽与初创，社会主义革命和建设时期的曲折中前进，改革开放和社会主义现代化建设新时期的恢复与革新，中国特色社会主义新时代的体系化发展。完善党的自我革命制度规范体系的科学方法，必须坚持"外部领导"与"内部建设"有机结合的基本布局，坚持思想建党和制度治党始终同向发力的根本途径，坚持实现制度建设与治党实践辩证统一的运作方式。完善党的自我革命制度规范体系的重大意义体现在其有助于实现以自身现代化推动国家治理现代化和以先进经验推动人类发展进步的辩证统一。③

在干部队伍建设方面。有学者总结了中国共产党干部德才观的独特内涵，"德才兼备、以德为先"的干部德才观，是中国共产党干部选拔任用

---

① 张瑜、杜成敏：《中国共产党意识形态工作队伍建设的历史回溯与现实思考》，《社会主义核心价值观研究》2023年第1期。
② 陈家刚：《党的自我革命制度规范体系的实践价值与完善路径》，《世界社会主义研究》2023年第11期。
③ 刘俊杰：《论完善党的自我革命制度规范体系的历史源流、科学方法与重大意义》，《马克思主义研究》2023年第10期。

过程中一直坚持的基本原则和标准，契合中国重视德才和向往社会公平的优秀文化传统，符合共产党员的素养要求和社会主义的公平正义理念，突出了德在德才辩证统一体中的首要地位。德才观原则在干部选拔任用实践中存在着标准模糊和制度化建设滞后等问题。为此，要通过加强选人用人标准的科学化建设、加强干部选拔任用的制度建设和提高干部自身的道德修养水平等，将德才观原则更好地落到实处，为实现第二个百年奋斗目标提供坚实的人才支撑。[①]有学者回顾了延安时期中国共产党的在职干部教育运动，指出教育方式主要包括设立在职干部教育领导机构，明确在职干部教育内容，采取多样化在职干部教育方法，建立健全在职干部教育制度。这一时期在职干部教育的成就，说明开展干部教育，要坚持党的领导，紧密围绕中心服务大局，强化理论武装，创新方式方法，建立健全制度体系。[②]

在组织建设方面。有学者总结了中国共产党组织建设的内在要求和实践路径，包括：健全组织体系，实现党的全面领导；提升组织质量，发挥党的政治功能；创新组织理论，指引党的组织建设；强化组织纪律，保证党的团结统一；净化组织肌体，确保党的健康发展。[③]有学者总结了中国共产党组织体系的鲜明特征、建设要求和实践进路，鲜明特征即组织方向上的政治统领、思想引领，组织架构上的纵向贯通、横向协同，组织制度上的系统集成、科学规范，组织运行上的高效动员、执行有力。建设要求包括：既要继承历史传统，更要解决现实问题；既要遵循组织路线，更要服务政治路线；既要重视组织"造形"，更要重视思想"塑魂"。实践进路上，要在中央层面清除"拦路虎"，跑稳"最初一公里"；在地方层面破除"中梗阻"，跑好"中间段"；在基层层面打通"断头路"，跑赢"最后一公里"。[④]

在作风建设方面。有学者总结了习近平总书记在福建工作期间对党的

[①] 王文章：《中国共产党干部德才观的独特内涵》，《人民论坛》2023年第2期。
[②] 湛风涛：《延安时期中国共产党开展干部教育的举措及启示——以在职干部教育运动为中心的分析》，《思想理论教育导刊》2023年第5期。
[③] 孙照红：《中国共产党的组织建设：内在要求和实践路径》，《中国延安干部学院学报》2023年第2期。
[④] 孙照红：《中国共产党组织体系的鲜明特征、建设要求和实践进路》，《西南大学学报（社会科学版）》2023年第4期。

作风建设的探索，主要内容包括形成"弱鸟先飞""滴水穿石""四下基层""四个万家""功成不必在我""马上就办"及领导制定"十二项规定"等。①有学者总结了党的二十大报告提出的"三个务必"的科学内涵、生成逻辑与时代意蕴。指出，"三个务必"揭示了中国共产党人应遵循的宗旨、坚守的作风和发扬的精神。"三个务必"的生成是对"马克思主义建党学说"的守正与创新，是对"中华优秀传统文化"的继承与发展，是对"两个务必"精神内核的传承与弘扬，是对"伟大建党精神"的延续与彰显。践行"三个务必"，需要从"务必不忘初心、牢记使命"的人民性特征中准确把握共产党人的责任担当，从"务必谦虚谨慎、艰苦奋斗"的纪律性特征中继续发扬共产党人的优良作风，从"务必敢于斗争、善于斗争"的实践性特征中不懈锻造共产党人的意志品质。②

关于反腐败斗争。有学者总结了中国共产党反腐败斗争的历史进程及当代启示，包括新民主主义革命时期注入政治基因，社会主义革命和建设时期在探索中不断前进，改革开放和社会主义现代化建设新时期继承创新。社会主义新时代，中国共产党通过强化不敢腐的震慑，扎牢不能腐的笼子，增强不想腐的自觉，取得反腐败斗争压倒性胜利。当下必须深刻认识到，腐败与马克思主义政党性质水火不容，会动摇党的阶级基础和群众基础，严重阻碍甚至葬送党的事业，必须以自我革命的品格一以贯之防治。③有学者总结了新时代党的廉政思想的政治蕴含和实践要求，党的廉政观的核心是廉洁用权，为民执政。坚持和维护党的领导是廉政建设的政治前提；厚植党的执政根基是廉政建设的根本目标；坚持以人民为中心是廉政建设的价值追求；解决大党独有难题是廉政建设的内在逻辑。在新时代廉政实践中，党中央坚持正风肃纪反腐，加强廉洁文化建设涵养廉洁政治生态，构建集中统一领导的中国特色廉政体系，以自我革命精神推进廉政建设。④

---

① 杜云、陈程：《习近平在福建工作期间对党的作风建设的探索及启示》，《学校党建与思想教育》2023年第15期。
② 崔晓丹：《深刻理解"三个务必"的科学内涵、生成逻辑与时代意蕴》，《思想战线》2023年第1期。
③ 李正华、张淑媛：《中国共产党反腐败斗争的历史进程及当代启示》，《世界社会主义研究》2023年第3期。
④ 汤希：《新时代党的廉政思想的政治蕴含和实践要求》，《理论视野》2023年第7期。

2. 党内法规制度体系研究

关于党内法规建设的整体性研究。有学者总结了破解大党独有难题的党内法规制度路径，认为解决大党独有难题，必须以长效机制确保党始终不忘初心、牢记使命。以"两个维护"制度确保大党始终统一思想、统一意志、统一行动。以总揽全局、协调各方的领导制度体系确保大党始终具备强大的执政能力和领导水平。以激励担当作为的制度确保大党始终保持干事创业精神状态。以党内监督制度确保大党始终能够及时发现和解决自身存在的问题。以不敢腐、不能腐、不想腐一体推进的制度确保大党始终保持风清气正的政治生态。[1]有学者探讨了中国共产党纪律建设的法规保障，指出党的纪律建设法规保障的历史演进，经历了新民主主义革命时期的萌芽与建制，社会主义革命和建设时期的专设与细化，改革开放和社会主义现代化建设新时期的继承与发展，中国特色社会主义新时代的成熟与规范。新时代纪律建设的法规制度体系，包括原则规定、体制规定、实体规定、程序规定和监督规定。当下，以党内法规保障纪律建设，需要依托组织架构，以主体需求牵引法规制度建设，坚持稳中求进，在制度传承的基础上适时革新，强化问题导向，在系统协调的前提下突出重点。[2]

关于党内法规建设的具体方面研究。有学者论述了党内法规学的实践探索与体系建构，认为党内法规学应运而生的内在逻辑，首先是中国共产党百年制度建设历史演进的必然结果，也是新时代党内法规制度建设的现实要求。其次是中国共产党加强自身建设、实现政党治理现代化的内在要求，也是推动国家治理现代化的现实需要。最后是中国共产党理论创新的需要，也是哲学社会科学发展的必然趋势。当下，党内法规学已经面临多维挑战，表现为党内法规学的定位尚未形成完全共识，党内法规学的边界尚未清晰，党内法规学的学科基础还较为薄弱，党内法规学的话语体系建构相对滞后。为更好推进党内法规学的建设，应实现从"研究方向"到"独立学科"的转变，推动学科体系、学术体系和话语体系的一体建设，在保持平衡中促进发展。[3]有学者论述了加快构建完善的党内法规体系的

---

[1] 杨德山、王渤飞、李少杰：《破解大党独有难题的党内法规制度路径》，《新视野》2023年第5期。
[2] 杨德山、李少杰：《中国共产党纪律建设的法规保障：历史进程、内容体系与基本经验》，《世界社会主义研究》2023年第7期。
[3] 陈家刚：《党内法规学：实践探索与体系建构》，《北京行政学院学报》2023年第1期。

路径，指这是坚持党的领导、实现第二个百年奋斗目标的需要，是国家治理体系和治理能力现代化建设的需要，是全面从严治党、推进党的自我革命的需要，是党内法规制度建设自身规律的需要。加快构建完善的党内法规制度体系，在发展方向上要实现从体系化向集约化的转变，在制度规范上要实现从重制定向重修订的转变，在党规运行上要实现从重立规到重实施的转变，在实施效能上要实现从重约束到重激励的转变。①

3. 党的建设学科建设研究

有学者探讨了中共党史党建学的核心议题和目标任务。指出中共党史党建学的核心议题包括马克思主义政党理论研究、中国共产党历史研究、中国共产党建设研究、中国共产党领导研究。中共党史党建学科发展的目标任务，包括推出高质量研究成果，在深化理论研究上下功夫，在资料建设上下功夫，在面向社会实践、更好地发挥资政作用上下功夫。培养人才，加强研究队伍建设，形成本、硕、博一体化的人才培养体系，合理开设专业课程。在中共党史党建学科建设的基础与保障方面，从理论层面看，中共党史党建学科要处理好与马克思主义理论学科中一些研究方向的关系，以及中共党史党建学科如何支撑高校思政课。从学科性质和目标任务看，中共党史党建学还是应该依托马克思主义学院来建设。②

有学者分析了中共党史党建学与马克思主义理论学科的关系。认为中共党史党建学一级学科与马克思主义理论一级学科之间的差异是中共党史党建学学科独立的根本原因，在研究对象上聚焦中国共产党，在研究内容上主要为中国共产党历史和党的建设，在学科研究切入点上主要从史实出发，强调实证研究。中共党史党建学一级学科与马克思主义理论一级学科之间的相同则为实现两大学科融合发展奠定基础，两者都以马克思主义为指导思想，都具有为思想政治理论课提供学科支撑的学科功能，都具有政治性与科学性相统一的学科属性。当下，需要以中共党史党建学一级学科和马克思主义理论一级学科的强大合力推动中国自主的知识体系建设。其一，以马克思主义理论一级学科为指导，以中共党史党建学一级学科为引领，推动构建中国特色哲学社会科学学科体系。其二，以历史研究为

---

① 韩强、周雨晴：《加快构建完善的党内法规制度体系——学习党的二十大精神》，《中共宁波市委党校学报》2023年第1期。
② 王炳林：《中共党史党建学的核心议题和目标任务》，《中共党史研究》2023年第3期。

基础推动新生学术"增长极"的孵化培植，形成以解决中国问题为核心的学术体系。其三，发挥学科优势，积极构建中国特色哲学社会科学话语体系。①

有学者分析了中共党史党建学学科建设的几个基础问题。第一，要把握好中共党史与党的建设的有机整体性，建设中共党史党建学，要充分注意到两者的整体性和相对独立性，既要把党史和党建作为相互依存、不可分割的完整学科来对待，同时也要兼顾党史和党建各自的学科历史、学科特色、学科差异。第二，要把握好中共党史党建学二级学科设置的明确规范性，学科建设的首要任务是明确中共党史党建学的研究对象、理论依据、研究领域和研究方法，明确学科研究的范围边界，明确二级学科之间的逻辑关系。第三，要把握好中共党史党建学学科与马克思主义理论学科的高度统一性。中共党史党建学要以马克思主义政党理论作为指导，体现中国共产党的马克思主义执政党属性。第四，要把握好党的领导在中共党史党建学中的重要地位。中共党史党建学的研究对象要充分体现党的领导的全面性、系统性和整体性，研究目标要着眼于推进对共产党执政规律、社会主义建设规律、人类社会发展规律的认识与把握，总结中国共产党历史发展过程中的成功经验，厘清中国共产党治国理政的理论逻辑和实践逻辑。第五，要把握好中共党史党建学学科谋划和建设。做好顶层设计，坚持遵循规律守正创新，突出重点精准发力。②

4. 高校党建和企业党建研究

在高校党建方面。有学者研究了新时代高校党建与高等教育高质量发展。强调必须坚持以党的领导引领高校改革，明确高等学校的定位与功能，明确党的领导与高校治理的关系，明确党的建设与高校党建的关系。必须加强高校党建保障高校发展，要坚持和完善党委领导下的校长负责制，加强高校意识形态与思想政治工作，加强高校基层党组织建设。必须推动高校党建与高等教育高质量发展的深度融合，坚持社会主义办学方向，推动高校为社会发展服务，走中国特色高等教育高质量发展道路。③

---

① 宋雪勤、宋效萱：《中共党史党建学与马克思主义理论学科关系析论》，《中共中央党校（国家行政学院）学报》2023年第4期。
② 王庭大、董天美：《中共党史党建学学科建设的几个问题》，《党建》2023年第12期。
③ 周良书、杨弟福：《新时代高校党建与高等教育高质量发展研究》，《学校党建与思想教育》2023年第23期。

有学者探析了健全高质量高校党建工作责任体系，认为高质量高校党建工作责任体系的特征呈现为全面性、融合性、严实性、显示性。新时代健全高质量高校党建工作责任体系，需要健全高质量高校党建工作责任目标体系、内容体系、实施体系、监督体系、评价体系。①

在企业党建方面。有学者提出了非公企业党建效能极化现象的形成机理与破解路径，认为通过实证研究发现，非公企业党建效能存在较为明显的极化现象，突出表现为：越是生产经营好的企业开展党建工作的积极性越高，党建工作的效能越好；越是生产经营不理想的企业开展党建工作的积极性越差，党建更多的只是具备仪式性的特征。究其原因，非公企业党建极化现象是企业盈利能力差异、无罚则的党建法规制度以及非公企业党建对印象政绩考核的依赖合力造成的结果。因此，破解之道就在于非公企业党建在新时期的推进与发展，必须做到在政党政治逻辑与企业效率逻辑之间寻求平衡，如此才能缓和社会责任与企业盈利之间存在的客观张力，促进党员向好，也促使商业向善。②

（八）高校思政课教育教学研究

2023年，高校思政课教育教学研究主要集中在"大思政课"建设研究、"思政课本质是讲道理"研究、根据新版教材讲好思政课研究、习近平新时代中国特色社会主义思想融入思政课研究、历史文化资源融入思政课研究、中国共产党人精神谱系融入思政课研究、提升思政课教学实效研究、大中小学思政课一体化研究、数字化赋能思政课教学研究等九个方面。

1. "大思政课"建设研究

有学者认为，在"大思政课"建设中应把握和运用好党的创新理论的世界观和方法论：一是坚持人民至上，培养堪当民族复兴重任的时代新人；二是坚持自信自立，彰显中国特色社会主义制度优势；三是坚持守正创新，讲透讲活马克思主义立场观点方法；四是坚持胸怀天下，立足贯通

---

① 崔春花、周霞：《健全高质量高校党建工作责任体系探析》，《学校党建与思想教育》2023年第10期。
② 姚靖：《非公企业党建效能极化现象的形成机理与破解路径》，《湖北社会科学》2023年第5期。

古今中外的宏大视野格局；五是坚持问题导向，打造更有针对性亲和力的教学课堂；六是坚持系统观念，构建协同开放多元的学习实践平台。①有学者认为，"大思政课"建设应处理好三个基本问题：一是"大思政课""课程"属性不能丢；二是理论联系实际是"大思政课"建设的灵魂；三是问题是连接思政小课堂与社会大课堂的桥梁。②有学者认为，推进新时代高校"大思政课"协同育人需要优化强化"大体系"，善用活用"大课堂"，建好用好"大师资"，共建共享"大数据"，推动高校思想政治工作高质量发展。③有学者认为，"大思政课"具体表现为促成从"相对独立"到"联合施力"的主体协同，彰显从"局部优化"到"全局统合"的要素升级，推动从"衔接不畅"到"连贯有序"的过程进阶，实现从"扁平封闭"到"立体开放"的结构优化。④有学者认为，推进"大思政课"建设要重点在德育观、时空观、主体观、供给观、传播观和评价观进行"破"与"立"，并在广度、速度和程度方面把握好"破"与"立"相结合的"度"。⑤有学者认为，应善用"大思政课"推动主题教育常态化长效化。具体来讲，要建强"理论课堂"，推动主题教育有机融入思政教学；要打造"浸润课堂"，推动主题教育有机融入校园文化；要创新"掌上课堂"，推动主题教育有机融入网络平台；要建好"行走课堂"，推动主题教育有机融入实践活动。⑥有学者认为，"大思政课"建设对于培养具有"大国三农"情怀，以强农兴农为己任的新时代人才有重要意义。涉农高校开展"大思政课"建设应遵循思想引领、价值塑造和人文素养的提升的基本理念，完善"大思政课"协同育人机制、整合思政课课程体系、设计了解"三农"的实践教学体系。⑦有学者认为，在"大思

---

① 向波涛：《把握党的创新理论的世界观和方法论善用"大思政课"铸魂育人》，《中国高校社会科学》2023年第3期。
② 冯秀军：《"大思政课"建设的几个基本问题》，《思想教育研究》2023年第8期。
③ 陶好飞、杨熙：《高校"大思政课"协同育人的策略优化》，《思想理论教育导刊》2023年第6期。
④ 谢玉进、张楷芹：《新时代"大思政课"建设的出场语境、逻辑转向与着力方向》，《高校马克思主义理论教育研究》2023年第3期。
⑤ 彭庆红、徐丹丹：《"大思政课"建设要破立并举》，《思想教育研究》2023年第8期。
⑥ 张顺涛：《善用"大思政课"推动主题教育常态化长效化》，《北京教育(德育)》2023年第Z1期。
⑦ 王冬梅：《涉农高校"大思政课"建构的理念、价值塑造及实施路径》，《北京教育(德育)》2023年第10期。

政课"视域下，首都文化资源是高校思政课提质增效的重要支撑。从功能上讲，首都丰富的理论资源、历史资源、载体资源等，有助于增强思政课的学理性、厚重性、契时性和现实性。所以要加强理论引导，厚植文化底蕴，善于抓契机，利用好首都文化资源助力高校思政课建设。①

2. "思政课本质是讲道理"研究

有学者认为，思政课的本质是"讲道理"，增强思想性、理论性是体现这一本质的根本要求。思政课"讲道理"的本质决定了思政课的功能是通过理论教育达到政治认同，要实现这一功能必须增强思政课的亲和力和针对性。②有学者认为，高校思政课教师应当深刻理解思政课讲道理的叙事逻辑，实现教材语言向教学语言的转换，用官方语言把政理讲顺，用学术语言把学理讲深，用逻辑语言把哲理讲透，用生活语言把道理讲活。③有学者认为，思政课的教育本质和教育对象的成长规律决定思政课要讲道理，目前，思政课道理没有讲好的原因，既有理论总结的不足和传统教育方式的局限，也有教师教学能力与水平的问题。所以要用坚定的理想信念把道理讲正确，用扎实的理论功底把道理讲深刻，用严密的逻辑推导把道理讲透彻，用生动的表达把道理讲活泼。④有学者认为，讲深、讲透、讲活道理是思政课的本质属性要求。把握思政课讲道理的本质，必须在提升思政课教师能力素养上下功夫。思政课教师应坚持四维协同，不断夯实理论功底、丰富理论素材、实现话语转化、改善教学方式，从而切实提升以善讲道理为核心的综合能力素养。⑤有学者认为，思政课的本质是讲道理，而新时代的青年思想政治教育工作能不能以理服人，关键要看思想政治教育能否提高青春度：一是以志存高远的青春之气，扩大教学视野，在全球视野、历史规律和社会发展三个层面上，讲好中国方位、中国道路和个人担当；二是以温馨温暖的青春之意，在教学实践过程中重视共鸣共

---

① 吴宁宁、孙嘉怡：《"大思政课"视域下首都文化资源融入高校思政课多维探析》，《北京教育（德育）》2023年第6期。
② 陈锡喜、刘奎：《论思想政治理论课的本质、功能及其实现》，《思想理论教育导刊》2023年第6期。
③ 张会峰：《高校思想政治理论课讲道理的叙事逻辑与语言转换》，《思想教育研究》2023年第5期。
④ 韩喜平、于甜子：《用理讲好思政课》，《学校党建与思想教育》2023年第5期。
⑤ 熊晓琳、李国庆：《善讲道理：思想政治理论课教师能力素养的核心要义》，《思想教育研究》2023年第6期。

情，注重平等交流、事实呈现、心理建设、创意引导。①有学者认为，用故事讲好道理是思政课本质的重要体现。思政课教师要牢牢把握"以理服人""以情感人""以文化人"和"以行导人"四个维度，更好实现"用故事讲道理"的应有效果。②

3. 根据新版教材讲好思政课研究

有学者认为，开好"习近平新时代中国特色社会主义思想概论"课是新时代高校思政课教学的重要任务，讲授这一课程要求高校思政课教师充分发挥主导作用，构建系统的行之有效的教学体系；要求全面准确把握习近平新时代中国特色社会主义思想理论体系的框架结构、主要内容和贯穿其中的立场观点方法；要求正确处理好新时代党的创新理论与马克思主义理论、中华优秀传统文化的关系，与毛泽东思想、中国特色社会主义理论体系的关系，理论创新与实践创新的关系。③有学者认为，《习近平新时代中国特色社会主义思想概论》教材体系结构分为导论、结语三大板块，全面展现了习近平新时代中国特色社会主义思想的科学体系、主要内容、理论精髓和根本方法。在对教材体系结构的理解中，要注意教材体系和内容在政治性和学理性、价值性和知识性、理论性和实践性上的有机统一，注重教材体系的思想政治性同教材编写基本要求之间的有效结合。④有学者认为，思政课教师要讲好《毛泽东思想和中国特色社会主义理论体系概论（2023年版）》的导论内容，要讲清楚马克思主义如何传入中国，中国为什么最终选择了马克思主义；要讲清楚究竟什么是马克思主义中国化时代化；要讲清楚马克思主义中国化时代化史；要讲清楚马克思主义中国化时代化的理论成果之间的关系。⑤有学者认为，《毛泽东思想和中国特色社会主义理论体系概论（2023年版）》修改幅度较大，建议教师在思政课教学过程中，一是结合党的理论创新最新成果整体把握教材

---

① 胡钰、石文婷：《提高思想政治教育的青春度：时代背景、教学视野与实践路径》，《社会主义核心价值观研究》2023年第1期。
② 姚洪越：《思政课教师叙事的四维度》，《思想政治课教学》2023年第12期。
③ 肖贵清：《关于"习近平新时代中国特色社会主义思想概论"课教学的几个问题》，《思想理论教育导刊》2023年第12期。
④ 顾海良：《〈习近平新时代中国特色社会主义思想概论〉体系结构述要》，《思想理论教育导刊》2023第11期。
⑤ 陈培永：《〈毛泽东思想和中国特色社会主义理论体系概论（2023年版）〉"导论"重难点问题解析》，《思想理论教育导刊》2023年第3期。

的修订情况；二是通过集体备课，重构教学体系；三是以科研支撑教学，促进教学内涵式发展；四是改进教学方式方法，提高"毛泽东思想和中国特色社会主义理论体系概论"课教学实效。①有学者认为，作为一门思想性、理论性很强的课程，讲好"毛泽东思想和中国特色社会主义理论体系概论"课关键是要在教学中吃透新版教材精神和驾驭教材内容。这就要求着重培养学生的理论思维，引导学生重点理解"中国向何处去"的发展大势，科学把握马克思主义中国化时代化的理论创新规律。②有学者认为，推进党的二十大精神进"毛泽东思想和中国特色社会主义理论体系概论"课程是目前高校思政课教学的首要任务，讲清楚新时代十年的伟大变革是基础和重点。③有学者认为，《毛泽东思想和中国特色社会主义理论体系概论（2023年版）》第五章阐述了中国特色社会主义理论体系形成发展的社会历史条件和过程，在教学体系中起到承上启下的关键作用。思政课教师要坚持大历史观，围绕中国与世界的互动、历史与现实的交汇、理论与实际的结合、思想的"脉"与"进"四对关系展开教学。④有学者认为，讲好《思想道德与法治（2023年版）》第三章，须聚焦"如何讲好中国精神的丰富内涵""如何把握伟大建党精神""如何阐释爱国主义的本质""如何切实维护祖国统一和民族团结""如何坚持立足中国又面向世界""如何激发大学生改革创新的使命感"等重难点问题，建议教师充分运用大历史观、深入挖掘典型案例、扎实做好中外比较、跟上理论创新步伐。⑤

4. 习近平新时代中国特色社会主义思想融入思政课研究

有学者认为，全面推进习近平新时代中国特色社会主义思想进教材、进课堂、进头脑是一项重大的政治任务和战略工程。"进教材"是前提，

---

① 秦宣：《〈毛泽东思想和中国特色社会主义理论体系概论（2023年版）〉修订说明和教学建议》，《思想理论教育导刊》2023年第3期。
② 宋友文：《以理论思维培养为核心讲好"毛泽东思想和中国特色社会主义理论体系概论"课》，《思想教育研究》2023年第4期。
③ 彭付芝、刘佳：《"毛泽东思想和中国特色社会主义理论体系概论"课程如何讲好新时代十年的伟大变革》，《北京航空航天大学学报(社会科学版)》2023年第1期。
④ 王衡：《以大历史观把握中国特色社会主义理论体系的形成发展——〈毛泽东思想和中国特色社会主义理论体系概论（2023年版）〉第五章重点难点问题解析》，《思想理论教育导刊》2023年第5期。
⑤ 谢玉进：《〈思想道德与法治（2023年版）〉第三章重难点问题解析》，《思想教育研究》2023年第4期。

"进课堂"是主渠道,"进头脑"是目标,通过制订符合学生成长规律的实施方案、呈现"有力量、有意思"的课堂、坚持思政课程与课程思政同向同行的方法,推动习近平新时代中国特色社会主义思想"三进"工作落在实处。[①]有学者认为,作为习近平新时代中国特色社会主义思想世界观和方法论的集中体现,"六个必须坚持"对高校思政课具有重要的理念指引作用:一是必须坚持人民至上,落实立德树人根本任务;二是必须坚持自信自立,着力增强学生和教师的双重自信;三是必须坚持守正创新,推动思想政治工作传统优势同信息技术高度融合;四是必须坚持问题导向,着力回答学生关注的、有疑惑的问题;五是必须坚持系统观念,推进一体化、打好组合拳;六是必须坚持胸怀天下,把握中国和世界的发展大势。[②]有学者认为,中国式现代化创造了人类文明新形态是党的二十大报告中的重大命题,将党的二十大精神融入高校思政课有利于丰富思政课教学的言说体系和话语体系,并指出用学术讲政治是讲好思政课的重要本领。[③]有学者认为,推进党的二十大精神融入高校思政课,一要坚持系统性融入,全面准确学习领会党的二十大精神;二要坚持研究性融入,把握好习近平新时代中国特色社会主义思想的世界观和方法论;三要坚持创新性融入,深化推进新时代高校思政课守正创新;四要坚持实践性融入,引导学生投身新征程的伟大实践。[④]有学者认为,把党的二十大精神融入"自然辩证法"课程有逻辑进路和实践进路两个方面:在逻辑进路上,把中国特色社会主义建设未来图景作为教学的愿景目标,把中国特色社会主义理论框架作为教学的核心内容,把青年人才与价值观培养作为教学的政治导向;在实践进路上建立以责任意识为导向的教学目标,丰富以党的二十大精神为主题的教学内容,创新党的二十大精神融入的教学方法。[⑤]

---

① 肖贵清:《推动习近平新时代中国特色社会主义思想"三进"工作落在实处》,《人民教育》2023年第18期。
② 孙来斌:《"六个必须坚持"对高校思想政治理论课的理念指引》,《思想理论教育导刊》2023年第8期。
③ 杨凤城:《关于"中国式现代化创造了人类文明新形态"融入思政课的思考》,《高校马克思主义理论研究》2023年第2期。
④ 赵义良:《全面推进党的二十大精神融入高校思想政治理论课的基本思路》,《北京航空航天大学学报(社会科学版)》2023年第1期。
⑤ 王巍:《党的二十大精神融入"自然辩证法"课程的教学进路》,《教育理论与实践》2023年第36期。

有学者认为，"习近平新时代中国特色社会主义思想概论"课是党的二十大精神融入高校思政课的核心与关键课程，将党的二十大精神融入该课程需要围绕课程定位设计"融入"思路、依据重要文本精选"融入"重点、结合学生特点探索多样化的"融入"方式。[1]有学者认为，将习近平生态文明思想融入高校思政课教学是贯彻党的二十大精神、宣传和弘扬习近平生态文明思想的应有之义。并进一步指出，要实现有效融入，必须进行扎实的学理研究，在深入解读经典文献的基础上完善教学设计，进而构建本硕博一体化教学体系，支撑习近平生态文明思想有效融入。[2]有学者认为，习近平文化思想蕴含丰富的思想政治教育资源，将习近平文化思想融入高校"大思政课"，推动青年学生真学真懂真信真用，需要从做好顶层设计、健全协同育人机制、打造专业师资队伍等方面共同发力。[3]有学者认为，铸牢中华民族共同体意识教育是思政课教学的重要内容。这种共同体意识的融入主要有三重意蕴：历史教育是提高铸牢中华民族共同体意识教育全面性的需要；形势教育是提高铸牢中华民族共同体意识教育科学性的需要；国情教育是提高铸牢中华民族共同体意识教育有效性的需要。为了更好地将中华民族共同体意识融入思政课教学，应做到改进教学方法，整合教学内容，充分利用网络资源。[4]

5. 历史文化资源融入思政课研究

有学者认为，中华优秀传统文化是丰富思政课教学内容的重要精神养料，要从知、情、信、意四个层面挖掘优秀传统文化资源，实现中华优秀传统文化与思政课教学内容有效衔接。[5]有学者认为，要真正落实中华优秀传统文化进入思政课堂，一要树立文化自信，对中华优秀传统文化、对中国化马克思主义有坚定自信，明确抵制文化虚无主义和复古主义；二要继承和吸收传统文化中的优秀基因和精华，把握中华优秀传统文化连续

---

[1] 徐宏潇、张奕涵：《党的二十大精神融入"习近平新时代中国特色社会主义思想概论"课程探析》，《北京航空航天大学学报(社会科学版)》2023年第1期。
[2] 郇庆治、曹得宝：《习近平生态文明思想融入高校思想政治理论课教学的创新路径》，《中国大学教学》2023年第Z1期。
[3] 张小平、王超：《习近平文化思想融入高校"大思政课"探赜》，《中国高等教育》2023年第23期。
[4] 岳凤兰、赵曾臻：《铸牢中华民族共同体意识融入高校思政课教学的价值耦合与实践路径》，《民族教育研究》2023年第2期。
[5] 陈婷、李晓光：《中华优秀传统文化融入思政课教学》，《思想政治课教学》2023年第7期。

性、创新性、统一性、包容性的特点；三要创新优秀传统文化的呈现方式和传播方式，使中华优秀传统文化在新时代焕发新的光彩。①有学者认为，中华优秀传统文化与课程思政建设在育人目标、育人要素和育人方式上具有一致性，应立足现实、去粗取精，让中华优秀传统文化为课堂教学聚势赋能；应严爱相济、润己泽人，让中华优秀传统文化为教师队伍固本铸魂。②有学者认为，《礼记·学记》中所蕴含的能够古为今用的教育思想和方法，对明确办学价值取向、完善教育教学制度、提升教师综合素质、创新教育引导方法具有借鉴意义，有利于达到理想的思想政治教育效果。③有学者认为，红色资源是中国共产党领导人民在革命、建设、改革进程中创造的先进文化，是开展思政教育、塑造政治品格、培养时代新人的重要素材。要让红色资源赋能高校思政课建设，需要在契合思政课教学规律的基础上探索创造性转化、创新性发展、激发育人活力等多种途径。④有学者认为，首都北京有着丰富的历史文化底蕴和文化资源集聚优势，要充分发挥首都文化资源的比较优势，以首都文化理论提升思政课深度和高度，以首都文化蕴蓄盘活思政课教学特色内容，以首都文化活动丰富思政课教学创新载体，以首都文化场域打造思政课特色鲜活课堂，以首都文化成果发挥"思政课+专业课"育人功用。⑤有学者认为，将党史教育融入"中国近现代史纲要"课的教学，既是对习近平总书记和党中央关于"五史"尤其是党史的学习教育指示、办好思政课战略规划的有效回应，又是新时代办好高校思政课的应有之义。内容供给、历史观教育和实践教学是推动党史教育融入"中国近现代史纲要"课教学的有效途径。⑥有学者认为，中国共产党领导科技现代化的历史经验中蕴含着丰富的思想政治教育资源，其融入思政课具有重要的时代价值。可以采用散点式、辐射

---

① 王燕晓：《思政课如何传承和发展中华优秀传统文化》，《思想政治课教学》2023年第12期。
② 毕玥：《以中华优秀传统文化赋能课程思政建设的价值意蕴和路径思考》，《北京教育(德育)》2023年第12期。
③ 刘书林：《借鉴〈学记〉提升学校德育质量》，《马克思主义与现实》2023年第3期。
④ 张莉鑫：《运用红色资源推动思政课提质增效的路径探索》，《学校党建与思想教育》2023年第13期。
⑤ 吴宁宁、孙嘉怡：《"大思政课"视域下首都文化资源融入高校思政课多维探析》，《北京教育(德育)》2023年第6期。
⑥ 张北根：《党史教育融入"中国近现代史纲要"课的教学》，《北京科技大学学报(社会科学版)》2023年第5期。

式、体验式的方法，将党领导科技现代化的宝贵历史经验融入多门思政课教育教学中。①

6. 中国共产党人精神谱系融入思政课研究

有学者认为，雷锋精神饱含了报效祖国、牢记使命的赤子精神，服务人民、友爱互助的奉献精神，敢于创新、敢于钻研的钉子精神，拼搏奉献、勇于担当的斗争精神，培育大爱、胸怀天下的忘我精神，是新时代中国特色社会主义的宝贵精神坐标，也是青年思想政治教育的鲜活内容。②有学者认为，雷锋精神深刻诠释了共产主义信仰信念的丰富蕴含，生动彰显了共产主义信仰信念的巨大作用，是提升思政课解决学生理想信念问题的亲和力、感染力、针对性和实效性的宝贵资源。将雷锋精神融入思政课信仰信念教育，要用初心和使命砥砺信仰，用理论和历史坚定信念，用实践和前景增强信心。③有学者认为，雷锋精神是从雷锋其人其事中提炼并升华的文化精神，具有深刻的育人价值，是对青少年乃至广大人民群众开展思想政治教育的优质资源，同时学校是开展学雷锋活动的重要依托，要把学雷锋活动与思想政治教育结合起来，弘扬雷锋精神。④有学者认为，伟大建党精神具有广泛的精神辐射力和理论普适性，是非常宝贵的思政课教学资源。其融入各门思政课的教学的关键在于找准切入点。具体来讲，《思想道德与法治》要侧重讲授伟大建党精神的价值逻辑，《中国近现代史纲要》要侧重讲授伟大建党精神的历史逻辑，《马克思主义基本原理》要侧重讲授伟大建党精神的理论逻辑，《习近平新时代中国特色社会主义思想概论》要侧重讲授伟大建党精神的实践逻辑。⑤有学者认为，科学家精神丰富和创新了思想政治教育的理论和内容，而思想政治教育也是弘扬科学家精神的重要路径。将科学家精神融入思想政治教育，对于引导青年学生树立强烈的家国情怀、积极的道德素养、坚定的理想信念和坚韧的意

---

① 雷小苗：《党领导科技现代化的历史经验融入思政课教学——基于大学生课程特征的五维分析》，《北京航空航天大学学报(社会科学版)》2023年第6期。
② 杨增崟：《让雷锋精神在青少年中蔚然成风》，《人民教育》2023年第5期。
③ 张智、何超仪：《将雷锋精神融入信仰信念教育》，《高校马克思主义理论教育研究》2023年第2期。
④ 刘建军、梁天卓：《雷锋精神的永恒价值、时代内涵与实践路径——学习习近平关于弘扬雷锋精神的重要论述》，《马克思主义理论学科研究》2023年第3期。
⑤ 张传泉：《伟大建党精神融入高校思想政治理论课教学探析》，《中国青年社会科学》2023年第2期。

志品行具有重要作用。[①]有学者认为，北京冬奥精神，生动体现了中国精神和中华体育精神，对于涵养政治品格、赓续精神血脉、坚定文化自信具有独特的价值。将其有效融入思政小课堂具有必要性。[②]

7. 提升思政课教学实效研究

有学者认为，实现思政课高质量发展，一是凝心聚魂，把学习贯彻习近平新时代中国特色社会主义思想引向深入；二是高质量建设思政课，要坚持立德树人，以科学的世界观和方法论为指导，始终坚持在讲好思政课上下功夫；三是高质量推进"大思政课"建设；四是坚持守正创新，为思政课持续发展注入新动力。[③]有学者认为，高校思政课要在守正创新中谋发展，因时而进，因势而新。"高阶性"要求思政课政治站位、目标要求和质量成效都要高；"创新性"要求教学改革实现创新突破；"挑战度"要求教学内容、教学过程和教学评价保持合理难度。[④]有学者认为，从提升大学生思政课获得感的角度讲，当前的高校思政课教学还需要做到重视学生主体性、努力提升教师教学水平、继续完善课程考核方式、发挥教学载体的作用以及打造思政课课程特色这几项措施。[⑤]有学者认为，高校思政课教学语言魅力，可以更好地激发学生的学习兴趣，营造良好的师生沟通氛围，增强课堂教学效果。要激发和运用这种语言魅力，就需要让高校思政课教学语言"有理""有实""有味"。[⑥]有学者认为，教学语言以内容"穷理"为前提，以学生"乐学"为核心，以教师"创新"为根基，是提升思政课教学质量的重要载体。[⑦]有学者认为，要增强高校思政课的传播效果，需要塑造高校思政课公共形象，把握不同群体的需求期

[①] 王炳林、郭清：《科教兴国战略视域中弘扬科学家精神研究》，《中国石油大学学报（社会科学版）》2023年第6期。
[②] 邓喆、张丽君：《北京冬奥精神的科学内涵、时代价值与弘扬路径》，《思想教育研究》2023年第8期。
[③] 靳诺：《实现思政课高质量发展的几点思考》，《思想政治工作研究》2023年第6期。
[④] 崔建霞：《高校思政课"两性一度"的本质要求——以"马克思主义基本原理"课为例》，《思想理论教育导刊》2023年第9期。
[⑤] 吴守蓉、刘韵祺：《基于扎根理论的大学生思政课获得感提升路径研究——以北京林业大学为例》，《中国大学教学》2023年第6期。
[⑥] 曾庆桃：《提升高校思政课教学语言魅力的四个着力点》，《北京教育（德育）》2023年第3期。
[⑦] 李蕉、梁毅：《高校思想政治理论课教学语言艺术的内涵、特征及价值意蕴》，《思想教育研究》2023年第5期。

待，完善高校思想政治教育课程体系，解开公众误解、增进公众认同。①有学者认为，研究生思想政治教育作为研究生教育大系统的重要子系统，对培养高层次的研究生人才有重要意义。针对当前研究生思想政治教育过程中的问题，应该立足第一课堂，深耕"主阵地"；打造第二课堂，盘活"补充形式"；占领网络云课堂，抓住"最大变量"。②有学者认为，大班授课、专题作业、小班讨论、大班翻转以及讲评交流五重结构模式的教学改革试验，以开展课程深度对话、坚持问题导向和建设教学共同体三条路径切实提升了"思想道德与法治"课程的亲和力、理论性和针对性。③

8. 大中小学思政课一体化研究

有学者认为，大中小学思政课一体化视域下爱国主义教育的目标层次为：小学阶段，启蒙爱国认知，培育爱国之情；中学阶段，深化情理交融，明晰爱国之理；大学阶段，稳固价值观，坚定强国之志。并进一步指出"课程思政"、教材编写和教学方法是主要着力点。④有学者认为，大中小学思想政治教育一体化建设是统筹安排各学段思想政治教育全方面的系统工程，是党和国家进行学校育人体系建设探索的经验结晶，是新时代新征程上培养建设者和接班人的重要保障，是推进思想政治教育高质量发展的内在诉求。⑤有学者认为，推进大中小学思想政治教育一体化建设是培养担当民族复兴大任的时代新人的必然要求，有必要进一步完善大中小学思想政治教育一体化建设的纵向联通机制、协同机制和保障机制。⑥有学者认为，推动大中小学思政课一体化建设是新时代思政课改革的重要方向，增强教学针对性是提高大中小学思政课一体化教学效果的重要环节。强调要根据学生思维能力、认知水平以及社会经验、心理成熟度的发展规

---

① 冯刚、杨小青、张智：《新时代高校思政课公众形象塑造的理论探赜》，《中国远程教育》2023年第6期。
② 季伟峰、任宝龙：《思想政治教育融入研究生培养全过程的路径建构——以北京理工大学研究生"四课联动"思政育人体系为例》，《学位与研究生教育》2023年第3期。
③ 肖巍、钟玉晨：《内涵式发展视域下思政课教学的五重结构模式探索》，《社会主义核心价值观研究》2023年第2期。
④ 王雯姝、迪拉热·艾则孜：《大中小学思政课一体化视域下爱国主义教育的目标层次及着力点》，《思想理论教育导刊》2023年第3期。
⑤ 王易、田雨晴：《推进大中小学思想政治教育一体化建设的思考》，《思想理论教育》2023年第3期。
⑥ 刘波：《推进大中小学思想政治教育一体化建设：现实挑战与应对策略》，《中国高等教育》2023年第24期。

律和课程标准的要求，科学规划课程内容，运用恰切的教学方式努力推动大中小学思政课一体化建设。① 有学者认为，大中小学思政课一体化建设是一个系统工程，其中教师队伍的一体化是所有要素中的关键与核心。因此要生成与建构大中小思政课育人共同体。② 有学者认为，思想引领和政策保障是大中小学思政课一体化发展新样态的发动机，大学师资到中小学助教支持机制是思政课一体化的外部保障，一体化教师研修机制建设是思政课教学发展新样态的内部动力，教师讲述育人故事机制和优秀案例交流机制是思政课一体化新样态的生动体现，线上线下教学资源交互共享是思政课一体化的智慧活水，学校小课堂与社会大课堂有机融合是助推思政一体化新样态的新时空。③

9. 数字化赋能思政课教学研究

有学者认为，"数字思政"是以数字技术为基础对思想政治教育资源进行高效整合利用，在数据要素支撑和驱动下推动思想政治教育有效开展与提质增效，进而实现多维度数字化融入的思想政治教育体系。④ 并进一步指出，从本体论、认识论和方法论的哲学视角反思"数字思政"，有助于人们更加科学与理性地看待数字思政，进而助推思想政治教育高质量发展。⑤ 有学者认为，针对高校思政课在线教学在教学平台、教学理念、改革成效、教学方法、教学资源等方面的问题，思政课教师要深化对在线教学的认识，推动在线教学形式的创新，有效利用在线教学资源。高校也要加强在线教学评价和对在线教学的组织管理，提升思政课在线教学质量。⑥ 有学者认为，实现教育数字化对推动思想政治现代化有重要作用。具体来讲有四个方面的表现：智能化虚拟社会场域重塑思想政治教育智联化场景；互联网多向交互破除主体性思想政治教育单向运动；大数据技术手段精准落实思想政治教育分众化教学；数字化教育持续赋能思想政治

---

① 朱效梅、熊雅妮：《增强教学针对性的思政课一体化实践——以"民主"主题教学为例》，《思想政治课教学》2023年第9期。
② 刘亚品、于小晶：《思政课教师育人共同体的纵向生成》，《思想政治课教学》2023年第9期。
③ 谢春风、殷蕾：《我国大中小学思政课一体化建设新样态的分析与启示》，《中国教育学刊》2023年第4期。
④ 冯刚、聂小雄：《"数字思政"的生成背景、基本内涵和实践运用》，《西华大学学报(哲学社会科学版)》2023年第5期。
⑤ 冯刚、邢斐：《新时代数字思政的哲学反思》，《学校党建与思想教育》2023年第19期。
⑥ 沈震、杨志平：《高校思政课在线教学质量提升研究》，《中国高等教育》2023年第11期。

教育现代化发展。①有学者认为，5G时代新兴技术给高校课程思政创新带来新视角，提供了新路径。这种新技术可以促进课程思政教学模式多样，实现课程思政教学内容多元，促进课程思政教学场所多变。总体来讲，聚焦5G新技术，有利于建设具有新平台、新形式、新内容的思想政治教育体系，有利于培养满足社会需求，推动社会主义建设的新人才。②有学者认为，"大思政课"建设应抓住数字化发展新机遇，在遵循思想政治教育规律、适应数字化教育与传播特征基础上，坚持课堂主导、内容为本、融合创新、循序渐进的原则，充分利用数字技术，挖掘数据信息，通过涵养数字化意识、促进数字化转换、善用数字化工具、借助数字通信系统、依托数字孪生技术等五大路径，助推思政课教育教学方式的全面创新和系统发展。③

三、主要问题与对策建议

2023年是北京高校马克思主义理论学科取得丰硕成果的一年，也是北京高校马克思主义理论学科持续体现引领、示范、带动、辐射作用的一年。北京高校马克思主义理论学科始终坚持用习近平新时代中国特色社会主义思想指导科学研究，贯彻落实中共中央、国务院《关于新时代加强和改进思想政治工作的意见》，中共中央办公厅、国务院办公厅印发的《关于深化新时代学校思想政治理论课改革创新的若干意见》和中共中央办公厅《关于加强新时代马克思主义学院建设的意见》，积极推进马克思主义中国化时代化。2023年，北京高校马克思主义理论学科科研成果的数量和质量都有了很大提升，科研成果的社会影响力进一步增强，走在全国各省市的前列。对2023年马克思主义理论学科研究状况进行概述和分析，力求全面准确，增强问题意识，体现学术性、导向性，从而进一步深化未来马克思主义理论学科研究的方向。

---

① 盖逸馨：《以教育数字化推动思想政治教育现代化》，《思想政治工作研究》2023年第6期。
② 王嘉伟、张诗豪、李林：《5G技术推动高校课程思政创新的路径》，《北京教育（德育）》2023年第5期。
③ 彭庆红：《数字化推动"大思政课"建设的依据、原则与路径》，《思想理论教育导刊》2023年第11期。

（一）强化顶层设计，推动科研上高原、起高峰

新时代伟大变革对马克思主义理论学科的发展提出了新的要求，加强顶层设计不仅能够明确学科发展方向，增强学科综合实力，还能够在协调各方利益、提高竞争、加强合作与交流等方面发挥关键作用。国家社会科学基金项目的立项反映了国家需求，是强化顶层设计的重要抓手。2023年，北京高校马克思主义理论学科获批的国家社会科学基金项目共89项。从项目类型上看，重大项目11项，重点项目15项，一般项目23项，青年项目15项，后期资助项目12项，专项课题13项。从2017—2023年北京高校马克思主义理论学科国家社会科学基金项目立项变化情况来看，北京高校马克思主义理论学科国家社会科学基金项目近年来稍有波动，大体上呈逐渐上升趋势。从2023年北京高校马克思主义理论学科获批国家社会科学基金项目的平均值来看，一流大学建设高校年度平均约为4.88项，一流学科建设高校年度平均为1.75项，非"双一流"建设高校年度平均为0.32项。可以看出，"双一流"建设高校在国家社科基金项目上占有绝对优势。作为能够反映高校马克思主义理论学科的整体科研实力的关键指标，2023年北京高校马克思主义理论学科国家社会科学基金项目全部集中在"双一流"建设高校和一级学科博士点高校。

2023年北京高校在马克思主义理论学科研究实力的分布上有所改善，但仍然存在一定的差异。尽管有一些细微的调整，但变化相对幅度较小，基本维持了以往的格局。具体来说，一流大学建设高校马克思主义理论学科的科研实力强劲，一流学科建设高校马克思主义理论学科的科研实力较强，非"双一流"建设高校马克思主义理论学科的科研实力较弱。这主要是因为"双一流"建设高校多数拥有一级学科博士点，师资队伍雄厚，学科平台齐全，科研基础扎实，各方面保障到位。从国家社会科学基金项目到教育部人文社会科学研究项目，从北京市社会科学基金项目到北京市其他课题，都清晰表明，一级学科博士点、一流大学建设高校和一流学科建设高校仍然是北京高校马克思主义理论学科科研的中坚力量。尽管非"双一流"建设高校马克思主义理论学科在综合科研实力上与"双一流"建设高校相比存在较大的差距，但随着国家和北京市相关政策的优化，非"双一流"建设高校马克思主义理论学科有着光明的发展前景。为了促进马克

思主义理论学科的均衡发展，国家和北京市相关部门需要进一步加强学科建设和科研投入，特别是在一些相对较弱的高校中；"双一流"建设高校需要在做大做强马克思主义理论学科的同时，引导和帮扶非"双一流"建设高校马克思主义理论学科建设，形成"雁阵效应"；非"双一流"建设高校马克思主义理论学科需要增强师资力量、优化科研环境，提升内生动力，实现"笨鸟先飞"。总之，通过顶层设计和协同发展，推动科研上高原、起高峰，北京高校马克思主义理论学科的科学研究还有很大的提升空间。

（二）坚持理论创新，打造出新时代精品力作

创新是理论的生命力，是马克思主义理论学科发展的永恒主题。马克思主义理论不是教条，而是行动指南，必须随着实践的变化而发展。实践没有止境，理论创新也没有止境。研读马克思主义经典著作，打造中国特色、中国风格、中国气派的精品力作，是新时代赋予我们的历史使命。2023年，北京高校马克思主义理论学科共计出版著作281部，比2022年增加32部。其中，专著197部，比2022年增加40部；编著71部，比2022年减少13部；译著13部，比2022年增加5部。从2023年北京不同类型高校出版著作的平均数来看，一流大学建设高校年度平均出版约为12.75部，一流学科建设高校年度平均出版约为5.25部，非"双一流"建设高校年度平均出版约为2.12部。这充分反映出"双一流"建设高校马克思主义理论学科整体上科研实力更强的客观事实。2023年北京市第十七届哲学社会科学优秀成果一等奖绝大多数是著作形式，其中有4项马克思主义理论学科成果，《中国共产党经济思想百年历程》《中共党史学科基本理论问题研究》《中国共产党宗教理论百年发展史》《马克思"科技—经济"思想及其发展研究》均为著作形式。从2017年至2023年北京高校马克思主义理论学科著作总数变化情况来看，北京高校马克思主义理论学科著作出版情况虽有波动，但整体发展较为平稳。

2023年统计数据显示，北京高校马克思主义理论学科研究成果入选国家社科基金成果文库不足10项。北京高校马克思主义理论学科科学研究任重道远，有影响力的研究成果仍然稀缺。有些研究成果存在主题重复、质量低下、语言苍白等问题，论证逻辑、结构安排和核心内容大致相似，缺

乏实质性创新；有些研究成果只是对马克思主义理论进行抽象的阐述或推理，简单重复或阐述马克思主义基本原理，缺乏现实性研究。当前，北京高校马克思主义理论学科的发展与建设需要兼具"数量"和"质量"的双重关切，最为重要的则是对于后者的追求。质量不仅是实现学科发展的内在驱动力，更是提升学科影响力的重要因素。新时代新征程上，中国成为世界舞台的中心，增强话语权、扩大学术视野、提升学术影响力，已成为中国学术界的重要任务。这要求夯实马克思主义理论学科基础、学术基础和话语基础，需要基于大历史观、大时代观来构建国家所关注的理论与实践范畴，避免出现对其他理论范式和话语体系简单移植的现象；着眼于马克思主义的运用，着眼于对实际问题的理论思考，及时总结经验，不断深化认识，作出新的理论概括。总之，只要立足勇于结合新的实践不断推进理论创新、善于用新的理论指导新的实践，北京高校马克思主义理论学科的科学研究就能保持蓬勃生机。

（三）瞄准社会现实，把论文写在祖国大地上

走自己的路，是党的全部理论和实践立足点。中国的问题必须从中国基本国情出发，由中国人自己来解答，以积极的历史担当和创造精神为发展马克思主义作出新的贡献。习近平总书记多次指出，新时代改革开放和社会主义现代化建设的丰富实践是理论和政策研究的"富矿"，广大理论工作者要把论文写在祖国大地上。理论是思想中的现实，马克思主义理论学科重大理论问题，无不源于社会现实。2023年，参与调研的北京高校马克思主义理论学科共发表论文共计2629篇，比2022年增加257篇。其中，CSSCI来源期刊论文818篇，CSSCI扩展版来源期刊论文145篇，全国中文核心期刊论文687篇，《人民日报》理论文章40篇，《光明日报》理论文章110篇，《经济日报》理论文章35篇，国（境）外学术期刊发文41篇，其他报刊发文753篇。可见，CSSCI论文发表数量高于全国中文核心期刊数量，这充分表明北京地区高校马克思主义理论学科对科研有着强烈的质量意识，瞄准高水平的期刊。2023年，北京高校马克思主义理论学科论文被《新华文摘》《中国社会科学文摘》《高等学校文科学术文摘》《人大复印报刊资料》转载数量共计134篇，其中《新华文摘》21篇，产生了重要的学术价值和社会影响。从2017年至2023年北京高校马克思主义理论学科

论文发表情况来看，北京高校马克思主义理论学科论文发表数量情况稍有波动、稳中有进。

2023年北京高校马克思主义理论学科科学研究深入推进，尽管有些论文内容重复、浅尝辄止，但绝大多数论文质量过关，始终围绕党和国家的事业，紧跟时代潮流的步伐，紧密关注社会现实问题，积极回答时代之问，在马克思主义中国化时代化、党的创新理论体系化学理化阐释、思政课教育教学等方面形成了系列成果，产生了重要影响。坚持以习近平新时代中国特色社会主义思想为指导，以习近平新时代中国特色社会主义思想的科学内涵、主要内容、理论贡献、重大意义等研究为重点，聚焦以中国式现代化全面推进中华民族伟大复兴这个新时代新征程上党的中心任务，持续深化马克思主义基础理论研究，在重大理论和现实问题的研究上不断拓展研究领域、创新研究思路、提出新的观点，强调学术研究与教学实践相结合，主张以科研支持教学，为马克思主义理论学科与思政课建设发展奠定了坚实的基础。接下来，需要进一步加强对马克思主义经典著作、基本原理和基础理论的研究，夯实马克思主义中国化时代化研究的理论基础，通过体系化构建、借助专业知识，强化新时代党的创新理论的学科支撑和学术表达，彰显马克思主义真理性和科学性；需要进一步加强对党的最新理论成果的深化研究，把学习贯彻和研究阐释党的二十届三中全会精神作为北京高校马克思主义理论学科科学研究的首要任务和重要内容。

第四章 人才培养

党的二十大报告指出："坚持为党育人、为国育才，全面提高人才自主培养质量，着力造就拔尖创新人才，聚天下英才而用之。"人才培养是学科建设的核心任务，人才培养质量是学科建设水平的重要标志。马克思主义理论学科的高质量发展，需要培养出高质量的人才。北京高校认真学习贯彻党的二十大报告关于教育、科技、人才的重要论述，准确把握学科人才应有的核心素养，围绕马克思主义理论人才培养开展了一系列卓有成效的工作。

一、数据展示与解读

2023年参与调研的高校共计57所。从学科点来看，北京具有马克思主义理论学科点的高校共计37所，其中一级学科博士点高校16所（其中15所通过申请—审核制选拔博士生），一级学科硕士点高校20所，二级学科硕士点高校1所，无学科点高校20所。从高校类型来看，一流大学建设高校8所，一流学科建设高校24所，非"双一流"建设高校25所。开设马克思主义理论类本科专业的高校共有10所，其中5所开设马克思主义理论专业（中国人民大学亦开设中共党史专业），6所开设思想政治教育专业。

（一）实际招收的博士研究生基本情况

参加调研的北京高校2023年实际招收博士研究生394人，比2022年增招21人。

1. 来源

参加调研的一级学科博士点高校实际招收的博士研究生的来源情况如图4-1所示。

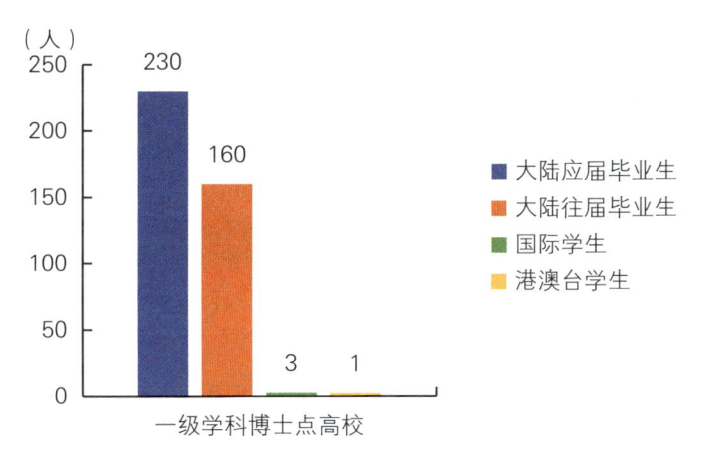

图4-1　一级学科博士点高校实际招收博士研究生的来源分布

调查显示，参加调研的一级学科博士点高校实际招收博士研究生394人。其中大陆应届毕业生230人，占58.38%；大陆往届毕业生160人，占40.61%；国际学生3人，占0.76%；港澳台学生1人，占0.25%。

2. 类别

参加调研的一级学科博士点高校实际招收博士研究生的类别情况如图4-2所示。

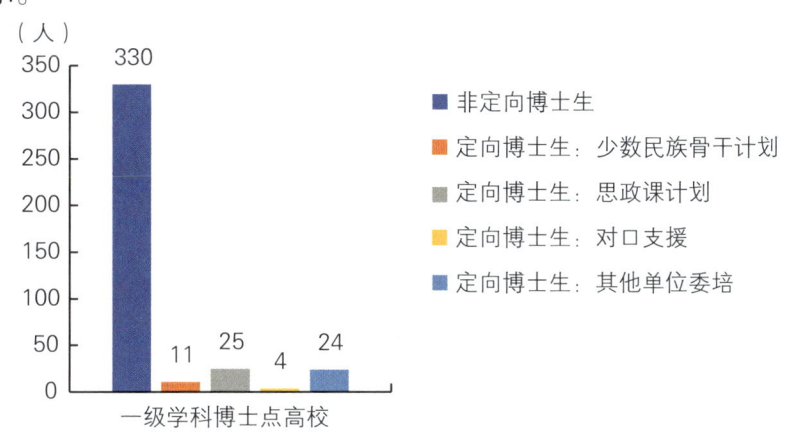

图4-2　一级学科博士点高校实际招收博士研究生的类别分布

调查显示，参加调研的一级学科博士点高校实际招收博士研究生394人。其中非定向博士生330人，占83.76%；定向博士生64人，占16.24%。定向博士生中，少数民族骨干计划11人，占一级学科博士点高校实际招收博士研究生总数的2.79%；思政课计划25人，占一级学科博士点高校实际招收博士研究生总数的6.35%；对口支援4人，占一级学科博士点高校实际招收博士研究生总数的1.02%；其他单位委培24人，占一级学科博士点高校实际招收博士研究生总数的6.09%。

3. 硕士专业

参加调研的一级学科博士点高校实际招收博士研究生的硕士专业情况如图4-3所示。

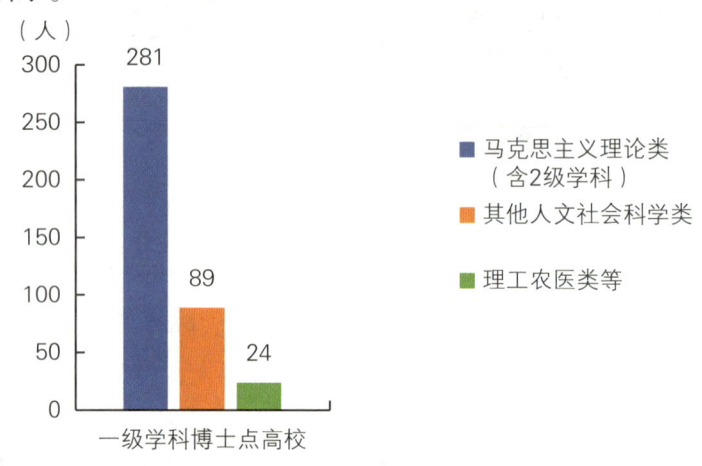

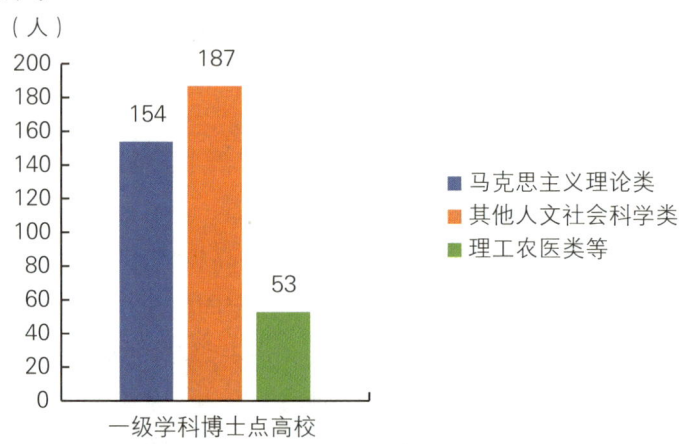

图4-3　一级学科博士点高校实际招收博士研究生的硕士专业分布

调查显示，参加调研的一级学科博士点高校实际招收博士研究生394人。从硕士专业来看，马克思主义理论类281人，占71.32%；其他人文社会科学类89人，占22.59%；理工农医类等24人，占6.09%。

4. 本科专业

参加调研的一级学科博士点高校实际招收博士研究生的本科专业情况如图4-4所示。

图4-4　一级学科博士点高校实际招收博士研究生的本科专业分布

调查显示，参加调研的一级学科博士点高校实际招收博士研究生394人。从本科专业来看，马克思主义理论类154人，占39.09%；其他人文社会科学类187人，占47.46%；理工农医类等53人，占13.45%。

5. 硕士毕业院校

参加调研的一级学科博士点高校实际招收博士研究生的硕士毕业院校情况如图4-5所示。

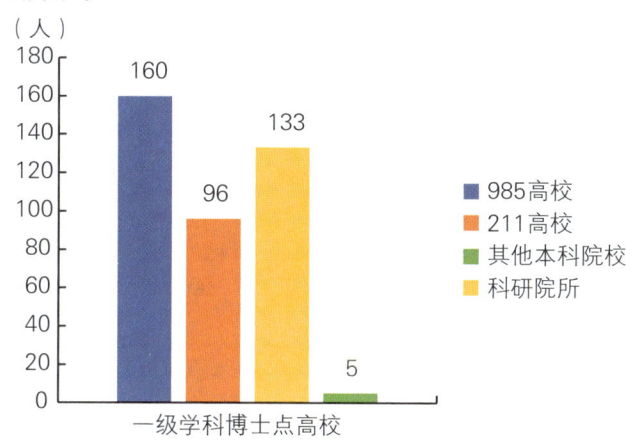

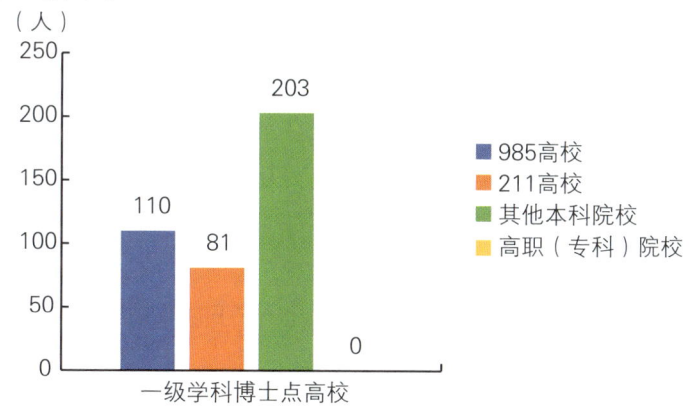

图4-5　一级学科博士点高校实际招收博士研究生的硕士毕业院校分布

调查显示，参加调研的一级学科博士点高校实际招收博士研究生394人。从硕士毕业院校来看，985高校160人，占40.61%；211高校96人，占24.37%；其他本科院校133人，占33.76%；科研院所5人，占1.27%。

6. 大学毕业院校

参加调研的一级学科博士点高校实际招收的博士研究生的本科毕业院校情况如图4-6所示。

图4-6　一级学科博士点高校实际招收博士研究生的大学毕业院校分布

调查显示，参加调研的一级学科博士点高校实际招收博士研究生394人。从本科毕业院校来看，985高校110人，占27.92%；211高校81人，占20.56%；其他本科院校203人，占51.52%；高职（专科）院校0人，占0。

（二）实际招收的硕士研究生基本情况

据统计，参加调研的北京高校2023年实际招收硕士研究生1337人，比2022年增招82人。其来源、类别、专业背景、毕业院校的基本情况如下。

1. 来源

参加调研的各学科点高校实际招收硕士研究生的来源情况如图4-7所示。

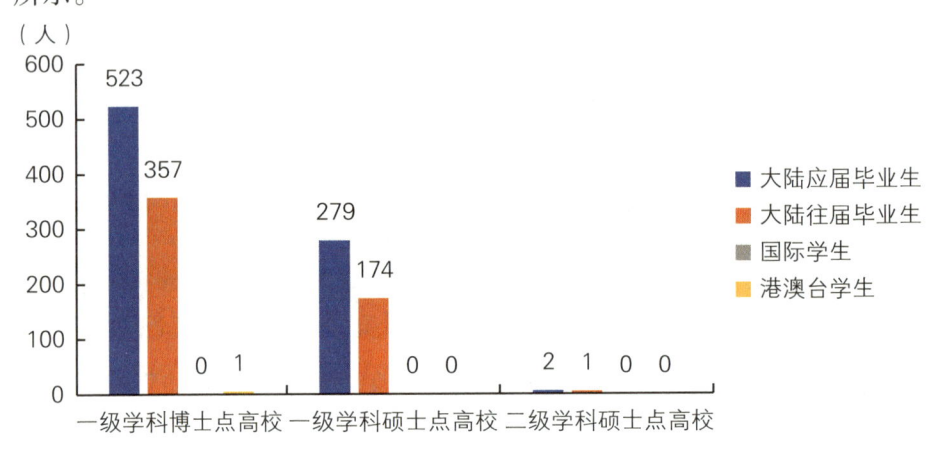

图4-7 各学科点高校实际招收硕士研究生的来源分布

调查显示，参加调研的一级学科博士点高校实际招收硕士研究生864人。其中大陆应届毕业生506人，占58.56%；大陆往届毕业生357人，占41.32%；港澳台学生1人，占0.12%。

参加调研的一级学科硕士点高校实际招收硕士研究生453人，其中大陆应届毕业生279人，占61.59%；大陆往届毕业生174人，占38.41%。

参加调研的二级学科硕士点高校实际招收硕士研究生3人，其中大陆应届毕业生2人，占66.67%；大陆往届毕业生1人，占33.33%。

2. 类别

参加调研的各学科点高校实际招收硕士研究生的类别情况如图4-8所示。

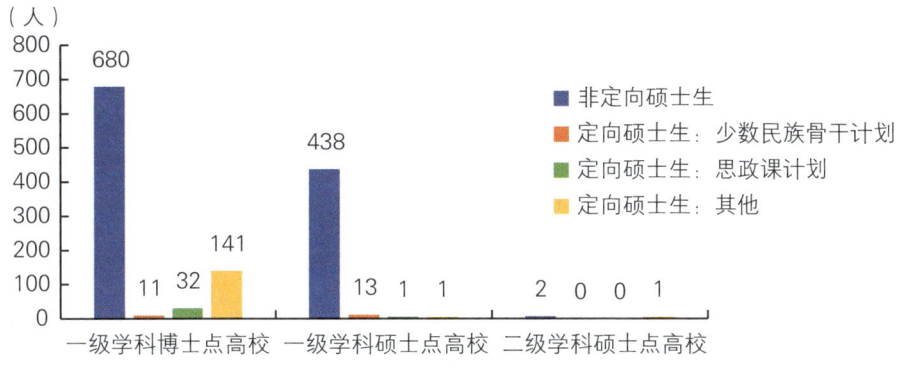

图4-8 各学科点高校实际招收硕士研究生的类别分布

调查显示，参加调研的一级学科博士点高校实际招收硕士研究生864人。其中非定向硕士生680人，占78.70%；定向硕士生中的少数民族骨干计划11人，占硕士生总数的1.27%；思政课计划32人，占3.70%；其他141人，占16.32%。

参加调研的一级学科硕士点高校实际招收硕士研究生453人，其中非定向硕士生438人，占96.69%；少数民族骨干计划13人，占2.87%；思政课计划1人，占0.22%，其他1人，占0.22%。

参加调研的二级学科硕士点高校实际招收硕士研究生3人，其中非定向硕士生2人，占66.67%；其他1人，占33.33%。

3. 大学专业

参加调研的各学科点高校实际招收硕士研究生的大学专业情况如图4-9所示。

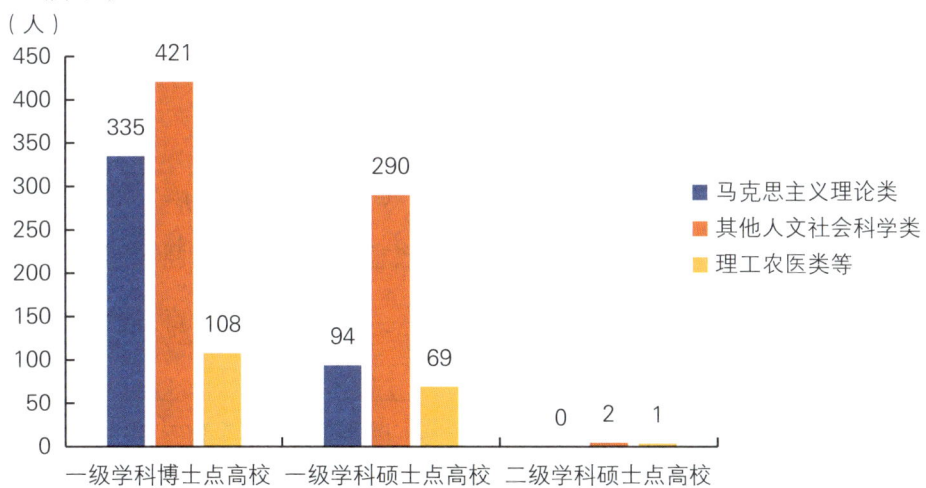

图4-9 各学科点高校实际招收硕士研究生的大学专业分布

调查显示，参加调研的一级学科博士点高校实际招收硕士研究生864人，从大学专业来看，马克思主义理论类335人，占38.77%；其他人文社会科学421人，占48.73%；理工农医等108人，占12.50%。

参加调研的一级学科硕士点高校实际招收硕士研究生453人，从大学专业来看，马克思主义理论类94人，占20.75%；其他人文社会科学类290人，占64.02%；理工农医类等69人，占15.23%。

参加调研的二级学科硕士点高校实际招收硕士研究生3人，从大学专业来看，其他人文社会科学类2人，占66.67%；理工农医类等1人，占33.33%。

4. 大学毕业院校

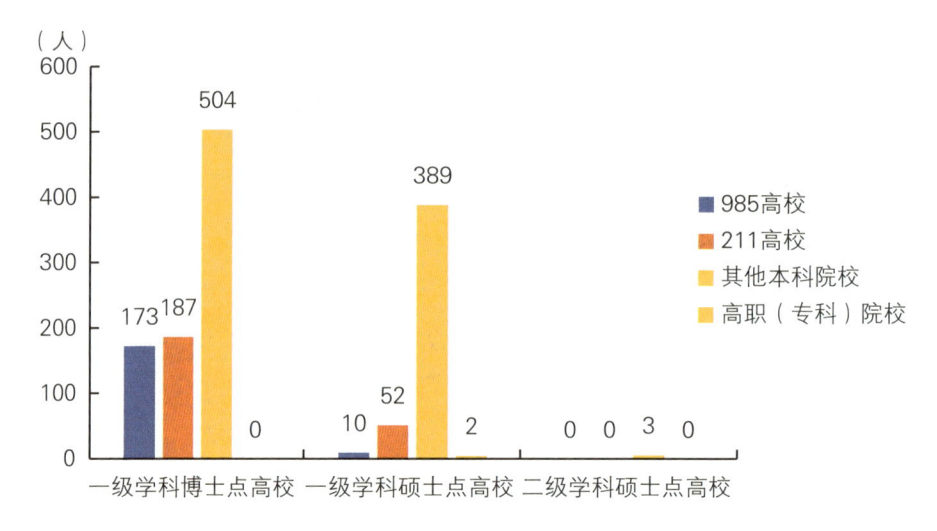

参加调研的各学科点高校实际招收硕士研究生的大学毕业院校情况如图4-10所示。

图4-10 各学科点高校实际招收硕士研究生的大学毕业院校分布

调查显示，参加调研的一级学科博士点高校实际招收硕士研究生864人，从大学毕业院校来看，985高校173人，占20.02%；211高校187人，占21.64%；其他本科院校504人，占58.34%。

参加调研的一级学科硕士点高校实际招收硕士研究生453人，从大学毕业院校来看，985高校10人，占2.21%；211高校52人，占11.48%；其他本科院校389人，占85.87%；高职（专科）院校2人，占0.44%。

参加调研的二级学科硕士点高校实际招收硕士研究生3人，其他本科院校3人，占100%。

（三）实际招收的本科生基本情况

调查显示，参加调研的北京高校具有马克思主义理论类（包括马克思主义理论专业、思想政治教育专业和中共党史专业）本科生招生资格的高校共有10所，分别为北京大学、中国人民大学、清华大学、北京师范大学、首都师范大学、对外经济贸易大学、北京体育大学、中国政法大学、中国石油大学（北京）、北京科技大学。其中，北京大学、中国人民大学、清华大学、首都师范大学和北京体育大学这5所高校招收马克思主义理论专业本科生；北京师范大学、首都师范大学、对外经济贸易大学、中国政法大学、中国石油大学（北京）、北京科技大学这6所高校招收思想政治教育专业本科生；中国人民大学亦招收中共党史专业本科生。这10所高校2023年共招收马克思主义理论类本科生511人，其中大陆学生508人，港澳台学生3人。其中，马克思主义理论本科专业招收了193人，北京大学91人，为提前批次招生；首都师范大学25人，为提前批次招生；北京体育大学30人，为大类招生；中国人民大学24人，为提前批次招生；清华大学23人，为提前批次招生。思想政治教育专业招收了293人，其中，北京师范大学77人，为大类招生；首都师范大学90人，为提前批次招生；对外经贸大学13人，为大类招生；中国政法大学29人，为大类招生；中国石油大学（北京）61人，为大类招生；北京科技大学23人，为其他。中共党史专业中国人民大学招收了25人，为提前批次招生。

（四）学制

1. 博士研究生标准学制

（1）普通博士研究生标准学制

参加调研的一级学科博士点高校普通博士研究生标准学制情况如图4-11所示。

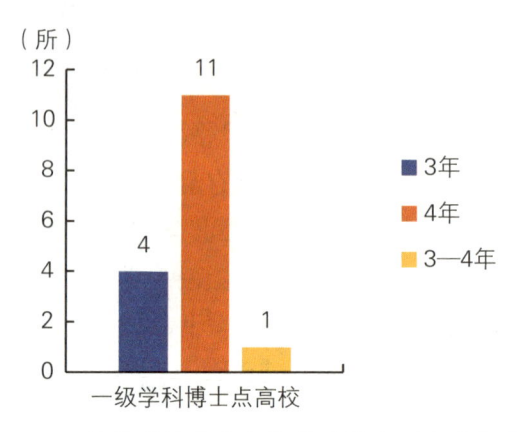

图4-11　一级学科博士点高校普通博士研究生标准学制

参加调研的一级学科博士点高校共16所，其中普通博士研究生标准学制为3年的有4所，4年的有11所，3—4年的有1所。

（2）直博研究生标准学制

参加调研的一级学科博士点高校直博研究生标准学制情况如图4-12所示。

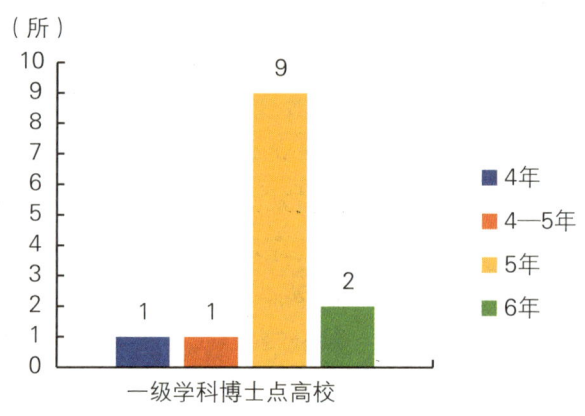

图4-12　一级学科博士点高校直博研究生标准学制

参加调研的一级学科博士点高校共16所，其中13所高校设有直博研究生，直博研究生的标准学制为4年的有1所，4—5年的有1所，5年的有9所，6年的有2所。

2. 硕士研究生标准学制

参加调研的各学科点高校硕士研究生标准学制情况如图4-13所示。

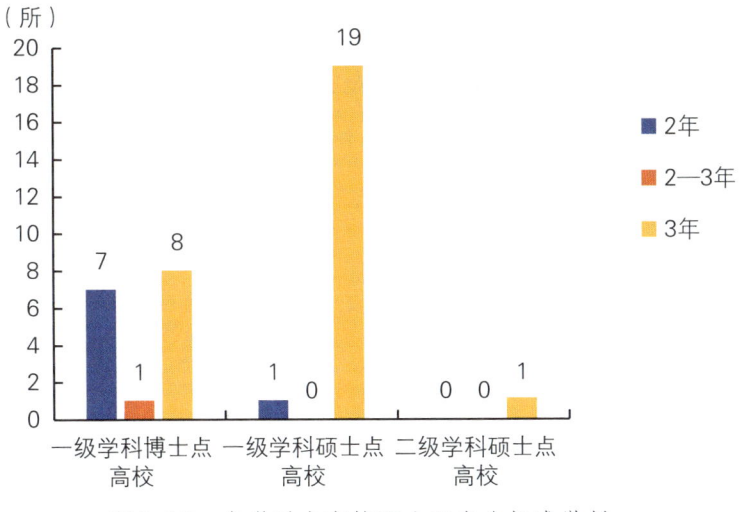

图4-13 各学科点高校硕士研究生标准学制

（1）博士点高校硕士研究生标准学制

参加调研的一级学科博士点高校共16所，其中硕士研究生标准学制为2年的有7所，3年的有8所，还有1所为2—3年。

（2）硕士点高校硕士研究生标准学制

参加调研的一级学科硕士点高校共20所，其中硕士研究生标准学制为2年的有1所，3年的有19所。参加调研的二级学科硕士点高校共1所，硕士研究生标准学制为3年。

3. 本科生学制

参加调研高校马克思主义理论类本科生学制一般为4年。

（五）研究生导师

1. 博士研究生导师（简称博士生导师）专兼职人数

参加调研的一级学科博士点高校共16所，共有博士生导师277人。其中专职博士生导师263人，占94.95%；兼职博士生导师14人，占5.05%。具体情况如图4-14所示。

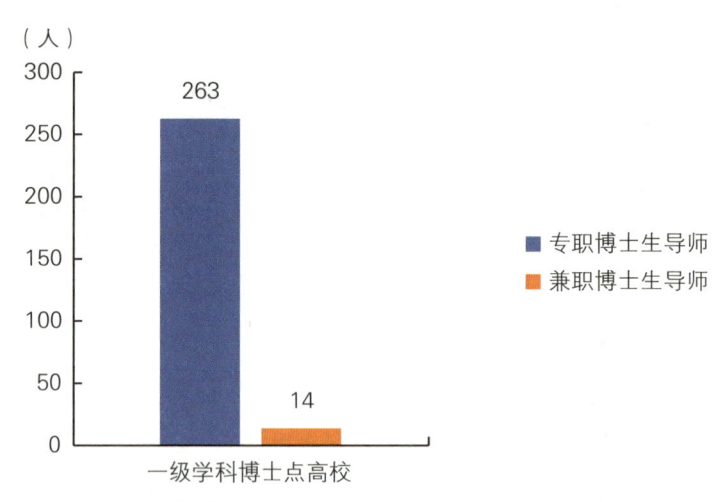

图4-14　一级学科博士点高校2023年博士生导师专兼职人数

2. 硕士研究生导师（简称硕士生导师）专兼职人数

2023年，参加调研的16所博士点高校和21所硕士点高校共有硕士生导师972名，包括932名专职硕士生导师和40名兼职硕士生导师。具体情况如图4-15所示。

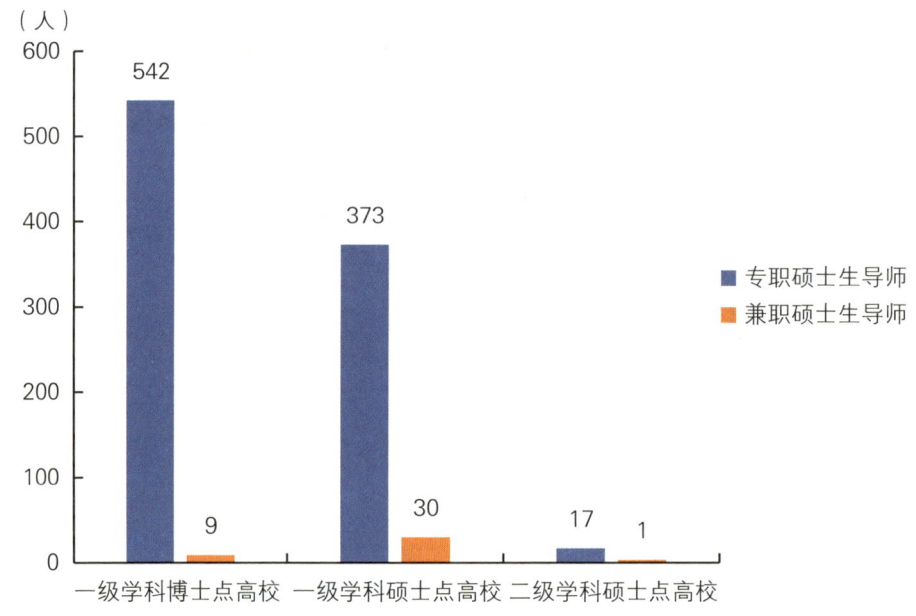

图4-15　各学科点高校2023年硕士生导师专兼职人数

参加调研的一级学科博士点高校共16所，共有硕士生导师551人。其中专职硕士生导师542人，占98.37%；兼职硕士生导师9人，占1.63%。

参加调研的一级学科硕士点高校共20所，共有硕士生导师403人。其中专职硕士生导师373人，占92.56%；兼职硕士生导师30人，占7.44%。

参加调研的二级学科硕士点高校共1所，共有硕士生导师18人。其中专职硕士生导师17人，占94.44%；兼职硕士生导师1人，占5.56%。

（六）科学研究

1. 2023年毕业的博士研究生在读期间发表论文

根据统计，参加调研的一级学科博士点高校2023年毕业的博士研究生在读期间发表学术论文总计530篇，其中核心期刊论文139篇，占26.23%；CSSCI来源期刊论文185篇，占34.91%；非CSSCI来源非核心期刊论文206篇，占38.87%。参加调研的一级学科博士点高校2023年毕业的博士研究生在读期间发表论文情况如图4-16所示。

图4-16 一级学科博士点高校2023年毕业的博士研究生在读期间发表论文分布

2. 2023年毕业的硕士研究生在读期间发表论文

根据统计，北京高校2023年毕业的硕士研究生在读期间共发表论文731篇，其中核心期刊篇数为33；CSSCI来源期刊篇数为29；非CSSCI来源非核心期刊篇数为669。

参加调研的各学科点高校2023年毕业的硕士研究生在读期间发表论文情况如图4-17所示。

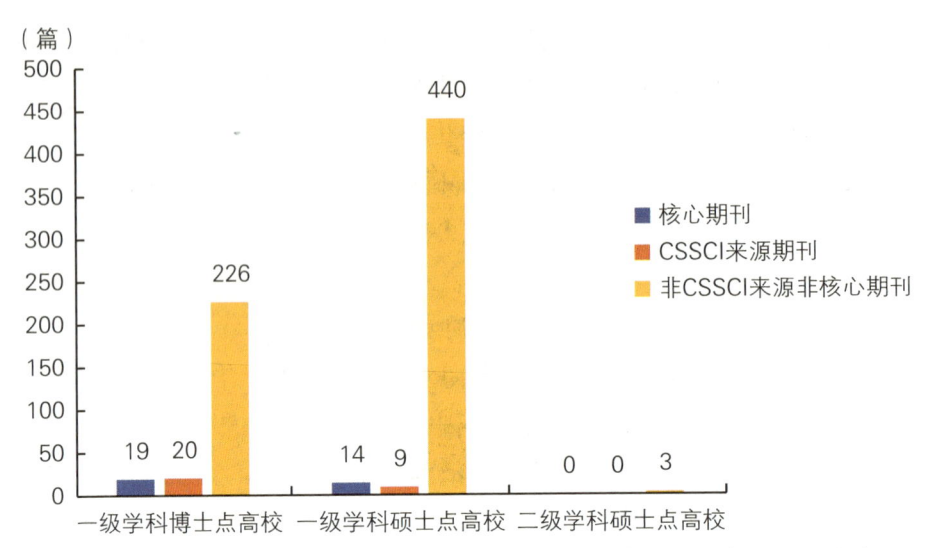

图4-17　各学科点高校2023年毕业的硕士研究生在读期间发表论文分布

调查显示，参加调研的一级学科博士点高校2023年毕业的硕士研究生在读期间发表论文265篇，其中核心期刊论文19篇，占7.17%；CSSCI来源期刊论文20篇，占7.55%；非CSSCI来源非核心期刊论文226篇，占85.28%。

参加调研的一级学科硕士点高校2023年毕业的硕士研究生在读期间发表论文463篇，其中核心期刊论文14篇，占3.02%；CSSCI来源期刊论文9篇，占1.94%；非CSSCI来源非核心期刊论文440篇，占95.03%。

参加调研的二级学科硕士点高校2023年毕业的硕士研究生在读期间发表论文3篇，均为非CSSCI来源非核心期刊论文。

（七）毕业去向

1. 博士研究生就业去向

调查显示，2023年参加就业统计调研的北京高校马克思主义理论专业博士毕业生总人数为256人，其中在高等院校就业的有139人，占参与就业统计人数的54.30%；在科研院所就业的有6人，占参与就业统计人数的2.34%；在党政机关就业的有33人，占参与就业统计人数的12.89%；在企事业单位就业的有76人，占参与就业统计人数的29.69%；未就业的有2人，占0.78%。参加调研的一级学科博士点高校2023年毕业的博士研究生就业去向如图4-18所示。

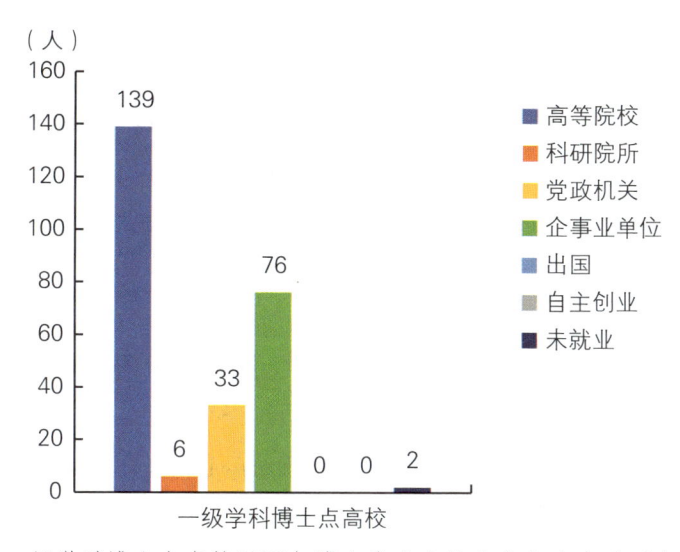

图4-18 一级学科博士点高校2023年博士毕业生就业去向分布（不含肄业生）

2. 硕士研究生就业去向

调查显示，2023年参加就业统计调研的北京高校马克思主义理论专业硕士毕业生总人数为1064人，其中在高等院校就业的有249人，占23.40%；在科研院所就业的有23人，占2.16%；在党政机关就业的有202人，占18.98%；在企事业单位就业的有522人，占49.06%；出国的有6人，占0.56%；自主创业的有8人，占0.75%；未就业的有54人，占5.08%。参加调研的北京高校硕士毕业生就业去向分布如图4-19所示。

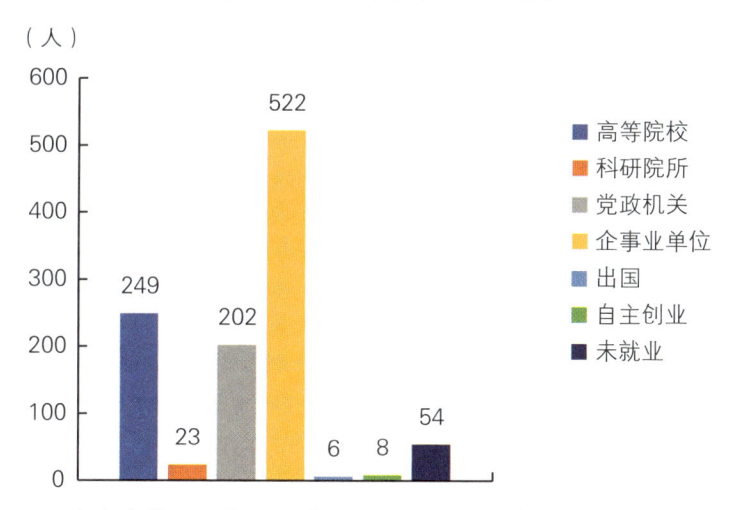

图4-19 北京高校2023年硕士毕业生就业去向分布（不含肄业生）

二、主要成绩

北京高校高度重视马克思主义理论学科人才培养，在研究生招生规模增长、党的二十大精神融入、研究生学术交流、本科生人才培养、就业工作等方面取得了较好成绩。

（一）研究生招生规模稳步增长

北京各高校通过扩大硕博招生规模、创新招生项目等方式，确保马克思主义理论专业学生的规模稳步提升，2023年硕士、博士的招生人数比2022年分别增长了6.53%、5.63%。参加调研高校2022年、2023年本硕博招生人数对比情况和2023年本硕博招生人数增长幅度如图4-20所示。

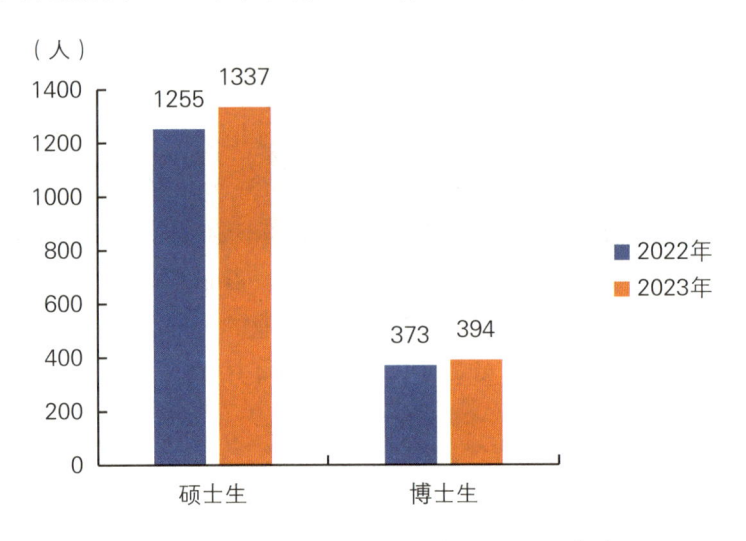

图4-20 2022年、2023年研究生招生人数对比

（二）将党的二十大精神全面融入人才培养全过程

2023年是全面贯彻落实党的二十大精神开局之年，2023年全国两会是踏上实现第二个百年奋斗目标重要时刻召开的盛会。党的二十大报告对坚持不懈用习近平新时代中国特色社会主义思想凝心铸魂作出重大部署，为加强新时代党的思想建设提供了方向指引和根本遵循。北京高校马克思主义学院深入学习贯彻落实习近平新时代中国特色社会主义思想，用党的创新理论指导发展，真正把党的二十大精神贯彻人才培养工作的全过程，取

得了显著育人成效。

1. 深入学习贯彻党的二十大精神和全国两会精神

在全面贯彻党的二十大精神的开局之年，十四届全国人大一次会议、全国政协十四届一次会议圆满落下帷幕。北京各高校为全面贯彻落实党的二十大精神与两会精神，策划开展了系列讲座、专题报告会等形式。2023年3月25日至4月15日，北京大学教务长办公室和马克思主义学院依托"形势与政策"课程，联合策划了"两会精神进课堂"系列讲座，邀请北大出席全国两会的代表委员和校内外不同学科研究领域的权威专家，聚焦两会精神和时事热点，与学生面对面传递两会声音、深入讲解党和国家最新的政策规划、交流学科发展动态和前沿研究。系列讲座总共分为14场，主题涵盖全国两会热点问题、党和国家重大方针政策、国内经济社会发展、国际形势等四个方面。2023年2月22日下午，北京工业大学马克思主义学院党委举办学习贯彻党的二十大精神专题报告会，邀请中国社会科学院马克思主义研究院副院长林建华教授作"以新时代党的创新理论指导全面建设社会主义现代化国家"专题讲座，学院党委理论学习中心组成员及师生百余人参会。

北京各高校学生党支部发挥作用掀起了学习贯彻党的二十大精神的热潮。2023年1月10日，北京师范大学马克思主义学院2021级博士生党支部联合北京大学马克思主义学院2021级博士生一班党支部、中国人民大学马克思主义学院2021级博士2班党支部共同开展"学习党章修正案，贯彻二十大精神"主题党日活动，三个党支部全体党员和入党积极分子参加。同学们分别就党章学习与党的二十大精神学习相结合、党章学习同学术科研相结合、理论学习和历史学习相结合、学习党章与践行党章相结合等多个问题进行探讨，分享自己学习党章心得和参与活动感想。本次活动形式创新、内容丰富，与兄弟高校党支部一起联学共建，开阔了视野，拓宽了思路，加深了友谊。

2023年10月12日中午，北京大学马克思主义学院在学院党员活动室组织开展"学习二十大，奋进新征程"党团日联合主题教育活动动员会暨党支部书记培训会。北京大学马克思主义学院将继续夯实学生党团支部建设，扎实开展党团日联合主题教育活动，引导马院青年学子坚定理想信念，矢志拼搏奋斗，以社会主义建设者和接班人的使命担当，在全面建设社会主义现代化国家新征程上书写青春新篇章。

2. 开展党的二十大精神和全国两会精神宣讲活动

习近平总书记在谈及理论工作时深刻指出，要加强传播手段和话语方式创新，让党的创新理论"飞入寻常百姓家"。北京各高校的博士宣讲团在党的二十大胜利召开以来，第一时间策划启动主题宣讲系列活动，组织掀起学习宣传热潮。为深入学习宣传贯彻党的二十大精神和全国两会精神，进一步凝聚全国各高校宣讲团力量，推动各高校宣讲团交流互鉴，提升宣讲团成员的理论水平与业务能力，2023年3月15日，由中国人民大学马克思主义学院主办、中国人民大学马克思主义学院博士生宣讲团承办的"联学联讲二十大，共话青春赴远征"系列联合宣讲活动（第二期）暨新学期首次集体备课会在线上成功举办。本次活动邀请了吉林大学博士生讲师团、南开大学习近平新时代中国特色社会主义思想学生宣讲团、西安交通大学学生微宣讲团（筑梦社）参与"坚定历史自信，增强历史主动"主题宣讲和分享交流。2023年3月26日下午，中国人民大学马克思主义学院主办、中国人民大学马克思主义学院博士生宣讲团承办的"传承红色基因，奋进伟大征程"——延河联盟青年深入学习贯彻党的二十大精神宣讲交流会在中国人民大学成功举办。来自中国人民大学、北京理工大学、中国农业大学、北京外国语大学、中央音乐学院、中央戏剧学院、中央美术学院、中央民族大学、延安大学等9所高校学子参与联合宣讲和交流研讨。

（三）开展多层次宽领域的研究生学术交流活动

经过多年探索，北京高校马克思主义理论学科在研究生培养方面逐步形成一系列具有鲜明特色的学术品牌，主要包括已连续举办多届的"未名论坛暨全国马克思主义理论及相关学科博士研究生高级研讨班""'清北人师'四校马克思主义学院博士生学术论坛""首都五所高校马克思主义学院研究生学术论坛""全国高校马克思主义理论学科研究生学术论坛"等，研究生学术交流进一步增加。2023年的系列重要学术活动主要有：

1. 北京大学第十三届未名论坛暨全国马克思主义理论及相关学科博士研究生高级研讨班

2023年1月11—14日，北京大学第十三届未名论坛暨全国马克思主义理论及相关学科博士生高级研讨班在京举办。此次研讨班由北京大学马克思主义学院、北京大学中国道路和中国化马克思主义协同创新中心、北京大学中国文化发展研究中心联合举办，旨在打造高端学术平台，为有志于马克思主义事业的青年研究者提供同全国相关专业和学科的顶尖专家学者进行深入交流的机会。

论坛邀请多位学者担任主讲嘉宾，围绕"20世纪的马克思主义的发展历程""中国马克思主义的成就""21世纪马克思主义的生长点与未来走向"等议题为学员授课。此次研讨班吸引了来自北京大学、清华大学、中国人民大学、北京师范大学、复旦大学、南开大学等全国30多所院校、研究所从事马克思主义及相关研究的58位博士研究生参加。通过此次研讨班，博士研究生不仅能够深入学习马克思主义理论，还能够与全国相关专业和学科的顶尖专家学者进行深入交流，从而更科学、更全面地把握20世纪马克思主义的历程、成就与意义以及21世纪马克思主义的发展走向。

2. 第七届"社会主义生态文明与社会生态转型"博士生论坛

2023年6月23日至25日，由北京大学马克思主义学院、北京大学习近平生态文明思想研究中心、北京大学"研究生教育创新计划"、北京大学"海外名家讲学计划"和德国罗莎·卢森堡基金会共同举办的第七届"社会主义生态文明与社会生态转型"博士生论坛以线下与线上相结合的方式举行。来自北京大学、清华大学、中国人民大学、中共中央党校（国家行政学院）、北京航空航天大学、北京师范大学、中央民族大学、北京林业大学、黑龙江大学、吉林大学、东北林业大学、大连理工大学、南开大学、山东大学、中国海洋大学、山东师范大学、安徽大学、南京大学、南京师范大学、厦门大学、福建师范大学、西北工业大学、内蒙古工业大学、新疆师范大学、柏林应用科技大学、慕尼黑工业大学等国内外高校和研究机构的50多位青年学者参加了论坛。与会者围绕"双碳"视域下的"社会主义生态文明与社会生态转型"这一主题进行了系统学习与交流。

3. 第三届马克思主义理论学科毕业生论坛

2023年6月24日，第三届"马克思主义理论学科毕业生论坛"顺利举行。本次论坛由中国高等教育学会马克思主义研究分会、北京大学马克思主义学院联合主办，首都师范大学马克思主义学院承办，《当代中国马克思主义研究》编辑部、《毛泽东邓小平理论研究》编辑部协办。论坛的主题为"世界大变局与中国式现代化"。本论坛采取线上和线下相结合的方式举行。线下主论坛设在北京金龙潭大酒店，同时以线上会议的形式对外开放，全天各场次累计参会听众近2000人次。在下午的分论坛研讨环节，来自全国100余所高校的近150名本、硕、博优秀毕业生和青年学子，围绕"中国共产党与中国式现代化研究""中国式现代化基础理论研究""中国式现代化的世界意义研究"等12个子议题从多维视角进行了专题研讨。该论坛根据社会发展的重大问题设置主题，为马克思主义理论学科的每一个二级学科设置分论坛，使学院的毕业生以学者的身份和全国的毕业生以及青年学者进行对话交流。论坛同时邀请资深教授以及重要期刊的编辑参与点评，使同学们更好地了解学术前沿动态，更快地以学者、研究者的身份进入科研院所和社会工作岗位。

4. 第十一届首都高校马克思主义学院研究生"五马论坛"暨学生理论社团学术研讨会

2023年11月11日，第十一届首都高校马克思主义学院研究生"五马论坛"暨学生理论社团学术研讨会召开。本次论坛自发布征稿启事以来，共收到来自全国192所学校、400多名作者的381篇稿件。来自清华大学、北京大学、中国人民大学、北京师范大学、中共中央党校（国家行政学院）、中央团校（中国青年政治学院）等高校和单位的马克思主义学院及相关院系的师生，围绕"中国式现代化与党的青年工作"这一主题，共探学术、共议发展。分论坛围绕中国式现代化与党的青年工作研究、习近平总书记关于青年工作的重要思想研究、"两个结合"与新时代党的青年工作研究等八个分论题展开热烈讨论，大家畅谈学术，互相学习，彼此借鉴。

5. 第二十四届"北大、清华、人大、北师大"马克思主义学院博士生学术论坛

2023年12月10日，在习近平总书记对清华大学马克思主义学院2018届研究生毕业班全体同学勉励寄语五周年之际，第二十四届清华大学、北京大学、中国人民大学、北京师范大学四校马克思主义学院博士生学术论坛在清华大学甲所第三会议室举行。由清华大学、北京大学、中国人民大学、北京师范大学四校马克思主义学院共同举办的博士生学术论坛是首都高校特色学术品牌活动。今年的四校论坛由清华大学马克思主义学院主

办，北京大学、中国人民大学、北京师范大学三校马克思主义学院协办，论坛主题为"马克思主义中国化时代化与人类文明新形态"。在优秀论文主题报告环节，四校师生围绕"马克思主义中国化时代化与人类文明新形态"这一主题展开了学术交流和探讨。论坛旨在推动马克思主义中国化时代化理论成果的学习和研究，强调针对经典理论、现实国情、优秀传统文化的研究阐释，加强马克思主义理论学科青年学者的相互交流，通过学理探究的方式提升研究生培养质量与学术水平，进一步推动马克思主义理论学科的建设与发展。

6. 首届四校马克思主义理论博士生论坛暨北京理工大学马克思主义学院首届研究生学术论坛

2023年12月10日，首届四校马克思主义理论博士生论坛暨北京理工大学马克思主义学院首届研究生学术论坛于线上举办。本论坛由中国高等教育学会马克思主义研究分会、北京大学马克思主义学院、北京理工大学马克思主义学院、中国社会科学院大学马克思主义学院、中国政法大学马克思主义学院共同发起主办，北京理工大学马克思主义学院、北京理工大学党建研究中心和马克思主义学院研究生会承办，《当代经济研究》编辑部、《北京理工大学学报（社会科学版）》编辑部协办。

本届论坛主题为"跨学科交叉视野下的中国式现代化理论、历史与实践"，来自各高校近500人次师生参与。本次论坛以"中国式现代化的基础理论""中国式现代化与党史党建理论""中国式现代化与马克思主义哲学""中国式现代化与政治经济学""中国式现代化与思政课教育教学改革"为主题设五个分论坛，来自各高校70位马克思主义理论学科研究生进行发言交流。

7. 第六届全国高校马克思主义理论及相关学科研究生学术论坛

2023年12月17日，由中国人民大学马克思主义学院主办的"中国式现代化与建设中华民族现代文明"——第六届全国高校马克思主义理论及相关学科研究生学术论坛顺利举行。校内外100余名研究生参加论坛。当天下午，四个分论坛分别围绕"马克思主义经典著作与基础理论研究""'两个结合'与党的理论创新""中国式现代化与人类文明新形态""新时代思想政治教育的理论与实践"四大主题开展研讨。全国高校马克思主义理论及相关学科研究生学术论坛是中国人民大学马克思主义学院组织筹办的重要学术论坛，迄今已成功举办六届。论坛深入贯彻落实党的二十大精神和习近平总书记在文化传承发展座谈会上的重要讲话精神，秉持中国人民大学尊崇学术的优良传统，为加强高校马克思主义理论及相关学科人才培养与交流搭建了广阔的平台，进一步推动了马克思主义理论及相关学科的建设、改革与发展。

（四）继续评选研究生"双百奖学金"

为深入学习贯彻习近平总书记关于教育的重要论述，特别是在学校思想政治理论课教师座谈会上的重要讲话精神，不断提升北京高校马克思主义理论专业人才培养质量，加强思政课教师后备人才储备，根据《北京高校马克思主义理论专业研究生新生奖学金、学术奖学金评定办法（试行）》（京教工〔2016〕20号），市委教育工委组织开展了2023年度北京高校马克思主义理论专业研究生新生奖学金、学术奖学金评审工作。"新生奖学金"面向学院2023级全日制优秀研究生新生申报。"学术奖学金"面向学院具有正式学籍、在基本学制年限内、全日制、有较强理论功底、学术成果突出的二年级及以上优秀研究生申报。

（五）进一步推动就业工作

北京各高校始终高度重视学生的就业创业工作，各高校通过举办就业座谈交流会、就业分享会、就业动员会、就业指导会等多种形式的活动，更加深入地了解毕业生当前就业现状、服务需求与困难困惑，为师生共同探讨毕业生就业问题搭建服务平台，进一步推动马克思主义学院就业创业工作，提高就业质量。

2023年5月5日，北京工业大学马克思主义学院在人文楼710会议室召开就业专题座谈交流会。参会的毕业生汇报交流了近期在论文写作、答辩准备及在就业过程中遇到的问题、进展和需求等方面情况，针对毕业生的困惑，学校及学院的老师们与同学们逐一交流并答疑解惑，重点对就业择业观等进行"一生一策"的指导。

2023年9月13日上午10点，中国人民大学马克思主义学院2024届毕业生就业工作会顺利举办。马克思主义学院团委书记和全体本硕博毕业年级学生参加了此次座谈会。会议首先通报了马克思主义学院2023届毕业生就业的总体情况，介绍了学院在毕业生就业指导、就业服务、就业跟踪等方面的主要做法，提醒大家及时关注学校与学院的就业信息，帮助大家了解学院毕业生主要去向与发展方向。随后，详细介绍了就业工作开展的基本环节以及就业手续的办理流程，通过列举避免出现的种种情况，提醒大家认真对待手续办理的每一环节。本次工作会旨在搭建就业工作的师生沟通平台，深入了解毕业生当前的就业动态、服务需求和困难困惑，促进毕业生更充分更高质量就业。

2023年9月14日晚，北京航空航天大学马克思主义学院组织举办了"职引未来"就业分享会。学院3位往届优秀毕业生分别就思政课教师求职、公务员备考、企事业单位的求职的经历和同学们进行深入交流，为学生成长成才保驾护航，帮助北航马院学子不断书写人生的精彩篇章。

2023年10月27日晚，北京师范大学马克思主义学院举办2024届毕业生就业动员会。北京校区与珠海校区本硕博毕业生近200人参加了会议。会上结合近三年马克思主义学院本硕博毕业生就业去向情况，详细分析了当前就业形势，讲解了就业推荐表、三方协议书的填写注意事项，解读了就业签约手续办理的流程，围绕毕业生常见的就业问题进行了有针对性解答和指导。本次动员会帮助学院2024届毕业生全面系统了解了当前就业形势，充分把握了就业政策和文件要求，进一步增强了规划意识和就业信心。

（六）加强本科生人才培养体系建设

新时代以来，马克思主义理论学科的人才培养，特别是本科人才培养的使命和责任日益重大。北京高校重视马克思主义理论及相关专业本科生培养，通过完善本科生培养方案、开展新生入学教育、举办文献研读活动、开展本科生学术交流活动等，进一步完善本科生培养体系，提高学生的理论和实践能力。

1. 完善本科生培养方案

北京各高校马克思主义学院高度重视本科生培养方案的建设工作，在以往培养经验的基础上进一步修订完善本科生培养方案。如中国人民大学马克思主义学院四次修改培养方案，既结合了本科大类招生趋势与"宽口径厚基础"的人才培养模式的系列改革，又融入了强政治、重创新、国际化的指导原则。为推动马克思主义理论学科本科生培养建设，增进本科生培养方式方法的交流研讨，2023年11月11日上午，全国马克思主义理论专业虚拟教研室召开"马克思主义理论学科本科生培养方案研讨会"。研讨会由中国人民大学马克思主义学院承办，会议以线上视频会议形式举行，来自中国人民大学、北京大学、清华大学、复旦大学、南京大学、武汉大学、中山大学、同济大学、四川大学等全国50余所马克思主义学院领导及专家学者参加了本次会议。在主题发言环节，与会马克思主义学院领导及专家学者探讨了优化课程设置、提高学生实践能力、凸显个性化培养、贯通本硕博一体化培养、优化师资力量、强化国际交流等问题。在交流发言环节，学院领导分别就各自学院的马克思主义理论本科生培养情况进行了交流，共同探讨了提升学生就业能力、强化学生专业训练、加强校内校外交流合作、优化学生实践教学能力、提供全国性交流平台、增强科教协同育人等问题。

2. 开展本科生新生入学教育

新生入学教育是新生步入大学生活的重要起点，对于扣好第一颗扣子具有重要的意义。北京各高校马克思主义学院精心组织了本科生入学教育。2023年8月29日，北京师范大学马克思主义学院举办2023级本科生入学教育。会上向新生解读了学院培养方案的目标与主旨，详细讲解了学院的培养方案，提醒大家关注培养方案对于学生修读学分的重要作用。本科生代表从科研学习、学生工作、社会实践、学校活动四个维度对大学生活进行了介绍，并鼓励各位新生勇于尝试，敢于试错，不负青春韶华。

2023年9月7日下午，北京大学马克思主义学院开展党委书记讲党课新生主题教育活动。学院党委书记孙蚌珠为2023级本硕博全体新生讲授"传承红色基因，坚守理想信念，掌握学习本领，担当民族大任"主题党课。本次党课在增进新生党性修养的同时，进一步提升了新生的认同感、责任感、使命感，让新生同学们深入了解了北京大学的光荣传统与红色血脉，坚定了自身的理想信念，认识到自身担负的重要使命。

3. 继续举办本科生文献研读活动

"读原著、学原文、悟原理"是学习掌握马克思主义的"看家本领"、提升马克思主义理论类本科生核心素养的"金钥匙"。北京各高校重视文献研读在本科生培养的作用，举办各种形式的研读活动。中国人民大学马克思主义学院面向学院全体本科生开展本科专业文献研读活动，邀请学院教师领读经典文本，与本科生专业文献课有效整合和衔接，为同学们搭建阅读、研讨、交流的平台，提高同学们的学习效率。截至2023年12月11日，中国人民大学马克思主义学院已经成功举办了三十一期本科专业文献研读活动。通过本科专业文献研读活动，同学们真正认识到理论学习本身所具有的启迪性与关键性，同学们对专业知识有了更深入的了解，专业学习的热情更加高涨，在"原原本本学、反反复复学"的基础上，学会"联系实际学、深入思考学"。

"本科生读书小组"活动是由北京大学马克思主义学院指导，学院研究生会协助的"本科生-研究生"学习共建系列活动。活动共分为学术写作与表达、马克思主义哲学、政治经济学、科学社会主义、历史学与党史党建等5个小组。每组由若干在读博士研究生担任学术辅导员，负责指导和帮助本科生提升学术研究与写作能力。活动形式以经典文献研读会、学习经验分享会等为主。旨在切实提升本科生对马克思主义理论的学习热情，激发学术研究的兴趣，增强学术研究的本领，实现本科生与研究生的持续性交流联络，营造浓厚学术氛围。为解决本科生在学术论文写作中遇到的问题与困难，北京大学马克思主义学院本科生"学术写作与表达"小组分别于2022年12月4日、2023年1月28日、2023年1月29日举办了3次交流活动。系列活动由马克思主义中国化研究专业2021级直博生林修能同学主讲，马克思主义学院2021级和2022级本科生共同参与。3次活动中，第一次活动以学术论文引用规范为主题，后两次活动以"本科生分享与学长点评"为主要形式，具体分析参与同学所提交论文的优点与不足。

4. 开展本科生学术交流活动

（1）第五届"五四杯"全国马克思主义理论类本科生学术论文竞赛

2023年5月7日上午，中国人民大学马克思主义学院主办的第五届"五四杯"全国马克思主义理论类本科生学术论文竞赛颁奖仪式暨优秀论文交流会在中国人民大学立德楼807举办。本次会议采用线上线下相结合的方式，来自全国百余所高校的近200名获奖论文作者和参赛选手代表参会。本次优秀论文交流会为全国马克思主义理论类本科生提供了学术交流的平台，提升了与会同学学习研究马克思主义的兴趣与热情，坚定了与会同学深入钻研马克思主义理论的信心。会上优秀论文作者代表的报告和老师的精彩点评让每一位与会同学受益匪浅，彰显了马克思主义理论及相关学科发展的新气象。

（2）北京师范大学马克思主义学院首届"求索杯"本科生学术论坛

为深入学习贯彻党的二十大精神，科学理解习近平新时代中国特色社会主义思想的世界观和方法论，进一步提高本科生的研究能力与学术素养，北京师范大学马克思主义学院学生会于2023年5月27日举办首届"求索杯"学术论坛。本次论坛采用线上线下相结合的方式，来自北京校区和珠海校区的近50位同学参与。下午2时，与会同学于主楼B406会议室展开小组交流讨论，提出在学术论文写作方面的困惑，分享论文写作经验和感想。同学们就突出问题意识、规范写作语言、规范使用注释、确定文章题目、文章框架搭建、论文写作流程、梳理文章逻辑、发表文章注意事项等问题展开了详细讨论，2020级硕士研究生同学代表参与讨论，结合自身学术研究分享了经验。

（3）第二届全国马克思主义理论及相关专业本科生论坛

2023年8月24日至26日，由中国高等教育学会马克思主义研究分会、北京大学马克思主义学院联合主办，中国劳动关系学院马克思主义学院承办，《当代中国马克思主义研究》编辑部、《毛泽东邓小平理论研究》编辑部共同协办的第二届"全国马克思主义理论及相关专业本科生论坛"隆重举行。本届论坛主题为"马克思主义经典与新时代"，共设有16场活动：开幕式、闭幕式、3场学术讲座、1场青年学者座谈会、10场学员分组汇报。本届论坛全程以线上方式举行。8月24日上午，论坛开幕式顺利召开，来自全国各高校专家学者、青年师生共计300余人参会。学员分组汇报在8月24日至26日举行。本科生思维活跃、精力旺盛、可塑性强，此次论坛对本科生进行良好的学术锻炼，达到预期效果。参会的师生纷纷表示，在论坛中受益匪浅、深有感悟，希望论坛持续办下去，让更多马克思主义学人从论坛中汲取正能量！

（4）中国人民大学马克思主义学院本科生学术科研道路探索经验分享会

2023年12月13日下午2时，中国人民大学马克思主义学院本科生学术科研道路探索经验分享会在公共教学二楼2203成功举办。本次活动邀请2021级本科生代表分享她们在"大学生创新试验计划"和"创新杯"学生课外学术科技作品竞赛中的参赛调研经验，邀请2020级本科生代表分享他们关于"五四杯"学术论文写作的经验。本科生代表围绕"大创"的参与方式、选题确定、立项书撰写、答辩和调研等方面的准备工作和注意事项进行了全流程讲解。

三、主要问题与对策建议

调查发现，尽管北京高校马克思主义理论人才培养取得很大成绩，但仍然存在一些问题。在招生规模有了显著提升的基础之上，要进一步加强培养质量和就业工作，包括规范各专业研究生培养方案、系统推进学科专业课程教材建设以及搭建专业性就业信息服务平台等。

（一）规范各专业研究生培养方案

就"提高马克思主义理论专业研究生培养质量的意见建议"，共设计12个选项，可多选并排序。参加调研的16所博士点的北京高校有1所将"出台马克思主义理论各专业研究生培养方案的指导意见"排在首位，另有7所将该选项排在第二位。参加调研的21所硕士点的北京高校有7所将"出台马克思主义理论各专业研究生培养方案的指导意见"排在首位，另有4所将该选项排在第二位。随着博士、硕士学位点和招生数量的增加，出台各专业研究生培养方案的指导意见，规范各学位点的培养方案成为迫切需要、尽管各高校马克思主义理论学科的具体情况各不相同，为确保培养质量，有必要制定各专业研究生培养的标准。

（二）系统推进学科专业课程教材建设

就"提高马克思主义理论专业研究生培养质量的意见建议"，共设计12个选项，可多选并排序。参加调研的16所博士学位点的北京高校有3所将"规范的研究生教材偏少"排在首位，另有8所将该选项排在第二位。参加调研的21所硕士学位点的北京高校有6所将"规范的研究生教材偏少"排在首位，另有6所将该选项排在第二位。参加调研的21所硕士点的北京高校有1所将"统编马克思主义理论各专业的核心课程专业教材"排在首位，有3所将该选项排在第二位，另有5所将该选项排在第三位。由此可见，规范性马克思主义理论教材成为制约马克思主义理论学科人才培养的重要因素。有关部门应适应新时代马克思主义理论学科建设需要，完善优化马克思主义理论学科专业课程教材结构，健全教材体系。本科阶段围绕马克思主义理论、科学社会主义、中国共产党历史、思想政治教育等专业，系统建设各专业基础课程、核心课程教材。研究生阶段围绕马克思主义基本原理、马克思主义发展史、马克思主义中国化、思想政治教育、中国近现代史、党的建设等学科，推进系列专题研究教材建设。

（三）搭建专业性就业信息服务平台

随着马克思主义理论学科研究生招生数量的增加，每年的毕业生也在增加，就业问题受到较多关注。根据调查结果，参加调研的16所博士点的北京高校有3所将"缺乏全国性的统一就业信息平台"排在"就业中存在的问题"的首位，另有5所将该选项排在第二位；有9所将"就业面窄"排在首位，另有4所将该选项排在第二位。参加调研的21所硕士点的北京高校有9所将"缺乏全国性的统一就业信息平台"排在首位，另有4所将该选项排在第二位；有10所将"就业面窄"排在首位，另有4所将该选项排在第二位。解决研究生就业面窄的问题，需要积极与学校就业部门、马克思主义学院形成联动，通过毕业实习、社会实践、职业能力培养等，提升马克思主义理论学科毕业生就业核心竞争力。针对马克思主义理论学科特点和主要就业方向，建设马克思主义理论学科的就业信息服务平台，精准开展求职就业指导、岗位推荐对接、就业进展跟踪等服务，使马克思主义理论专业的就业范围随着时代发展和社会需求的变化，不断拓展新的应用领域和职业路径。

第五章 教学方法改革

2023年是全面学习贯彻党的二十大精神的开局之年，也是学习贯彻习近平新时代中国特色社会主义思想主题教育活动年。北京高校思想政治理论课建设以此为中心，积极贯彻习近平总书记在中央政治局第五次集体学习关于加强思政课建设的重要讲话精神，坚持首善标准，继续探索思想政治理论课改革创新，推动北京高校思政课高质量发展。本章将在对北京57所高校前期调研的基础上，对2023年度北京高校思政课的建设情况进行分析和总结，力图从总体上把握北京高校的思政课建设现状和趋势，针对问题，提出对策，以期推动北京高校思政课建设，实现高质量发展。

一、数据展示与解读

（一）教学方法采用情况

教学方法改革旨在如何破解教与学的矛盾，辩证处理教法与学法的关系，是提升教学效果的关键。在教与学的矛盾运动中，教学双方的地位不是一成不变的，随着教学理念的变化，教学双方的角色、地位会不断发生转换。然而最终的教学目标是不变的，不仅是知识的增长和能力的提高，更主要的是情感态度、价值观的确立和养成，因此，好的教法和学法应该遵循"因材施教"的教育规律，通过加强教学的针对性做到"有的放矢"，不断拓展教与学在实现目标上的达成空间。教学主体（即教师）在选择教法时，还应尊重青年大学生的成长规律，设计符合教学客体（即学生）需求的学法，否则，如果缺乏针对性、适应性，会大大降低教学目标的达成度。好的教法不是单一固定的，而应是灵活多样的，多样化的教学方法可避免教学过程中的枯燥和单调，吸引学生对课程的关注，但这只是提高教学效果的第一步，只是吸引学生目光，增添学习兴趣是不够的，最终要看学生的获得感。实践表明，学生的参与度越高，互动性越强，学生学习的主体性越强，越能调动学生学习的积极性，增加学生的获得感。因此，教师应从学生的学习特点出发，通过实施多样化的、参与互动性强的教学方法和手段，来调动学生的主体性。

本报告按照学生在教学活动中参与互动的程度及其主体性发挥的程度，从低到高将教学方法划分为七大类，依次为传统讲授式（教师讲、学生听为主，又称灌输式）、问题专题式、案例式、参与互动式（如讨论、演讲、辩论等）、情境体验式（如情景模拟、角色扮演、游戏法等）、研究式、"大思政课"（将思想政治理论课堂搬到生动的现实生活中和广阔的社会实践中，用好社会大课堂）。

调查结果显示，2023年，33.33%的高校采用过上述7类教学方法，比2022年上升12个百分点，比2021年增加33.33%。19.30%采用了6类教学方法，比2022年降低了3个百分点；17.54%的高校采用了5类教学方法，比2022年减少了3.51%；21.05%的高校采用了4类教学方法，比2022年下降3个百分点；7.02%的高校采用了3类教学方法，比2022年减少3个百分点；57所高校都采用了2类以上教学方法。同2022年相比，采用7类教学法的高校多了，采用3类、4类、6类教学法的高校少了（如图5-1所示）。采用7类教学法的高校数量为2015年以来历史最高水平。

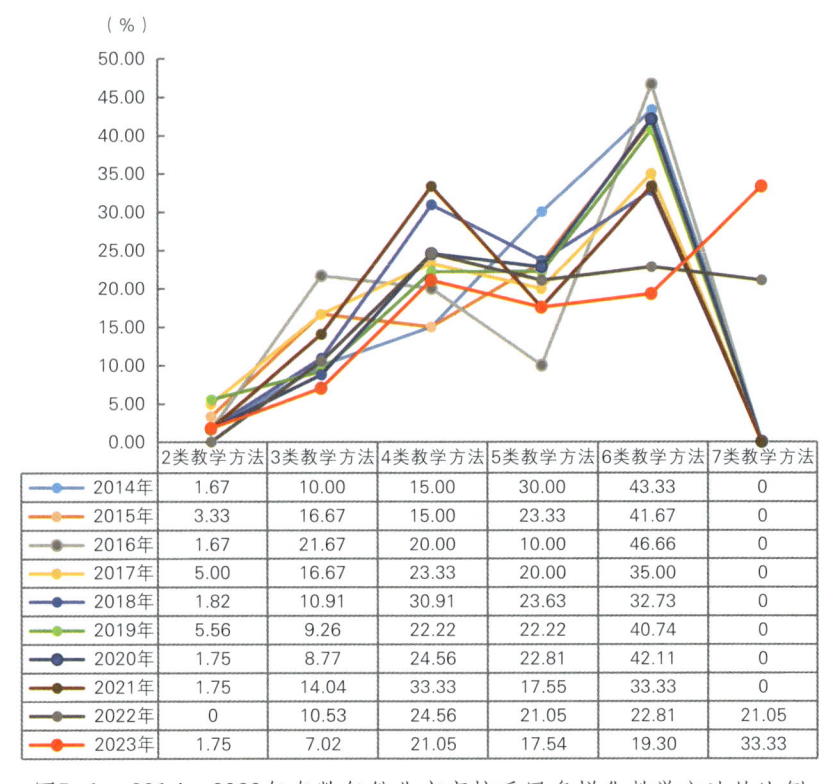

	2类教学方法	3类教学方法	4类教学方法	5类教学方法	6类教学方法	7类教学方法
2014年	1.67	10.00	15.00	30.00	43.33	0
2015年	3.33	16.67	15.00	23.33	41.67	0
2016年	1.67	21.67	20.00	10.00	46.66	0
2017年	5.00	16.67	23.33	20.00	35.00	0
2018年	1.82	10.91	30.91	23.63	32.73	0
2019年	5.56	9.26	22.22	22.22	40.74	0
2020年	1.75	8.77	24.56	22.81	42.11	0
2021年	1.75	14.04	33.33	17.55	33.33	0
2022年	0	10.53	24.56	21.05	22.81	21.05
2023年	1.75	7.02	21.05	17.54	19.30	33.33

图5-1　2014—2023年奇数年份北京高校采用多样化教学方法的比例

图5-2证明2023年北京高校教学方法多样化的程度较2022年有明显提升。采用3类及以上教学方法的高校为56所，占98.25%，比2022年降低1.75%；采用4类以上教学方法的高校有52所，占91.23%，比2022年提升1个百分点；采用5类以上教学方法的高校有40所，占70.18%，比2022年增加约5个百分点；采用6类以上教学方法的高校为30所，占52.63%，比2022年提升约8个百分点。

图5-2 2015—2023年奇数年份北京高校教学方法多样化程度对比情况

2023年，各高校较常采用的教学方法发生一个非常显著的变化，"大思政课"异军突起，首次跻身高校思政课教师较为常用的五大教学方法之一，在排序中并列第三。在七类教学方法中，使用频率由高到低依次是参与互动式、问题专题式、传统讲授式、案例式、"大思政课"，上述五类教学法的选择系数均大于1。其中使用频率最高的是参与互动式教学法，占94.74%，比2022年降低约1个百分点，选择系数为1.39，超过平均选择水平0.39。其次是问题专题式教学法和传统讲授法，选择频率均为91.23%，选择系数均为1.33，超过平均选择水平0.33。最后为案例式教学法和"大思政课"，选择频率均为84.21%，选择系数均为1.23，超过平均选择水平0.23，表明上述五种教学方法是高校思政课较为常用的教学方法，见表5-1。

表5-1 2014—2023年北京高校较常采用的教学方法

（2014—2017年：$n=60$，2018：$n=55$，2019：$n=54$，2020—2023年：$n=57$）

较常采用的教学方法	采用的高校数量（所） 2014/2015/2016/2017/ 2018/2019/2020/ 2021/2022/2023	占总样本量的百分比（%） 2014/2015/2016/2017/2018/ 2019/2020/2021/2022/2023	选择系数* 2014/2015/2016/2017/ 2018/2019/2020/ 2021/2022/2023
参与互动式	59/57/58/56/53/ 54/57/54/55/54	98.33/95.00/96.67/93.33/96.36/ 100/100/94.74/96.49/94.74	1.17/1.23/1.21/1.20/1.22/ 1.24/1.23/1.22/1.48/1.39
问题专题式	52/57/51/53/52/ 50/56/55/54/52	86.67/95.00/85.00/88.30/94.54/ 92.59/98.25/96.49/94.74/91.23	1.03/1.12/1.07/1.14/1.20/ 1.14/1.21/1.24/1.28/1.33
传统讲授式	57/55/53/53/46/ 48/53/51/53/52	95.00/91.67/88.30/88.30/83.64/ 88.89/92.98/89.47/92.98/91.23	1.13/1.19/1.11/1.14/1.06/ 1.10/1.14/1.15/1.25/1.33
案例式	55/54/50/51/48/ 45/47/50/45/48	91.67/90.00/83.30/85.00/87.27/ 83.33/82.46/87.72/78.95/84.21	1.09/1.17/1.05/1.10/1.10/ 1.03/1.01/1.13/1.06/1.23
情境体验式	38/38/37/32/32/ 32/35/31/27/31	63.33/63.33/61.70/53.33/58.18/ 59.26/61.40/54.39/47.37/54.39	0.75/0.82/0.77/0.69/0.74/ 0.73/0.76/0.70/0.64/0.79
研究式	41/22/38/35/30/ 33/30/25/24/26	68.33/36.67/63.30/58.33/54.44/ 61.11/52.63/43.86/42.11/45.61	0.81/0.47/0.79/0.75/0.69/ 0.76/0.65/0.56/0.57/0.67
"大思政课"	0/0/0/0/0/ 0/0/0/38/48	0/0/0/0/0/ 0/0/0/66.67/84.21	0/0/0/0/0/ 0/0/0/1.02/1.23
访谈式	0/0/0/0/0/ 0/0/0/1/1	0/0/0/0/0/ 0/0/0/1.75/1.75	0/0/0/0/0/ 0/0/0/0.03/0.03

注：选择系数是每项选择次数和平均选择次数的比，平均选择次数为各项总选择次数除以选项总数，选择系数大于1，表示属于使用较多的教学方法。

2023年北京高校最常使用的教学方法与往年相比也发生明显变化。传统讲授法选择频率居高不下，占71.93%，比2022年降低不到2个百分点。问题专题式的选择频率保持两位数，为15.79%，比2022年下滑不到2个百分点。而参与互动式教学法的选择频率连续两年发生断崖式下降，从2020年的3.51%降为零。案例式的选择频率也从个别年份的两位数降为一位数，稳定在7%左右（见表5-2）。可见多数高校最常使用传统讲授式教学方法的状况一直没有改变，暂无高校将学习主体性程度较高的参与互动式、研究式教学方法作为首选的教学方法。

表5-2 2015—2023年北京高校最常采用的教学方法

（2015—2017年：n=60，2018：n=55，2019：n=54，2020—2023年：n=57）

最常采用的教学方法	采用的高校数量（所） 2015/2016/2017/2018/ 2019/2020/2021/2022/2023	百分比（％） 2015/2016/2017/2018/ 2019/2020/2021/2022/2023
传统讲授式	37/35/30/35/ 32/35/42/42/41	61.67/58.33/50.00/63.64/ 59.26/61.40/73.68/73.68/71.93
问题专题式	12/17/15/14/ 11/18/8/10/9	20.00/28.33/25.00/25.45/ 20.37/31.58/14.04/17.54/15.79
参与互动式	7/4/8/1/ 1/2/2/0/0	11.67/6.67/13.33/1.82/ 1.85/3.51/3.51/0/0
案例式	3/3/6/5/ 9/2/4/3/4	5.00/5.00/10.00/9.09/ 16.67/3.51/7.02/5.26/7.02
研究式	1/1/1/0/ 0/0/0/0/0	1.67/1.67/1.67/0/ 0/0/0/0/0
情景体验式	0/0/0/0/ 1/0/1/1/1	0/0/0/0/ 1.85/0/1.75/1.75/1.75
大思政课	0/0/0/0/ 0/0/0/1/2	0/0/0/0/ 0/0/0/1.75/3.51
合计	60/60/60/55/ 54/57/57/57/57	100/100/100/100/ 100/100/100/100/100

（二）教学手段运用情况

教学手段是教师为实现预期教学目标，实施教学方法，完成教学任务，达到教学效果所使用的媒体或设备等工具。多样化的教学手段能够避免教学过程中的枯燥和单调，与现代信息技术深度融合的先进教学手段能够放大教学方法的使用效果。本报告将目前较为常见的现代化教学手段按信息化程度分为十一种：运用多媒体技术进行形象化教学（如在课堂上播放音频视频等）、公共邮箱、QQ群、思政网站、网络教学平台（如Black Board）、微信平台、微课、手机互动软件、MOOC（大规模开放网络在线课程）、网络直播公开课、VR（虚拟现实技术）。

图5-3显示，2023年使用2种、3种、4种、6种现代化教学手段的高校比例比2022年增加，运用5种、7种、9种现代化教学手段的学校比例有所下降，使用8种现代化教学手段的高校数量同去年持平。其中，采用9种现代化教学手段的高校1所，占1.75%。采用8种现代化教学手段的高校数量4所，占7.02%，是2022年的2倍。采用7种教学手段的高校5所，占8.77%，

比2022年少2个百分点左右。采用6种现代化教学手段的高校10所，占17.54%，与2022年持平。采用5种多样化教学手段的高校8所，占14.04%，比2022年降低5个百分点。采用4种教学手段的高校14所，占24.56%，比2022年提高近4个百分点。采用3种教学手段的高校9所，占15.79%，与2022年持平。采用2种教学手段的高校6所，占10.53%，比2022年提高近3个百分点。总体来看，2023年北京高校采用多样化教学手段的高校数量比2021年有所减少。

图5-3 2015—2023年奇数年份各高校采用多样化教学手段的比例

图5-4进一步证明2023年北京高校采用多样化教学手段的程度比2022年有所降低。其中，采用3种以上现代化教学手段的高校为51所，占89.47%，比2022年降低3个百分点；采用4种以上现代化教学手段的高校为42所，占73.68%，比2022年下降约3个百分点；采用5种以上现代化教学手段的高校有28所，占49.12%，比2021年下降约7个百分点；采用6种以上现代化教学手段的高校有20所，占35.09%，比2021年下降不到2个百分点；采用7种以上现代化教学手段的高校有10所，占17.54%，比2022年下降不到2个百分点；采用8种以上现代化教学手段的高校5所，占8.77%，与2022年持平；采用9种以上现代化教学手段的高校1所，占1.75%，比2022年减少约3个百分点。可见采用高校采用教学手段多样化的程度比2022年整体有所下降。

图5-4 2015—2023年奇数年份北京高校教学手段多样化程度对比情况

2023年北京高校使用较多的教学手段比往年增多，选择频率大于平均选择水平的教学手段有六种。按选择系数排列依次为多媒体形象化教学（选择系数2.23）、微课（选择系数1.46）、微信（选择系数1.42）、手机互动软件（选择系数1.42）、慕课（选择系数1.06）、思政课网站（选择系数1.01），选择系数均大于1。其中运用多媒体技术进行教学的手段连续十年位居第一，近年来使用比例呈逐年递增趋势。微课教学的使用频率为63.16%，由2022年的第三位升至第二位。手机互动软件的使用频率为61.40%，比2022年增加5个百分点，由2022年的第四位升至第二位，与微课教学持平。使用慕课的高校占45.61%，比2022年提升近2个百分点，选择频率恢复到大于平均选择次数的水平。使用思政课网站的高校占43.86%，比2022年增加近7个百分点，选择频率同样恢复到大于平均选择次数的水平。网络直播公开课的选择系数有所回落，低于平均选择水平，为0.89。公共电子邮箱、QQ群、网络教学平台的选择比例成逐年下降趋势。VR技术的选择系数虽呈逐渐递增趋势，仍不到半数，见表5-3。

表5-3　2014—2022年北京高校较常使用的教学手段

（2014—2017年：$n=60$，2018：$n=55$，2019：$n=54$，2020—2022年：$n=57$）

较常采用的教学手段	使用的高校数量（所）2014/2015/2016/2017/2018/2019/2020/2021/2022/2023	占总样本量的百分比（%）2014/2015/2016/2017/2018/2019/2020/2021/2022/2023	选择系数 2014/2015/2016/2017/2018/2019/2020/2021/2022/2023
多媒体形象化教学	54/54/57/56/53/54/54/55/56/55	96.36/90.00/90.00/95.00/93.33/100/94.74/96.49/98.25/96.49	1.77/1.99/2.03/1.76/1.63/1.88/1.74/1.88/2.17/2.23
微信	37/38/48/54/48/50/49/48/48/35	61.67/63.33/80.00/90.00/81.71/87.27/85.96/84.21/84.21/61.40	1.21/1.40/1.71/1.69/1.48/1.74/1.58/1.64/1.86/1.42
手机互动软件	0/0/5/40/27/35/38/33/32/35	0/0/8.33/66.67/49.09/64.81/66.67/57.89/56.14/61.40	0/0/0.18/1.25/0.83/1.22/1.22/1.13/1.24/1.42
微课	9/18/22/22/25/21/35/31/37/36	15.00/30.00/36.67/36.67/45.45/38.89/61.40/54.39/64.91/63.16	0.30/0.66/0.78/0.70/0.77/0.73/1.13/1.06/1.43/1.46
慕课	7/7/11/15/21/30/34/35/25/26	11.67/11.67/18.33/25.00/38.18/55.56/59.65/61.40/43.86/45.61	0.26/0.26/0.39/0.47/0.65/1.04/1.09/1.20/0.97/1.06
思政课网站	33/32/27/25/24/25/31/27/21/25	55.00/53.33/45.00/41.67/43.64/46.30/54.39/47.37/36.84/43.86	1.08/1.18/0.96/0.78/0.74/0.87/1.00/0.93/0.81/1.01
网络直播公开课	0/0/0/0/0/22/31/30/23/22	0/0/0/0/0/40.74/54.39/52.63/40.35/38.60	0/0/0/0/0/0.77/1.00/1.03/0.89/0.89
公共电子邮箱	49/45/41/39/31/39/26/25/18/16	81.67/75.00/68.33/65.00/56.36/72.22/45.61/43.86/31.58/28.07	1.61/0.86/1.66/1.46/1.22/1.36/0.84/0.86/0.70/0.65
QQ群	32/24/22/19/12/20/19/13/7/5	53.33/40.00/36.67/31.67/21.82/37.04/33.34/22.81/12.28/8.77	1.05/0.89/0.78/0.60/0.37/0.70/0.61/0.45/0.27/0.20
网络教学平台	23/25/20/17/17/15/19/14/11/6	38.33/41.67/33.33/28.33/30.91/27.78/33.34/24.56/19.30/10.53	0.75/0.92/0.71/0.53/0.52/0.52/0.61/0.48/0.43/0.24
VR技术	0/0/0/0/0/5/6/10/6/10	0/0/0/0/0/9.26/10.53/17.54/10.53/17.54	0/0/0/0/0/0.17/0.19/0.34/0.23/0.41

注：选择系数是每项选择次数和平均选择次数的比，平均选择次数为各项总选择次数除以选项总数，选择系数大于1，表示属于使用较多的教学手段。

2023年，利用多媒体技术进行形象化教学依然是大多数高校最常使用的教学手段，占77.19%，比2022年降低近2个百分点；手机互动软件成为高校思政课教师最常使用教学手段的新宠，占8.77%，比2022年增加7个百分点。最常使用微课进行教学的高校占7.02%，比2022年增加了近2个百分点；最常利用网络直播公开课的高校比例为1.75%，比2022年下降约3个百分点。公共电子邮箱的选择频率连续两年为零，退出了高校思政课教师最常使用的教学手段行列。将VR技术作为最常使用的教学手段的高校只有1

所，占1.75%，与网络直播公开课、慕课、思政课网站持平，见表5-4。

表5-4　2015—2023年北京高校教学最常使用的教学手段

（2015—2017年：n=60，2018：n=55，2019：n=54，2020—2023年：n=57）

最常采用的 教学手段	使用的高校数量（所） 2015/2016/2017/2018/ 2019/2020/2021/2022/2023	百分比（%） 2015/2016/2017/2018/ 2019/2020/2021/2022/2023
多媒体技术形象化教学	32/29/29/42/37/36/40/45/44	53.33/48.33/48.33/76.36/ 68.52/63.16/70.19/78.95/77.19
手机互动软件	0/0/1/2/2/7/1/1/5	0/0/1.67/3.63/3.70/ 12.28/1.75/1.75/8.77
公共电子邮箱	6/7/5/4/2/4/1/0/0	10.00/11.67/8.33/7.27/3.70/ 7.02/1.75/0/0
慕课	1/1/3/2/3/3/4/0/1	1.67/1.67/5.00/3.63/5.56/ 5.27/7.03/0/1.75
网络教学平台	10/11/5/2/2/2/0/0/0	16.67/18.33/8.33/3.63/3.70/ 3.51/0/0/0
网络直播公开课	0/0/0/0/0/3/2/3/1	0/0/0/0/5.56/ 3.51/5.26/5.26/1.75
微信	3/3/10/0/3/1/3/2/0	5.00/5.00/16.67/0/5.56/ 1.75/5.26/3.51/0
QQ群	0/0/1/0/0/1/0/0/0	0/0/1.67/0/0/1.75/0/0/0
微课	0/0/0/0/0/0/1/3/4	0/0/0/0/0/0/1.75/5.26/7.02
VR技术	0/0/0/0/0/0/1/0/1	0/0/0/0/0/0/1.75/0/1.75
思政课网站	8/8/6/2/2/1/3/2/1	13.33/13.33/10.00/3.63/3.70/ 1.75/5.26/3.51/1.75
合计	60/60/60/55/54/ 57/57/57/57	100/100/100/100/100/ 100/100/100/100

（三）考核方式改革情况

考核方式是考察教学效果的重要环节，具有总结、检验、激励、导向等功能。调查将大学课堂较常使用的考核方式分为7种：根据课堂表现评定学生学习成绩（包括出勤情况和发言情况）；完成课程作业（包括结合所学专业的创作作品、调查报告和课程论文等）；开卷考试；随堂测试；闭卷考试（机考）；闭卷考试（纸考）；以及结合大学期间的行为表现进行综合考察。

2023年，北京高校思政课使用的考核评价方法与2022年基本持平，不如2021年灵活多样。使用5种、7种考核方式的高校少了，使用3种、4种、6种考核方式的高校多了。其中，使用5种考核方式的高校比例为24.56%，与2021年相比下降幅度最大，下降了17.55%。采用4种考核方式的高校数量最多，达到了33.33%。采用3种、6种考核方式的高校比例分别为24.56%、10.53%，均比2021年增长1倍。采用7种考核方式的高校为1所，占1.75%，比2022年下降1.75%，见图5-5。

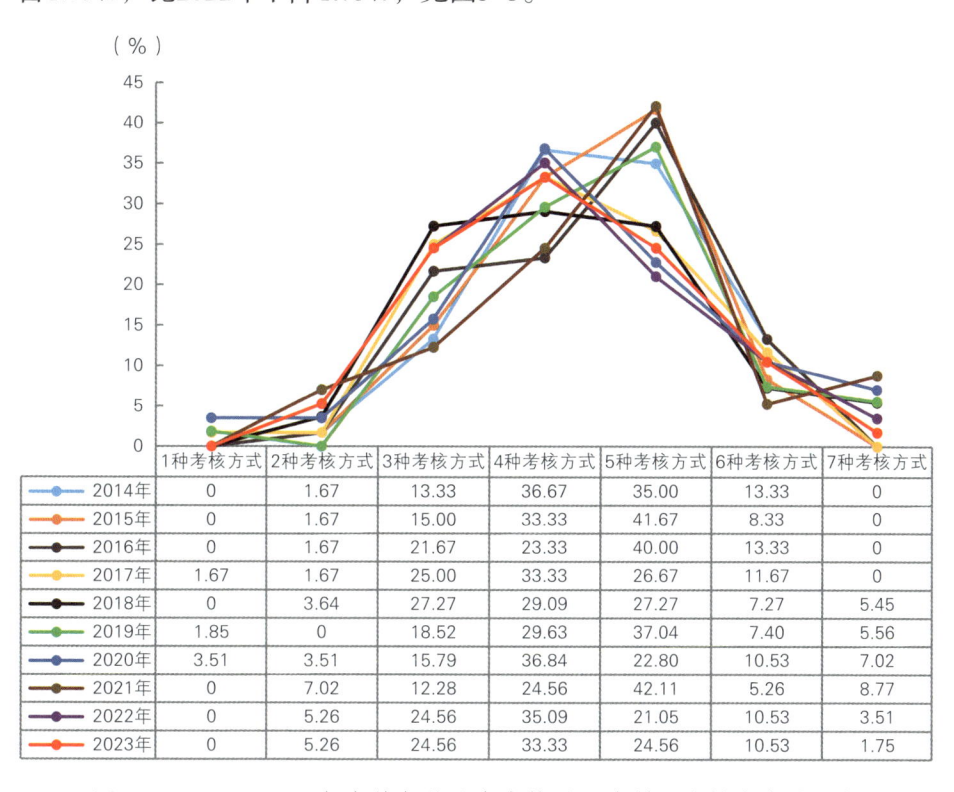

	1种考核方式	2种考核方式	3种考核方式	4种考核方式	5种考核方式	6种考核方式	7种考核方式
2014年	0	1.67	13.33	36.67	35.00	13.33	0
2015年	0	1.67	15.00	33.33	41.67	8.33	0
2016年	0	1.67	21.67	23.33	40.00	13.33	0
2017年	1.67	1.67	25.00	33.33	26.67	11.67	0
2018年	0	3.64	27.27	29.09	27.27	7.27	5.45
2019年	1.85	0	18.52	29.63	37.04	7.40	5.56
2020年	3.51	3.51	15.79	36.84	22.80	10.53	7.02
2021年	0	7.02	12.28	24.56	42.11	5.26	8.77
2022年	0	5.26	24.56	35.09	21.05	10.53	3.51
2023年	0	5.26	24.56	33.33	24.56	10.53	1.75

图5-5　2014—2023年奇数年份北京高校采用多样化考核方式的比例

图5-6进一步证明2023年考核方式的多样化程度总体下降的趋势，与2022年基本持平。采用了3种以上考核方式的高校占94.74%，较2021年增加近2个百分点。但采用4种以上考核方式的高校占70.18%，比2021年下降约10个百分点。采用5种以上考核方式的高校占36.84%，比2021年降低了约19个百分点。采用6种以上考核方式的高校占12.28%，比2022年降低不到2个百分点。

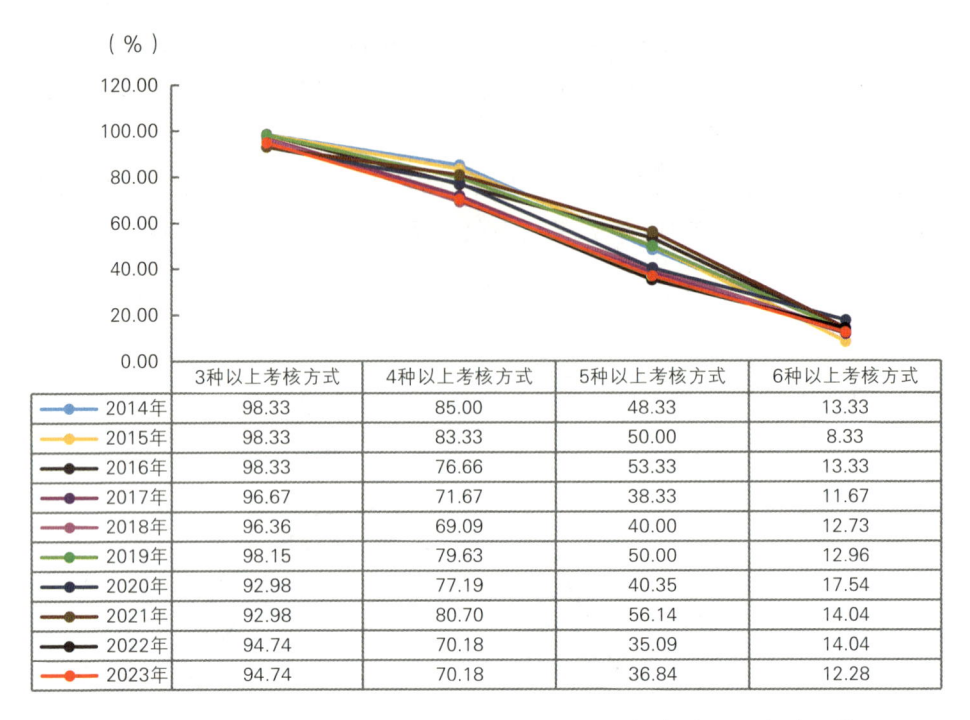

	3种以上考核方式	4种以上考核方式	5种以上考核方式	6种以上考核方式
2014年	98.33	85.00	48.33	13.33
2015年	98.33	83.33	50.00	8.33
2016年	98.33	76.66	53.33	13.33
2017年	96.67	71.67	38.33	11.67
2018年	96.36	69.09	40.00	12.73
2019年	98.15	79.63	50.00	12.96
2020年	92.98	77.19	40.35	17.54
2021年	92.98	80.70	56.14	14.04
2022年	94.74	70.18	35.09	14.04
2023年	94.74	70.18	36.84	12.28

图5-6 2014—2023年奇数年份北京高校考核方式多样化程度对比情况

表5-5显示，2023年较常使用的考核方式依次是课程作业、课堂平时考查、闭卷考试（纸考）、随堂测试、开卷考试5种，选择系数均大于1。结合专业的创作作品、调查报告、课程论文等的课程作业在2023年依然是高校广泛使用的考查方式，占96.49%，与2022年持平，选择系数为1.86，远远高于平均选择水平。采用课堂平时考察的高校占94.74%，比2022年增加约3个百分点。采用闭卷考试（纸考）的高校占78.95%，比2022年增加近9个百分点。选择随堂测试的高校占56.14%，比2022年降低近2个百分点。采用开卷考试的高校占54.39%，比2022年降低近3个百分点。结合大学期间的行为表现综合考察的高校占24.56%，比2022年增加3个百分点。采用闭卷考试（机考）的高校占8.77%，比2022年下降近14个百分点。采用线上学习考核的高校有1所，占1.75%。

表5-5 2014—2023年北京高校较常采用的考核方式

（2014—2017年：n=60，2018：n=55，2019：n=54，2020—2023年：n=57）

较常采用的考核方式	采用的高校数量（所） 2014/2015/2016/2017/ 2018/2019/2020/ 2021/2022/2023	占总样本量的百分比（%） 2014/2015/2016/2017/ 2018/2019/2020/ 2021/2022/2023	选择系数 2014/2015/2016/2017/ 2018/2019/2020/ 2021/2022/2023
课程作业	59/58/58/58/53/ 53/54/57/55/55	98.33/96.67/96.67/96.67/96.36/ 98.15/94.74/100/96.49/96.49	1.33/1.53/1.47/1.59/1.59/ 1.56/1.55/1.55/1.62/1.86
课堂平时考察	59/59/58/56/50/ 50/52/51/52/54	98.33/99.33/96.67/93.3/90.91/92.59/91.23/89.47/91.23/94.74	1.33/1.55/1.47/1.54/1.50/ 1.47/1.49/1.38/1.53/1.82
闭卷考试（纸考）	40/37/45/36/40/ 39/43/45/40/45	66.67/61.67/75.00/60.00/72.73/ 72.22/75.44/78.95/70.18/78.95	0.90/0.97/1.14/0.99/1.20/ 1.15/1.23/1.22/1.18/1.52
随堂测试	45/41/46/41/38/ 38/35/42/33/32	75.00/68.33/76.67/68.33/69.09/ 70.37/61.40/73.68/57.89/56.14	1.02/1.08/1.17/1.13/1.14/ 1.12/1.00/1.14/0.97/1.08
开卷考试	49/47/49/48/26/ 31/30/31/33/31	81.67/78.33/81.67/80.00/47.27/ 57.41/52.63/54.39/57.89/54.39	1.02/1.24/1.24/1.32/0.78/ 0.91/0.86/0.84/0.97/1.05
结合大学期间的行为表现综合考察	14/19/18/12/15/ 15/17/18/12/14	23.33/31.67/30.00/20.00/27.27/ 27.78/29.82/31.58/21.05/24.56	0.32/0.50/0.46/0.33/0.46/ 0.44/0.49/0.49/0.35/0.47
闭卷考试（机考）	0/2/2/4/11/ 12/13/14/13/5	0.00/3.33/3.33/6.67/20/ 22.22/22.81/24.56/22.81/8.77	0/0.05/0.05/0.11/0.34/ 0.35/0.37/0.38/0.38/0.17
在线学习考核（网考）	0/0/0/0/0/ 0/0/0/0/1	0/0/0/0/0/ 0/0/0/0/1.75	0/0/0/0/0/ 0/0/0/0/0.03

注：选择系数是每项选择次数和平均选择次数的比，平均选择次数为各项总选择次数除以选项总数，选择系数大于1，表示属于使用较多的考核方式。

2023年，高校最常采用的考核方式是闭卷考试（纸考），占59.65%，比2022年增加近17个百分点。最常使用课程作业进行考核的高校占26.32%，比2022年下降近8个百分点。最常采用开卷考试的高校占7.02%，比2022年下降约8个百分点。最常采用闭卷考试（机考）的高校占5.26%，与2022年持平。最常使用课堂平时考察的高校与2022年持平，占1.75%，比2021年下降约3个百分点，见表5-6。

表5-6 2015—2023年北京高校思想政治理论课最常采用的考核方式

（2015—2017年：n=60，2018：n=55，2019：n=54，2020—2023年：n=57）

最常采用的考核方式	采用的高校数量（所） 2015/2016/2017/2018/ 2019/2020/2021/2022/2023	百分比（%） 2015/2016/2017/2018/ 2019/2020/2021/2022/2023
闭卷考试（纸考）	15/12/15/17/23/ 27/29/24/34	25.00/20.00/25.00/30.91/ 42.59/47.37/50.88/42.11/59.65
课程作业	18/18/19/20/16/ 14/15/20/15	30.00/30.00/31.67/36.36/ 29.63/24.56/26.32/35.09/26.32
开卷考试	23/25/23/8/7/ 9/8/9/4	38.33/41.67/38.33/14.55/ 12.96/15.79/14.03/15.79/7.02
课堂平时考察	3/4/1/4/4/ 3/3/1/1	5.00/6.67/1.67/7.27/ 7.41/5.26/5.26/1.75/1.75
闭卷考试（机考）	0/0/0/5/4/ 3/2/3/3	0/0/0/9.09/7.41/ 5.26/3.51/5.26/5.26
结合大学期间的行为表现综合考察	1/1/0/1/0/ 1/0/0/0	1.67/1.67/0/1.82/0/ 1.75/0/0/0
随堂测试	0/0/2/0/0/ 0/0/0/0	0/0/3.33/0/0/ 0/0/0/0
合计	60/60/60/55/54/ 57/57/57/57	100/100/100/100/100/ 100/100/100/100

二、主要成绩

2023年4月3日，学习贯彻习近平新时代中国特色社会主义思想主题教育工作会议在北京召开，习近平总书记发表重要讲话。全国上下拉开了学习贯彻习近平新时代中国特色社会主义思想主题教育的序幕。北京市教育委员会、北京市教育工作委员会以首善标准精心部署，各高校党委积极推动，掀起了学习贯彻习近平新时代中国特色社会主义思想的高潮。马克思主义学院思政课教师充分发挥带头示范作用，并将学习成果积极转化到思政课改革建设中，不断向高质量发展迈进。

（一）教学方法多样化程度显著增强

2023年，北京高校思政课教学方法多样化的程度创2015年以来历史最高水平。采用7类教学方法的比例从2021年以前的零数据升至2022年的21.05%，增至1/3；采用6类以上教学方法的高校超过半数，比2022年增加8个百分点。值得注意的是，"大思政课"异军突起，近85%的高校深入开展"大思政课"教学改革。自2021年习近平总书记首次作出"大思政课"重要指示以来，全国高校纷纷响应，不断探索，仅仅3年时间，"大思政课"改革在首善地区已成如火如荼之势，首次跻身北京高校思政课教师较长使用的五大教学方法之三，使用频率仅次于参与互动式、问题专题式和传统讲授式，与案例式并列。"大思政课"打破了青年大学生与社会现实的时空阻隔，用现实版的教科书印证理论版的教科书，以新中国成立以来取得的伟大成就注解党的创新理论，检验中国化马克思主义理论的科学性，从而让青年大学生真切地感受到了科学真理改造世界的伟力。

（二）教学手段信息化水平明显提升

推动现代化信息技术与思政课教学方法高度融合。2023年，北京高校思政课教师运用多媒体技术开展教学的选择系数（即该种教学手段的选择次数与各种教学手段平均选择次数之比）均大于1，且连续10年遥居榜首。其次，较常使用的教学手段是微课和手机互动软件，使用这两种教学手段的高校比例超过60%，其中使用微课的高校比例从2022年的第三位升至第二位，使用手机互动软件的高校数量比2022年增加5个百分点，从第四位升至第二位，与微课并列。手机互动软件成为高校思政课教师最常使用教学手段的新宠，占8.77%，比2022年增加7个百分点。手机已逐渐从日常生活随时携带的通信工具变成了思政课堂上经常使用甚至离不开的教学用具，不再是和思政课教师争夺学生的竞争对手，而是得力的助手和高效便捷的现代化教具。

（三）"大思政课"探索特色鲜明

2023年5月29日，中共中央政治局围绕教育强国建设进行第五次集体学习，习近平总书记对"大思政课"建设作出新的指示。总书记强调，培养什么人、怎样培养人、为谁培养人是教育的根本问题，也是建设教育强国的核心问题。要坚持不懈用习近平新时代中国特色社会主义思想铸魂育人，着力加强社会主义核心价值观教育，引导学生树立坚定的理想信念，永远听党话、跟党走，矢志奉献国家和人民。坚持改革创新，推进大中小学思想政治教育一体化建设，提高思政课的针对性和吸引力。把高质量发展作为各级各类教育的生命线。学校、家庭、社会要紧密合作、同向发力，积极投身教育强国实践，共同办好教育强国事业。为贯彻习近平总书记在中央政治局第五次集体学习关于思政课建设的重要讲话精神，北京高校在"大思政课"改革创新上继续发力，在全国高校起到了示范作用，积累了丰富的改革经验，形成了具有鲜明特色的"大思政课"教学模式。

以"形势与政策"课为抓手，打造"大思政课"精品。相对于其他思政课而言，"形势与政策"紧密联系当前时事的教学内容和引人关注的热点话题，使之成为"大思政课"改革创新的首要阵地和最佳实践场域。清华大学大刀阔斧改革"形势与政策"课，搭建"大平台"，汇聚"大师资"，建设"大课堂"。通过"大课讲授+小班研讨"的形式，从主题深入到相关专题，不仅尊重了学生的学习兴趣，而且打通了思政课走入人心的"最后一公里"。为避免思政课沦为"讲座拼盘"，课程工作组推动了多轮集体备课，如"主讲教师+主讲教师""主讲教师+助教""助教+助教"。每当一位位科学家、学术大师走上思政讲台，如同一本本鲜活的教材，向青年学生传递着信仰的力量，引导清华学子将"小我"融入"大我"，在大变局中淬炼，成长为战略科学家。一些同学反映"小班教学"时长太短，课程工作组及时将小课研讨时间延长到1.5小时，并将研讨的人数减至25人，让同学们在思维碰撞中能"解渴"、有"共鸣"、增"回味"。学生们感慨道："震惊！""这才是思政课应有的样子！"

上好行走在中国大地上的思政实践课。本科院校独立设置2学分的思政实践课（专科院校设置1学分），是教育部对高等学校思想政治理论教学的基本要求。北京大学独立思政实践课经过多年的探索和实践，逐渐走上规范化、制度化轨道。2023年，北京大学32个开课院系的75人次院系党委书记、院长随团前往实践一线，476名思政课教师、专业教师担任授课教师，321名研究生党员担任助教，组织了217支思政实践课团队、3750余名2022级本科生奔赴全国28个省市区开展思政课实践活动，在祖国大地上掀起了学习贯彻习近平新时代中国特色社会主义思想主题教育的青春热潮。2023年7月，北京大学马克思主义学院以"追寻红色足迹，感悟初心使命"为主题，组织学院2022级本科生赴革命老区江西赣南、井冈山开展思政实践。探访红色故都，感悟苏区、井冈山精神。充分运用"社会大课堂"，精心组织北大青年上好社会实践"大思政课"，引领北大青年深刻领悟习近平新时代中国特色社会主义思想的真理伟力，深刻领悟"中国共产党为什么能，马克思主义为什么行，中国特色社会主义为什么好"，促进学生厚植爱国情怀、积累人生智慧、增长本领才干，在实践中真正读懂"国情书""基层书""群众书"，答好"使命卷"。2023年10月，"大思政课"探索与实践成果交流会在北京大学举行，同时举办了"习近平经济思想在新时代的实践"课题新书发布会。新书包括《中流砥柱——新时代国有企业的实践》《走向共同富裕——新时代中国农村的发展》两套共四本，该套丛书的出版，是把思政实践课成果转化为思政课教学案例资源的生动体现。课题组通过对31家国有企业和36个村庄的实地调研，用鲜活、生动、饱满的教学案例服务于思政课堂，实现了思政课教学理论与实践的有机统一和良性互动，为习近平经济思想的研究阐释和教育教学提供了范例，为启发引导高校师生深刻理解习近平经济思想提供了教材资源，为高校思政课教师教研互促、良性互动提供了良好示范。

（四）大中小学思政课一体化建设走深走实

2023年5月29日，中共中央政治局围绕教育强国建设进行第五次集体学习，习近平总书记强调，要坚持改革创新，推进大中小学思想政治教育一体化建设，提高思政课的针对性和吸引力。为贯彻落实上述重要指示精神，北京高校大中小学思政课一体化建设做出新的举措，取得新的进展。

中国人民大学牵头成立全国大中小学思政教育一体化共享联盟。2023年12月，中国人民大学携手北京理工大学、延安大学、陕西延安中学、江苏淮安新安小学、北京育才学校等一批具有红色基因的中小学师生共同发起成立了全国大中小学思政教育一体化建设红色资源共享联盟。首次联学活动以"继承优良传统 赓续红色血脉"为主题，依托北京高校思想政治理论课高精尖创新中心网络平台，面向首批14所发起学校、辐射234所合作伙伴学校，全面加强大中小学教材一体化建设、教师一体化培训、教学一体化互动，充分汇聚各地各学校红色经典校本教材、优质线上名师金课、系列精品图书资料等丰富育人产品，常态化安排大中小学思政课教师和思政骨干队伍开展红色研学活动，以"同题共答"的方式认真组织教案研制、集体备课、专题指导，为全国大中小学思想政治教育一体化建设提供丰富资源。周恩来同志的侄女周秉德、董必武同志的女儿董良翚、吴玉章同志的孙女吴本立、谢觉哉同志之子谢烈、刘少奇同志的女儿刘亭、朱德同志的外孙刘建、林伯渠同志的外孙齐放、毛泽东同志的外孙女孔东梅等老一辈革命家的亲属代表被聘为首批全国大中小学思政教育一体化建设"荣誉辅导员"，向大家分享了家风故事。2023年11月，清华大学举办大中小学思政课一体化建设研讨会，来自全国100多所大中小学的300多位专家学者和一线教师参与研讨会，新华社、《中国教育报》等多家主流媒体及平台参与直播报道，网络直播累计观看达3000多人次。社科司副司长宋凌云提出三点希望，一是强化政治意识，推进习近平新时代中国特色社会主义思想贯穿融入大中小学思想政治理论课；二是坚持系统观念，把握大中小学思想政治理论课一体化建设的科学规律，在课程定位、教材编写、教学方法、队伍建设等方面持续探索；三是追求内涵式发展，完善评价体系，促进资源共享，探索大中小学思想政治理论课一体化建设的体制机制。十位来自大中小学的一线思政课教师分别围绕"改革开放""人民代表大会制度""爱国主义"三个专题进行示范教学，点评嘉宾和教师就教学内容、教学设计、方法手段等方面展开了深入讨论。

总之，2023年北京高校思政课教学方法改革与主题教育相结合，与新时代改革实践相结合，用数字化赋能思政课，取得了明显实效。在教育部开展的习近平新时代中国特色社会主义思想大学习领航计划主题教育活动中，北京中医药大学学生主讲的"担负文化使命，共创中华民族现代文明'书'"获得大学生讲思政课一等奖，北京师范大学学生主讲的"创造属于我们这个时代的新文化——深入学习领会习近平文化思想"、对外经济贸易大学学生主讲的"人民币的红色基因传承：从北海银行到人民币国际化——以'政治性''人民性'推进中国式现代化金融强国之路"、北京服装学院学生主讲的"历史与未来的'心灵'对话：一位00后女大学生给开慧烈士的'回信'"、北京印刷学院学生主讲的"学思想弘扬建党精神，建新功青年挺膺担当"获得二等奖。中国矿业大学学生创作的作品"矿世奇缘——"、北京邮电大学学生创作的《问道绿染之梦，求索振兴之途》、中国人民公安大学学生创作的《底线与抉择》获得一等奖，北京联合大学学生创作的原创歌曲《兴许——以心望星、以乐寻哲，视障音乐生初识马克思主义哲学》、北京经济管理职业学院学生创作的《微光成炬，资助伴行——讲述我亲身经历的"七有"帮扶》获得二等奖。北京理工大学学生创作的《启航 虚拟仿真沉浸式体验思政课带来的感悟》、北京中医药大学学生创作的《上进》、北京联合大学学生创作的《十年答卷 以"基层善治"推动"中国之治"》获得三等奖。2023年10月，人民网舆情数据中心/人民在线根据各高校思政课程的社会反响、主流媒体关注度、舆论反馈情况等维度，在全国评选出20个优秀思政课程案例。北京大学的"学习贯彻党的二十大精神专题讲座十六讲"系列网络视频公开课，清华大学的新版"形势与政策"课，中国农业大学科技小院的"大思政课"，中国人民大学的"大国边疆"育人工程，北京师范大学的"青春讲师团"朋辈思政育人平台，北京航空航天大学的"由小及大"重构思政课堂，对外经济贸易大学的研究生思政课教学改革实践，北京科技大学的"师生共话式精准思政课专题教学"，北京邮电大学的"缘来邮你"新生入学教育"大思政课"成功入选，约占半壁江山。

三、主要问题与对策建议

2023年，北京高校思政课改革创新虽然取得了突出的进展，但在全面推进中国式现代化和中华民族伟大复兴的背景下，离新形势提出的新要求还有一定距离。调研结果显示，各高校认为影响思政课教学效果的重要因素有四个，选择系数均大于1，表示该项的选择次数超过了平均选择次数。一是学生的参与度和互动性有待增强（占85.96%），比2022年增加3个百分点，选择系数2.26；二是与学生的专业背景和兴趣爱好结合得不够紧密（占63.16%），与2022年持平，选择系数为1.66；三是现代化信息技术利用不充分（占42.11%），选择系数为1.11，比2022年增加近4个百分点；四是"大思政课"的改革探索尚未形成特色模式或品牌（占40.35%），选择系数为1.06，比2022年减少不到2个百分点。此外，少数高校存在尚未形成具有本校特色的完整的思政课教学模式或教学方法体系的问题（占15.79%），选择系数为0.41，以及尚未探索出更加公平、客观、有效的考核方式的问题（14.04%），选择系数为0.37，见图5-7。今后，各高校应以《普通高校马克思主义学院建设标准（2023年版）》为准绳，在思政课教学方法改革上强弱项、补短板，在增强教学参与互动性、密切联系实际、加强网络思政阵地建设等方面聚焦发力。

[图表：2014—2023年奇数年份北京高校思想政治理论课教学方法手段有待改进的问题，横向堆积条形图]

数据（按年份）：
- 2023年：85.96 / 63.16 / 42.11 / 14.04 / 15.79 / 5.26 / 40.35
- 2022年：82.46 / 63.16 / 38.60 / 21.05 / 22.81 / 12.28 / 42.11
- 2021年：77.19 / 64.91 / 38.60 / 24.56 / 29.82 / 0 / 0
- 2020年：82.46 / 64.91 / 31.58 / 24.56 / 26.32 / 0 / 0
- 2019年：85.19 / 75.93 / 35.19 / 24.07 / 29.63 / 0 / 0
- 2018年：89.09 / 70.91 / 54.55 / 29.09 / 20.00 / 0 / 0
- 2017年：85.00 / 85.00 / 68.33 / 23.33 / 35.00 / 0 / 0
- 2016年：81.67 / 88.33 / 68.33 / 20.00 / 40.00 / 0 / 0
- 2015年：88.33 / 76.67 / 56.67 / 28.33 / 31.67 / 0 / 0
- 2014年：81.67 / 73.33 / 48.33 / 26.67 / 91.67 / 0 / 0

图例：
- 学生的参与度有待提高，互动性有待增强
- 与学生的专业背景和兴趣爱好结合得不够紧密
- 现代化信息技术利用得不够充分（包括多媒体技术、移动网络技术等）
- 尚未探索出更加公平、客观、有效的考核方式
- 尚未形成具有本校特色的完整的思政课教学模式或教学方法体系
- 课外实践形式单一或学时偏少
- "大思政课"的改革探索尚未形成特色模式或品牌

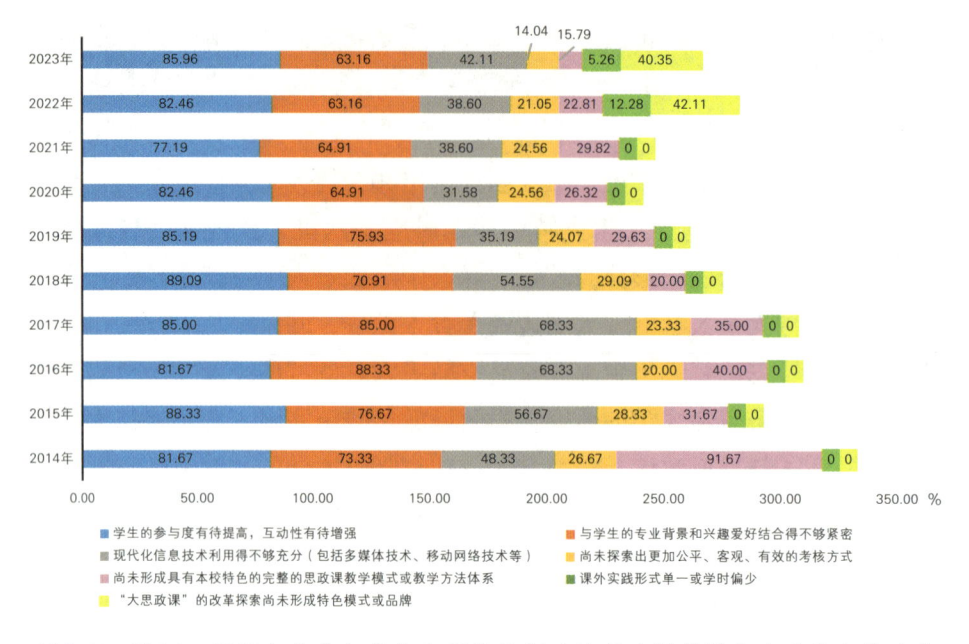

图5-7　2014—2023年奇数年份北京高校思想政治理论课教学方法手段有待改进的问题

（一）对标对表马克思主义学院思政课建设新指标，提升立德树人实效

2023年8月，教育部印发了《普通高校马克思主义学院建设标准（2023年版）》。新标准设定了8项A*类核心建设指标、26项A类重点建设指标、27项B类基本建设指标，总计61项，并根据上述三类指标的达成度设定了合格标准。其中思政课教学部分提出了教学组织、教学改革、实践教学、教学评价4项二级指标、14项三级指标。教学组织二级建设指标中与教学方法有关的三级指标有3个。一是使用马克思主义理论研究和建设工程统编的最新版思政课教材。使用中央宣传部、教育部等组织制作的思政课统一课件、讲义、教学辅导用书、教学视频等资料。思政课教师要不折不扣地完成思政课教材体系向教学体系的转化，高效保真地完成马克思主义理论学科体系向学术体系和话语体系的转化。二是推行中班教学，班级规模原则上不超过100人。推广中班上课、小班研学讨论的教学模式。大班上课要保持高效的参与互动，必须借助高效互动、即时反馈和可视化呈现等现代化信息技术，才能保持思政课堂对学生的吸引力。三是建

立健全思政课教师岗前培训与试讲制度、集体备课制度、听课互评制度、集中命题制度等。集体备课要聚焦说课、评课、磨课，注重实效，防止形式主义。集体备课不仅要备内容，还要备方法，备手段，要形成教研团队的合力，汇集众智，共同打造思政金课。

教学改革二级建设指标下的2个三级指标与教学方法改革直接相关。一是坚持改革创新，提高思政课的针对性和吸引力。推动思政课教学实现政治性和学理性相统一、价值性和知识性相统一、建设性和批判性相统一、理论性和实践性相统一、统一性和多样性相统一、主导性和主体性相统一、灌输性和启发性相统一、显性教育和隐性教育相统一。培育推广形式多样、效果确切、受学生欢迎的教学方法，注重从理论和实践、历史和现实、国际和国内的结合上回答学生关心的热点难点问题。各高校思政课教学方法改革必须坚持"八个相统一"的原则。2023年调研结果显示，最常采用参与互动式教学方法的高校为零，学生参与思政课教学的积极性、主体性尚未得到充分调动，思政课教师要警惕不要全程采用传统讲授式授课，把思政课堂上成教师一个人上演的独角戏，而是要课前精心设计有学生参与的互动教学。二是探索考试评价方式改革，注重学习过程和实践成果考核，注重考查学生运用马克思主义立场、观点、方法分析问题和解决问题的能力。2023年调查结果显示，闭卷考试（纸考）是60%的高校最常采用的思政课考核方式，已越来越不适应高校马克思主义学院建设的最新要求，今后各高校应将过程性考核和实践能力考核作为考核方式改革的努力方向。

实践教学二级建设指标中的3个三级指标也与思政课教学方法改革密切相关。一是构建"大思政课"工作体系，马克思主义学院统筹思政课各门课程的实践教学、教学内容、指导教师和专项经费。加强校内外多方联动，结合志愿服务、理论宣讲、社会调研等开展多样化的思政课实践教学，原则上覆盖全体在校学生。二是严格落实本科2个学分、专科1个学分用于思政课实践教学，积极与"大思政课"实践教学基地等建立合作机制，建设相对稳定的校外教学实践基地。三是积极组织思政课教师、辅导员等共同参与指导思政课实践教学。将思政课教师指导社会实践、学生理论社团等工作纳入教学工作量。整合全校思政人力资源，是深入开展大思政课改革的重要保障。

教学评价二级建设指标中的2个三级指标也与思政课教学方法改革密切相关。一是强化课堂教学纪律，教师要敢抓敢管，完善课堂教学管理办法，建立完备的教学内容、教学质量监测和教学督导制度。教学课堂管理和质量监控是提升思政课教学实效的重要保障。二是以学生获得感为评价导向，注重教学效果评价，增加教学研究和教学成果在评价体系中的权重。思政课教学评价结果作为思政课教师绩效考核、职务（职称）晋升、评奖评优的首要依据。这一指标强调思政课教师开展教学方法改革，要以教学改革研究为基础，以教促研，以研优教。

调研结果显示，一些高校思政课建设与上述指标还有一定差距。各高校应按照《普通高等学校马克思主义学院建设标准（2023年版）》关于思政课建设的指标要求，强化精品意识，打造思政金课，扎实推动思政课建设高质量内涵式发展。

（二）用好新时代十年的伟大成就，增强思政课的感染力说服力

思想政治理论课要获得大学生对马克思主义理论及其中国化的最新成果的高度认同，不仅要讲清楚道理，还要摆出大量的事实。中国共产党为什么能，马克思主义和中国化的马克思主义为什么行，中国特色社会主义为什么好，不仅要听怎么说，还要看怎么做，做得怎么样，现实是最好的教科书，是最有说服力的理论注解。只有结合中华大地正在进行的新时代中国特色社会主义伟大探索，以及当前各个行业领域正在推进的中国式现代化生动实践，用大学生身边发生的真实事件，把深刻的道理讲得有声有色、有情有意，才能发挥思政课沟通心灵、启智润心、激扬斗志的作用，提高高校大学生对经典马克思主义和当代中国马克思主义的认同度，增强青年一代的道路自信、理论自信、制度自信、文化自信，使中国化马克思主义最新成果成为大学生心之所向、行之所循，不断提高思政课的针对性和吸引力，从而达到用习近平新时代中国特色社会主义思想铸魂育人的目的。

党的十八大召开至今，十年来，新时代的中国发生了天翻地覆的变化，经济、政治、文化、国防、生态等领域取得全面显著的成就。十年来，"两个确立"为党和国家事业发展提供了根本保证，习近平新时代中国特色社会主义思想为各个领域的高质量发展提供了科学指引，中国特色

的社会主义为保障中国发展行稳致远提供了制度优势，抗击疫情的成功、脱贫攻坚战的胜利，北京冬奥会的成功举办，凝聚起自信自强的精神力量，"一带一路"的不断推进，使中国的发展越来越惠及世界，中国在世界的话语权逐渐凸显，在国际组织重大世界问题协商决策过程中发挥越来越重要的作用……实践是检验真理的最终标准，新时代十年取得的伟大成就，一方面证明了习近平新时代中国特色社会主义思想的真理性，另一方面有助于坚定青年学生对马克思主义的信仰、对党和政府的信任、对实现中国式现代化和中华民族伟大复兴的信心。思政课教师可在实践教学环节或独立社会实践课内容中，设计策划"×××这十年"为主题的实践活动，从自身视角观察国家、党、家乡、父母、亲友在新时代十年里发生的变化，鼓励学生讲出自己的亲身体会，在课堂上分享，引起师生的情感共鸣，增进理论认同。

（三）充分利用现代化信息技术，加强网络思政阵地建设

继续推动现代化前沿信息技术与思政课教学方法深度融合。2023年5月29日，习近平总书记在中央政治局第五次集体学习会议上指出，要提高网络育人能力，扎实做好互联网时代的学校思想政治工作和意识形态工作。"00后"大学生是网络原住民，作为"Z世代"[①]群体的主力，他们出生在互联网时代，成长在高速发展的社会，对数字科技很熟悉，受互联网、即时通信、社交媒体的影响极大，是第一代自小同时生活在电子虚拟与现实世界的原生世代。他们善于在互联网输出自己的意见，对多元文化、趣味生活都拥有独特追求。他们高度依赖互联网生活，通过互联网来改变命运、创造自己的想象、构筑自己的生活圈，甚至把数字平台纳入自己的职业生涯规划。网络已成为新时代大学生精神生活的重要空间，思想政治教育不占领，低级趣味和错误的思潮就会乘虚而入，充斥青少年的耳目，污染青少年的心灵。党的十八大以来，北京高校的网络空间思政建设在全国走在前列，加大了建设经费投入，网络思政精品层出不穷，特别是北京高校思想政治理论课高精尖创新中心的使用，在全国范围内发挥了示范、辐射的作用。疫情三年期间，由于疫情防控的需要，线上教学大爆

---

① "Z世代"是欧美流行的网络用语，又称"Z时代""网生代""数媒土著""互联网世代""二次元世代"，通常指1995年以后出生的人。

发，直播技术引入网络课堂教学，涌现出一批批网络精品课程，为高校师生提供了学习、交流、互动的平台，填补了网络思政空间的空白。虽然取得了上述可观的成绩，但仍存在发展不平衡不充分的问题。例如很多学生家长反映高校官网信息少、更新慢，希望能够浏览到更多内容。马克思主义学院官网的网络思政空间有待激活、开发，虽然高校官网在2023年已成为北京高校较常使用的五大教学手段之五，但内容上活动报道版块多，互动交流版块少，形式上信息的单向输出多，双向互动少。各高校应增加人力、物力和财力投入，加强院校官网平台的网络思政建设，大力发展网络思政文化，利用新媒体打造师生家长喜爱的精神家园和心灵港湾。加强网络思政建设，不仅是新时代高校党建和思想政治工作的要求，也是"大思政课"改革拓展教学场域的需要，也是向社会传递网络正能量的需要。

时代洪流滚滚向前，把握时代脉搏，传递时代呼唤，用习近平新时代中国特色社会主义思想立德树人，铸魂育人，高校思政课教师使命在肩，改革创新将永无止境，永远在路上。在全面推动中国式现代化、全面推进中华民族伟大复兴的新征程上，实现思政课的高质量发展，打造高精尖思政精品，北京高校应走在全国高校的前列，多出经验，提供可供学习借鉴的新模式，不断展现思政的魅力。

第六章 社会实践

思政课实践教学是高校立德树人的重要途径。坚持理论性和实践性相统一的原则，优化思政课实践教学，充分发挥课堂外丰富多元的实践场域的思政育人效能，实现"课程思政"与"思政课程"的同向同行，是高等院校必须积极探索的思政育人模式。

2022年7月25日，教育部等十部门印发《全面推进"大思政课"建设的工作方案》，突出强调了思政课实践教学的重要性与必要性，提出要"坚持开门办思政课，强化问题意识、突出实践导向，充分调动全社会力量和资源，建设'大课堂'、搭建'大平台'、建好'大师资'，建设全国高校思政课教研系统，设立一批实践教学基地，推出一批优质教学资源，做优一批品牌示范活动，支持建设综合改革试验区，推动思政小课堂与社会大课堂相结合，推动各类课程与思政课同向同行，教育引导学生坚定'四个自信'，成为堪当民族复兴重任的时代新人"，为立足新时代任务要求推动思政课改革创新提出了明确的工作思路和实践着力点。2024年5月11日，新时代学校思政课建设推进会召开，习近平总书记作出重要指示，强调全面贯彻党的教育方针，落实立德树人根本任务，紧扣新时代新征程教育使命，不断开创新时代思政教育新局面，确保党的事业和社会主义现代化强国建设后继有人。为此，要以"大思政课"拓展全面育人为新格局，把思政小课堂和社会大课堂结合起来，不断探索思政课实践育人的长效机制，推动学生更好地了解国情民情，坚定理想信念。一方面，实践教学要进行深入调研，向学生生动展示当前形势下的世情、国情、党情，帮助学生深入理解马克思主义基本原理与马克思主义中国化的最新理论成果，引导青年学生立足"两个大局"，胸怀"国之大者"，坚定捍卫"两个确立"，坚决做到"两个维护"。另一方面，实践教学要促进学生的全面发展，让青年学生在亲身参与中锤炼品格、增长才干、奉献社会，成长为德智体美劳全面发展的社会主义合格建设者和可靠接班人。

本报告集中梳理总结了2023年度北京高校思政课社会实践的开展情况，需要说明的是，本报告中作为研究对象的"社会实践"，指的是按照教育部相关文件设置的、有正式学时和学分要求的、作为思政课教学有机组成部分的学生社会实践。本报告所依据的数据和资料，主要来自课题组对包括部属高校、市属本科高校及高职（专科）院校在内的北京市57所高校所进行的调查问卷、部分院校2023年度思政课社会实践工作情况介绍和中共北京市委教育工作委员会相关文件、通知等。

一、数据展示与解读

（一）本科生社会实践

在调研取样的57所高校中，一流大学建设高校8所、一流学科建设高校24所、非双一流建设高校25所。57所参加调研高校中，有马克思主义理论学科点的高校共计37所，其中马克思主义理论一级学科博士点高校16所、一级学科硕士点高校20所、二级学科硕士点高校1所，无学科点高校20所。其中，"双一流"建设高校开展本科生思政课社会实践的有31所，占比96.88%，非"双一流"建设高校开展本科生思政课社会实践的有20所，占比80.00%。如图6-1和图6-2所示。

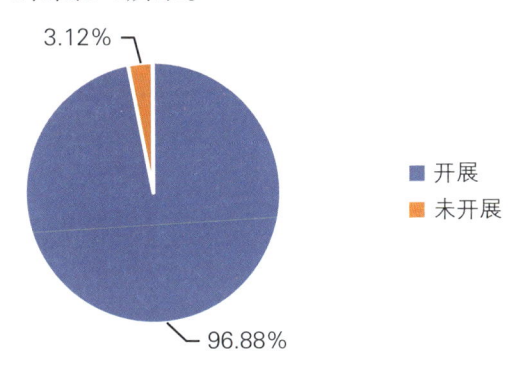

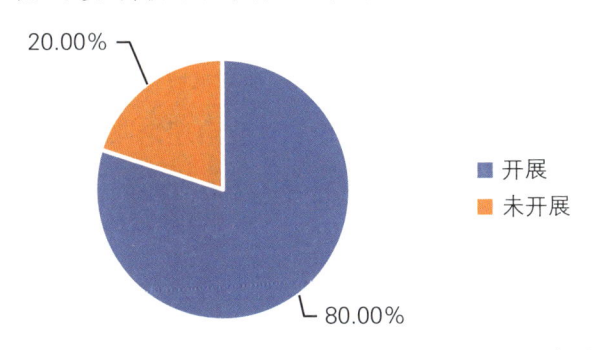

图6-1 "双一流"建设高校开展本科生思政课社会实践的分布情况

图6-2 非"双一流"建设高校开展本科生思政课社会实践的分布情况

1. 本科生社会实践的学分、学时

开展本科生思政课社会实践的高校中，社会实践学分的设定情况不一。其中，规定学分最高的为6学分，2学分的居多，也有部分高校没有规定相应学分。具体学分设置情况如图6-3所示。

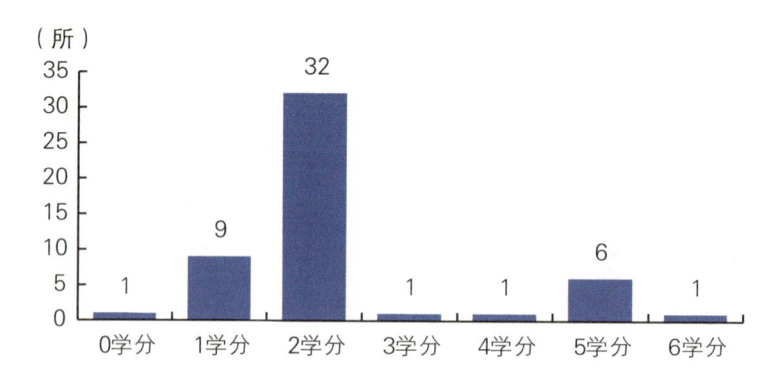

图6-3 各高校开展本科生思政课社会实践学分情况

在思政课社会实践学时设置方面，实际学时为0~35学时的高校有34所，36~71学时的高校有8所，72~107学时的高校有7所，108学时及以上的高校有2所。如图6-4所示。

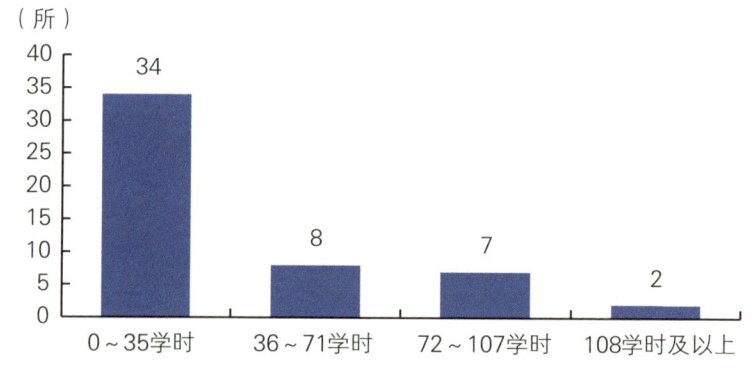

图6-4 各高校开展本科生思政课社会实践学时情况

教育部印发的《高等学校思想政治理论课建设标准》以及《新时代高校思想政治理论课教学工作基本要求》中明确规定，思政课的实践教学占2学分比重。通过此次调研发现，绝大多数高校能够按照相关要求，保障社会实践的学分和学时，但也存在个别高校没有设置学分或学分、学时不足的情况，需要进一步按照文件要求改进课程实施方案。

2. 本科生社会实践的时间

在参与调研的高校中，开展本科生思政课社会实践的时间不尽相同。49所高校安排在暑假进行，27所高校安排在寒假进行，安排在学期内业余时间的有45所，如图6-5所示。所有高校都在寒暑假以及学期内的业余时间选择超过一个固定时间段来开展社会实践活动，时间安排比较灵活。

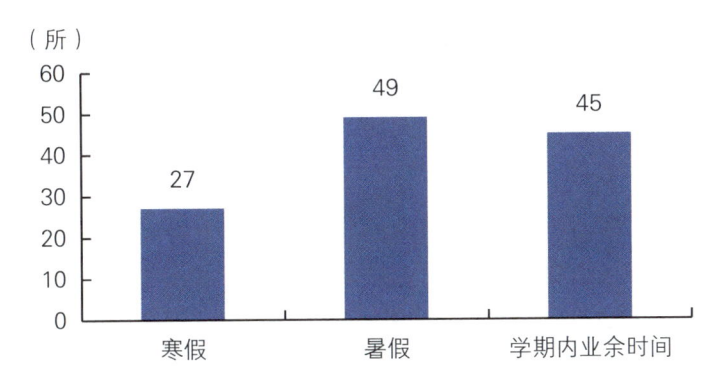

图6-5 各高校开展本科生思政课社会实践的时间安排情况

3. 本科生社会实践的活动形式

在参与调研的高校中，本科生思政课社会实践开展的形式丰富多彩。总体而言，选择社会考察/调查形式的最多，有51所，选择志愿服务形式的有46所，选择支教形式的有16所，其他形式的有9所，如图6-6所示。从成因看，高校之所以采取社会考察/调查形式的最多，在一定程度上与高校思政课社会实践强调的预期成果有关。高校思政课社会实践的开设目的更多是希望学生通过亲身实践，围绕某一问题得出较为深刻的理论分析，撰写出一份理论和实践相结合的调研报告，这与传统的体验式、志愿服务式社会实践不同。此外，2023年初，国内新冠疫情防控平稳转段，经济社会恢复常态化运行，高校教学管理工作也有序正常开展。部分高校恢复了在疫情防控期间暂停的社会实践活动，在活动形式上相比于前两年有明显的丰富和改善，出现了"海外实践""京郊考察""红色基地实践""革命纪念馆参观""拓岗访企"等更加多样化的社会实践活动形式。

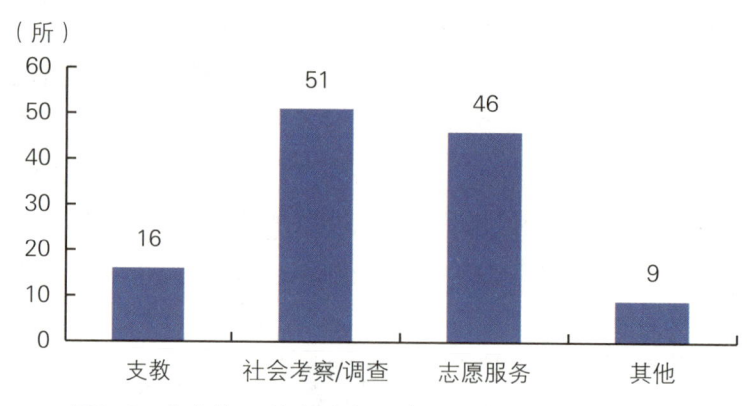

图6-6　各高校开展本科生思政课社会实践的形式情况

以上主要是校外实践，思政课社会实践也有一些是采取助教、助研、助管方式在校内展开的。通过调查发现，校内实践活动中，参与助研的人数最多，占比36.79%；其次是助管，占比32.76%；最少的是助教，占比30.45%，如图6-7所示。

设置思政课"三助"岗位，一方面有助于学生更为直接和具体地了解思政课教学科研情况；另一方面也能借此获取一部分生活补助。由于现在各高校思政课专任教师普遍存在数量不足的情况，因此，为更好地完成教学、科研任务，设置一些"三助"岗位，成为各高校普遍采用的一种做法。

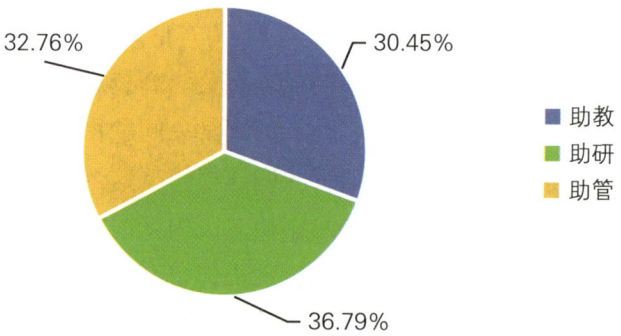

图6-7　本科生"三助"的分布情况

4. 本科生社会实践的组织方式

调查显示，在本科生思政课社会实践组织形式方面，多数高校采取的是集体组织与自主实践相结合的方式，占比76.47%，单一选择集体组织的占比15.69%，单一选择自主实践的占比7.84%，如图6-8所示。与2022年相比，单一采取集体组织的比例有所上升，单一选择自主实践的比例有所下降（2022年，高校单一选择集体组织的占比11.76%，单一选择自主实践的占比11.76%），这说明高校思政课社会实践的专业化、组织化程度和学校给予的支持和保障力度都有所提升。

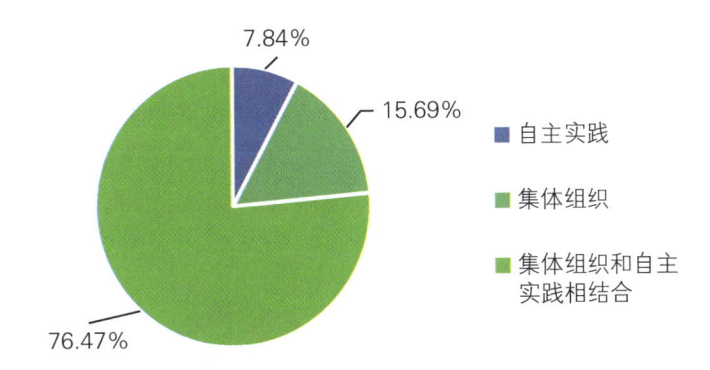

图6-8　各高校开展本科生思政课社会实践的组织形式分布情况

5. 本科生社会实践的参与人数

从本科生四门思政课社会实践参与人数来看，人数由高到低分别为"概论""基础""纲要""原理"课程，人数分别为90487人、80045人、78103人、72398人，占比分别为28.19%、24.93%、24.33%、22.55%，如图6-9所示。之所以呈现出这种分布状态，与课程内容直接相关。"基础"课、"概论"课讲授内容更加贴近学生实际和当下社会发展实际，"原理"课侧重于马克思主义的基本理论，"纲要"课主要通过讲授中国近现代历史进而揭示历史发展和选择的必然性，这两门课程与学生日常生活和社会发展现实稍有距离。因此，各学校在设置思政课实践教学环节时，更倾向于在"基础"和"概论"课程中配合课堂教学来进行课外延伸。

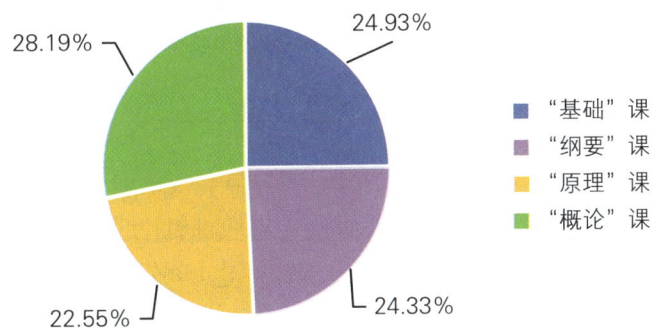

图6-9　各高校本科生思政课各门课程社会实践参与人数分布情况

（二）研究生社会实践

相比高校开展的本科生思政课社会实践而言，研究生思政课社会实践的开展稍显不足。在所抽样的57所高校中，开展研究生思政课社会实践的高校仅有33所，占比57.89%；未开展研究生思政课社会实践的高校有24所，占比42.11%。其中，"双一流"建设高校中开展研究生思政课社会实践的有21所，占参与调研的"双一流"建设高校总数的65.63%；非"双一流"建设高校中开展研究生思政课社会实践的有12所，占参与调研非"双一流"建设高校总数的48.00%。如图6-10和图6-11所示。

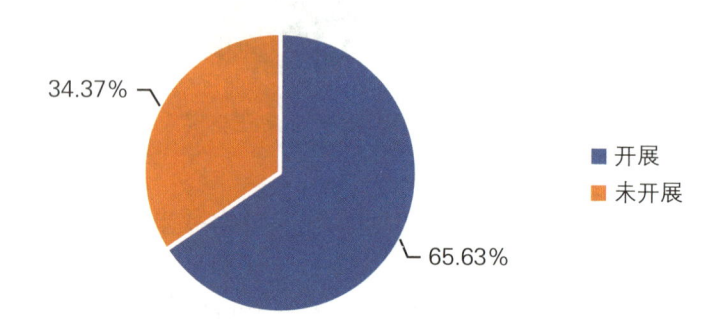

图6-10 "双一流"建设高校开展研究生思政课社会实践的分布情况

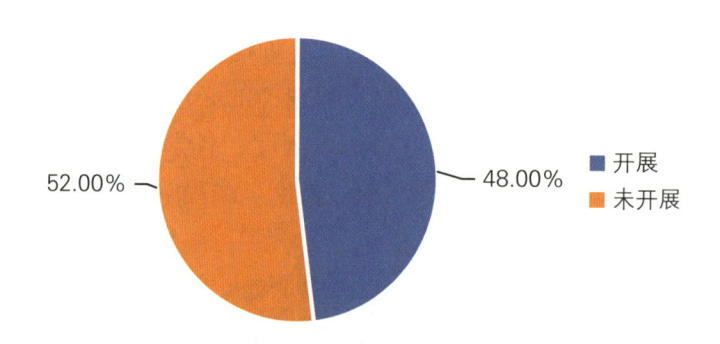

图6-11 非"双一流"建设高校开展研究生思政课社会实践的分布情况

1. 研究生社会实践的学分、学时

调查显示，在33所开展研究生思政课社会实践的高校中，规定学分的有14所，其中规定2学分的有2所，规定1学分的有12所，另外19所高校没有学分规定。如图6-12所示。

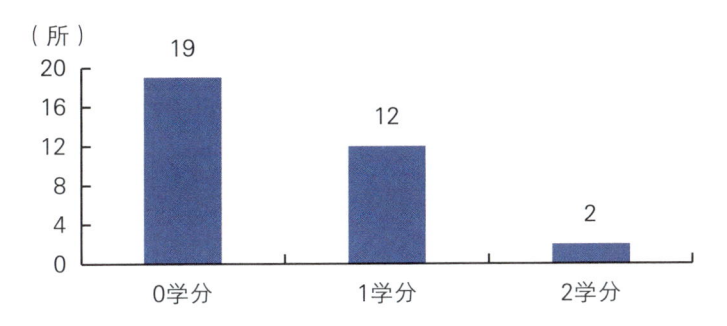

图6-12 各高校开展研究生思政课社会实践学分情况

在开展研究生思政课社会实践的高校中，有15所高校没有设置学时，18所高校设置了学时，其中，设置计划学时最高的高校为36学时，最少的为1学时；实际学时最高的为36学时，最少的为1学时，如图6-13所示。无论在学分还是学时的设置上，研究生思政课社会实践与本科生思政社会实践的开展情况存在较大的差距，各个高校之间的差异也十分明显，这说明部分高校虽然开展了研究生思政课社会实践，但并没有相应的学分与足够的学时来保障落实。

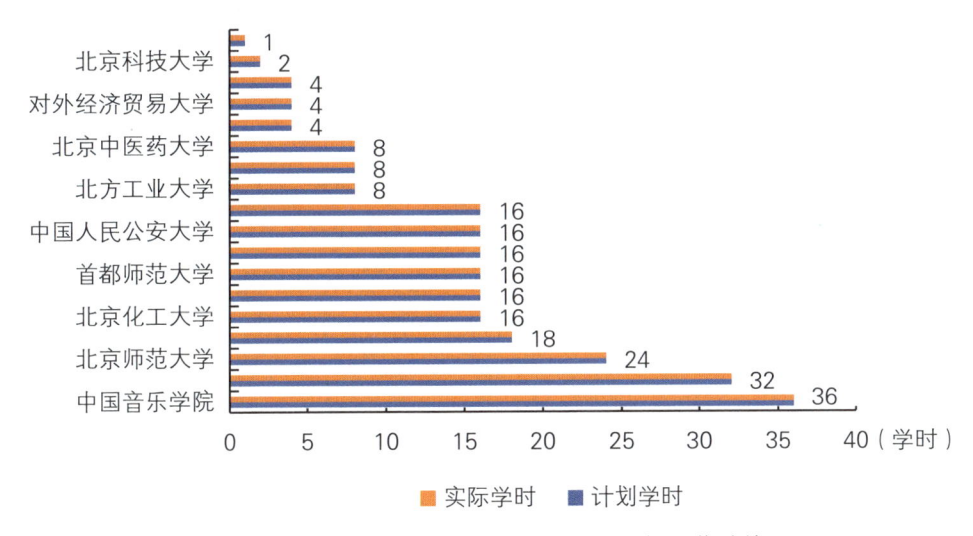

图6-13 各高校开展研究生思政课社会实践学时情况

2. 研究生社会实践的时间

调查显示，在开展研究生思政课社会实践的33所高校中，寒假开展思政课社会实践活动的有16所，暑假开展思政课社会实践活动的有33所，学期内业余时间开展思政课社会实践活动的有30所。所有高校都选择超过一个固定时间段来开展社会实践活动，其中，3所高校选择寒暑假时间段，13所高校则选择在寒暑假和学期内的业余时间等多个时间段开展社会实践活动。与本科生思政课社会实践时间选择不同，高校更多将研究生社会实践安排在学期内业余时间而不是固定时间段进行。这在一定程度上与研究生阶段的学习特点有关，相对于本科生而言，高校对于研究生理论研究的要求更高，在此情况下，研究生需要花更大量并且更集中的时间在理论研究上，从而高校开展研究生思政课实践活动的时间总量相对较少，难以安排固定的时间段，如图6-14所示。

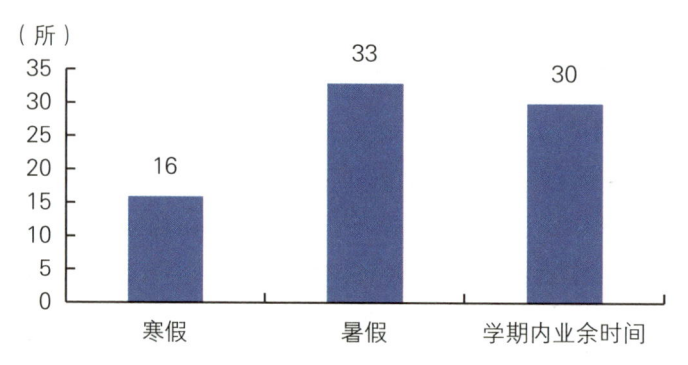

图6-14 各高校开展研究生思政课社会实践的时间安排情况

3. 研究生社会实践的活动形式

调查显示，开展研究生思政课社会实践的33所高校都采取了多种社会实践形式相结合的方式。其中，33所高校全部都采取了社会考察/调查形式，26所高校采取了志愿服务形式，10所高校采取了支教形式，12所高校采取了其他形式。从形式上看，研究生社会实践的开展更加灵活多样，与这一学段的学生特征和实践要求相吻合，如图6-15所示。

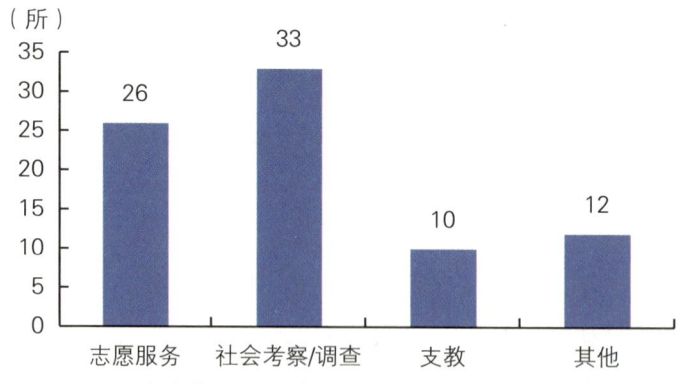

图6-15 各高校开展研究生思政课社会实践的形式情况

除了在校外开展的社会实践活动，研究生校内实践的主要形式也是担任助教、助管、助研。调查结果显示，2023年研究生思政课校内实践活动中，参与助教的人数最多，占比43.25%；其次是助研，占比35.67%；最少的是助管，占比21.08%，如图6-16所示。研究生助教和助研人数高于助管，这在一定程度上与学校在设置"三助"岗位时对招募对象的要求有直接关系。一般经过本科四年学习后的研究生，具备了一定的知识储备，也具备了一定的生活阅历和经验，因此学校更愿意招募研究生担任项目助研和课程助教工作。而对知识储备相对要求较低的助管工作，则更多由本科生来承担。

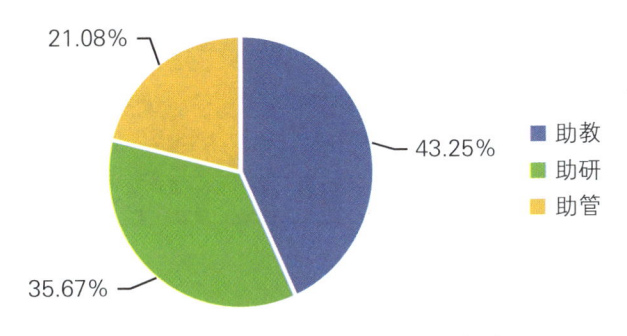

图6-16　研究生"三助"的分布情况

4. 研究生社会实践的组织方式

调查显示，24所高校采取的是集体组织与自主实践相结合的方式，占比72.73%；6所高校选择自主实践，占比18.18%；3所高校选择集体组织，占比9.09%。这也说明高校对于研究生思政课社会实践的重视程度与日俱增，如图6-17所示。

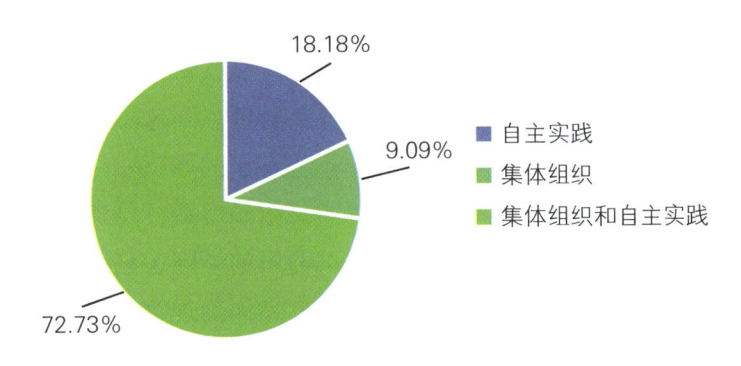

图6-17　各高校开展研究生思政课社会实践的组织形式

5. 研究生社会实践的参与人数

调查显示，在33所开展研究生思政课社会实践的高校中，有23所高校的32308名硕士研究生参与了"中国特色社会主义理论与实践"课程的社会实践，其中人数最少的为9人，最多的为8230人；15所高校的7474名博士研究生参与了"中国马克思主义与当代"课程的社会实践，其中人数最少的为20人，最多的为4700人。相较于2022年的调查数据，2023年研究生参与思政课社会实践的总人数有所上升。此外，硕士生参与社会实践人数要显著高于博士研究生，各高校研究生参与社会实践的人数存在较大差异。部分高校研究生思政课各门课程社会实践参与人数分布情况如图6-18所示。

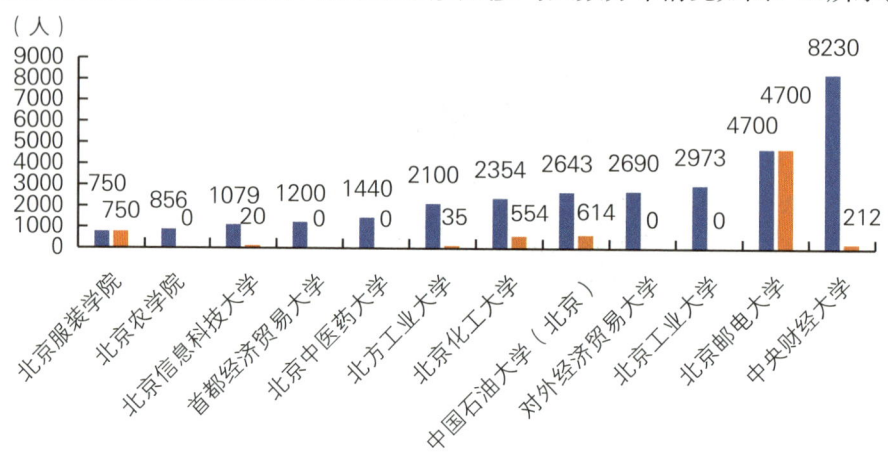

图6-18 部分高校研究生思政课各门课程社会实践参与人数分布情况

二、主要成绩

习近平总书记在纪念马克思诞辰200周年大会上的重要讲话中指出："实践的观点、生活的观点是马克思主义认识论的基本观点，实践性是马克思主义理论区别于其他理论的显著特征。"这不仅是对马克思主义本质的深刻揭示，更是对新时代中国青年寄予的厚望——要求新时代青年在实践中学习马克思主义，用马克思主义指导实践，将理论之光转化为照亮现实之路的灯塔。马克思主义不是书斋里的学问，只有走到现实中去，尝试用马克思主义去观察世界、分析世界，深刻理解我们国家面临的挑战与机遇，把握住世界的发展趋势，才能真正理解和运用好马克思主义的立场、观点和方法。新时代的中国青年肩负着特殊的使命，一方面，他们需要通过社会实践深入了解国家的发展历程和马克思主义在中国的发展脉络与具体应用；另一方面，他们需要用思政课中学到的马克思主义的立场、观点、方法来指导实践，"用脚步丈量祖国大地，用眼睛发现中国精神，用耳朵倾听人民呼声，用内心感应时代脉搏"，进而真正把所学转化为行动去认识和改造现实世界，为国家和人民服务奉献。

习近平总书记指出："思政课的本质是讲道理，要注重方式方法，把道理讲深、讲透、讲活。老师要用心教，学生要用心悟，达到沟通心灵、启智润心、激扬斗志。"思想政治理论课的实践教学环节是思政课的重要组成部分，思政课实践既是一门显性的思政育人课程，是提高高校思想政治理论课教学实效的必要环节，是"课程思政"的重要组成部分，又是一项有明确实践目标、丰富实践内容、多种实践形式、广阔实践平台的活动育人实践。强调理论与实践的高度统一和融通，是思政课教学的必然要求，也是不断追求的目标。践行知行合一，才能更好地把道理讲深、讲透、讲活。推进思政课程与实践教学深度融合，要深化实践育人价值认识，进一步打通思政理论与实践的边界。正如习近平总书记在2023年给中国农业大学科技小院的同学们回信中写道，"希望同学们志存高远、脚踏实地，把课堂学习和乡村实践紧密结合起来"，习近平总书记的回信、讲话等内容为深化新时代思政课实践的改革创新指明了前进方向。北京市各高校深入挖掘课内外思政教育资源，紧紧围绕"培养什么人、怎样培养人、为谁培养人"的根本问题，带领学生走进田间地头、深入工厂社区，在社会实践一线打造社会大课堂，打造课内课外相贯通、教学实践相衔接的"大思政课"，有计划地组织学生走出校门、走向社会，深入基层、深入生活，通过丰富多彩的下乡支教、社会调查、志愿服务、理论宣讲等社会实践，实现理论和实践的有机融合。

2023年，北京市各高校思政课社会实践在稳定中寻求突破，展现出独特的活力与创造力。与2022年相比，参与思政课社会实践的北京高校数量占比保持稳定，各高校着力在实践教学形式上进行积极探索与创新。在实践形式上，北京市高校继续深化下乡支教、社会调查、志愿服务及理论宣讲等传统实践模式的内涵，同时大胆地尝试新路径，不仅丰富了实践教学的内容与层次，加深了学生对马克思主义理论的理解与认同，更促使他们在实践中思考、在思考中行动，促进了青年大学生与时代同频共振，真正实现理论与实践的深度融合。北京市各高校在思政课社会实践的支持保障力度上持续提升，通过优化资源配置、加强师资培训、完善评价体系等措施，努力为学生创造更加良好的实践环境。从实践效果上看，北京市各高校不断深化和完善思政课实践教学改革创新，大学生学习思想政治理论课和参与社会实践的积极性、主动性、创造性和实效性有所提高，思政课社会实践成果质量与深度显著提升，被采纳的思政课社会实践成果数量有所增加，学生在更加聚焦的领域中挖掘出了更有价值的思考与发现。这些成果不仅体现了学生对社会问题的敏锐洞察，也展示了他们运用理论知识解决实际问题的能力，是青年学子与时代同行的生动注脚，更是他们以实际行动践行社会主义核心价值观、服务国家与人民的有力证明。

（一）高度重视顶层设计，推动思政课实践内涵式高质量发展

党的十八大以来，党中央始终坚持把学校思政课建设放在教育工作的重要位置。习近平总书记在新时代学校思政课建设推进会上强调，新时代新征程上，思政课建设面临新形势新任务，必须有新气象新作为。要坚持以习近平新时代中国特色社会主义思想为指导，全面贯彻党的教育方针，落实立德树人根本任务，坚持思政课建设与党的创新理论武装同步推进，构建以习近平新时代中国特色社会主义思想为核心内容的课程教材体系，深入推进大中小学思想政治教育一体化建设。

新时代伟大成就为思政课铸魂育人提供了鲜活的素材，推动思政课实践内涵式、高质量发展，既要确保实践内容丰富、优质，也要注重开展方式的高效性和吸引力，实现优质内容与有效形式的有机统一。北京市教委教育工委及各高校不断探索思政课实践内涵式发展途径，灵活而富有成效地调动各种资源、运用不同载体、利用多种方法、采用有效技巧，适时、规范、精准地开展实践，充分发挥新时代伟大成就的教育激励作用，引导学生感悟党的创新理论的实践伟力。以"大思政课"拓展全面育人新格局，把思政小课堂和社会大课堂结合起来，推动学生更好地了解国情民情，坚定理想信念。

实践育人作为落实立德树人根本任务的关键环节，是高校思想政治工作体系的有机组成，是培养担当民族复兴大任时代新人的有效途径。2023年2月，共青团中央、全国学联联合下发《关于增强新时代大学生社会实

践活动实效深化共青团实践育人工作的意见》，推动社会实践活动内涵化、规范化、常态化、长效化发展，引领大学生立志做有理想、敢担当、能吃苦、肯奋斗的新时代好青年，让青春在全面建设社会主义现代化国家的火热实践中绽放绚丽之花。2023年7月，北京市深化"三下乡"、"返家乡"、社区实践、研学考察等社会实践活动，引导青少年感知社会、了解国情、磨炼本领、服务群众，发扬斗争精神、增强斗争本领，时刻准备经受风高浪急甚至惊涛骇浪的重大考验。实践活动影响覆盖稳步扩大、价值内涵持续深化、育人实效不断凸显，涌现出一大批优秀社会实践项目、团队和个人。

作为全国"大思政课"综合改革试验区，北京不仅在理论上先行先试，更在实践中积极探索，市委教育工委大力推动"大思政课"实践教学基地的建设，立足"首都"这个北京最大的市情，以实践教学为抓手，建设全市思政大课堂体系，引导师生亲身感受国家大战略部署，真切感悟社会大时代变迁，以"大思政课"之"大"、谋立德树人之"实"打通了一条"大思政课"实践育人路。为确保思政课实践的高质量、高效率与可持续发展，北京市高校围绕实践育人的核心理念，精心策划思政课实践框架与实施方案，与校外机构建立长效合作机制，实现了多样化实践项目的统筹规划与对接。同时，北京市高校加强对社会实践全过程的管理与指导，构建社会实践育人基地网络，汇聚专家智慧，共同开发富有成效的社会实践项目。各高校则充分利用自身优势，挖掘用好各类资源，搭建起丰富多彩的实践育人平台。这一系列举措有效提升了思政教育的实效性与影响力，在全国范围内树立了实践育人的典范。

（二）不断拓展实践途径，激发青年学生实践积极性

2023年是全面落实党的二十大精神开局之年、全面建设社会主义现代化国家新征程起步之年、改革开放四十五周年，也是首都大学生参与社会实践四十周年。在这一系列意义深远的时间节点交织下，北京市各大高校紧抓历史机遇，创新方式方法，通过多元化途径深入实施思政教育实践项目。北京市高校推动思想政治教育实现从学科育人向课程育人与活动育人的跨越式发展，在坚守课堂主渠道的基础上，积极拓宽思政教育的边界，将理论与实践紧密结合，引导学生走出课堂，走向社会，将思政小课堂与

社会大课堂深度融合，让学生在丰富多彩的社会实践中感悟时代脉搏，锤炼意志品质，提升综合素质。

1. 建设"大思政课"实践教学基地，用好京华大地丰富资源

北京市委教育工委表示，要用好京华大地的生动实践，让学生在生活、学习的区域内感知习近平新时代中国特色社会主义思想的实践伟力。针对制约思政课实践教学取得实效的"痛点"，北京市广泛建立实践教学基地，将各区资源优势转化为实践教学优势，用好红色资源、赓续红色血脉，建立起"沉浸式教学"空间。依托北京高校思想政治理论课高精尖创新中心，打造"北京市'大思政课'实践教学数字地图"，通过综合运用VR等技术手段，全面标识展示全市思政课实践教学点位的准确地址、教学主题、预约方式、课堂容量、示范教案等内容。

截至2023年底，北京市学校思政课实践教学"数字地图"上，超过200个实践教学基地在全市16区的地图上被点亮，共建立起16个"区—校"共同体。北大红楼、首都博物馆、北京冬奥公园等211个"大思政课"实践教学基地已确定建立。2023年5月，"'京'彩文化青春绽放"行动计划正式启动，依托遍布全市的思政课实践教学基地，"信仰行、红色行、古都行、文艺行、志愿行、园区行"6项实施方案、14个具体项目全面开展，全市百余个文化场馆参与其中，成为青年学生感知古都文化、红色文化、京味文化、创新文化的"大课堂"。

2. 创新社会实践平台，开展高质量社会调查研究

"大思政课"之大，在于其是一门社会大课，思想政治教育走出学校、走入社会、走向实践，将思政小课堂与社会大课堂有机结合，才能促使学生在亲身体验中领悟党的创新理论精髓，直观感受世情、国情、党情，深化对马克思主义及其中国化最新成果的理解。2023年，北京市高校落实习近平总书记关于实践育人的重要指示，推进思政课实践规范化、常态化、长效化，创新平台、强化师资、完善体系、健全机制，以高质量社会调研为抓手，提升实践实效，促进成果转化，为培养新时代青年贡献力量。

为深入学习贯彻习近平总书记给中国农业大学科技小院学生重要回信精神，教育引导广大师生发挥智力优势，助力乡村振兴，上好首都特色"大思政课"，北京市委教育工委、北京市教委打造系列特色优质项目，组织开展2023年北京高校红色"1+1"活动，各高校共计1615个学生党支

部深入农村、社区、企业等与基层党支部结对，高标准完成共建活动。北京高校100支实践团队依托首都高校师生服务乡村振兴行动计划，利用暑期奔赴全国20个省、自治区、直辖市的106个乡村开展实践，走向田间地头、深入基层一线，以文化兴农、科技支农、卫生惠农、智慧助农等形式，投身乡村振兴战略，在社会课堂中受教育、长才干、作贡献。

北京市各高校紧跟时代步伐，积极响应党的号召，制定并实施思想政治实践课程的系列指导与执行方案。北京大学制定《强化实践育人——进一步建设好思想政治实践课程体系的指导方案》和《北京大学思想政治实践课程执行方案》，成立由校领导挂帅的思想政治实践课程建设领导小组，构建了从顶层设计到具体执行的全方位体系，确保思政实践教育的全面覆盖与深度实施。在具体实施过程中，各高校注重实践育人的实效性，加强思政实践课程的师资队伍建设，指导教师带领学生从行前精心选题，到行中扎实调研，再到行后细致总结，每一步都力求真实、深入，确保调研成果既有理论深度，又有实践价值。北京大学通过成立课题小组，深入基层一线，围绕国家重大战略需求和社会热点问题开展高质量的社会调查研究，充分发挥学科优势和人才优势，邀请知名专家带队，将学术研究与社会实践紧密结合，为美丽中国、健康中国等建设贡献了青年学子的智慧与力量。北京外国语大学社会实践团，充分展现外语特色，通过跨文化交流、党史寻根、社会调研等多种形式，不仅展现了青年学子的独特风采，更为社会问题的解决提供了新视角、新思路。这些实践活动不仅加深了学生对国情民情的了解，而且促进了他们将所学知识转化为服务社会的实际行动，真正实现了理论与实践的深度融合。

3. 德智体美劳融合育人，促进学生全面发展

党的二十大报告明确强调，培养什么人、怎样培养人、为谁培养人是教育的根本问题。育人的根本在于立德。全面贯彻党的教育方针，落实立德树人根本任务，培养德智体美劳全面发展的社会主义建设者和接班人。北京航空航天大学创新构建"美育+思政"的育人模式，打造了一条从"艺术普及"到"艺术社团"，再到"高水平艺术团"的全链条美育体系。通过排演原创音乐剧、系列话剧等艺术形式，鼓励特色原创作品的涌现，持续举办弘扬爱国主义精神的演出活动，搭建了一个艺术与思政交相辉映的实践平台。此外，北京航空航天大学还通过组建空天精神宣讲

团，邀请院士、总师、先进模范及行业精英进校园，以及组织学生深入企业开展空天精神专项实践，将空天精神全面融入学生思政育人工作实践，全方位提升学生的政治素养和行业执行力，形成了独具特色的思政课实践路径。

清华大学新雅书院探索出"劳动耕读"学工学农的劳动教育形式，开设"劳动耕读实践"等书院特色劳育课程，在江西、湖北、陕西、北京建成5个有代表性的耕读基地。清华大学日新书院开设包括生产劳动、调查研究、经典阅读、主题党团日以及支教等教学环节的"耕读—劳动教育"课程，2023年北京市教委推动高校提升劳动教育水平，各高校不断探索劳动育人新形式、新模式和新方法，让同学们在劳动实践中真切体会习近平总书记强调的"劳动最光荣、劳动最崇高、劳动最伟大、劳动最美丽"的道理，在理论与实践的结合中更加理解自己所肩负的促进社会发展和人民生活不断改善的责任。北京高校始终坚持五育并举的教育理念，把思政教育有机融入不同类型载体，通过开展文艺集中展演、举办大众体育运动等举措，将德智体美劳全面发展贯穿育人的全过程，努力培养出一批批有理想、有本领、有担当的新时代青年。

（三）突出强化实践成果，实现社会实践提质增效

2023年，北京市高校思政课实践在稳定中孕育变化，在挑战中寻求机遇，通过形式创新与质量提升，继续引导广大青年学生在社会大课堂中锤炼自我、增长才干，用实际行动践行社会主义核心价值观，为新时代贡献青春力量。调查数据显示，在北京市参加调研的57所高校中，共设立社会实践项目10659项，形成的调研成果共有87155篇（部）。其中，著作12部，占比0.01%；实践报告/总结70413篇，占比80.79%；实践论文16730篇，占比19.20%；著作12部，占比0.01%，如图6-19所示。

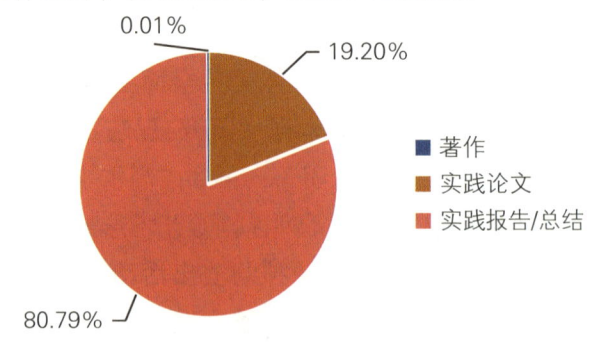

图6-19 高校各类社会实践成果分布情况

社会实践是大学生深入实际、向实践求真、向人民问学的重要方式，也是知识与实践融合的关键环节，更是深化认知、锤炼能力的重要舞台。在此基础上，通过细致的研究分析与系统总结，撰写出兼具深度与分量的总结报告、论文，不仅能够提升个人的认知水平与能力，还能促进形成更具普遍性、规律性的见解与思考框架。社会实践的初期成果，虽在展示形式、内容深度及社会反响上已显成效，但往往仍处于"量的积累"阶段，尚未触及"质的飞跃"，其背后蕴含的价值与潜力尚待深入挖掘。积极推动实践成果的转化与深化，对初期成果进行精心的提炼与再创造，成为至关重要的下一步。这一转化需要通过总结归纳，进一步完善成果内容，不仅要在广度上拓宽视野，更要在深度上挖掘精髓，对实践成果进行严谨的逻辑梳理与理论提炼，以揭示其内在的逻辑关联与普遍规律。加强实践成果的转化和巩固，能够有效提升社会实践成果的传播力与影响力，更广泛地惠及社会，同时激发更多青年学子投身于社会实践的热情，共同促进理论与实践的深度融合，为社会发展贡献青春智慧与力量。

　　北京市各高校高度重视思政课实践的辐射效应，深入开展经验交流、树立典型、引领示范，广泛激发师生参与热情，切实提升实践育人的实效性。为进一步凝练经验、激励先进，2023年10月，根据《关于组织开展2023年首都高校师生服务乡村振兴行动计划的通知》安排，北京市委教育工委、市教委组织专家对立项的100支团队进行成果评审，经高校推荐、专家评审，共评选出一等奖10项、二等奖20项、三等奖30项、优秀奖40项，并鼓励各高校各获奖团队要建立长效机制，推动优秀项目长期开展、持续深化、形成效应，助力成果转化应用，形成可复制、可推广的典型案例，不断增强服务国家、服务人民、服务乡村的责任感和使命感。2023年7月至8月，在北京市委组织部的大力支持下，北京市委教育工委组织开展了以"见证优秀共产党员榜样"为主题的首都大学生集体采访行动，经高校组织申报、资格审查、专家评审等环节，来自北京邮电大学、中国石油大学（北京）、中国传媒大学、北京工商大学的4支实践团队脱颖而出。在共青团中央发展部通报表扬的2023年"三下乡"社会实践活动优秀集体、个人和项目中，北京市共有14个优秀单位、20个优秀团队、13个优秀个人、3个品牌项目榜上有名。此外，在2023年涌现的一批优秀社会实践成果中，中国人民大学、北京航空航天大学、北京科技大学、北京建筑大学、首都经济贸易大学、中央美术学院等高校的16项成果被相关单位、党政机关所采纳，充分表明这些成果具有较强的真实性、价值性、准确性和创新性，也进一步证明了北京市高校社会实践工作的丰硕成果与深远意义（见表6-1）。

表6-1 2023年思政课社会实践成果被相关单位采纳情况

学校名称	成果名称	采纳单位
中国人民大学	"青年服务国家"首都大学生暑期社会实践	团市委、市委宣传部、市委教育工委、首都精神文明办、市教委和市学联
中国人民大学	2023年度"三下乡""返家乡"社会实践优秀调研报告	共青团中央青年发展部
中国人民大学	2023年首都高校师生服务乡村振兴行动计划	市委教育工委、市教委
中国人民大学	2023年暑期"三下乡"社会实践	共青团中央青年发展部
北京航空航天大学	"五个步骤"搞定社会实践	中国大学生在线
北京航空航天大学	党建品牌赋能"学讲并重 学研融通 研以致用"实践育人新模式	中国大学生在线
北京科技大学	第六届公安部党风政风警风监督员	中华人民共和国公安部
北京科技大学	印度侨民战略对我侨务工作的启示	北京市归国华侨联合会
北京科技大学	"高铁掌掴事件"舆情分析及对策建议、药企失信原因分析及对策建议	中央广播电视总台
北京科技大学	民营企业内部腐败问题的突出表现及对策建议	中央广播电视总台
北京科技大学	文教事业的发展与各民族的交流交融、团结各民族共创新中国	国家民族事务委员会
北京建筑大学	新时代以来西方宪政民主思潮演变	北京市委宣传部
首都经济贸易大学	美对我青少年电子游戏隐形意识形态战亟待关注	胡百精 共青团第十九届中央书记处书记（省部级）
首都经济贸易大学	当代年轻人婚育观探讨舆情专报	共青团中央维护青少年权益部
首都经济贸易大学	绘就宜居宜业和美乡村新画卷——菏泽市牡丹区船郭庄村乡村振兴的实践与经验	张海波（山东省委常委、秘书长）
中央美术学院	"感悟脱贫攻坚精神，领会乡村振兴意义"实践教学活动	中央广播电视总台社会与法频道（CCTV-12）《道德观察》栏目

（四）以学习贯彻党的二十大精神为主线不断开创实践育人新局面

在党的二十大报告中，习近平总书记深情寄语青年"当代中国青年生逢其时，施展才干的舞台无比广阔，实现梦想的前景无比光明"，并号召广大青年"立志做有理想、敢担当、能吃苦、肯奋斗的新时代好青年"。这一重要论述，不仅为新时代青年指明了前进方向，也赋予了青年沉甸甸的责任与使命。2023年是全面贯彻党的二十大精神的开局之年，行至强国建设、民族复兴的关键一程，广大青年更应积极响应号召，将个人理想融入国家发展大局，以实际行动践行青春誓言，为全面建设社会主义现代化国家贡献青春力量。在北京市委教育工委和教委的推动下，各高校积极响应，以学习贯彻党的二十大精神为主线实施思政课实践项目，引领广大青年脚踏实地、志存高远，在社会课堂中"受教育、长才干、做贡献"，将信仰深植于祖国的沃土之中，将满腔热情投入改革开放的伟大征程，为全面建设社会主义现代化强国贡献青春力量。

在教育部社科司指导下，清华大学马克思主义学院牵头发起，37家全国高校重点马克思主义学院联合主办了"千马廿行"全国高校马克思主义学院青年学子联学联讲党的二十大精神系列活动，并成立了"千马廿行"专题宣讲团，吸引了全国325所高校马克思主义学院的热情参与并注册成为承办单位。各承办单位共开展了1766次联学共建和联合备课活动，覆盖人数达13.8万人次，并上传了432份宣讲党的二十大精神的视频作品。经过专家评委严格评审，共产生特等奖作品3个、一等奖作品10个、二等奖作品25个、三等奖作品45个、优秀奖作品60个。以"千马"之思策动"小马"之行，此次活动不仅深化了青年学子对党的二十大精神的理解，也在全国高校中掀起了一股学习热潮，产生了积极的社会反响。

北京大学为深入学习贯彻习近平新时代中国特色社会主义思想，牢牢把握主题教育"学思想、强党性、重实践、建新功"的总要求，深刻领悟"两个确立"的决定性意义，充分发挥北京大学"爱国、励志、求真、力行"思政实践育人的磅礴力量，校团委按照学校党委统一安排部署，以"高举旗帜跟党走 踔厉奋发向未来"为主题组织开展2023年思政实践课程，在实践中深刻领悟习近平新时代中国特色社会主义思想的思想伟力，真正读懂"国情书""基层书""群众书"，答好"使命卷"，在祖国大地上掀起学习贯彻习近平新时代中国特色社会主义思想主题教育的青春热潮。

北京市各高校还通过建立校内外合作平台，汇聚社会各界资源，为广大青年学生开拓更广阔的实践舞台，引领广大青年师生在服务国家重大战略和首都高质量发展的生动实践中贡献青春力量。2023年，"青年服务国家"首都大中专学生社会实践活动，创新引入"揭榜挂帅"工作机制，形成"4+6+X"社会实践项目群，显著增强了实践活动的实际成效。此外，通过开展"大学生眼中的新时代"主题教育实践活动，首都大学生得以近距离观察和体验习近平新时代中国特色社会主义思想在祖国大地上的生动实践。全市12万余名青年师生扎根祖国大地、深入基层一线，开展了丰富多彩的暑期社会实践活动，投身于多样化的暑期社会实践，不仅取得了丰硕的成果，更彰显了首都青年的责任感和积极向上的精神风貌。

三、主要问题与对策建议

社会实践是思政课课堂教学的有效延伸，也是青年大学生了解国情、砥砺情怀、磨炼本领的重要方式。提升新时代大学生社会实践工作质量作为高校"立德树人"的重要途径，对于提升大学生思想政治工作质量、培育德智体美劳全面发展的社会主义建设者和接班人具有重要作用。学思用贯通，知信行统一。在高校全面深入开展思政课社会实践，有利于充分调动学校资源和社会资源，引导大学生在亲身实践的过程中关注现实问题、培育家国情怀，自觉接受马克思主义的立场、观点、方法，加强对党和国家重大方针政策的内在认同，坚决做到"两个维护"，进一步增强道路自信、理论自信、制度自信、文化自信。2023年，北京市高校在思政课社会实践的开展上取得了显著成绩，但从调研结果看也存在一定的问题，其中部分问题之前便存在，仍未得到实质性改观。充分总结既有的经验教训，深入探讨不同形式的实践方式在"三全育人"中的重要作用，分析当下实践育人中存在哪些问题并制定相应的改进措施，对于提升思政育人实效、落实立德树人根本任务具有重要的现实意义。

（一）落实规范管理，健全多元协同思政育人格局

2018年4月，教育部印发《新时代高校思想政治理论课教学工作基本

要求》，明确要求制定实践教学大纲，注重实践教学效果，严格落实学时、学分，从本科思政课现有学分中划出2个学分，从专科思政课现有学分中划出1个学分，开展思政课实践教学。2022年8月，教育部等十部门印发《全面推进"大思政课"建设的工作方案》，再次明确高校要严格落实本科2个学分、专科1个学分用于思政课实践教学的要求，精心设计实践教学大纲，坚决避免实践教学娱乐化、形式化、表面化，并鼓励有条件的高校开设专门的实践教学课。

通过本次调研可以看到，参与调研的57所高校中，有6所高校尚未组织开展本科生思政课社会实践，而在开展本科生思政课社会实践的51所高校中，有1所尚未设置本科生社会实践的学分、学时，有9所本科高校仅设置1个学分，与教育部的相关要求仍有较大差距。从近两年的调研结果看，学时、学分的基本要求没有严格落实的问题始终存在，没有得到显著改观。研究生思政课社会实践的开展情况则体现出更大的差异性。在57所高校中，有24所高校没有开展研究生思政课社会实践，有19所开设这一环节的高校没有设置学分，有12所仅设置了1个学分。虽然教育部没有明确规定研究生社会实践的学分、学时，但社会实践作为思政课课堂教学的必要延伸，确实需要相应的学分、学时加以保证。

部分高校没有贯彻落实教育部的相关要求，导致思政课社会实践无法开展或流于形式，可能有多方面的原因：部分高校对思政课和思政课实践教学没有足够重视，认识存在偏差，将实践教学置于可有可无的从属地位；部分高校存在"重专业课、轻公共课"的倾向，功利化思维导致对社会实践的投入不足；还有部分高校受到客观条件的制约，参与学生人数多、师资力量有限、配套设施无法保障等因素也限制了高校思政课社会实践的开展。

通过调研高校开展思政课社会实践的组织领导情况，还可以发现，当前多数高校的社会实践教学还没有形成统一规范的组织领导体系，参与部门繁多而权责界限不明晰，在一定程度上影响了实践教学的效果。调查表明，北京各高校主管思政课社会实践的部门和方式主要包括马克思主义学院、团委、学生工作部、教务处及其他部门单独负责，或者多个部门共同负责，如图6-20所示。参与思政课社会实践的部门中，首先参与最多的是马克思主义学院，开展社会实践的52所高校中，有48所高校的马克思主义学院参与配合了思政课社会实践活动的开展；其次是团委，共有45所高校的团委参与配合了思政课社会实践活动的开展；最后是学生工作部，共有42所高校的学生工作部参与配合了思政课社会实践活动的开展；此外，有34所高校的教务处参与配合了思政课社会实践活动的开展；也有个别学校的党委宣传部、研究生院（研工部）或各学院参与组织了思政课社会实践活动。

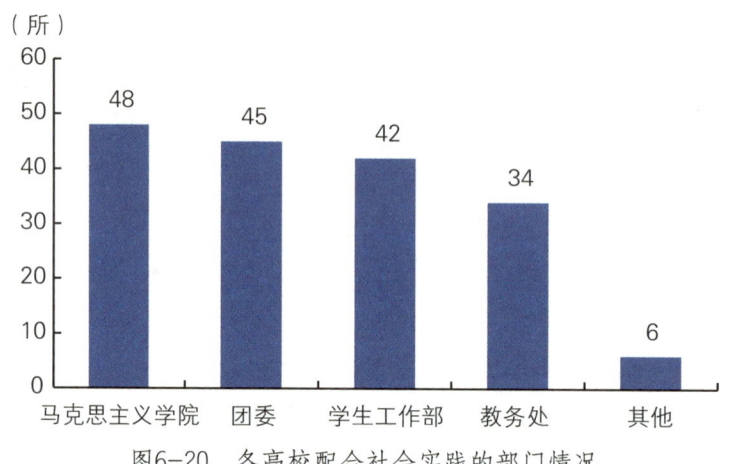

图6-20 各高校配合社会实践的部门情况

高校要将深化社会实践育人作为高校思想政治工作的重要平台和载体，改革学校内部管理机制。建立由校党委统筹、多部门参与、学院联合推动的工作机制，成立社会实践工作小组和指导团队，加强工作主体、实践内容和实践资源的协同，形成资源共享、多元开放、齐抓共管的社会实践育人格局，从而为大学生开展社会实践活动创造条件、搭建平台。

（二）优化评价体系，重视过程考核与监督反馈

考核评价是保障思政课社会实践育人效果的一个重要环节，将对学生参与社会实践的积极性、实践过程中的专注度和努力度起导向作用，从而最终影响实践教学的效果。调查表明，北京高校思政课社会实践评定方式主要包括"等级评定""分数评定"和"综合评定"三种。在参与调研的57所高校中，有26所采取"等级评定"，有32所采取"分数评定"，有47所采取"综合评定"。考核评定后，单独计社会实践成绩的高校占比48.00%，将社会实践成绩计入各门思政课程总成绩的高校占比52.00%，如图6-21和图6-22所示。

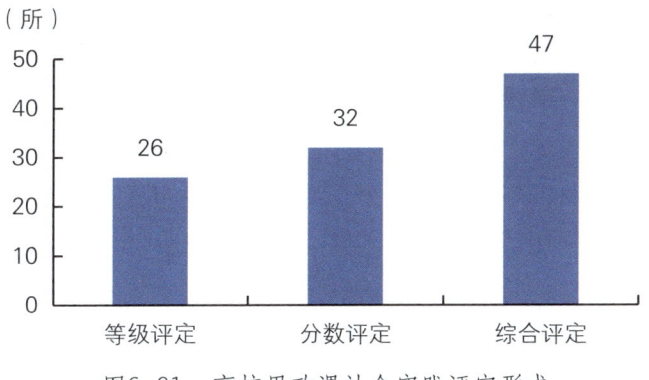

图6-21　高校思政课社会实践评定形式

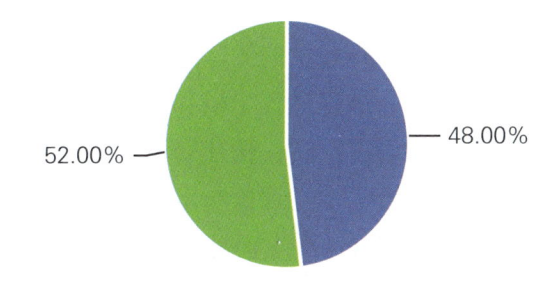

等级评定　26
分数评定　32
综合评定　47

单独计社会实践成绩　48.00%
计入各门思政课程总成绩　52.00%

图6-22　高校社会实践成绩与思政课成绩的关系

当前各高校采取的思政课社会实践考核评价方式有所不同，总体来看主要存在两方面问题：

一是考核评价忽视学生主体地位，难以充分激发学生的自主性、创造性和积极性。思政课社会实践应坚持教师主导与学生主体相统一，学生既是受教育者，也是自我教育者和自我学习者。但在各高校目前的考核评价体系中，主要指标是教师对学生的评价，学生仅有较少的自评和互评的机会，结论性的考核结果往往来自教师评价。思政课教师每学期面对的学生往往是两三百人，在管理和考评上难以全面兼顾到每一位学生具体的学习情况。单一的考核评价主体难以保证对学生客观准确的评价，因而无法充分调动学生参与实践教学的积极性，也在无形中对教师的教学工作造成了困扰，导致实践教学目的无法更好地实现。

二是考核评价内容不够全面，偏重结果，忽视过程。思政课社会实践具有特定的学科属性，与一般的社会实践考核评价有一定的区别。思政课的考评内容不仅包括对各门思政课理论知识的掌握，还应该包括对学生在知识能力、专业技能、道德水平、个人修养、政治觉悟等方面表现的综合考量。但在实际的考评过程中，教师或学校有关部门往往只依据学生的产出成果、如实践报告、感想心得等来进行评分，难以全面体现学生在实践教学中的实际收获，不足以客观公正地反映学生的真实学习状况。这一方面导致了一些学生在实践过程中不够认真，简单应付，将时间和精力都放在了撰写实践报告；另一方面也不利于实践教学质量的提高，往往会错失通过社会实践活动培养锻炼学生实践能力，提升学生道德修养的良机。

针对这些问题，构建较为科学合理的思政课社会实践考核评价体系可从以下几个方面着手：综合纳入包含学校、基地、教师、学生的多元化评价主体，提高学生亲身参与实践教学的体验感、获得感，提升实践教学的实效性；增加师资力量配备，加强过程考核和环节监督；畅通实时反馈机制，保障学生的意见表达和诉求反馈；构建知识、能力、素质相结合，过程性评价和终结性评价相结合，定性评价与定量评价相结合的考评指标体系，使实践教学的评价更具客观性和全面性。

（三）完善配套机制，强化思政课实践育人保障

在反馈思政课社会实践存在的困难和问题时，有31所高校选择"社会实践经费不足"，这成为最首要的限制高校思政课社会实践开展的问题。此外，有26所高校选择"社会实践的激励机制不健全"，有22所高校选择"社会实践基地不足"，有22所高校选择"学生人数过多，无法实现全员参加"，有21所高校选择"能够参与社会实践的思政课教师有限"，有18所高校选择"缺乏特色实践品牌与项目"，有14所高校选择"实践资源拓展和整合缺位"，有12所高校选择"社会实践形式单一"，8所高校选择"学校对思政课社会实践重视不够"，如图6-23所示。由此可见，目前的高校思政课社会实践存在配套的保障机制不健全，从而导致资金项目短缺、基地建设不足、人员覆盖率低、缺乏专业教师指导和实践育人效果不理想等问题。因此，加大经费投入、建设高质量实践基地、完善激励机制、优化师资配备、提高广大思政课教师参与指导学生社会实践的积极性等，是提高思政课社会实践效果的重要举措。

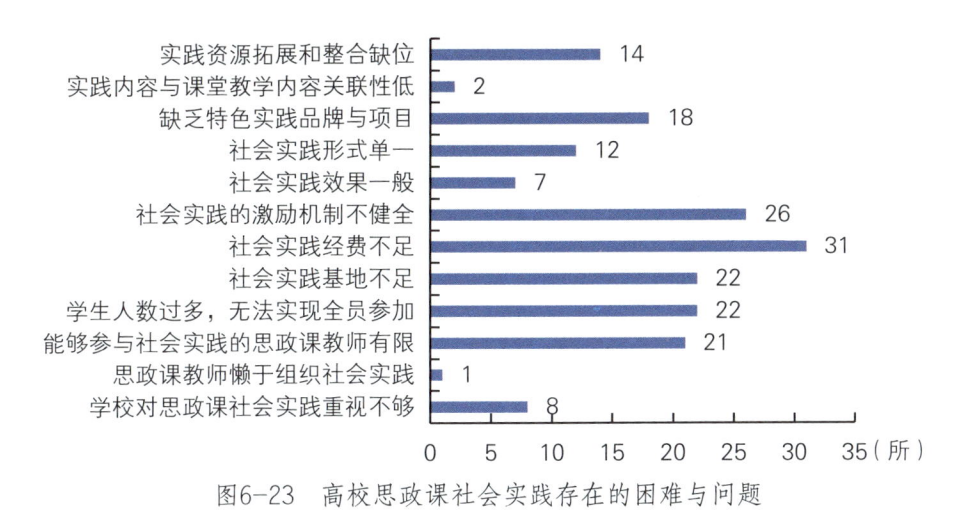

问题	数量(所)
实践资源拓展和整合缺位	14
实践内容与课堂教学内容关联性低	2
缺乏特色实践品牌与项目	18
社会实践形式单一	12
社会实践效果一般	7
社会实践的激励机制不健全	26
社会实践经费不足	31
社会实践基地不足	22
学生人数过多，无法实现全员参加	22
能够参与社会实践的思政课教师有限	21
思政课教师懒于组织社会实践	1
学校对思政课社会实践重视不够	8

图6-23　高校思政课社会实践存在的困难与问题

1. 保障实践经费投入，打造系列特色品牌和项目

从调研结果看，经费不足是制约高校开展思政课社会实践的首要问题。如图6-24所示，在开展社会实践的52所高校中，明确划定了社会实践经费的高校有41所，占比78.85%。各高校投入思想政治理论课社会实践的经费数量差距很大，投入最多的有400万元，最少的没有经费投入。2023年，北京地区各高校投入社会实践的经费总计1220万元，平均经费23.46万元，高校数量最多的经费投入区间为1万～20万元。相较于全校学生都参与思政课社会实践的要求而言，现有的经费投入是较为短缺的。实践经费投入不足将直接导致思政课社会实践的人力、物力短缺，活动时长和范围受限，影响学生参与社会实践的体验感和积极性。针对这一问题，高校应设立思政课社会实践专项经费，保障社会实践的正常有序开展，使其发挥出应有的立德树人作用。同时在经费的使用上，高校可以划拨社会实践基地建设专项经费，对本科生院、研究生院和各院系进行相应的配比，充分调动各方积极性，为重点基地提供特别经费支持，打造品牌项目和精品工程，加大对参与学生和指导教师的激励力度，给予获奖学生及指导教师适当的奖励。

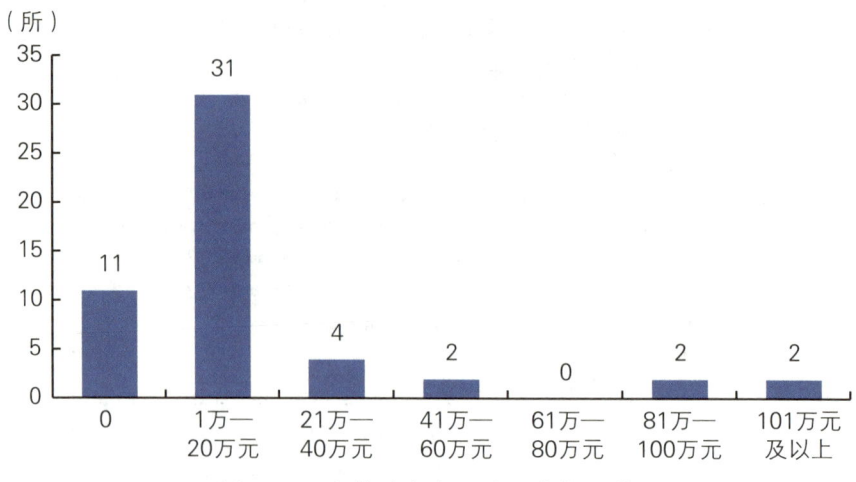

图6-24　高校社会实践的经费投入情况

在保障实践经费投入的同时，各高校也应当重视加强对特色实践品牌和项目的建设。从调研结果看，部分高校已探索形成了具有独创性的思政课社会实践品牌，在2023年度取得了良好的育人成果和社会效益，例如与革命机构旧址、历史事件遗址、革命纪念馆等红色文化资源联动建设实践基地，打造"课内实践—校内第二课堂—校外社会实践"的多层次红色文化实践体系，形成具有区域特色的实践活动品牌。但多数高校仍未建立起品牌化、专业化、精品化的长效实践机制，使"缺乏特色实践品牌和项目"成为制约思政课实践育人成效的一个突出问题。对此，各高校应在整合实践资源的基础上加强创新探索，充分调动学生的主体活力，努力做优做强一批贴近学生的实践教学品牌；优化顶层设计，加强多方联动，不断创新思政课社会实践的形式方式、手段载体，推动形成常态化、长效化、体系化、个性化、高质量的思政课实践育人模式。

2. 加强实践基地建设，统筹规划实践资源分配

实践基地是大学生进行实践活动的重要场所，是其走向社会、了解社会、服务社会的重要平台。当前，高校的实践基地建设存在数量少、不稳定的问题，有限的实践条件不能满足大学生整体的实践需要，所以大学生只能利用寒暑假自行联系实践单位。但大学生自己联系的实践活动往往随意性较大，且收效甚微，在一定程度上难以实现实践育人的目标。调查显示，在开展社会实践的52所高校中，共有668个校外学生社会实践基地，其中京内基地343个，占比51.35%，京外基地325个，占比48.65%，如图6-25所示。

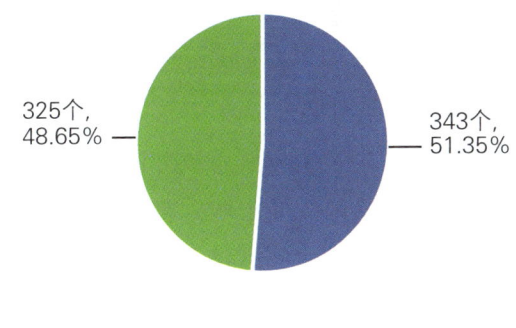

325个，48.65%　　　　343个，51.35%

■ 京内基地　■ 京外基地

图6-25　高校社会实践基地的分布情况

与2022年的505个实践基地相比，2023年北京地区参与抽样调查的高校在社会实践基地的数量上有着显著提升，这与新冠疫情防控平稳转段后各高校恢复校外社会实践的条件逐步成熟的状况相吻合。基于此，各高校思政课在充分利用校内实践资源之余，也应积极整合校外的各种资源，建立功能明确、特色鲜明的实践锻炼基地。

一方面，要明确建设方向，坚持需求导向。一是依托行业背景，实现专业发展。依托行业特点建立专业特色的社会实践基地。学生发挥专业优势为基地单位排忧解难。同时在实践活动中发现问题、解决问题。调整完善知识结构，激发培养创新能力。二是坚持需求导向，实现合作共建。学校与基地单位根据学生特点、基地特色，加强顶层设计，形成明确的实践项目，规定社会实践基地建设的双方职责和义务，积极推动校地对接、校社衔接、校企联动、校际协同，从而为大学生开展社会实践提供稳定、长效的平台支持。

另一方面，要汇聚社会多方资源，发挥基地优势，明确基地发展定位，实现基地健康可持续发展。一是确保制度建设到位，制定社会实践基地建设管理办法、社会实践基地管理实施细则、社会实践基地共建协议书等文件，使基地建设有据可依，确保长效性。二是确保组织保障到位，设置校院两级大学生社会实践领导小组，由领导小组总体规划、统筹制订实践计划，各部门、院系负责具体实施；选派优秀教师深入基地现场指导学生，增强专业特色和实践深度，确保实效性。三是确保管理考核到位，加强完善社会实践基地管理评价体系，明确实践基地的建立条件、申报程序和维护方法，对基地各方面条件进行严格考核，将实践基地建设纳入制度

3. 强化师资力量配备，完善社会实践激励机制

思政课教师的指导对社会实践的高效开展具有重要作用，因而需要根据学生数量配备一定比例的高素质专职思政教师。在开展本科生思政课社会实践的51所高校中，有48所高校的思政课教师参与了本科生实践，占比94.12%；在开展研究生思政课社会实践的33所高校中，有32所高校的思政课教师参与了研究生实践，占比96.97%，总体情况良好（见图6-26）。与2022年相比，思政课教师参与本科生和研究生社会实践的比例均有所上升，开展思政课社会实践的高校基本都安排了思政课专职教师参与指导。

但通过调研结果可以看到，部分高校在思政课社会实践的教师配备方面仍然存在一定缺口。近一半的高校认为，开展社会实践的过程中存在"社会实践的激励机制不健全""学生人数过多，无法实现全员参加""能够参与社会实践的思政课教师有限"等问题。这进一步反映出，虽然抽样调查的高校中，本科生和研究生思政课社会实践的教师参与比例达到了95%左右，但在实际的活动过程中，能否保证教师数量与学生数量的合理配比，是否建立起了有效的激励机制保障教师参与，教师队伍是否能够满足高质量开展社会实践的要求等问题也依然存在。

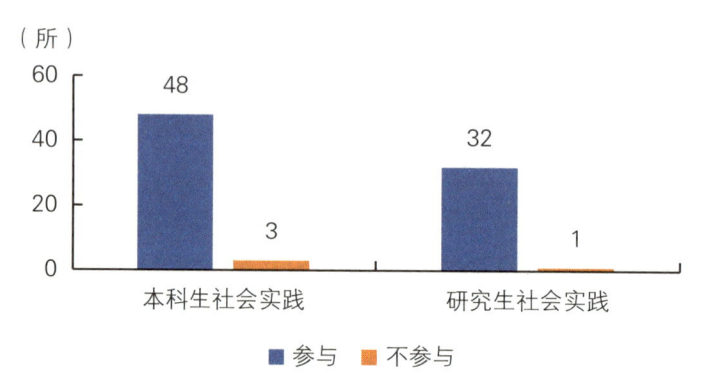

图6-26 高校思政课教师指导社会实践的情况

为此，要打造专业的思政课指导教师队伍，首先需要解决两个基本问题：一方面是高校所配备的思政课教师数量不足，另一方面是教师激励机制不到位。例如，部分思政课教师参与指导暑期学生社会实践活动，但学校并没有相关工作量的计算办法，教师往往基于个人的兴趣热情，牺牲假期休息时间，任务重、责任大，使许多教师没有动力去积极指导社会实践

活动。再如，少数高校的人事管理制度将科研岗、教师岗、辅导员和行政管理岗等分类管理，在实际工作缺乏合作沟通机制，导致效率低下、效果不佳，也使一部分相关人员对于协助思政课实践教学工作的动力不足。

因此，北京各高校还需加强思政课教师的配备，完善教师参与的激励机制。一方面，各高校要着力加强社会实践师资队伍建设，聘请校内外优秀专业人才、管理人才和高技能人才担任专兼职教师，指导学生进行专业实践，打造校内校外相联动、专职兼职相结合的专业指导教师队伍。另一方面，各高校要着力完善教师参与社会实践的激励机制，比如合理计算课时，出台类似在职称评审、评优评先时予以重点考虑的鼓励措施，从而调动广大教师和相关人员参与指导学生社会实践的积极性，鼓励教师在学生实践过程中进行引导和答疑，适时、及时纠偏，多元协同、多管齐下共同提升高校思政课社会实践的育人质量。

（四）突出问题导向，提升思政课实践吸引力和针对性

在针对"高校思想政治课社会实践的建议"调查中，有34所高校选择"加强相关部门的协同与合作"，位列第一，这说明当前高校思政课社会实践管理机制还有待改进，校企合作、校地合作亟待加强已成为高校思政工作者的共识。此外，有33所高校选择"加强社会实践经费保障"，说明资金不足成为限制高校思政课社会实践育人活动实效的关键性障碍之一；有30所高校选择"完善社会实践激励机制"，说明当前的高校思政课社会实践激励机制存在激励面不广、激励资源不足、激励强度不够等问题；有25所高校选择"创新社会实践的方式与方法"，这意味着即使许多高校近年来进行了一些思政课社会实践的改革，但在开展形式和育人成效等方面还有待改进；有24所高校选择"开辟新的实践基地"，这表明当前实践基地建设还不充分，无法较好地满足高校开展思政课社会实践的需求。随后，"校领导和主管部门要加强重视""做好社会实践和课堂理论教学的衔接融合""加强社会实践的师生动员"和"提高社会实践的教学效果"，分别有23所、20所、19所和19所高校选择，这意味着提高战略定位、加强协同育人、健全保障机制、提升教学效果，从而充分调动师生积极性，已成为推动思政课社会实践发展的有效措施，如图6-27所示。

建议	数量(所)
做好社会实践与课堂理论教学的衔接融合	20
打造课程品牌，采用模块化实践教学模式	12
提高社会实践的教学效果	19
创新社会实践的方式与方法	25
完善社会实践激励机制	30
加强社会实践经费保障	33
改善实践基地条件	11
开辟新的实践基地	24
加强相关部门的协同与合作	34
加强社会实践的师生动员	19
校领导和主管部门要加强重视	23

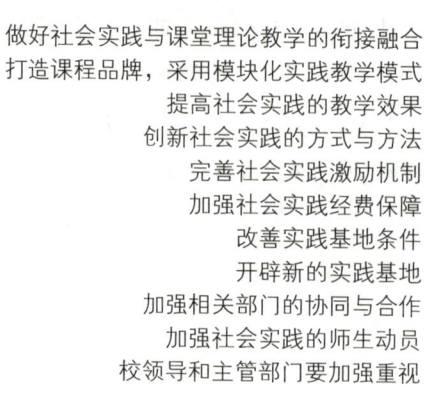

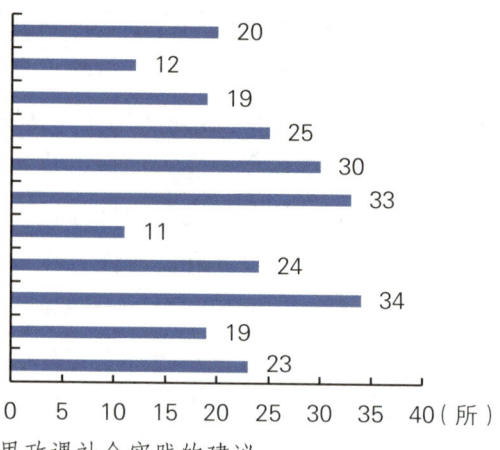

图6-27 对高校思政课社会实践的建议

与2021年的调查结果相比，各高校提出的优化建议有所更新，通过各个数据指标呈现出显著的改进趋势，反映出部分高校的思政课社会实践建设逐年向好，正在不断解决现实问题的过程中提升进步。但基于对调研数据的分析也不难发现，当前北京地区各高校在思政课社会实践的开展过程中也仍然存在一些问题。其中，部分共性问题长期存在，在近几年的调研结果中均有所反映。对于这些沉疴痼疾，高校应当细抓问题、精准把脉，具体分析导致思政课实践育人成效无法充分发挥的问题成因和根源，找到破解困局的关键要素，对症下药、综合施策，在多元协同、齐抓共管的育人格局中实现思政课社会实践"质"的突破。部分高校由于资源短缺、师资有限、设施不足等客观因素，使得思政课社会实践无法按照既定要求高效开展。针对类似的个性问题，高校也应当认清差距短板，客观分析不足缺陷，依据党中央、教育部以及北京市的相关文件要求，借鉴学习同类高校的有益经验，结合自身办学特色、专业特征与学生特点以及思政课实践教学现状，有针对性地制定改进方案，在渐进式探索中逐步形成适合自身、具有特色的思政课社会实践育人模式。一方面，应加强顶层设计，实施项目化管理制度，丰富首都大学生社会实践品牌项目供给，设计开展内容丰富、形式多样、大学生喜闻乐见的高校思政课社会实践活动，深入挖掘蕴藏首都的实践资源及教育契机，推进育人方式改革创新，切实将首都"四个中心"资源优势转化为育人优势。另一方面，也要探索建立长效机制，健全完善社会实践日常化管理模式，强化对高校思政课社会实践项目的过程管理。一是严把立项关，强化竞争机制、实施目标管理，对社会实践项目根据其内容的完整性、实践时间安排的合理性、预定成果的可靠性等进行统筹选拔，并最终确定立项项目；二是严把过程关，将确保安全作为组织社会实践活动的前提，精准建立与实践团队的常态化联系机制，掌握实践动向；三是严把质量关，要建立务实管用的评价标准，避免社会实践流于形式，出现践而不实、"游"大于"学"的现象。

各高校应贯彻落实习近平总书记在新时代学校思政课建设推进会的重要讲话精神，守正创新推动思政课建设内涵式发展，从一定的政治高度、战略高度认识开展思政课社会实践的价值意义，不断提高思政课社会实践的针对性和吸引力。各高校必须坚持政治引领、价值引导与实践育人相结合，以习近平新时代中国特色社会主义思想为指导，切实落实好立德树人的根本任务，深度聚焦首都高质量发展需求和青年成长成才需要，不断提高社会实践工作服务大局的"贡献度"、供需对接的"匹配度"、融入日常的"活跃度"。面向未来，各高校应充分推动实现第一课堂与第二课堂的有机衔接、思政小课堂同社会大课堂的同频共振，引领广大青年学生在中国式现代化的伟大实践中增强"四个意识"、坚定"四个自信"、做到"两个维护"、捍卫"两个确立"，在亲身参与中受教育、长才干、做贡献，为奋力谱写中国式现代化的北京篇章贡献青春力量。

第七章

教学保障

为深入学习贯彻习近平总书记关于学校思政课建设的重要指示精神，落实新时代学校思政课建设推进会精神，北京市委教育工委持续深化思政课改革创新，强化对思政课教学质量的宏观统筹，坚持以首善标准深化思政课守正创新，将习近平新时代中国特色社会主义思想在京华大地的生动实践，转化为高校师生坚定捍卫"两个确立"的鲜活课堂。2023年，北京市持续强化教学保障建设，把改革重音落在立德树人实效上，不断用首善之区的生动实践助力落实立德树人根本任务。

一、数据展示与解读

参加调研的高校共计57所，其中一流大学建设高校8所，一流学科建设高校24所，非"双一流"建设高校25所；有马克思主义理论学科点的共计37所，其中马克思主义理论一级学科博士点高校16所，一级学科硕士点高校20所，二级学科硕士点高校1所。无学科点高校20所。

（一）领导体制和工作机制

教学保障中的领导体制和工作机制主要包括学校思想政治理论课建设领导小组，学校党政领导听课，学校党政领导授课，思想政治理论课纳入学校重点建设课程等4个方面的内容。

1. 学校思想政治理论课建设领导小组

参加调研高校思想政治理论课建设领导小组的设立情况如图7-1和图7-2所示。

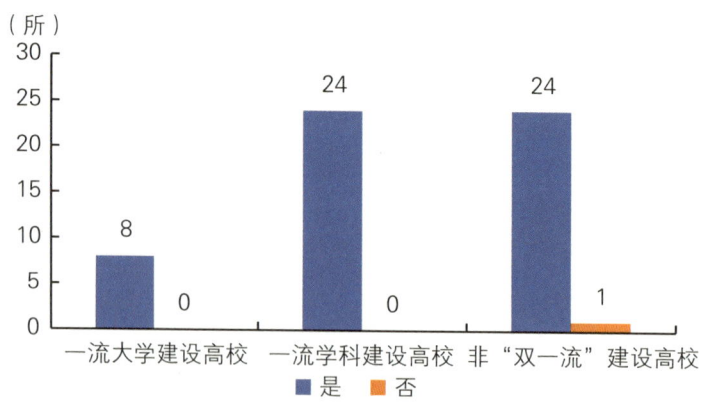

图7-1 思想政治理论课建设领导小组设立情况 1

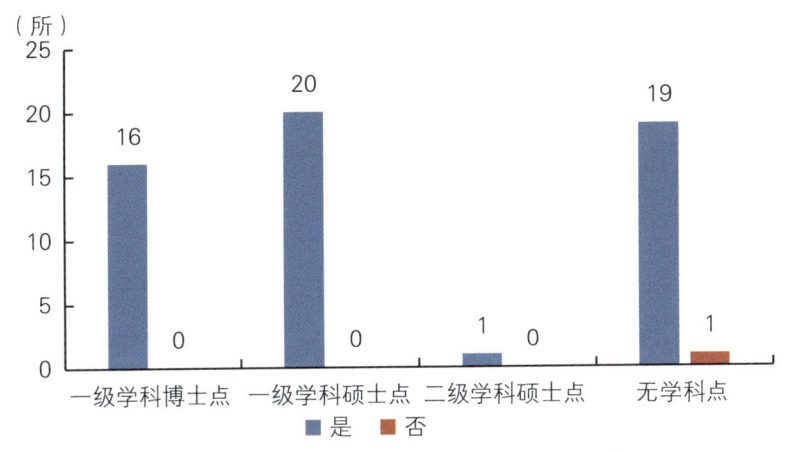

图7-2 思想政治理论课建设领导小组设立情况 2

调查显示，参加调研的57所高校和所有学科点中存在1所非"双一流"高校和一个无学科点未设立思想政治理论课建设领导小组，其余全部设立思想政治理论课建设领导小组。

2. 学校党政领导听课

参加调研高校党政领导听课情况如图 7-3 所示。

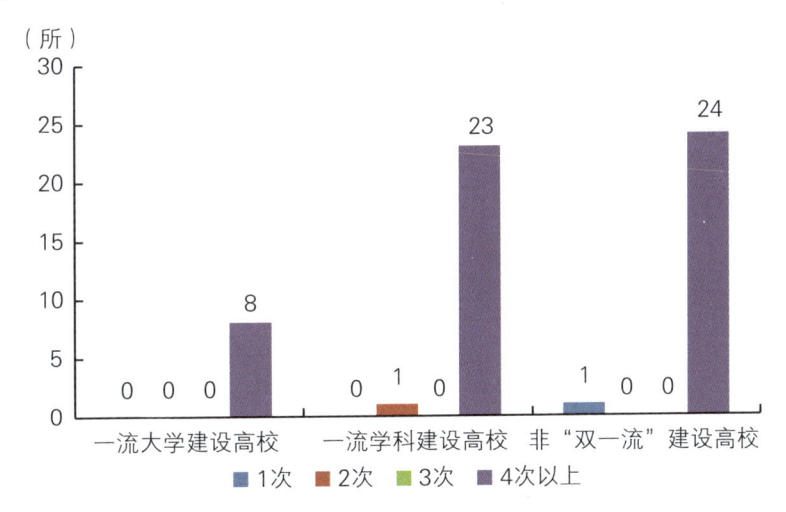

图7-3 学校党政领导听课情况 1

调查显示，参加调研的57所高校中，党政领导听过4次以上的思想政治理论课的高校有55所，达到96.49%。其中一流大学建设高校8所，达到100%；一流学科建设高校23所，达到95.83%；非双一流建设高校24所，达到96.00%。

如图7-4所示，从学科点来看，一级学科博士点高校党政领导听课4次以上的15所，占93.75%。一级学科硕士点党政领导听课4次以上的20所，占100.00%。二级学科硕士点高校党政领导听课4次以上的1所，占100%。无学科点高校党政领导听课1次的1所，占5.00%；4次以上的19所，占95.00%。

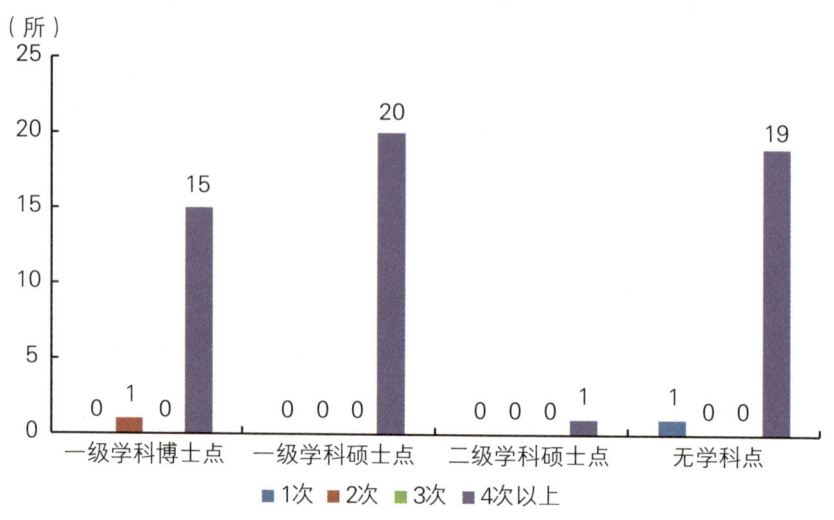

图7-4 学校党政领导听课情况 2

3. 学校党政领导授课

参加调研高校党政领导讲授思想政治理论课情况如图7-5所示。

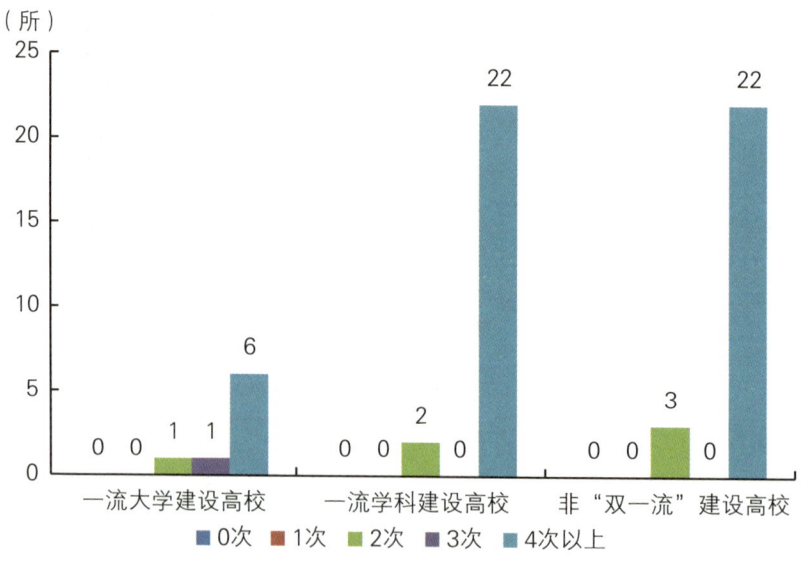

图7-5 学校党政领导讲授思想政治理论课情况 1

调查显示，参加调研的57所高校中，党政领导讲授思想政治理论课达到全覆盖。党政领导讲授思想政治理论课4次以上的最多，有50所，达到87.72%。其中一流大学建设高校6所，达到75%；一流学科建设高校22所，达到91.67%；非双一流建设高校22所，达到88.00%。

另外，党政领导讲授思想政治理论课2次的较多，共有6所高校，占比10.53%。其中一流大学建设高校1所，占12.50%；一流学科建设高校2所，达到8.33%；非"双一流"建设高校3所，达到12.00%。

如图7-6所示，从学科点来看，一级学科博士点高校党政领导讲授思想政治理论课0次的0所；1次的0所；2次的2所，占12.50%；3次的1所，占6.25%；4次以上的13所，占81.25%。一级学科硕士点高校党政领导讲授思想政治理论课0次的0所；1次的0所；2次的1所，占5.00%；3次的0所；4次以上的19所，占95.00%。二级学科硕士点高校党政领导讲授思想政治理论课4次以上的1所，占100%。无学科点高校党政领导讲授思想政治理论课0次的0所；1次的0所；2次的3所，占15.00%；3次的0所；4次以上的17所，占85.00%。

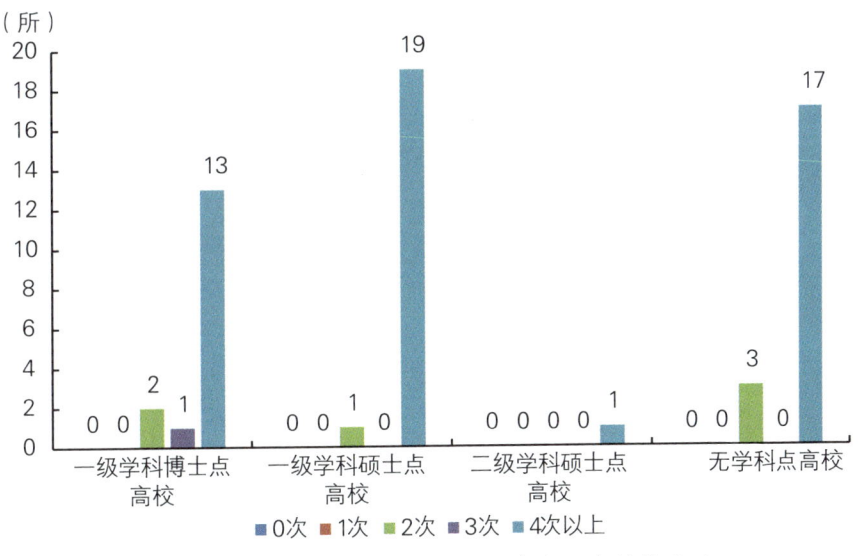

图7-6 学校党政领导讲授思想政治理论课情况 2

4. 思想政治理论课纳入学校重点建设课程

参加调研高校思想政治理论课纳入学校重点建设课程情况如图7-7所示。

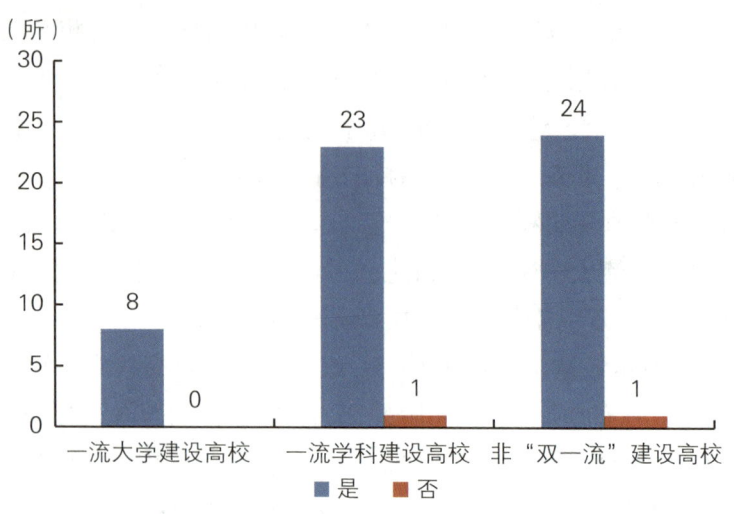

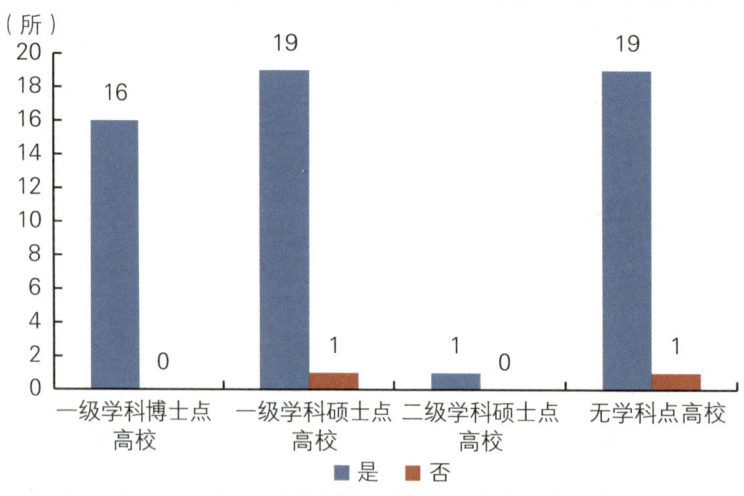

图7-7　思想政治理论课纳入学校重点建设课程情况 1

调查显示，参加调研的57所高校中，55所高校都将思想政治理论课纳入学校重点建设课程，占比96.49%。其中一流大学建设高校有8所，占比100%；一流学科建设高校有23所，占比95.83%；非双一流建设高校有24所，占比96.00%，有2所高校未将思想政治理论课纳入学校重点建设课程。

如图7-8所示，从学科点来看，一级学科博士点高校将思想政治理论课纳入学校重点建设课程的有16所，占100.00%；一级学科硕士点高校将思想政治理论课纳入学校重点建设课程的有19所，占95.00%；二级学科硕士点高校将思想政治理论课纳入学校重点建设课程的有1所，占100%。无学科点高校的高校将思想政治理论课纳入学校重点建设课程的有19所，占95.00%。

图7-8　思想政治理论课纳入学校重点建设课程情况 2

（二）二级机构建设

二级机构建设是教学保障的基础，主要包括独立的二级机构的设立、图书资料室设立、订阅国内外社科期刊、购买图书资料经费、教师办公室条件等。

1. 独立的二级机构设立

参加调研高校独立的二级机构设立情况如图7-9所示。

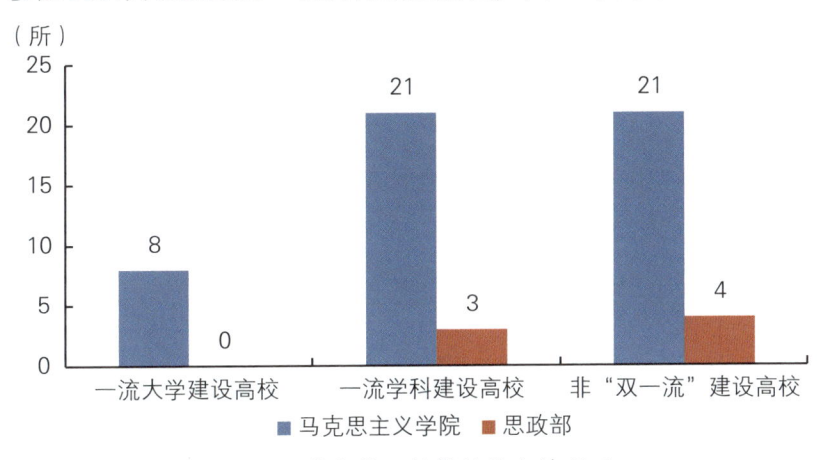

图7-9　独立的二级机构设立情况 1

调查显示，参加调研的57所高校中，所有高校均已设立独立的二级机构。参加调研的一流大学建设高校有8所，均将独立的二级机构设为马克思主义学院，占100%。参加调研的一流学科建设高校24所全部设立了独立的二级机构，其中设为马克思主义学院的有21所，占87.50%；设为思政部的有3所，占12.50%。参加调研的25所非双一流建设高校设为马克思主义学院的有21所，占84.00%；设为思政部的有4所，占16.00%。

如图7-10所示，从学科点来看，一级学科博士点16所高校均将独立的二级机构设为马克思主义学院，占100%；一级学科硕士点20所高校均将独立的二级机构设为马克思主义学院，占100%；二级学科硕士点1所高校将独立的二级机构设为马克思主义学院，占100%。无学科点13所高校将独立的二级机构设为马克思主义学院，占65.00%；7所高校将独立的二级机构设为思政部，占35.00%。

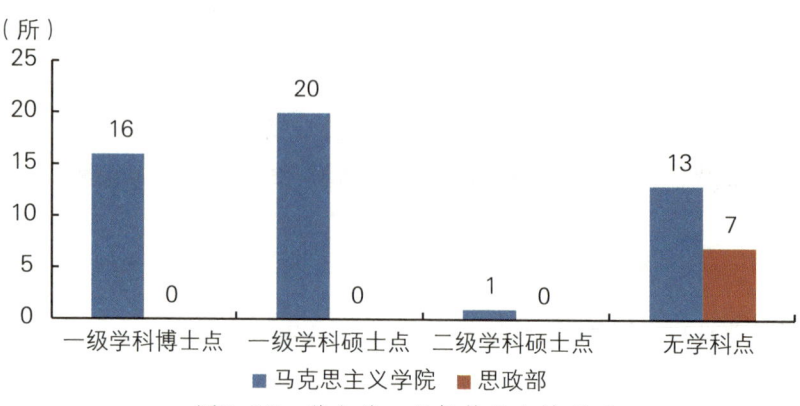

图7-10 独立的二级机构设立情况 2

2. 图书资料室设立

参加调研高校图书资料室设立情况如图7-11所示。

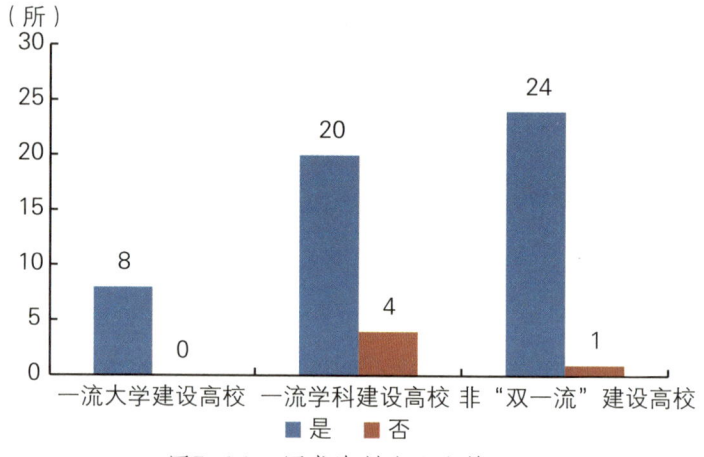

图7-11 图书资料室设立情况 1

调查显示，参加调研的57所高校中，有52所高校设立图书资料室，占比91.23%。一流大学建设高校有8所，均设立图书资料室，占比100%。一流学科建设高校有24所，其中设立图书资料室的有20所，占比83.33%；未设立图书资料室的有4所，占比16.67%。25所非双一流建设高校中有24所设立图书资料室，占比96.00%；1所未设立图书资料室，占4.00%。

如图7-12所示，从学科点来看，一级学科博士点有16所高校设立图书资料室，占比100.00%。一级学科硕士点有19所高校设立图书资料室，占比95%；1所未设立，占比5%。二级学科硕士点有1所高校设立图书资料室，占比100%。无学科点有16所高校设立图书资料室，占比80.00%；4所未设立，占比20.00%。

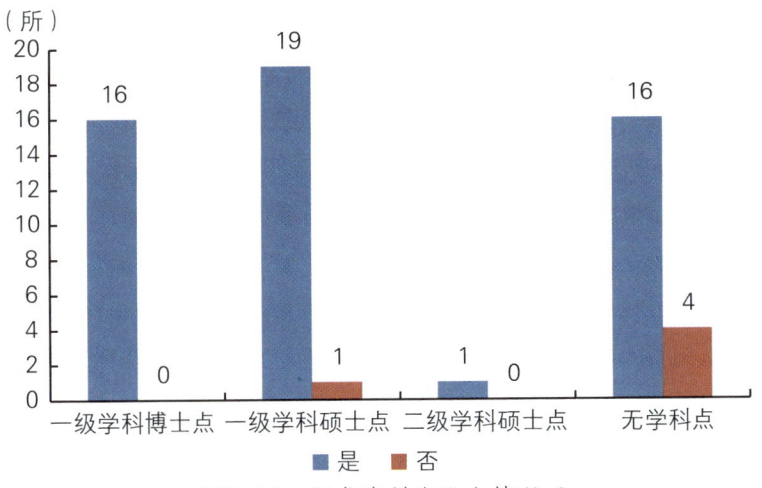

图7-12 图书资料室设立情况 2

3. 订阅国内外社科期刊

参加调研高校订阅国内期刊情况如图7-13所示。

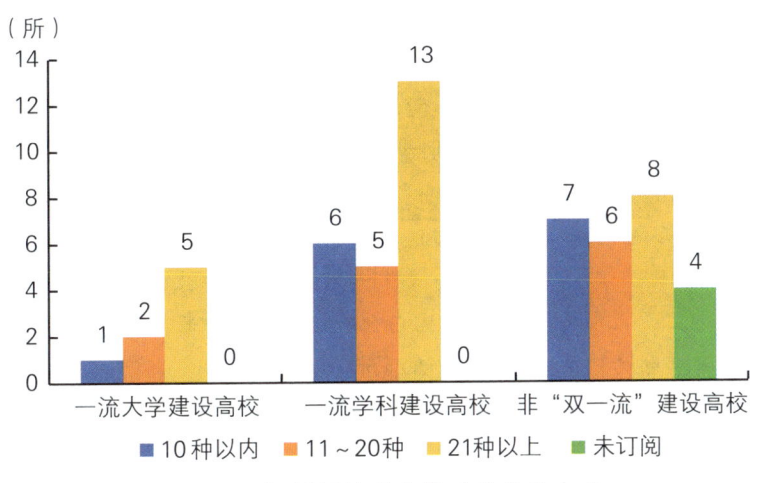

图7-13 订阅国社科内期刊种类分布 1

调查显示，参加调研的57所高校中，26所高校订阅国内社科期刊21种以上的，占比45.61%。一流大学建设高校8所，其中订阅国内社科期刊10种以内的有1所，占12.50%；11~20种的有2所，占25.00%；21种以上的有5所，占62.50%。一流学科建设高校24所，其中订阅国内社科期刊10种以内的有6所，占25.00%；11~20种的有5所，占20.83%；21种以上的有13所，占54.17%。非"双一流"建设高校25所，其中订阅国内社科期刊10种以内的有7所，占28.00%；11~20种以上的有6所，占24.00%；21种以上的有8所，占32.00%；未订阅的有4所，占比7.02%。

如图7-14所示，从学科点来看，一级学科博士点16所高校，其中订阅国内社科期刊10种以内的有2所，占12.5%；11~20种的有3所，占18.75%；21种以上的有11所，占68.75%。一级学科硕士点20所高校，订阅国内社科期刊10种以内的有2所，占10.00%；11~20种的有5所，占25.00%；21种以上的有13所，占65.00%。二级学科硕士点1所高校，订阅国内社科期刊21种以上的有1所，占100%。无学科点20所高校，其中订阅国内社科期刊10种以内的有10所，占50.00%；11~20种的有5所，占25.00%；21种以上的有1所，占5.00%。

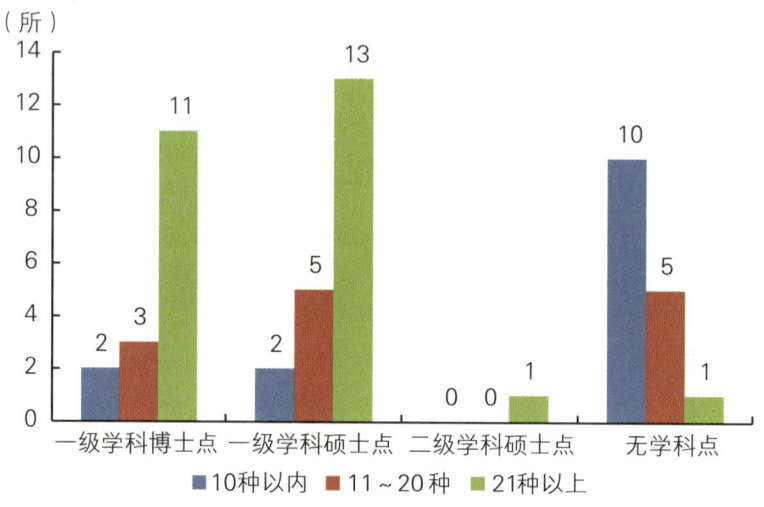

图7-14 订阅国内社科期刊种类分布 2

参加调研高校订阅国外期刊情况如图7-15所示。

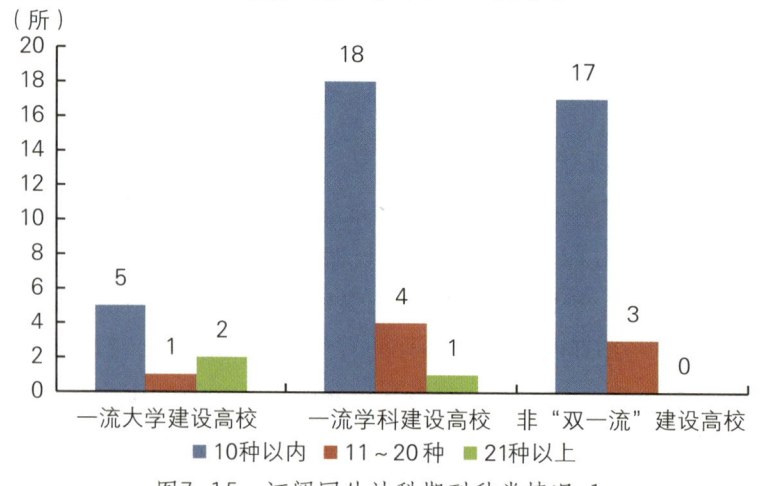

图7-15 订阅国外社科期刊种类情况 1

调查显示，参加调研的57所高校中，订阅国外社科期刊主要在10种以内，有40所高校，占比70.18%。

一流大学建设高校8所，其中订阅国外社科期刊10种以内的有5所，占62.5%；11～20种的有1所，占12.5%；21种以上的有2所，占25.50%。

一流学科建设高校24所，其中订阅国外社科期刊10种以内的有18所，占75%；11～20种的有4所，占16.67%；21种以上的有1所，占4.17%。

非"双一流"建设高校25所，其中订阅国外社科期刊10种以内的有17所，占68.00%；11～20种的有3所，占12.00%；21种以上的0所。

如图7-16所示，从学科点来看，一级学科博士点16所高校，其中订阅国外社科期刊10种以内的有9所，占56.25%；11～20种的有4所，占25.00%；21种以上的有3所，占18.75%。一级学科硕士点20所高校，订阅国外社科期刊10种以内的有15所，占75.00%；11～20种的有3所，占15.00%；未订阅的有2所，占10.00%。二级学科硕士点订阅国外社科期刊10种以内的有1所，占100%；无学科点20所高校，其中订阅国外社科期刊10种以内的有15所，占75.00%；11～20种的有1所，占5.00%；未订阅的有4所，占20.00%。

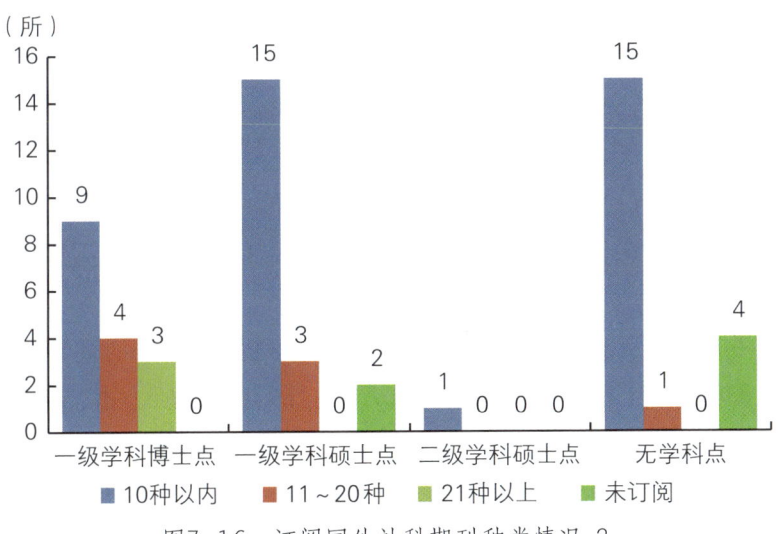

图7-16 订阅国外社科期刊种类情况 2

4. 购买图书资料经费

参加调研高校购买图书资料经费情况如图7-17所示。

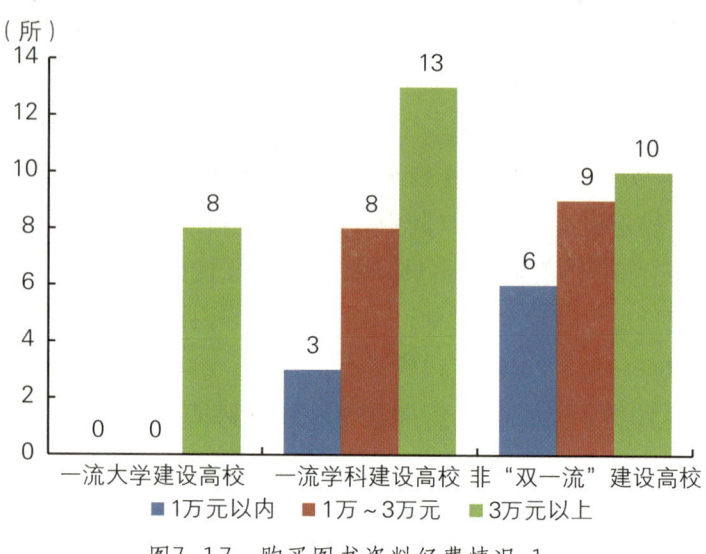

图7-17　购买图书资料经费情况 1

调查显示，参加调研的57所高校中，购买图书资料经费3万元以上的居多。共31所高校，占比54.39%。其次是1万~3万元的，共17所，占比29.82%。

一流大学建设高校8所，购买图书资料经费3万元以上的8所，占比100%。

一流学科建设高校24所，其中购买图书资料经费1万元以内的有3所，占比12.50%；1万~3万元的有8所，占比33.33%；3万元以上的有13所，占比54.17%。

非双一流建设高校25所，其中投入购买图书资料经费1万元以内的有6所，占比24.00%；1万~3万元的有9所，占比36.00%；3万元以上的有10所，占比40.00%。

如图7-18所示，从学科点来看，一级学科博士点16所高校，其中购买图书资料经费1万元以内的0所；1万~3万元的有4所，占比25.00%；3万元以上的有12所，占比75.00%。一级学科硕士点20所高校，其中购买图书资料经费1万元以内的有3所，占比15.00%；1万~3万元的有3所，占比15.00%；3万元以上的有14所，占比70.00%。二级学科硕士点投入购买图书资料经费3万元以上的有1所，占比100%。无学科点20所高校，其中购买图书资料经费1万元以内的有6所，占比30.00%；1万~3万元的10所，占比50.00%；3万元以上的4所，占比20.00%。

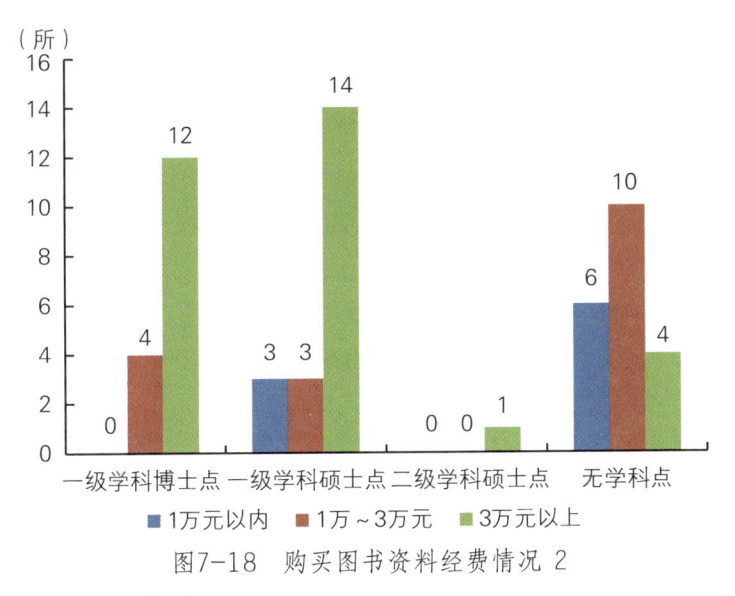

图7-18 购买图书资料经费情况 2

5. 教授办公室条件

参加调研高校教授办公室条件情况如图7-19所示。

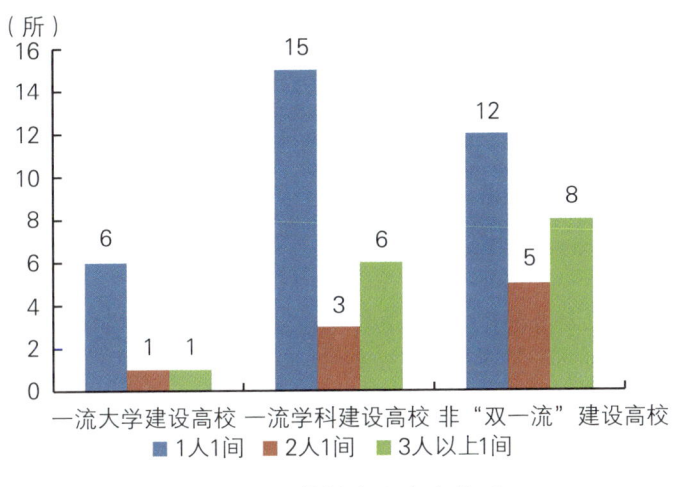

图7-19 教授办公室条件 1

调查显示，参加调研的57所高校中，33所高校教授办公室为1人1间，占比57.89%；2人1间的有9所，占15.79%；3人以上1间的有15所，占26.32%。

一流大学建设高校8所，其中教授办公室1人1间的有6所，占75.00%；2人1间的有1所，占12.50%；3人以上1间的有1所，占12.50%。

一流学科建设高校24所，其中教授办公室1人1间的有15所，占62.5%；2人1间的有3所，占12.5%；3人以上1间的有6所，占25.00%。

非双一流建设高校25所，其中教授办公室1人1间的有12所，占48.00%；2人1间的有5所，占20.00%；3人以上1间的有8所，占32.00%。

如图7-20所示，从学科点来看，一级学科博士点16所高校，其中教授办公室1人1间的有15所，占93.75%；2人1间的有1所，占6.25%；3人以上1间的0所。一级学科硕士点20所高校，其中教授办公室1人1间的有12所，占60.00%；2人1间的有4所，占20.00%；3人以上1间的有4所，占20.00%。二级学科硕士点教授办公室2人1间的有1所，占100%。无学科点20所高校，其中教授办公室1人1间的有6所，占30.00%；2人1间的有3所，占15.00%；3人以上1间的有11所，占55.00%。

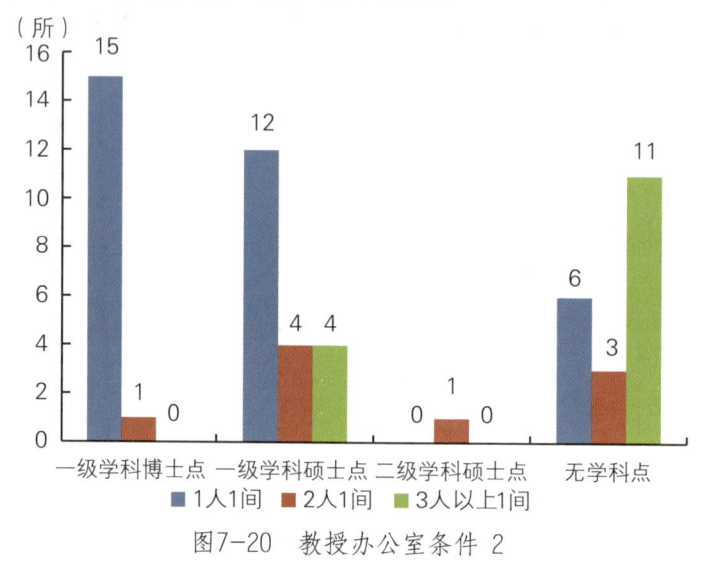

图7-20 教授办公室条件 2

参加调研高校副教授办公室条件情况如图7-21所示。

图7-21 副教授办公室条件 1

调查显示，参加调研的57所高校中，副教授办公室1人1间的有3所，占5.26%；2人1间的有16所，占28.07%；3人以上1间的有38所，占66.67%。

一流大学建设高校8所，其中副教授办公室1人1间的有2所，占25.00%；2人1间的有3所，占37.50%；3人以上1间的有3所，占37.50%。

一流学科建设高校24所，其中副教授办公室1人1间的0所；2人1间的有8所，占33.33%；3人以上1间的有16所，占66.67%。

非双一流建设高校25所，其中副教授办公室2人1间的有1所，占4.00%；2人1间的有5所，占20.00%；3人以上1间的有19所，占76.00%。

如图7-22所示，从学科点来看，一级学科博士点16所高校，其中副教授办公室1人1间的有2所，占12.50%；2人1间的有8所，占50.00%；3人以上1间的有6所，占37.50%。一级学科硕士点20所高校，其中副教授办公室1人1间的有1所，占5.00%；2人1间的有6所，占30.00%；3人以上1间的有13所，占65.00%。二级学科硕士点副教授办公室3人以上1间的有1所，占100%。无学科点20所高校，其中副教授办公室1人1间的0所；2人1间的有2所，占10.00%；3人以上1间的有18所，占90.00%。

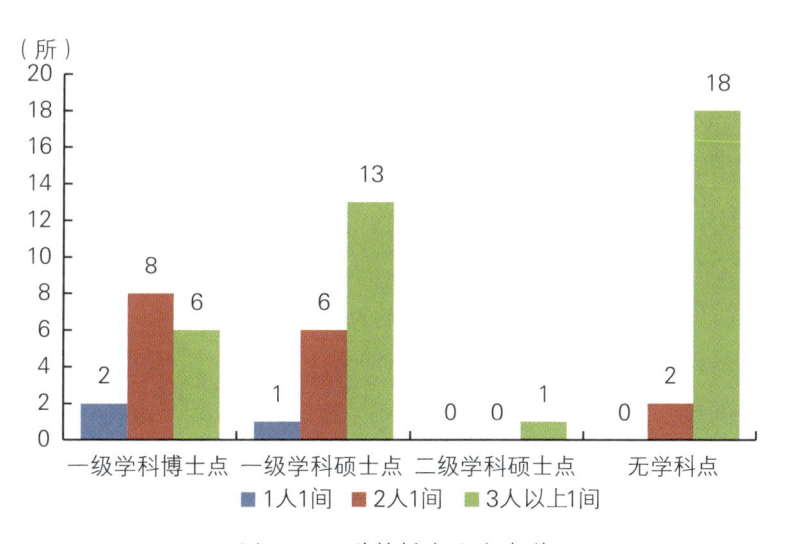

图7-22 副教授办公室条件 2

参加调研高校讲师办公室条件情况如图7-23所示。

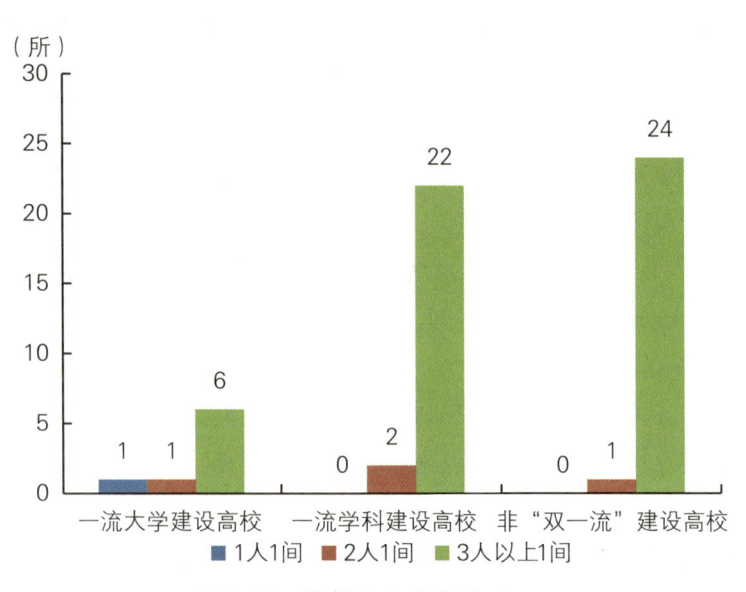

图7-23　讲师办公室条件 1

调查显示，参加调研的57所高校中，讲师办公室1人1间的1所，占比1.75%；2人1间的4所，占比7.02%；3人以上1间的52所，占比91.23%。

一流大学建设高校8所，其中讲师办公室1人1间的1所，占比12.50%；2人1间的1所，占比12.50%；3人以上1间的6所，占比75%。

一流学科建设高校24所，其中讲师办公室1人1间的0所；2人1间的2所，占比8.33%；3人以上1间的22所，占比91.67%。

非"双一流"建设高校25所，其中讲师办公室1人1间的0所，2人1间的1所，占比4.00%；3人以上1间的24所，占比96.00%。

如图7-24，从学科点来看，一级学科博士点16所高校，其中讲师办公室1人1间的1所，占比6.25%；2人1间的2所，占比12.50%；3人以上1间的13所，占比81.25%。一级学科硕士点20所高校，其中讲师办公室1人1间的0所；2人1间的2所，占比10.00%；3人以上1间的18所，占比90.00%。二级学科硕士点讲师办公室3人以上1间的1所，占比100%。无学科点20所高校，其中讲师办公室1人1间的0所；2人1间的0所；3人以上1间的20所，占比100.00%。

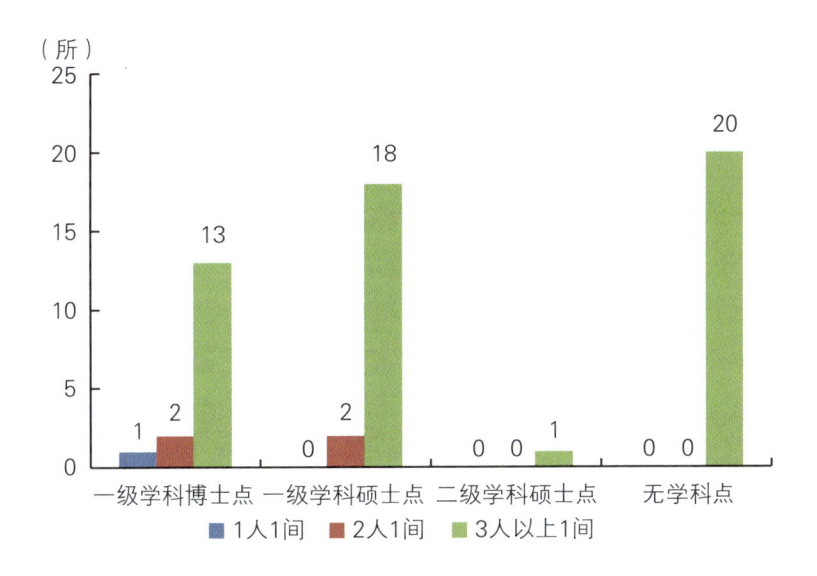

图7-24　讲师办公室条件 2

（三）专项经费落实

参加调研高校专项经费落实情况如图7-25所示。

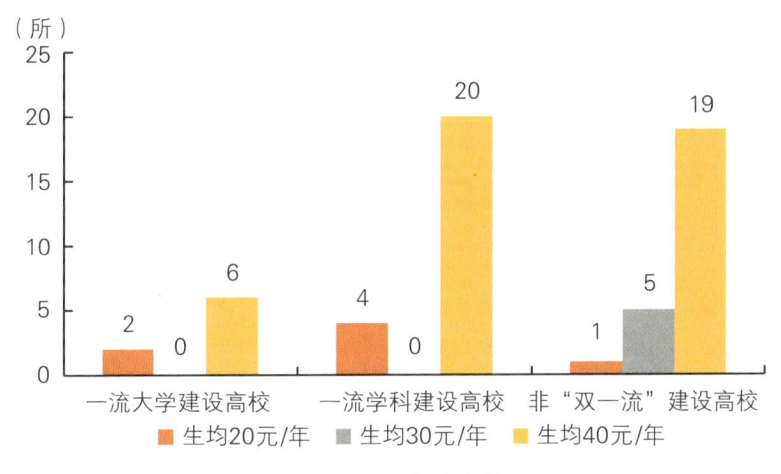

图7-25　专项经费落实情况 1

调查显示，参加调研的57所高校中，7所高校的思想政治理论课专项经费按生均20元/年标准落实，占比12.28%；按生均30元/年标准落实的5所，占比8.77%；按生均40元/年标准落实的45所，占比78.95%。

一流大学建设高校8所，其中思想政治理论课专项经费按生均20元/年标准落实的2所，占25.00%；按生均40元/年标准落实的6所，占比75.00%。

一流学科建设高校24所，其中思想政治理论课专项经费按生均20元/年标准落实的4所，占比16.67%；按生均40元/年标准落实的20所，占比83.33%。

非双一流建设高校25所，其中思想政治理论课专项经费按生均20元/年标准落实的1所，占比4.00%；按生均30元/年标准落实的5所，占比20.00%；按生均40元/年标准落实的19所，占比76.00%。

如图7-26所示，从学科点来看，一级学科博士点16所高校，其中思想政治理论课专项经费按生均20元/年标准落实的1所，占6.25%；按生均40元/年标准落实的15所，占比93.75%。一级学科硕士点20所高校，其中思想政治理论课专项经费按生均20元/年标准落实的6所，占30.00%；按生均40元/年标准落实的14所，占比70.00%；二级学科硕士点思想政治理论课专项经费按生均40元/年标准落实的1所，占比100%。无学科点20所高校，其中思想政治理论课按生均40元/年标准落实的15所，占比75.00%；按生均30元/年标准落实的5所，占比25.00%。

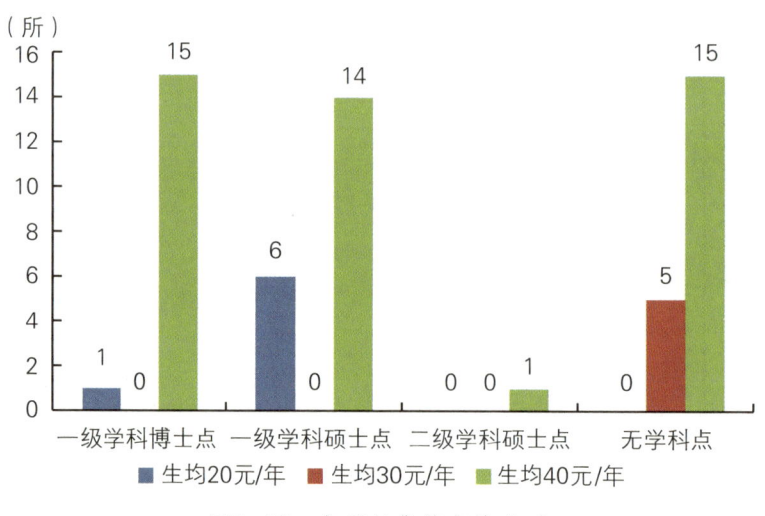

图7-26 专项经费落实情况 2

（四）教学管理

教学管理主要包括思想政治理论课学分学时、编写使用教辅资料、课堂教学规模、教学督导。

1. 思想政治理论课学分学时

根据教学对象的层次性，思想政治理论课学分学时的统计，按照本专科生课程和研究生课程两类进行。

（1）本专科生课程

参加调研高校的"习近平新时代中国特色社会主义思想概论"课的学分、学时情况如图7-27、图7-28所示。

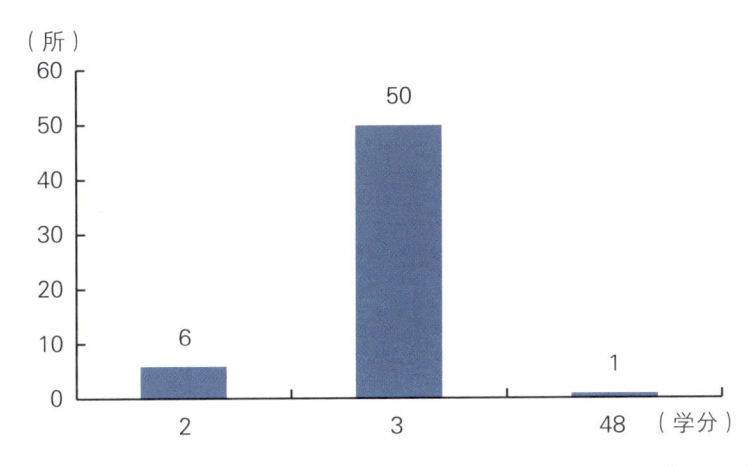

图7-27 "习近平新时代中国特色社会主义思想概论"课学分分布

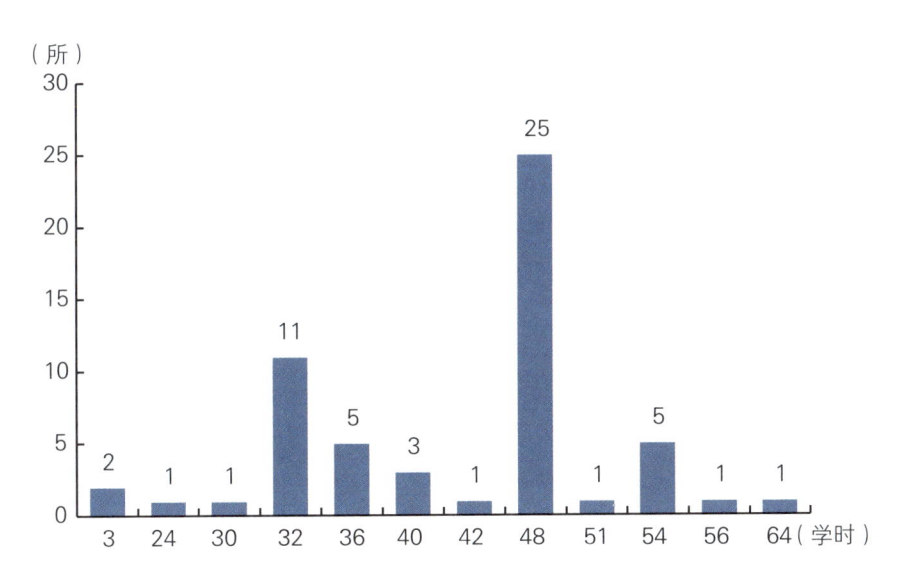

图7-28 "习近平新时代中国特色社会主义思想概论"课学时分布

调查显示，参加调研高校的"习近平新时代中国特色社会主义思想概

论"课的学分绝大部分是3学分，学时以32学时和48学时为主。（注：0学分、0学时是因为没有开设此课程）

参加调研高校的"思想道德与法治"课的学分、学时情况如图7-29、图7-30所示。

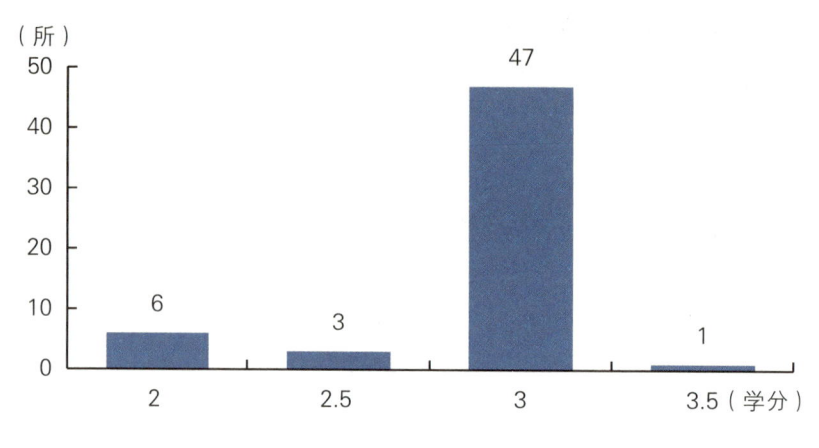

图7-29 "思想道德与法治"课学分分布

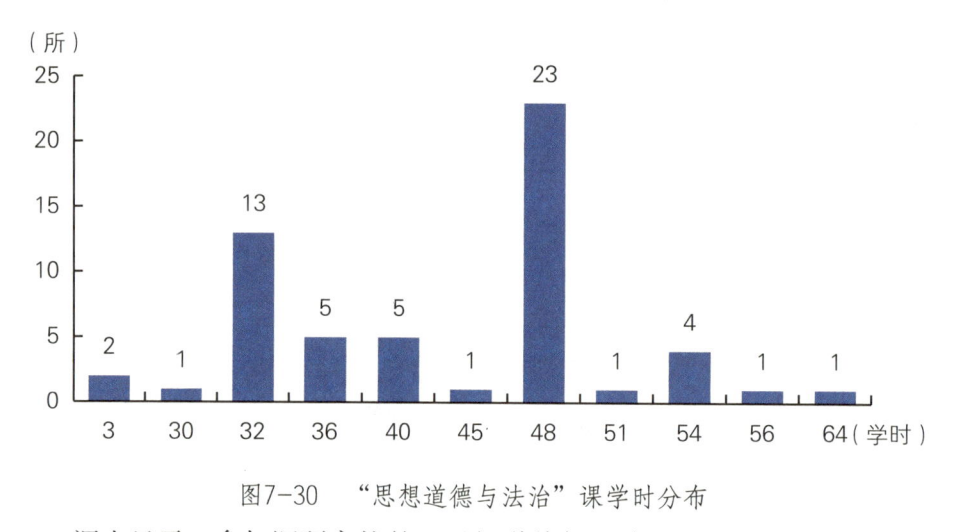

图7-30 "思想道德与法治"课学时分布

调查显示，参加调研高校的"思想道德与法治"课的学分绝大部分是3学分，学时以32学时和48学时为主。

参加调研高校的"中国近现代史纲要"课的学分、学时情况如图7-31、图7-32所示。

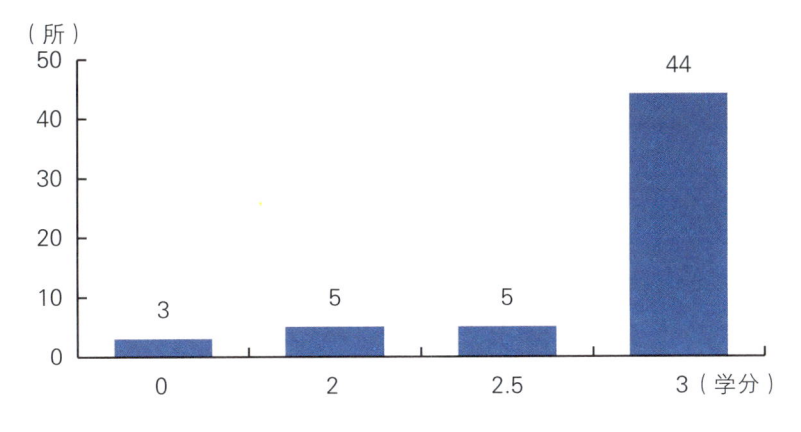

图7-31 "中国近现代史纲要"课学分分布

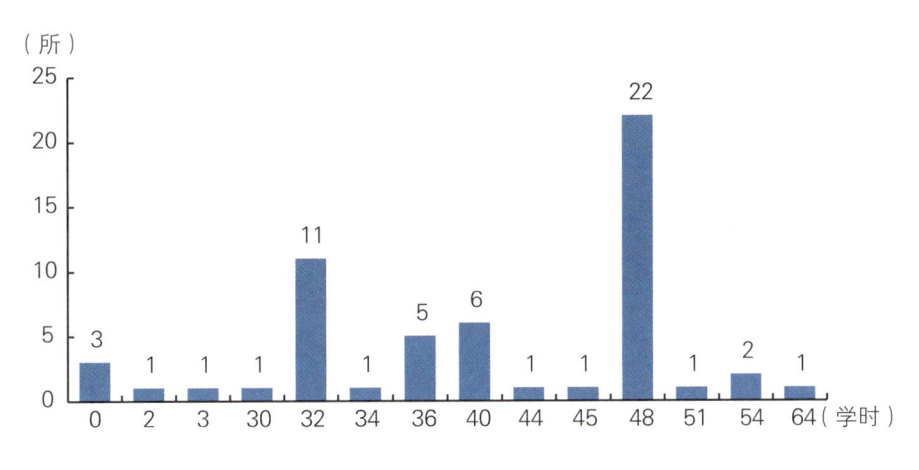

图7-32 "中国近现代史纲要"课学时分布

调查显示,参加调研高校的"中国近现代史纲要"课的学分,大部分是3学分,其次是2学分,学时以48学时和32学时为主。

参加调研高校的"马克思主义基本原理"课学分、学时情况如图7-33、图7-34所示。

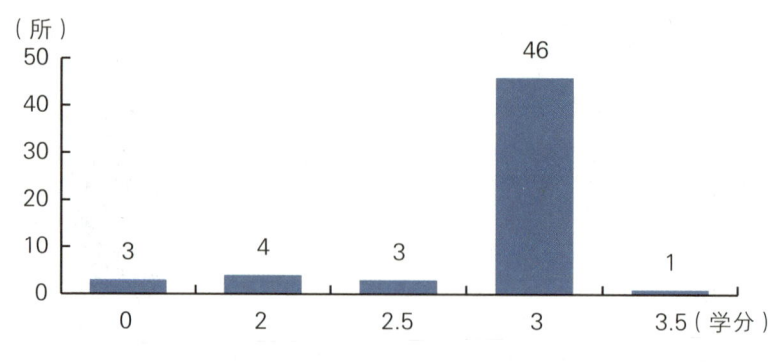

图7-33 "马克思主义基本原理"课学分分布

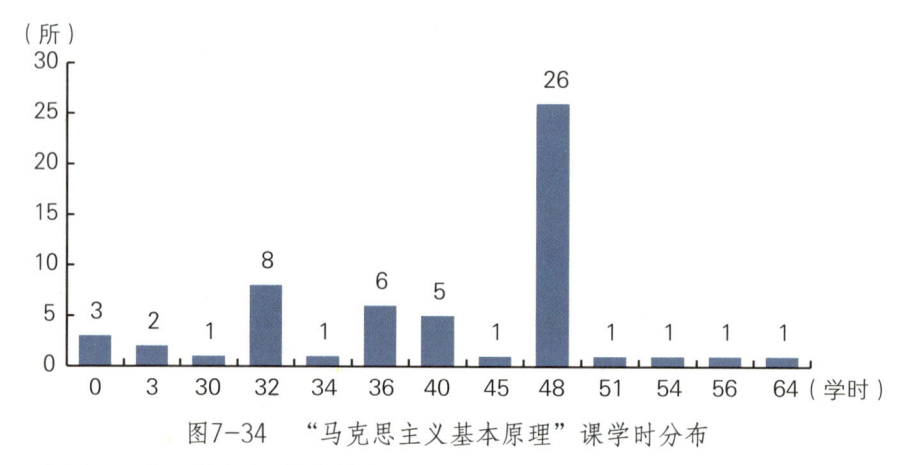

图7-34 "马克思主义基本原理"课学时分布

调查显示，参加调研高校的"马克思主义基本原理"课的学分以3学分为主，学时以48学时和32学时为主。

参加调研高校的"毛泽东思想和中国特色社会主义理论体系概论"课学分、学时情况如图7-35、图7-36所示。

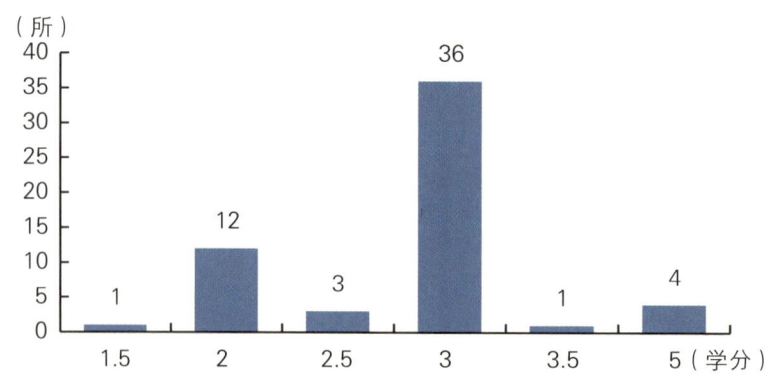

图7-35 "毛泽东思想和中国特色社会主义理论体系概论"课学分分布

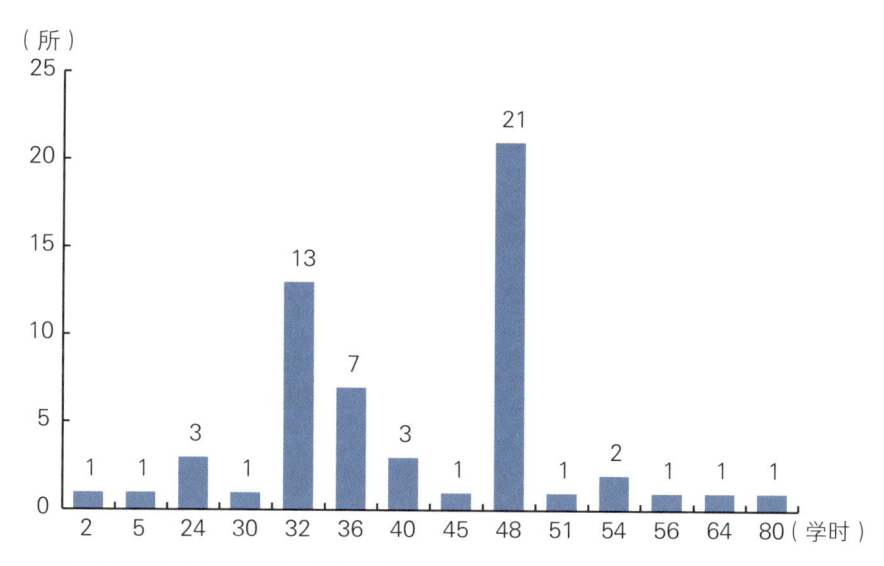

图7-36 "毛泽东思想和中国特色社会主义理论体系概论"课学时分布

调查显示，参加调研高校的"毛泽东思想和中国特色社会主义理论体系概论"课的学分以3学分居多，其次是5学分和2学分。学时以48学时最多，其次是36和32学时。

参加调研高校的"形势与政策"课的学分、学时情况如图7-37、图7-38所示。

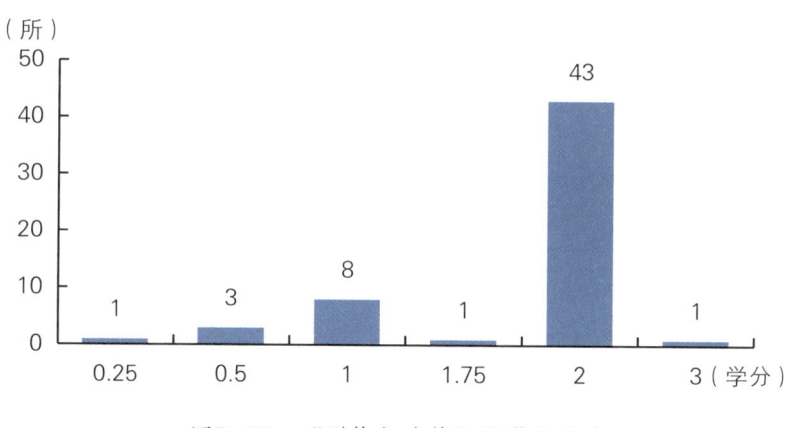

图7-37 "形势与政策"课学分分布

图7-38 "形势与政策"课学时分布

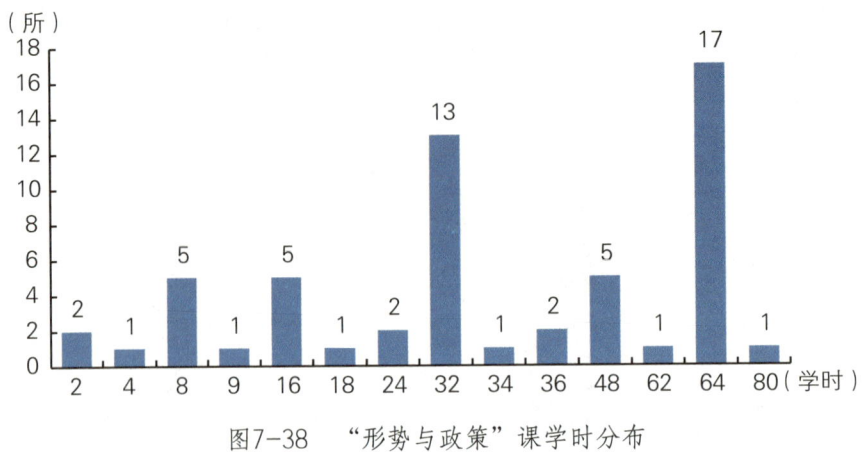

调查显示，参加调研高校的"形势与政策"课的学分以2学分居多，其次是1学分；学时主要是64学时，其次是32学时。

（2）研究生课程

参加调研高校的"新时代中国特色社会主义理论与实践"课的学分、学时情况如图7-39、图7-40所示。

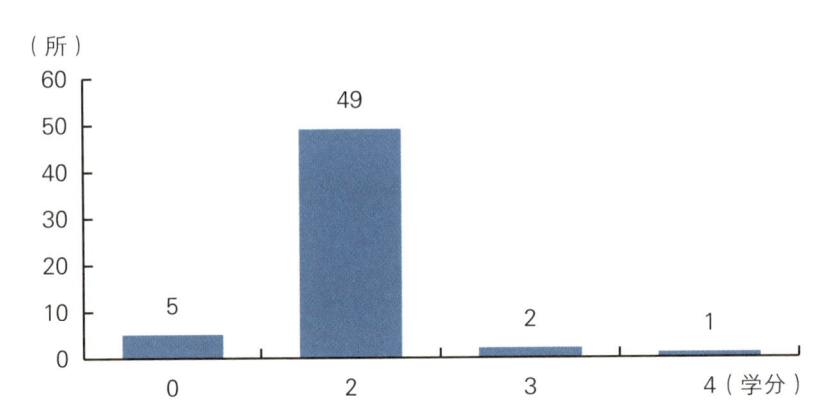

图7-39 "新时代中国特色社会主义理论与实践"课学分分布

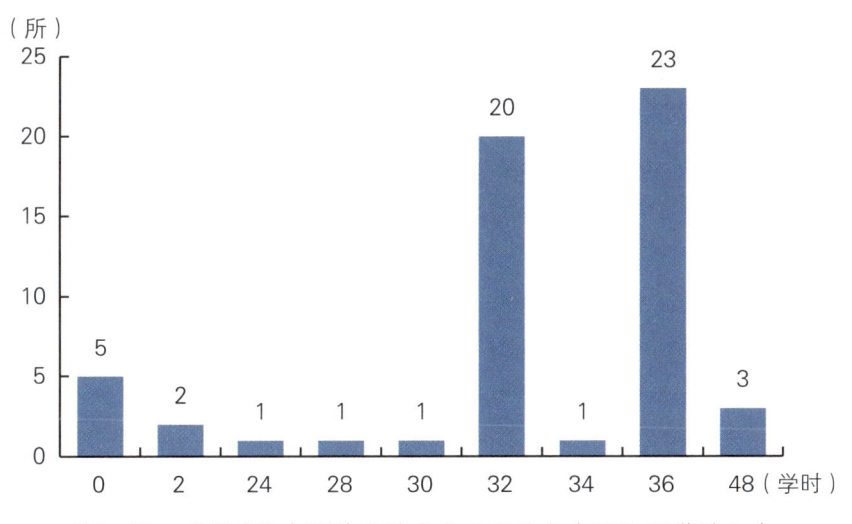

图7-40 "新时代中国特色社会主义理论与实践"课学时分布

调查显示，参加调研高校"新时代中国特色社会主义理论与实践研究"课的学分大部分是2学分，学时主要是36学时。

参加调研高校的"自然辩证法概论"课的学分、学时情况如图7-41、图7-42所示。

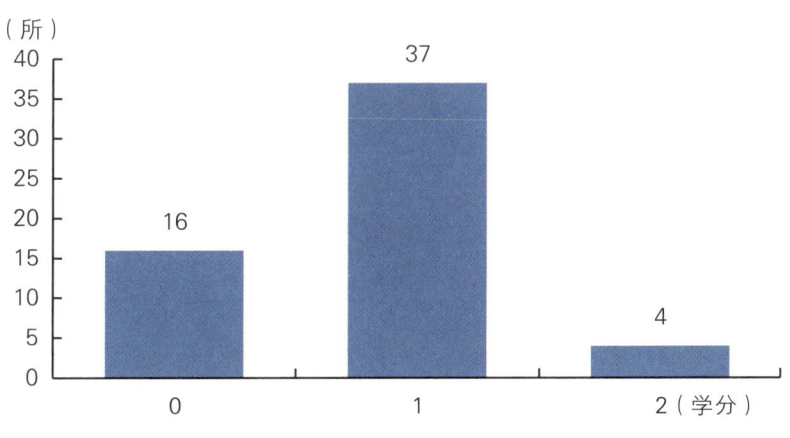

图7-41 "自然辩证法概论"课学分分布

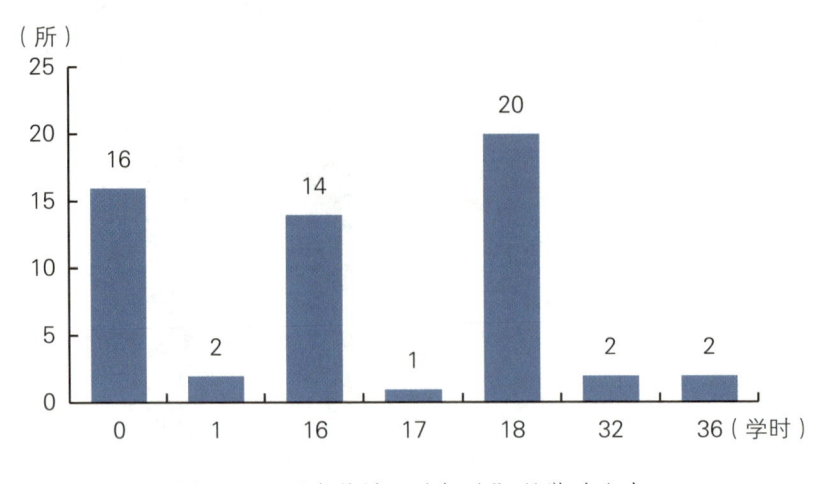

图7-42 "自然辩证法概论"课学时分布

调查显示，参加调研高校的"自然辩证法概论"课的学分以1学分为主，学时主要是18学时，其次是0学时。

参加调研高校的"马克思主义与社会科学方法论"课的学分、学时情况如图7-43、图7-44所示。

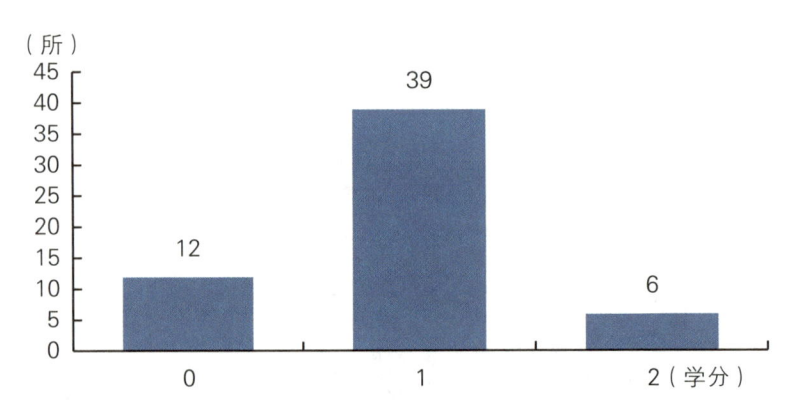

图7-43 "马克思主义与社会科学方法论"课学分分布

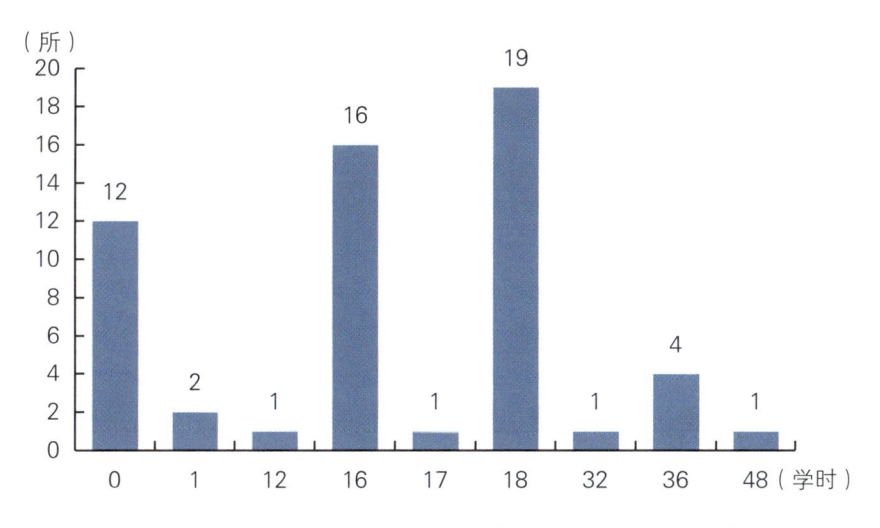

图7-44 "马克思主义与社会科学方法论"课学时分布

调查显示，参加调研高校的"马克思主义与社会科学方法论"课的学分以1学分为主，学时主要是18学时，其次是16学时。

参加调研高校的"中国马克思主义与当代"课的学分、学时情况如图7-45、图7-46所示。

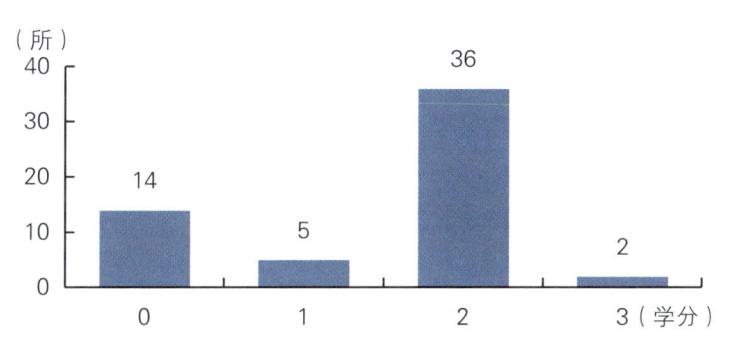

图7-45 "中国马克思主义与当代"课学分分布

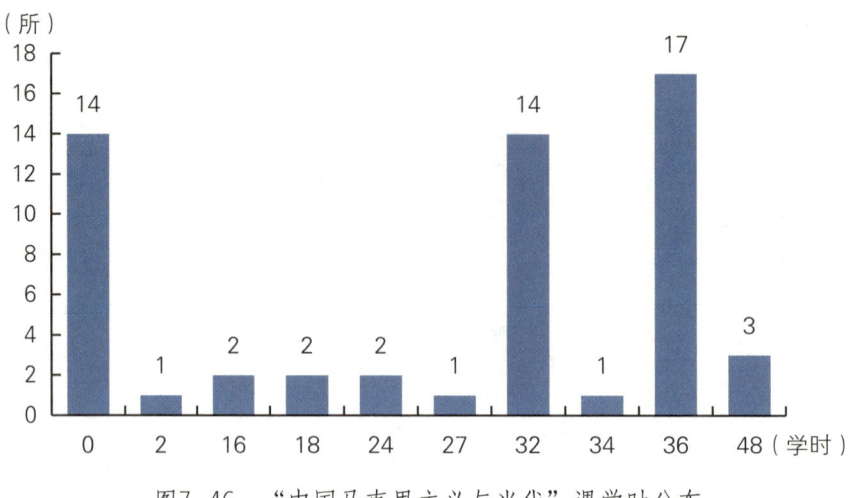

图7-46 "中国马克思主义与当代"课学时分布

调查显示，参加调研高校的"中国马克思主义与当代"课的学分以2学分为主，学时主要是36学时，其次是32学时与0学时。

参加调研高校的"马克思恩格斯列宁经典著作选读"课的学分、学时情况如图7-47、图7-48所示。

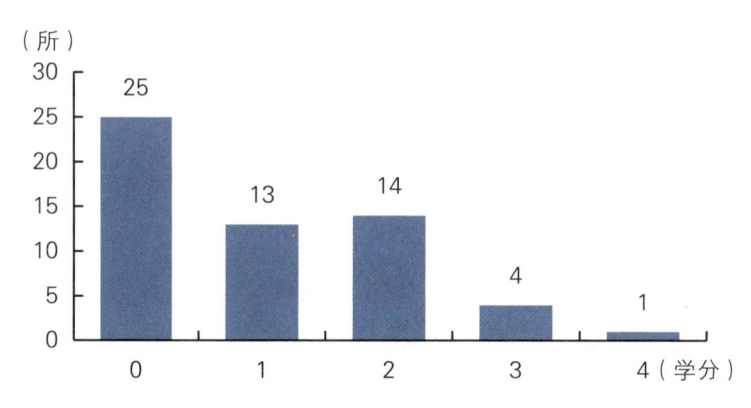

图7-47 "马克思恩格斯列宁经典著作选读"课学分分布

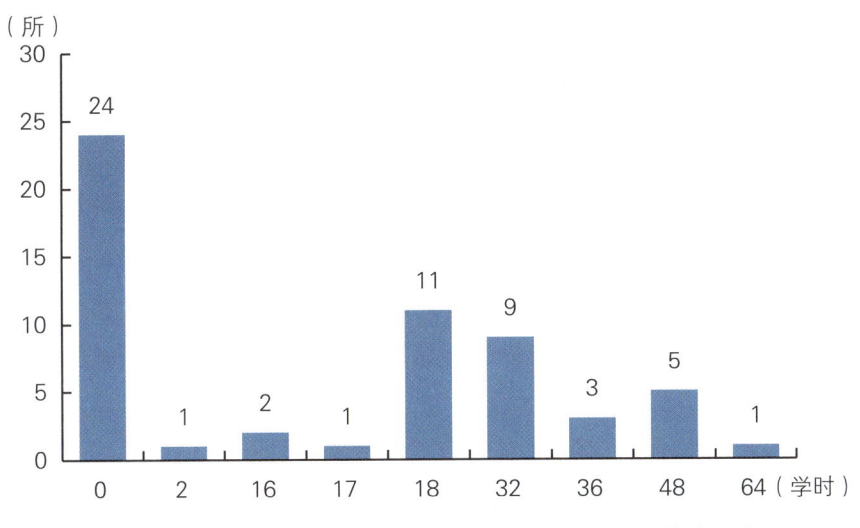

图7-48 "马克思恩格斯列宁经典著作选读"课学时分布

调查显示，参加调研高校的"马克思恩格斯列宁经典著作选读"课的学分以2学分和0学分为主，学时以0学时为主，其次是18学时。

2. 编写使用教辅资料

（1）本科程生课

参加调研高校编写使用"思想道德与法治"课教辅资料情况如图7-49所示。

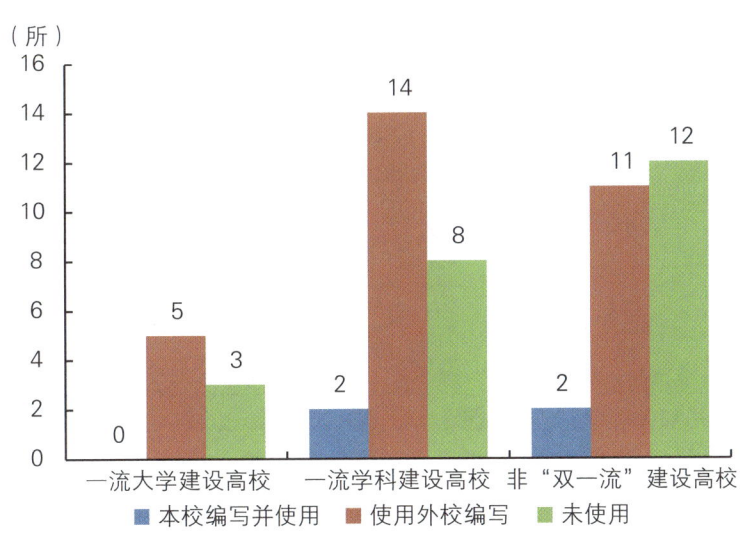

图7-49 "思想道德与法治"课教辅资料的编写和使用情况 1

调查显示，参加调研的57所高校，以使用外校编写的教辅资料为主，共30所高校，占比52.63%。

一流大学建设高校8所，其中本校编写并使用教辅资料的0所；使用外校编写教辅资料的有5所，占62.50%；未使用教辅资料的有3所，占37.50%。

一流学科建设高校24所，其中本校编写并使用教辅资料的有2所，占8.33%；使用外校编写教辅资料的有14所，占58.33%；未使用教辅资料的有8所，占33.33%。

非双一流建设高校25所，其中本校编写并使用教辅资料的有2所，占8.00%；使用外校编写教辅资料的有11所，占44.00%；未使用教辅资料的有12所，占48.00%。

如图7-50所示，从学科点来看，一级学科博士点16所高校，其中本校编写并使用教辅资料的0所；使用外校编写的有10所，占62.50%；未使用教辅资料的有6所，占37.50%。一级学科硕士点20所高校，其中本校编写并使用教辅资料的有1所，占5.00%；使用外校编写教辅资料的有11所，占55.00%；未使用教辅资料的有8所，占40.00%。二级学科硕士点使用外校编写教辅资料的有1所，占100%。无学科点20所高校，其中本校编写并使用教辅资料的有3所，占15.00%；使用外校编写教辅资料的有8所，占40.00%；未使用教辅资料的有9所，占45.00%。

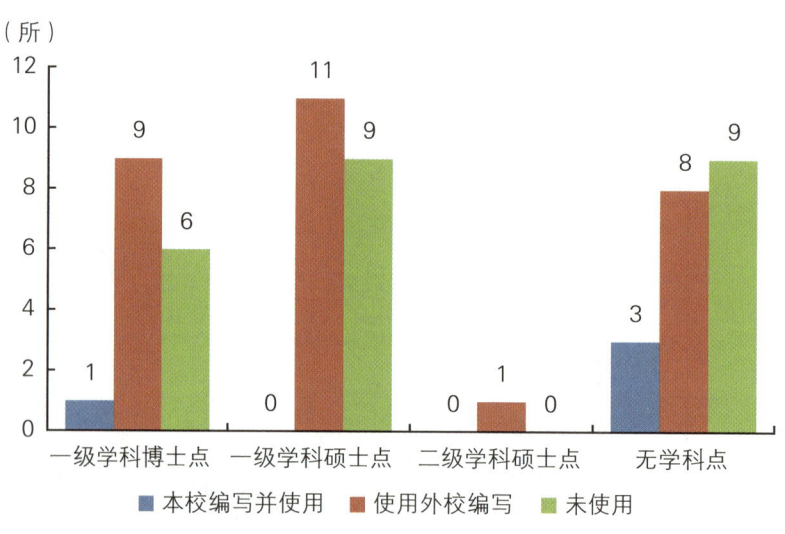

图7-50 "思想道德与法治"课教辅资料的编写和使用情况 2

参加调研高校编写使用"中国近现代史纲要"课教辅资料情况如图7-51所示。

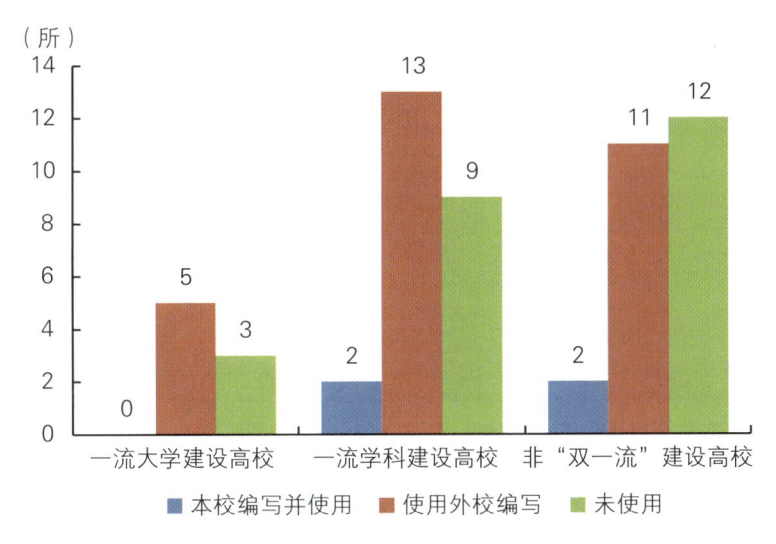

图7-51 "中国近现代史纲要"课教辅资料的编写和使用情况 1

调查显示，参加调研的57所高校，以使用外校编写的教辅资料为主的共29所高校，占比50.88%。

一流大学建设高校8所，其中本校编写并使用教辅资料的0所；使用外校编写教辅资料的有5所，占62.50%；未使用教辅资料的有3所，占37.50%。

一流学科建设高校24所，其中本校编写并使用教辅资料的有2所，占8.33%；使用外校编写教辅资料的有13所，占54.17%；未使用教辅资料的有9所，占37.50%。

非"双一流"建设高校25所，其中本校编写并使用教辅资料的有2所，占8.00%；使用外校编写教辅资料的有11所，占44.00%；未使用教辅资料的有12所，占48.00%。

如图7-52所示，从学科点来看，一级学科博士点16所高校，其中本校编写并使用教辅资料的有1所，占6.25%；使用外校编写教辅资料的有9所，占56.25%；未使用教辅资料的有6所，占37.50%。一级学科硕士点20所高校，其中本校编写并使用教辅资料的0所；使用外校编写教辅资料的有11所，占55.00%；未使用教辅资料的有9所，占45.00%。二级学科硕士点使用外校编写教辅资料的有1所，占100%。无学科点20所高校，其中本校编写并使用教辅资料的有3所，占15.00%；使用外校编写教辅资料的有8所，占40.00%；未使用教辅资料的有9所，占45.00%。

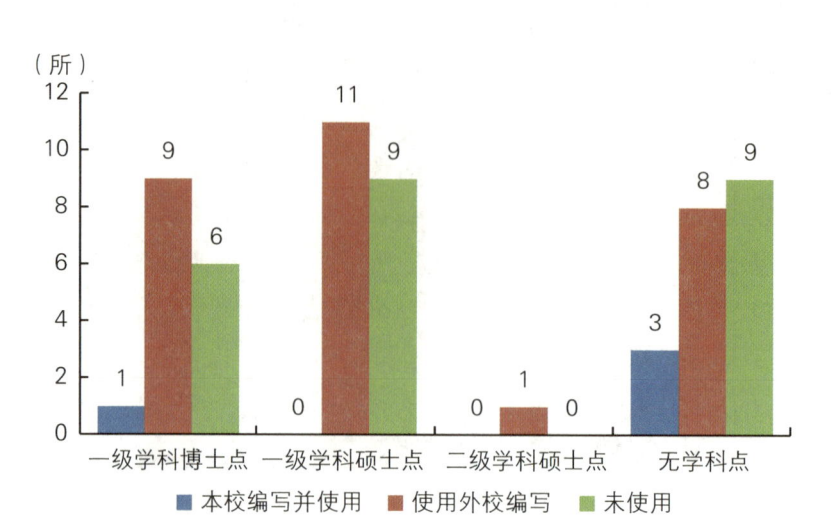

图7-52 "中国近现代史纲要"课教辅资料的编写和使用情况 2

参加调研高校编写使用"马克思主义基本原理"课教辅资料情况如图7-53所示。

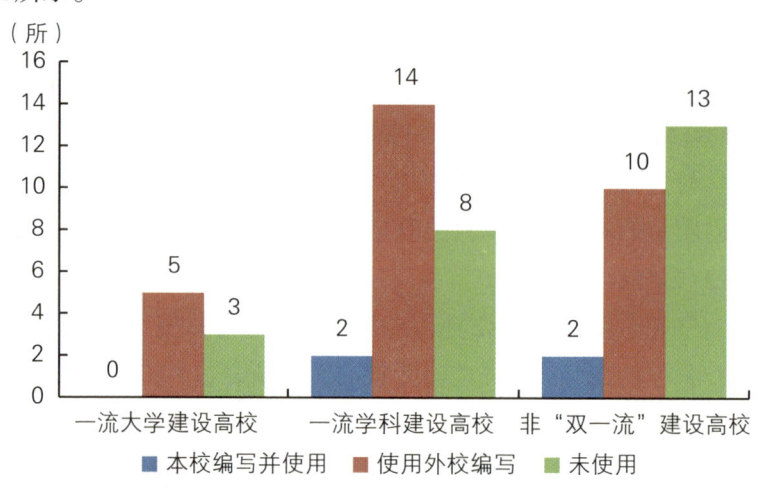

图7-53 "马克思主义基本原理"课教辅资料的编写和使用情况 1

调查显示，参加调研的57所高校，以使用外校编写的教辅资料为主，共29所高校，占比50.88%。

一流大学建设高校8所，其中本校编写并使用教辅资料的0所；使用外校编写教辅资料的有5所，占62.50%；未使用教辅资料的有3所，占37.50%。

一流学科建设高校24所，其中本校编写并使用教辅资料的有2所，占8.33%；使用外校编写教辅资料的有14所，占58.33%；未使用教辅资料的有8所，占33.33%。

非"双一流"建设高校25所，其中本校编写并使用教辅资料的有2所，占8.00%；使用外校编写教辅资料的有10所，占40.00%；未使用教辅资料的有13所，占52.00%。

如图7-54所示，从学科点来看，一级学科博士点16所高校，其中本校编写并使用教辅资料的0所；使用外校编写教辅资料的有10所，占62.50%；未使用教辅资料的有6所，占37.50%。一级学科硕士点20所高校，其中本校编写并使用教辅资料的有1所，占5.00%；使用外校编写教辅资料的有11所，占55.00%；未使用教辅资料的有8所，占40.00%。二级学科硕士点使用外校编写教辅资料的有1所，占100%。无学科点20所高校，其中本校编写并使用教辅资料的有3所，占15.00%；使用外校编写教辅资料的有7所，占35.00%；未使用教辅资料的有10所，占50.00%。

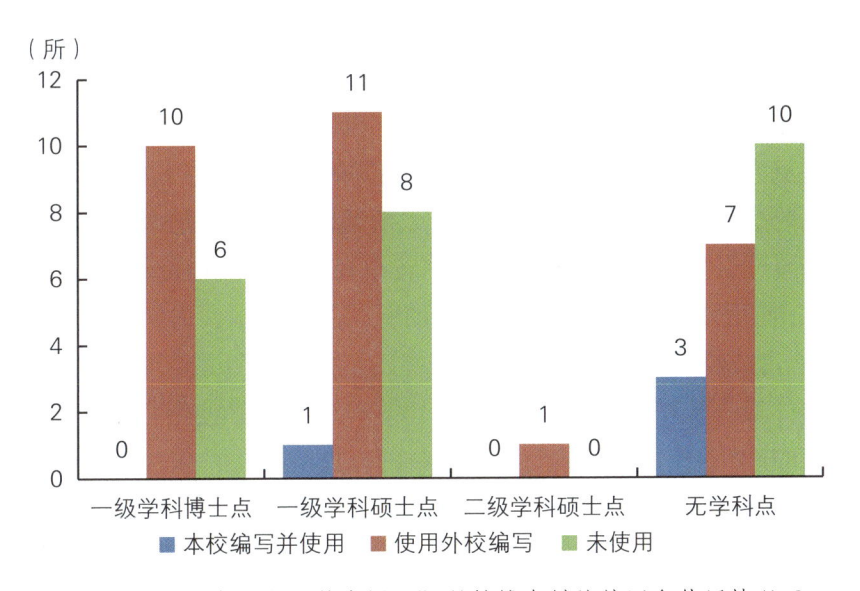

图7-54 "马克思主义基本原理"课教辅资料的编写和使用情况 2

参加调研高校编写使用"毛泽东思想和中国特色社会主义理论体系概论"课教辅资料情况如图7-55所示。

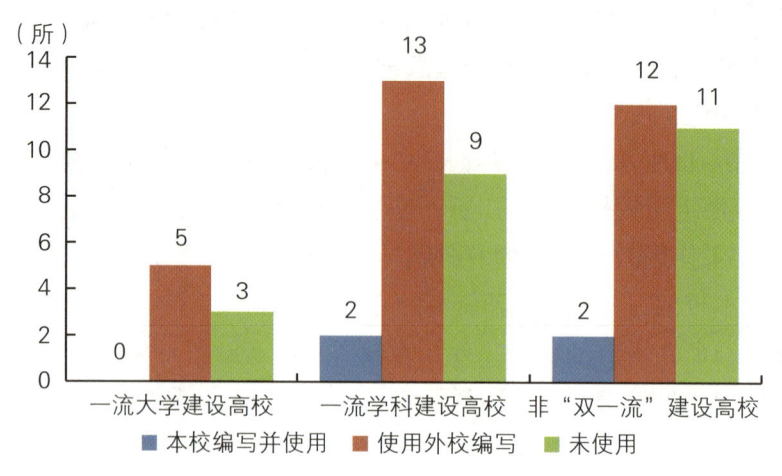

图7-55 "毛泽东思想和中国特色社会主义理论体系概论"课教辅资料编写和使用情况1

调查显示，参加调研的57所高校中，主要以使用外校编写教辅资料为主，共30所，占比52.63%。

一流大学建设高校8所，其中本校编写并使用教辅资料的0所；使用外校编写教辅资料的有5所，占62.50%；未使用教辅资料的有3所，占37.50%。

一流学科建设高校24所，其中本校编写并使用教辅资料的有2所，占8.33%；使用外校编写教辅资料的有13所，占54.17%；未使用教辅资料的有9所，占37.50%。

非"双一流"建设高校25所，其中本校编写并使用教辅资料的有2所，占8.00%；使用外校编写教辅资料的有12所，占48.00%；未使用教辅资料的有11所，占44.00%。

如图7-56所示，从学科点来看，一级学科博士点16所高校，其中本校编写并使用教辅资料的有1所，占6.25%；使用外校编写教辅资料的有9所，占56.25%；未使用教辅资料的有6所，占37.50%。一级学科硕士点20所高校，其中本校编写并使用教辅资料的0所；使用外校编写教辅资料的有11所，占55.00%；未使用教辅资料的有9所，占45.00%。二级学科硕士点使用外校编写教辅资料的有1所，占100%。无学科点20所高校，其中本校编写并使用教辅资料的有3所，占15.00%；使用外校编写教辅资料的有9所，占45.00%；未使用教辅资料的有8所，占40.00%。

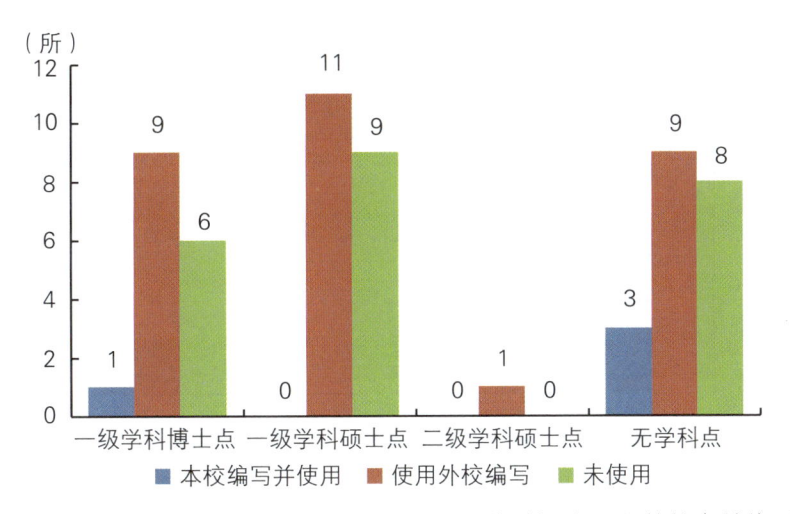

图7-56 "毛泽东思想和中国特色社会主义理论体系概论"课教辅资料编写和使用情况2

参加调研高校编写使用"形势与政策"课教辅资料情况如图7-57所示。

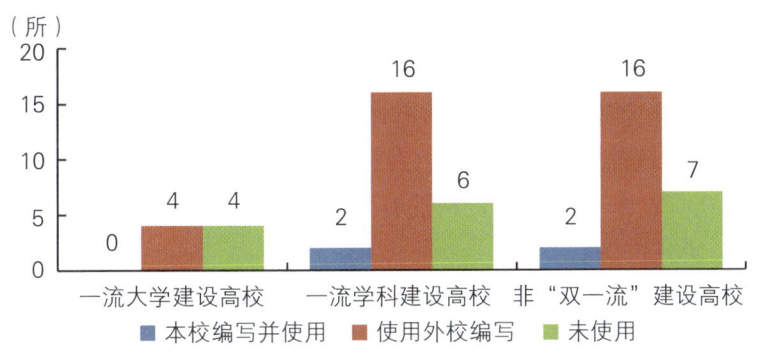

图7-57 "形势与政策"课教辅资料的编写和使用情况 1

调查显示，参加调研的57所高校中，以使用外校编写教辅资料为主，共36所，占比63.16%。

一流大学建设高校8所，其中本校编写并使用教辅资料的0所；使用外校编写教辅资料的有4所，占50.00%；未使用教辅资料的有4所，占50.00%。

一流学科建设高校24所，其中本校编写并使用教辅资料的有2所，占8.33%；使用外校编写教辅资料的有16所，占66.67%；未使用教辅资料的有6所，占25.00%。

非"双一流"建设高校25所，其中本校编写并使用教辅资料的有2所，占8.00%；使用外校编写教辅资料的有16所，占64.00%；未使用教辅资料的有7所，占28.00%。

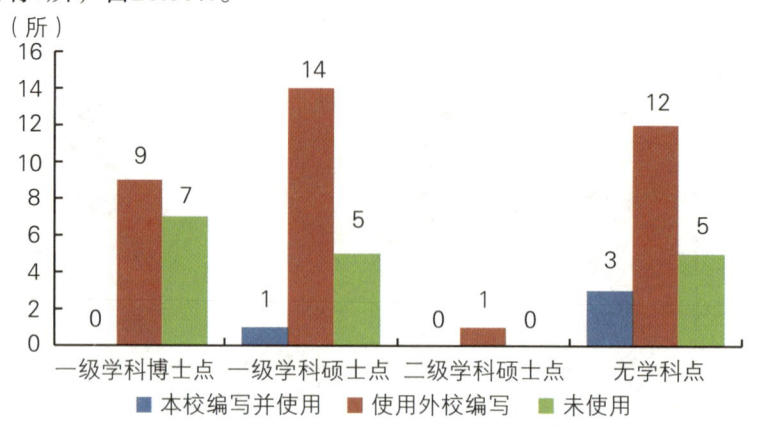

图7-58 "形势与政策"课教辅资料的编写和使用情况 2

如图7-58所示，从学科点来看，一级学科博士点16所高校，其中本校编写并使用教辅资料的0所；使用外校编写教辅资料的有9所，占56.25%；未使用教辅资料的有7所，占43.75%。一级学科硕士点20所高校，其中本校编写并使用教辅资料的有1所，占5.00%；使用外校编写教辅资料的有14所，占70.00%；未使用教辅资料的有5所，占25.00%。二级学科硕士点使用外校编写教辅资料的有1所，占100.00%。无学科点20所高校，其中本校编写并使用教辅资料的有3所，占15.00%；使用外校编写教辅资料的12所，占60.00%；未使用教辅资料的有5所，占25.00%。

（2）研究生课程

参加调研高校编写使用"新时代中国特色社会主义理论与实践"课教辅资料情况如图7-59所示。

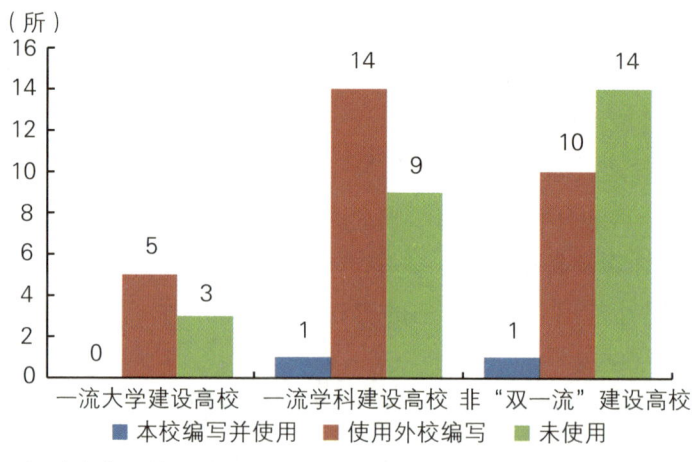

图7-59 "新时代中国特色社会主义理论与实践"课教辅资料的编写和使用情况 1

调查显示，参加调研的57所高校中，以使用外校编写教辅资料为主，共29所，占比50.88%。

一流大学建设高校8所，其中本校编写并使用教辅资料的0所；使用外校编写教辅资料的5所，占62.50%；未使用教辅资料的3所，占37.50%。

一流学科建设高校24所，其中本校编写并使用教辅资料的1所，占4.17%；使用外校编写教辅资料的14所，占58.33%；未使用教辅资料的9所，占37.50%。

非"双一流"建设高校25所，其中本校编写并使用教辅资料的1所，占4.00%；使用外校编写教辅资料的10所，占40.00%；未使用教辅资料的14所，占56.00%。

如图7-60所示，从学科点来看，一级学科博士点16所高校，其中本校编写并使用教辅资料的0所；使用外校编写教辅资料的9所，占56.25%；未使用教辅资料的7所，占43.75%。一级学科硕士点20所高校，其中本校编写并使用教辅资料的0所；使用外校编写教辅资料的13所，占65.00%；未使用教辅资料的7所，占35.00%。二级学科硕士点使用外校编写教辅资料的1所，占100%。无学科点20所高校，其中本校编写并使用教辅资料的2所，占10.00%；使用外校编写教辅资料的6所，占30.00%；未使用教辅资料的12所，占60.00%。

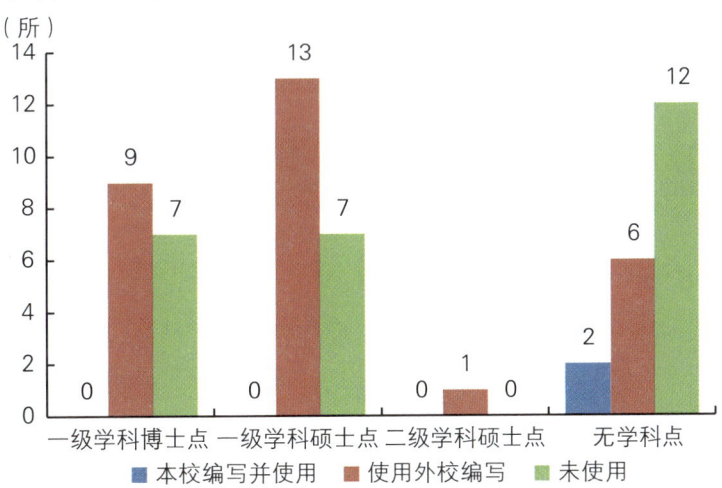

图7-60 "新时代中国特色社会主义理论与实践"课教辅资料的编写和使用情况 2

参加调研高校编写使用"自然辩证法概论"课教辅资料情况如图7-61所示。

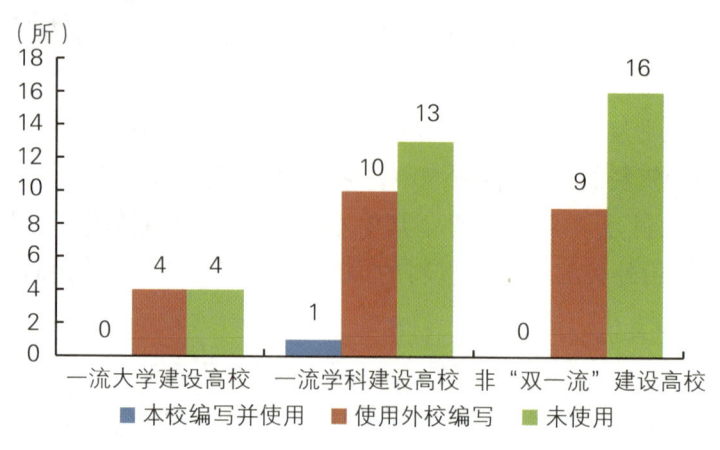

图7-61 "自然辩证法概论"课教辅资料的编写和使用情况 1

调查显示，参加调研的57所高校中，以未使用教辅资料为主，共33所，占比57.89%。

一流大学建设高校8所，其中本校编写并使用教辅资料的0所；使用外校编写教辅资料的4所，占50.00%；未使用教辅资料的4所，占50.00%。

一流学科建设高校24所，其中本校编写并使用教辅资料的1所，占4.17%；使用外校编写教辅资料的10所，占41.67%；未使用教辅资料的13所，占54.17%。

非"双一流"建设高校25所，其中本校编写并使用教辅资料的0所；使用外校编写教辅资料的9所，占36.00%；未使用教辅资料的16所，占64.00%。

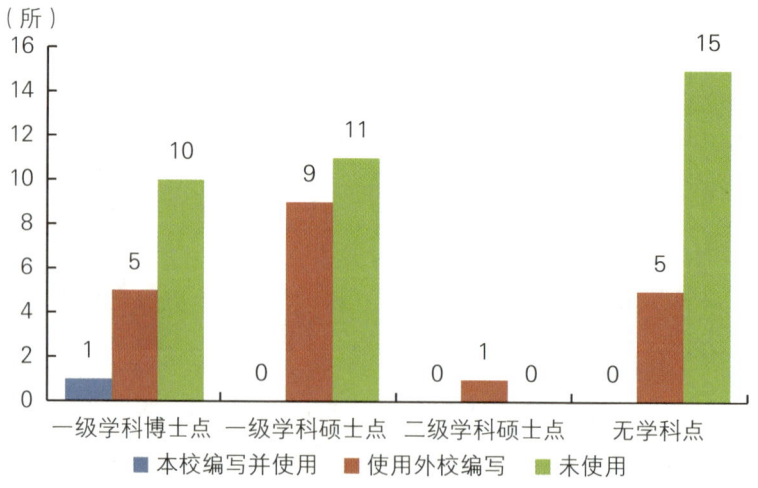

图7-62 "自然辩证法概论"课教辅资料的编写和使用情况 2

如图7-62所示，从学科点来看，一级学科博士点16所高校，其中本校编写并使用教辅资料的1所，占6.25%；使用外校编写教辅资料的5所，占31.25%；未使用教辅资料的10所，占62.50%。一级学科硕士点20所高校，其中本校编写并使用教辅资料的0所；使用外校编写教辅资料的9所，占45.00%；未使用教辅资料的11所，占55.00%。二级学科硕士点使用外校编写教辅资料的1所，占100%。无学科点20所高校，其中本校编写并使用教辅资料的0所；使用外校编写教辅资料的5所，占25.00%；未使用教辅资料的15所，占75.00%。

参加调研高校编写使用"中国马克思主义与当代"课教辅资料情况如图7-63所示。

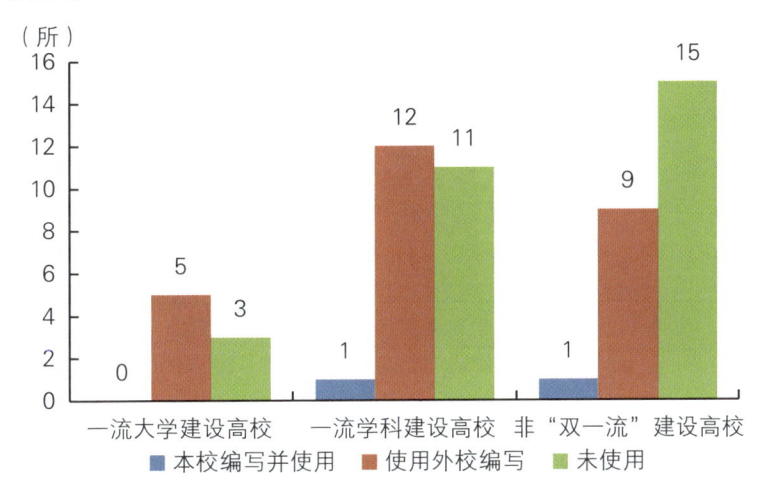

图7-63 "中国马克思主义与当代"课教辅资料的编写和使用情况 1

调查显示，参加调研的57所高校中，以未使用教辅资料为主，共29所，占比50.88%。

一流大学建设高校8所，其中本校编写并使用教辅资料的0所；使用外校编写教辅资料的5所，占62.50%；未使用教辅资料的3所，占37.50%。

一流学科建设高校24所，其中本校编写并使用教辅资料的1所，占4.17%；使用外校编写教辅资料的12所，占50.00%；未使用教辅资料的11所，占45.83%。

非"双一流"建设高校25所，其中本校编写并使用教辅资料的1所，占4.00%；使用外校编写教辅资料的9所，占36.00%；未使用教辅资料的15所，占60.00%。

如图7-64所示，从学科点来看，一级学科博士点16所高校，其中本校编写并使用教辅资料的0所；使用外校编写教辅资料的9所，占56.25%；未使用教辅资料的7所，占43.75%。一级学科硕士点20所高校，其中本校编写并使用教辅资料的0所；使用外校编写教辅资料的11所，占55.00%；未使用教辅资料的9所，占45.00%。二级学科硕士点使用外校编写教辅资料的1所，占100%。无学科点20所高校，其中本校编写并使用教辅资料的2所，占10.00%；使用外校编写教辅资料的5所，占25.00%；未使用教辅资料的13所，占65.00%。

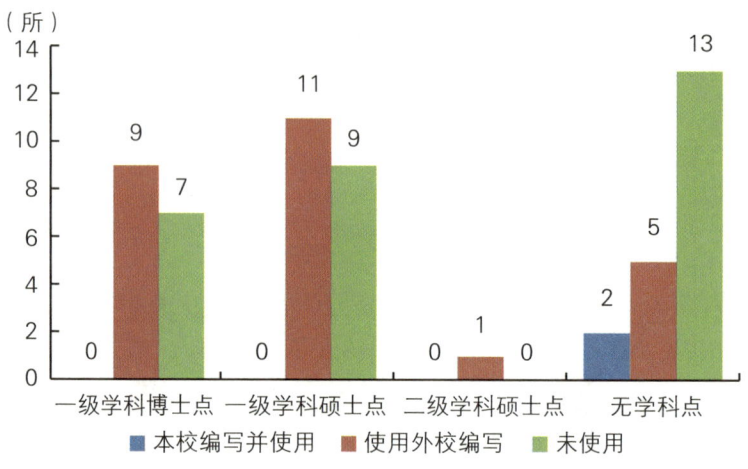

图7-64 "中国马克思主义与当代"课教辅资料的编写和使用情况 2

参加调研高校编写使用"马克思恩格斯列宁经典著作选读"课教辅资料情况如图7-65所示。

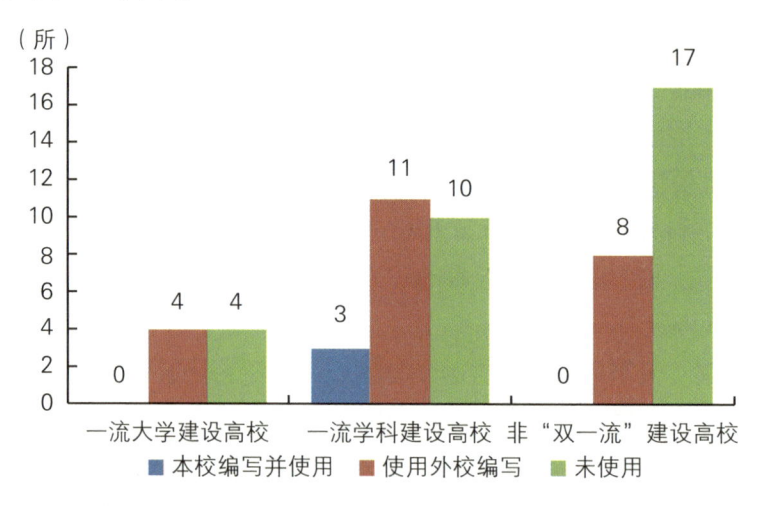

图7-65 "马克思恩格斯列宁经典著作选读"课教辅资料的编写和使用情况 1

调查显示，参加调研的57所高校中，以未使用教辅资料为主，共31所，占比54.39%。

一流大学建设高校8所，其中本校编写并使用教辅资料的0所；使用外校编写教辅资料的4所，占50.00%；未使用教辅资料的4所，占50.00%。

一流学科建设高校24所，其中本校编写并使用教辅资料的3所，占12.50%；使用外校编写教辅资料的11所，占45.83%；未使用教辅资料的10所，占41.67%。

非"双一流"建设高校25所，其中本校编写并使用教辅资料的0所；使用外校编写教辅资料的8所，占32.00%；未使用教辅资料的17所，占68.00%。

如图7-66所示，从学科点来看，一级学科博士点16所高校，其中本校编写并使用教辅资料的1所，占6.25%；使用外校编写教辅资料的7所，占43.75%；未使用教辅资料的8所，占50.00%。一级学科硕士点20所高校，其中本校编写并使用教辅资料的1所，占5.00%；使用外校编写教辅资料的9所，占45.00%；未使用教辅资料的10所，占50.00%。二级学科硕士点使用外校编写教辅资料的1所，占100%。无学科点20所高校，其中本校编写并使用教辅资料的1所，占5.00%；使用外校编写教辅资料的6所，占30.00%；未使用教辅资料的13所，占65.00%。

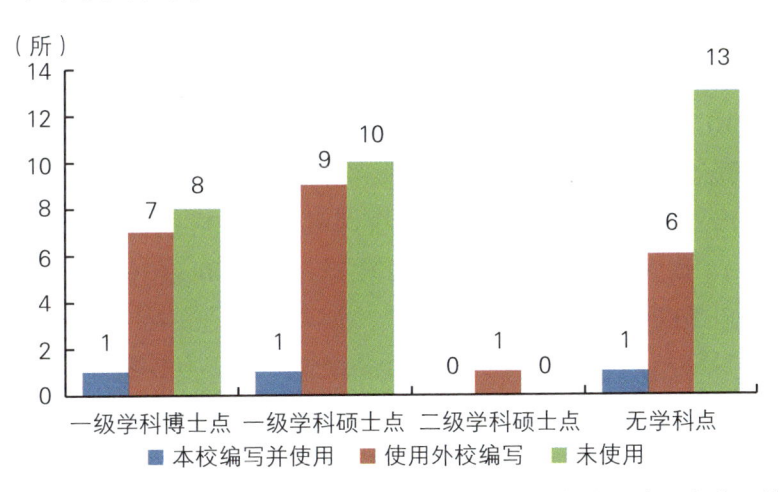

图7-66 "马克思恩格斯列宁经典著作选读"课教辅资料的编写和使用情况 2

3. 课堂教学规模

参加调研高校本专科生课堂教学规模情况如图7-67所示。

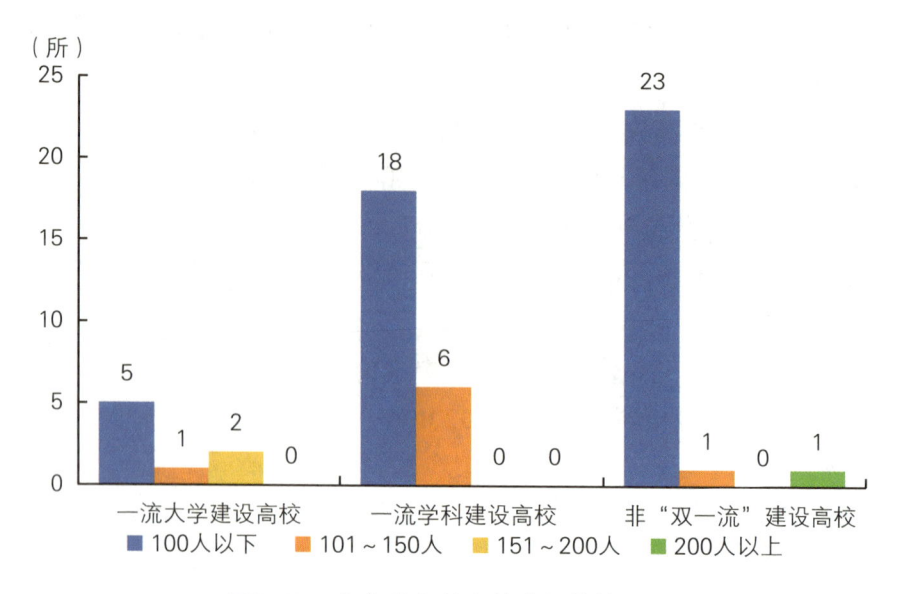

图7-67　本专科生课堂教学规模情况 1

调查显示，参加调研的57所高校中，课堂教学规模以100人以下为主，共46所，占比80.7%；其次是101~150人，共8所，占比14.04%；151~200人规模的课堂为2所，占比3.51%；200人以上仅有1所高校，占1.75%。

一流大学建设高校8所，其中课堂教学规模100人以下的5所，占62.50%；101~150人的1所，占12.50%；151~200人的2所，占25.00%；200人以上的0所。

一流学科建设高校24所，其中课堂教学规模100人以下的18所，占75.00%；101~150人的6所，占25.00%；151~200人的0所；200人以上的为0所。

非"双一流"建设高校25所，其中课堂教学规模100人以下的23所，占92.00%；101~150人的1所，占4.00%；151~200人的0所；200人以上的1.00所，占4.00%。

如图7-68所示，从学科点来看，一级学科博士点16所高校，其中课堂教学规模100人以下的8所，占50.00%；101~150人的6所，占37.50%；151~200人的2所，占12.50%；200人以上的0所。一级学科硕士点20所高校，其中课堂教学规模100人以下的19所，占95.00%；101~150人的1所，占5.00%；151~200人的0所；200人以上的0所。二级学科硕士点课堂教学规模100人以下的1所，占100%。无学科点20所高校，其中课堂教学规模

100人以下的18所，占90.00%；101～150人的1所，占5.00%；151～200人的0所；200人以上的1所，占5.00%。

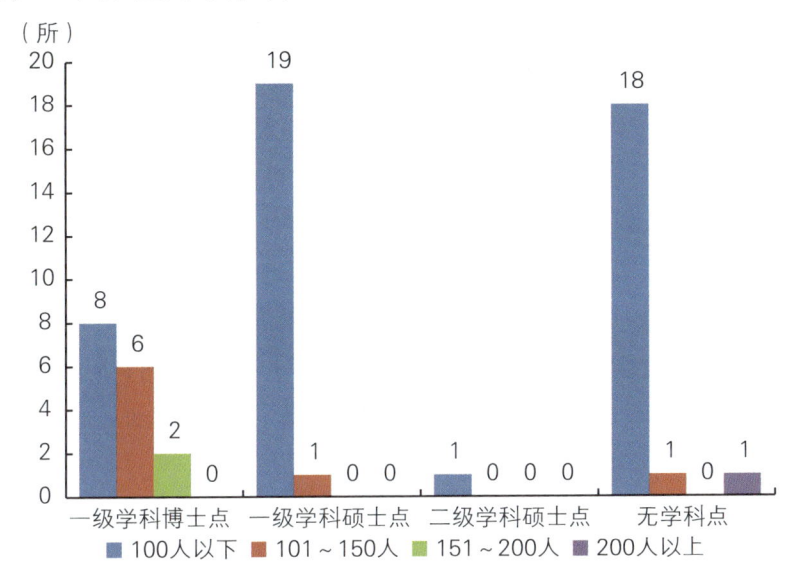

图7-68 本专科生课堂教学规模情况 2

参加调研高校硕士研究生课堂教学规模情况如图7-69所示。

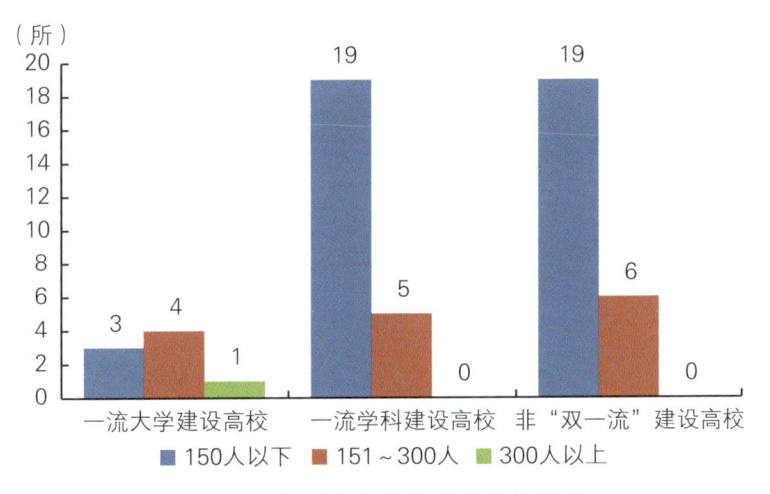

图7-69 硕士研究生课堂教学规模情况 1

调查显示，参加调研的57所高校中，课堂教学规模以150人以下为主，共41所，占比71.93%；其次是151～300人，共15所，占比26.32%；300人以上的1所，占1.75%。

一流大学建设高校8所，其中课堂教学规模150人以下的3所，占

37.50%；151～300人的4所，占50.00%；300人以上的1所，占12.50%。

一流学科建设高校24所，其中课堂教学规模150人以下的19所，占79.17%；151～300人的5所，占20.83%；300人以上的0所。

非"双一流"建设高校25所，其中课堂教学规模150人以下的19所，占76.00%；151～300人的6所，占24.00%；300人以上的为0所。

如图7-70所示，从学科点来看，一级学科博士点16所高校，其中课堂教学规模150人以下的8所，占50.00%；151～300人的7所，占43.75%；300人以上的1所，占6.25%。一级学科硕士点20所高校，其中课堂教学规模150人以下的16所，占80.00%；151～300人的4所，占20.00%；300人以上的0所。二级学科硕士点课堂教学规模151～300人的1所，占100%。无学科点20所高校，其中课堂教学规模150人以下的17所，占85.00%；151～300人的3所，占15.00%；300人以上的0所。

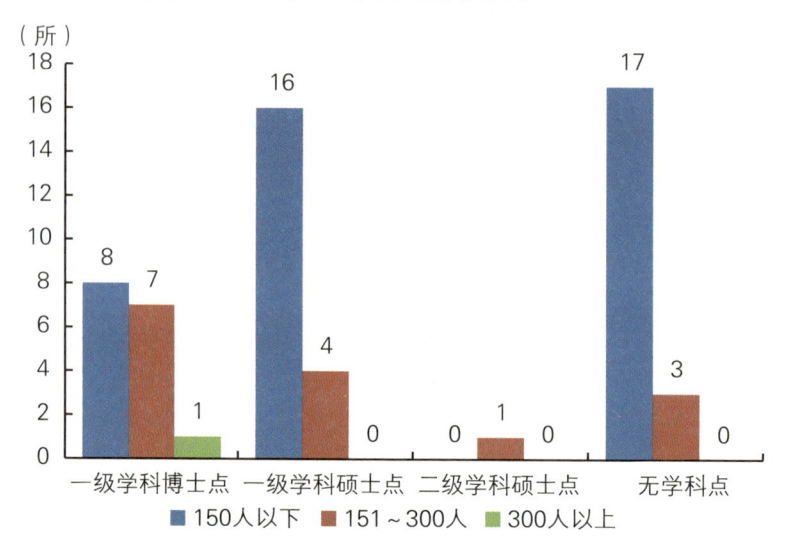

图7-70 硕士研究生课堂教学规模情况 2

参加调研高校的博士研究生课堂教学规模情况如图7-71所示。

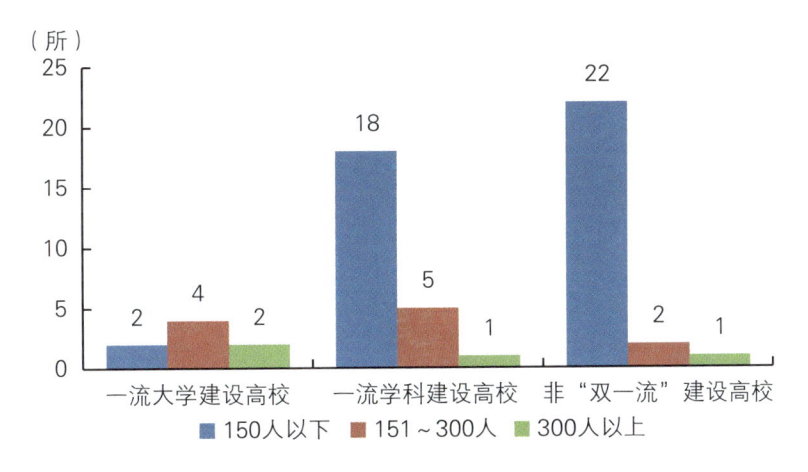

图7-71 博士研究生课堂教学规模情况 1

调查显示，参加调研的57所高校中，课堂教学规模以150人以下为主，共42所，占比73.68%；其次是151~300人，共11所，占比19.30%；300人以上共4所，占比7.02%。

一流大学建设高校8所，其中课堂教学规模150人以下的2所，占25.00%；151~300人的4所，占50.00%；300人以上的2所，占25.00%。

一流学科建设高校24所，其中课堂教学规模150人以下的18所，占75.00%；151~300人的5所，占20.83%；300人以上的1所，占4.17%。

非"双一流"建设高校25所，其中课堂教学规模150人以下的22所，占88.00%；151~300人的2所，占8.00%；300人以上的1所，占4.00%。

如图7-72所示，从学科点来看，一级学科博士点16所高校，其中课堂教学规模150人以下的9所，占56.25%；151~300人的5所，占31.25%；300人以上的2所，占12.50%。一级学科硕士点20所高校，其中课堂教学规模150人以下的14所，占70.00%；151~300人的5所，占25.00%；300人以上的1所，占5.00%。二级学科硕士点课堂教学规模300人以上的1所，占100%。无学科点20所高校，其中课堂教学规模150人以下的19所，占95%；151~300人的1所，占5%。

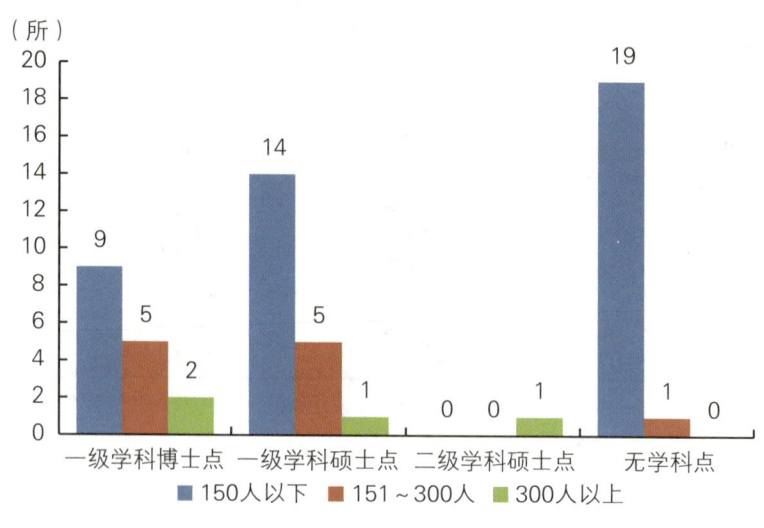

图7-72　博士研究生课堂教学规模情况 2

4. 教学督导

参加调研高校教学督导年龄结构如图7-73所示。

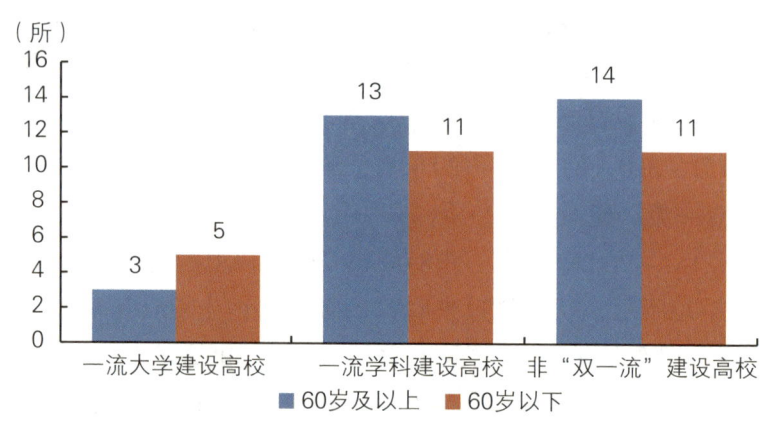

图7-73　教学督导年龄构成分布 1

调查显示，参加调研的57所高校中，教学督导以60岁及以上为主，共30所，占比52.63%。

一流大学建设高校8所，其中教学督导年龄在60岁及以上的3所，占37.50%；60岁以下的5所，占62.50%。一流学科建设高校24所，其中教学督导年龄在60岁及以上的13所，占54.17%；60岁以下的11所，占45.83%。非双一流建设高校25所，其中教学督导年龄在60岁及以上的14所，占56.00%；60岁以下的11所，占44.00%。

如图7-74所示，从学科点来看，一级学科博士点16所高校，其中教学督导年龄在60岁及以上的7所，占43.75%；60岁以下的9所，占56.25%。一级学科硕士点20所高校，其中教学督导年龄在60岁及以上的11所，占55.00%；60岁以下的9所，占45.00%。二级学科硕士点教学督导年龄在60岁及以上的1所，占100%。无学科点20所高校，其中教学督导年龄在60岁及以上的11所，占55.00%；60岁以下的9所，占45.00%。

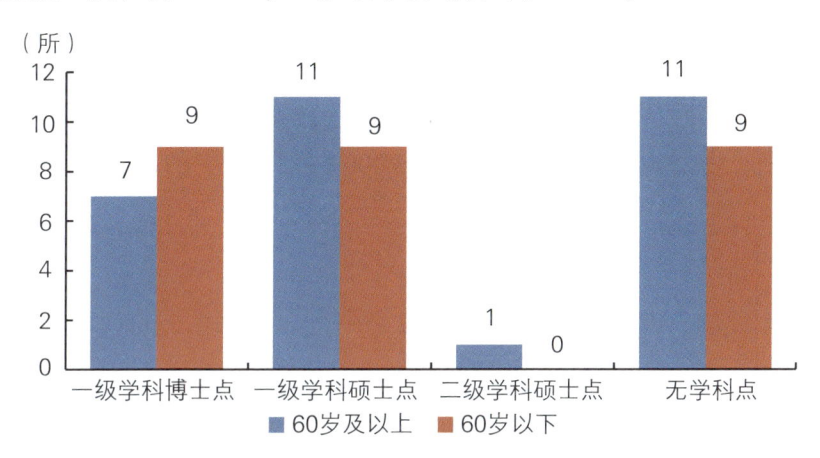

图7-74 教学督导年龄构成分布 2

参加调研高校教学督导人数情况如图7-75所示。

图7-75 教学督导人数构成分布 1

调查显示，参加调研的57所高校中教学督导人数主要是2人以上，共39所，占比68.42%。

一流大学建设高校8所，其中教学督导0人、1人的均为0所；2人的1

所，占12.50%；2人以上的7所，占87.50%。一流学科建设高校24所，其中教学督导0人的1所，占4.17%；1人的3所，占12.50%；2人的2所，占8.33%；2人以上的18所，占75.00%。非双一流建设高校25所，教学督导0人的0所；1人的3所，占12.00%；2人的8所，占32.00%；2人以上的14所，占56.00%。

如图7-76所示，从学科点来看，一级学科博士点16所高校，其中教学督导0人的为0所；1人的1所，占6.25%；2人的1所，占6.25%；2人以上的14所，占87.50%。一级学科硕士点20所高校，其中教学督导0人、1人的均为0所；2人的2所，占10.00%；2人以上的18所，占90.00%。二级学科硕士点教学督导2人的1所，占100%。无学科点20所高校，其中教学督导0人的1所，占5.00%；1人的5所，占25.00%；2人的7所，占35.00%；2人以上的7所，占35.00%。

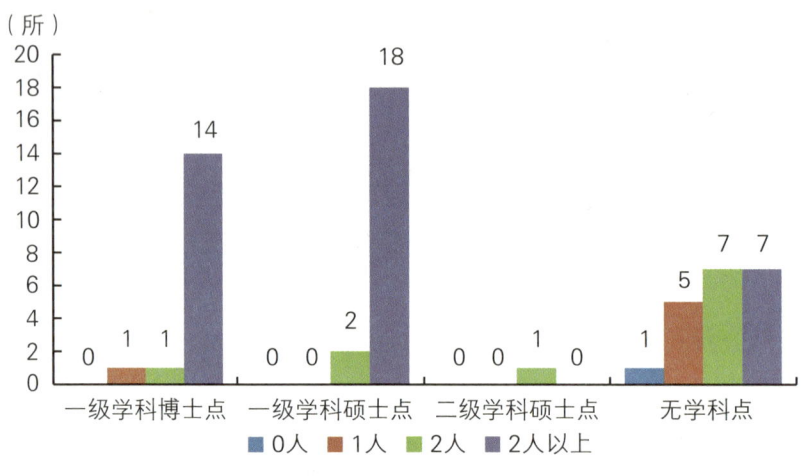

图7-76 教学督导年龄构成分布 2

参加调研高校教学督导的专业背景情况如图7-77所示。

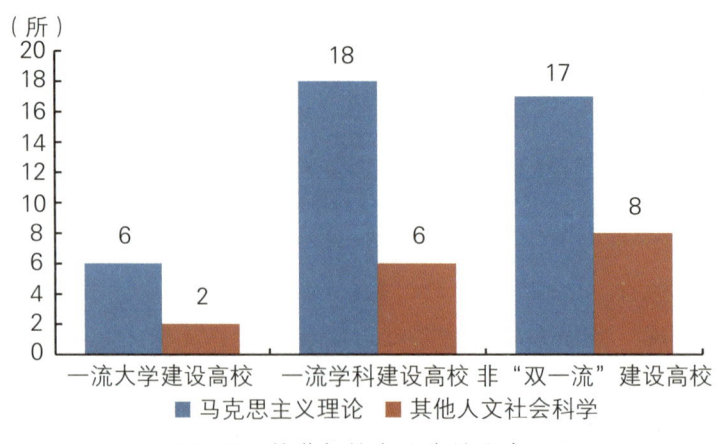

图7-77 教学督导专业背景分布 1

调查显示，参加调研的57所高校中，教学督导的专业背景以马克思主义理论为主，共41所，占比71.93%。

一流大学建设高校8所，其中教学督导专业背景为马克思主义理论的6所，占75.00%；其他人文社会科学的2所，占25.00%。一流学科建设高校24所，其中教学督导专业背景为马克思主义理论的18所，占75.00%；其他人文社会科学的6所，占25.00%。非双一流建设高校25所，其中教学督导专业背景为马克思主义理论的17所，占68.00%；其他人文社会科学的8所，占32.00%。

如图7-78所示，从学科点来看，一级学科博士点16所高校，其中教学督导专业背景为马克思主义理论的12所，占75.00%；其他人文社会科学的4所，占25.00%。一级学科硕士点20所高校，其中教学督导专业背景为马克思主义理论的16所，占80.00%；其他人文社会科学的4所，占20.00%。二级学科硕士点教学督导专业背景为马克思主义理论的1所，占100%。无学科点20所高校，其中教学督导专业背景为马克思主义理论的12所，占60.00%；其他人文社会科学的8所，占40.00%。

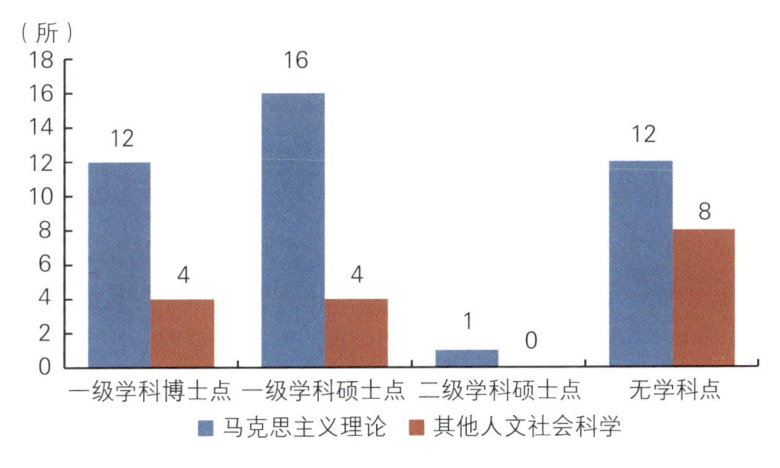

图7-78 教学督导专业背景分布 2

二、主要成绩

2023年是全面贯彻落实党的二十大精神的开局之年，是实施"十四五"规划承上启下的关键一年，对标《普通高等学校马克思主义学院建设标准（2023年版）》，北京市委教育工委坚定主攻方向和重点任务，积极探索

"大思政课"建设的有效路径，在扎实推进习近平新时代中国特色社会主义思想入脑入心、推动学校思想政治教育高质量发展、提高学生的政治素养和理论水平、培养德智体美劳全面发展的创新人才培养等方面取得了积极成效。

（一）高校领导主体责任明确，保障给力

高校党政领导班子带头学习贯彻习近平新时代中国特色社会主义思想，深刻领悟"两个确立"的决定性意义，增强"四个意识"、坚定"四个自信"、做到"两个维护"，坚决贯彻落实习近平总书记关于教育的重要论述，特别是关于高校思政课、马克思主义学院建设的重要指示批示精神和党中央决策部署，全面贯彻党的教育方针，全面推动新时代党的创新理论进教材进课堂进头脑，深入实施"大思政课"建设工程，坚持不懈用习近平新时代中国特色社会主义思想铸魂育人。

调研显示，各高校党委书记落实第一责任人责任，校长负起政治责任和领导责任，每学年分别到马克思主义学院至少召开1次现场办公会，解决实际问题。分管思政课建设的校领导、分管教学科研等工作的校领导主动研究马克思主义学院工作，开展经常性工作指导督促。学校党政领导班子能够带头推动思政课建设，带头联系思政课教师。98%的高校设立思想政治理论课建设领导小组。超过87%的学校党委书记、校长每学期至少为学生讲授4个课时的思政课，领导班子其他成员每学期至少为学生讲授2个课时的思政课；超过96%的校领导每学期至少听思政课4课时。

全面贯彻党的教育方针，坚持把立德树人的成效作为检验学校一切工作的根本标准，超过96%的高校把思政课作为重点课程、把马克思主义理论学科作为重点学科、把马克思主义学院作为重点学院、把思政课教师作为学校干部队伍重要来源，纳入学校发展规划以及"双一流"建设方案进行重点建设，及时总结宣传推广建设经验。

（二）马克思主义学院的基础建设持续发展，保障有力

各高校在保障马克思主义学院正常办公经费的基础上，本科院校按在校生总数每生每年不低于40元，专科院校每生每年不低于30元的标准提取专项经费，用于思政课教师的学术交流、实践研修等，并随着学校经费

的增长逐年增加。专项经费安排使用明确，专款专用。2023年，78.95%的本科院校按在校生总数每生每年40元提取专项经费，达到近5年来的最高，往年生均40元/年的比例分别是25.45%（2019）、57.89%（2020）、63.16%（2021）、68.42%（2022）；100%的专科院校按在校生总数每生每年30元提取专项经费，保障到位。

学校对马克思主义学院办公用房等校内公共资源配置给予优先保障，原则上教授有独立的教研用房。2023年，高校中33所高校教授办公室为1人1间，占比57.89%，2人1间的9所，占15.79%；3人以上1间的15所，占26.32%；副教授办公室1人1间的3所，占5.26%；2人1间的16所，占28.07%；3人以上1间的38所，占66.67%；讲师办公室1人1间的1所，占1.75%；2人1间的4所，占7.02%；3人以上1间的52所，占91.23%。教研用房保持总体增长态势。各高校均配备满足教学科研需要的硬件设备和图书资料室，图书期刊、音像资料齐全、更新及时、借阅高效。购买图书资料经费3万元以上的居多，共31所高校，占比54.39%。订阅国内社科期刊21种以上的26所高校，占比45.61%。订阅国外社科期刊主要在10种以内，有40所高校，占比70.18%。这些基础设施建设的持续投入，有力保障了教师和学生的教学、教研和学术活动的需求。

（三）思政课教学组织有序，管理得当

首先，各高校牢固树立思政课建设是马克思主义学院第一要务的立院导向，按照中央确定的最新课程方案，开齐开足各门思政课，积极加强以习近平新时代中国特色社会主义思想为核心内容的思政课程群建设，重点围绕新时代伟大变革、"四史"、中华优秀传统文化等开设选择性必修课程。各高校在校、院两级设立教学督导组，构建"党委统一领导、职能部门紧密配合、学院深度参与"工作机制，积极推动思政课建设常态化长效化制度化。

其次，各高校均严格落实课程学分及对应学时。使用中宣部、教育部等组织制作的思政课统一课件、讲义、教学辅导用书、教学视频等资料；推行中班教学，班级规模原则上不超过100人。2023年，各高校本专科生课堂教学规模以100人以下为主，共46所，占比80.7%，大部分符合要求。一直坚持执行思政课教师岗前培训与试讲制度、集体备课制度、听课互评

制度、集中命题制度等，保障思政课的教学实效性。

最后，各高校均使用马克思主义理论研究和建设工程统编的最新版思政课教材，并积极进行新教材培训。一是积极撰写和学习教材修订说明和教学建议。为进一步推动习近平新时代中国特色社会主义思想进教材、进课堂、进头脑，深入贯彻落实党的二十大和十九届六中全会精神，中宣部、教育部组织对马克思主义理论研究和建设工程重点教材高校思想政治理论课教材进行了全面修订。目前，《马克思主义基本原理（2023年版）》《毛泽东思想和中国特色社会主义理论体系概论（2023年版）》《中国近现代史纲要（2023年版）》《思想道德与法治（2023年版）》4本教材已于2023年2月由高等教育出版社出版。为更好地理解和把握此次教材修订精神和修订重点，《思想理论教育导刊》邀请4本教材的编写组（主要是来自北京大学、中国人民大学、中央财经大学、北京师范大学的马克思主义学院的教授）撰写了教材修订说明和教学建议，供广大思想政治理论课教师学习参考。二是"习近平新时代中国特色社会主义思想概论"课件使用培训班结业。2023年6月，由教育部主办、北京市委教育工委协办、华北电力大学承办，利用线下线上相结合的方式，对北京高校约40%的课程专职教师进行面对面线下培训，线上覆盖全国2.1万名课程专职教师。来自北京大学、清华大学、中国人民大学等60余所在京高校的思政课教师代表参加线下课程，内容覆盖"习近平新时代中国特色社会主义思想概论"课17个专题，包括学情分析、教学难点研讨、教学技巧分享等集体备课活动，兼有科技小院、能源安全等案例教学的立体式培训。

（四）搭建平台，打造品牌，保障思政课教学实效性

1. 全国首家"习近平新时代中国特色社会主义思想概论"教学研究会成立

2023年1月，北京高校"习近平新时代中国特色社会主义思想概论"教学研究会成立仪式暨集体备课会在中国人民大学举行。这是全国首家"习近平新时代中国特色社会主义思想概论"教学研究会。"习近平新时代中国特色社会主义思想概论"是高校思政必修课，是系统阐释习近平新时代中国特色社会主义思想科学体系、严密逻辑和丰富内涵的关键课程。2020年起，北京市在全国率先全面开设"习近平新时代中国特色社会主

思想概论"课程，实现本专科新生全覆盖，不仅推动党的创新理论成为首都大学生成长成才的思想指引，更为全国高校全面开课积累了宝贵经验。新成立的"习近平新时代中国特色社会主义思想概论教学研究会"，其相关负责人均为全国相关领域的顶级专家和教学名师，具有深厚的理论功底和教学经验。下一阶段，研究会将承担起教师教学能力提升、课程学术前沿及重大理论问题研究、课程教学改革等职能，推动北京市"习近平新时代中国特色社会主义思想概论"建设再上新台阶。

2. 北京高校思想政治理论课网络示范教学活动第十三期：《毛泽东思想和中国特色社会主义理论体系概论》开讲

2023年6月15日，由北京市委教育工委主办，全国高校思想政治理论课"手拉手"集体备课中心〔中国人民大学（北京）〕、北京高校思想政治理论课高精尖创新中心（以下简称"高精尖中心"）、北京市高等教育学会中国化马克思主义研究分会承办的"金课开讲啦"——北京高校思想政治理论课网络示范教学活动第十三期在中国人民大学举行，来自北京各高校的4名优秀思想政治理论课教师分别围绕《毛泽东思想和中国特色社会主义理论体系概论》课程进行网络示范教学。全国高校思想政治理论课教师、马克思主义理论及相关学科研究生、学生党员通过高精尖创新中心直播平台参与线上学习。

3. 汇聚资源，京津冀高校思想政治工作科研联盟成立

2023年11月，京津冀高校思想政治工作科研联盟成立。北京市委教育工委联合天津市、河北省教育部门汇聚三地高校思想政治教育研究力量，建立教育资源共享和交流平台，深化"大思政课"综合改革，共同研发思政"金课"，形成一批标志性科研成果。京津冀三地共同发起成立高校思政科研联盟，目的是持续推进思政教育学科体系、学术体系、话语体系建设和创新，探索新形势下加强和改进高校思想政治工作的思路举措，推动京津冀高校思想政治教育学科发展和思想政治工作协同创新。

三地教育系统将聘请高校思政领域知名专家、学术骨干组建专家咨询委员会，通过科研培训、举办高水平学术交流等活动，促进三地思政教师队伍互学互鉴；以深化"大思政课"综合改革为契机，用好京津冀丰富的实践资源，加强教育资源的共建共享。三地教育专家还将聚焦学校思政工作共性难题，围绕热点难点，共同开展课题研究，加强科研合作，形成一

批标志性科研成果；共同研发思政"金课"，将京津冀协同发展理念融入思政课教学，探索思政课互研、互听、互讲，不断提升思政课教学质量。

三、主要问题与对策建议

根据《普通高等学校马克思主义学院建设标准（2023年版）》文件精神要求，北京高校思政课教学保障建设需要从以下几个方面进一步加强。

（一）进一步强化领导体制机制，巩固落实教学保障效果

2023年，北京市贯彻落实党中央决策部署及《普通高等学校马克思主义学院建设标准（2023年版）》文件精神，对照教育部《深化新时代学校思想政治理论课改革创新先行试点工作方案》，各高校以强化顶层设计、分层落实为先导，健全"大思政课"管理与保障体制，进一步落实学校领导联系思政课教师制度、听思政课讲思政课制度。北京高校持续提升马克思主义学院建设的科学化、规范化、现代化水平，不断健全学院集体领导、党政分工合作、协调运行的工作机制。通过召开思政课教育教学专题会议、现场办公会等，研究并解决马克思主义学院发展规划和思政课建设过程中的重难点问题，打造马克思主义理论教育教学、研究、宣传和人才培养的坚强阵地，使之成为办好高校思政课的坚强战斗堡垒。

（二）重视教师队伍建设，做好人才保障

办好思想政治理论课关键在教师，关键在发挥教师的积极性、主动性、创造性。2023年，在关于"教学保障建设需要解决的第一位问题排序"的问题中，仍然有30个高校（占比52.63%）的回答是把教师数量不足排在第一，并且这个排序已经达到十年没有变化，可见这个问题一直存在，尽管十年来北京高校思政课教师队伍规模不断扩大。

基于此，一是要继续解决思政课教师数量不足的问题。选聘高水平专家担任特聘教授，统筹好地方党政领导干部、企事业单位负责人、社科理论界专家、各行业先进模范以及院士、专业课骨干教师等上思政课讲台，推动形成思政课教师、辅导员队伍深度融合的工作机制。二是在专业技术职务（职称）评聘工作中，单独设立马克思主义理论类别，校级专业技术职务（职称）评聘委员会有同比例的马克思主义理论学科专家。制定实

施符合思政课教师职业特点的职务（职称）评聘标准。三是定期举办思政课示范教学观摩会和青年教师教学基本功比赛，完善以老带新的传帮带机制。加强教师的社会实践研修，开展革命基地实践教育和国情调研，进一步提高思想政治理论课的教学实效。

（三）加强数字赋能，强化技术保障

各高校要进一步推动数字技术与思想政治教育教学深入融合，广泛搭建思想政治教育内容平台、教师教学交流平台，优质案例分享平台，学生个人成长平台，协同全国学校，促进思想政治教育资源共建共享、互学互助，实现一盘棋统筹"大思政课"，为培养德智体美劳全面发展的高素质人才提供强力支撑。同时，也需要广大思政课教师与思想政治教育工作者，不断转变教育教学思维，深化"数字"意识，会用、善用数字化技术提升思政课教育实效，将数字化带来的教育冲击转变为教育教学新动能。

第八章 教学评价

2023年，北京市委教育工委为深入贯彻落实习近平总书记在二十届中央政治局第五次、第六次集体学习时的重要讲话精神以及全国教育大会、全国高校思想政治工作会议、学校思想政治理论课教师座谈会精神，深入贯彻落实中共中央、国务院《关于新时代加强和改进思想政治工作的意见》，中共中央办公厅、国务院办公厅《关于深化新时代学校思想政治理论课改革创新的若干意见》《关于加强新时代马克思主义学院建设的意见》，教育部《普通高等学校马克思主义学院建设标准（2023年版）》等重要文件精神，扎实推进北京高校思政课建设取得新发展。那么，2023年度北京高校思政课教学评价呈现出什么样的整体特点？取得了哪些新进展？还存在哪些需要进一步思考的问题？接下来依据实证调研数据和检索文献结果，从数据展示与解读、主要成绩、主要问题与对策建议三个方面对2023年度北京高校思政课教学评价情况进行分析。

一、数据展示与解读

2023年，参与问卷调研的北京高校共有57所。从高校类型来看，一流大学建设高校8所，一流学科建设高校24所，非"双一流"建设高校25所。接下来主要依据调研数据和检索文献，从思政课教学评价体系结构、思政课评教、思政课教学相关获奖、新闻媒介相关报道等方面进行数据展示与解读。

（一）思政课教学评价体系结构概况

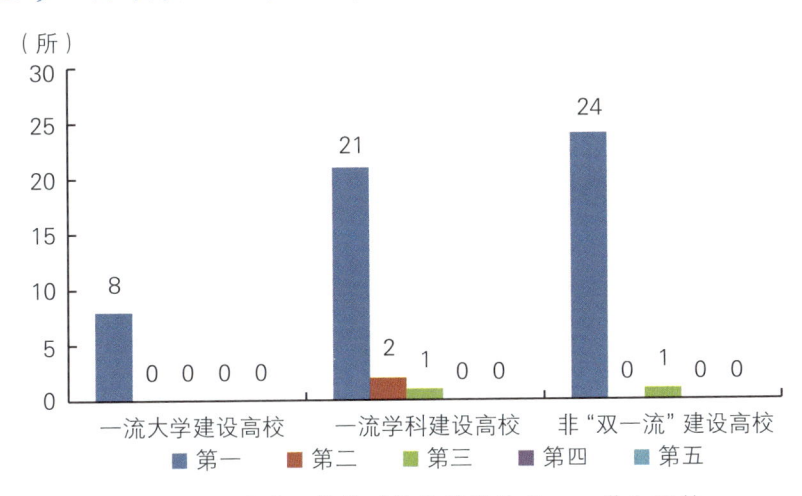

1. 参加调研高校2023年度"学生评教"排序情况（见图8-1）

图8-1　思政课评教体系结构排序情况——学生评教

调研显示，在参与调研的57所高校中，有53所高校将"学生评教"排在思政课评教体系"第一位"，占参与调研高校总数的92.98%；有2所高校将"学生评教"排在思政课评教体系"第二位"，占参与调研高校总数的3.51%；有2所高校将"学生评教"排在思政课评教体系"第三位"，占参与调研高校总数的3.51%。

选择将"学生评教"排在思政课评教体系"第一位"的53所高校中，8所一流大学建设高校全部选择将"学生评教"排在思政课评教体系"第一位"，占参与调研高校总数的14.04%，占参与调研的一流大学建设高校的100.00%。有21所一流学科建设高校选择将"学生评教"排在思政课评教体系"第一位"，占参与调研高校总数的36.84%，占参与调研的一流学科建设高校的87.50%。有24所非"双一流"建设高校选择将"学生评教"排在思政课评教体系"第一位"，占参与调研高校总数的42.11%，占参与调研的非"双一流"建设高校的96.00%。选择将"学生评教"排在思政课评教体系"第二位"的为2所一流学科建设高校，占参与调研高校总数的3.51%，占参与调研的一流学科建设高校的8.33%。选择将"学生评教"排在思政课评教体系"第三位"的共有2所高校，其中有1所一流学科建设高校将"学生评教"排在思政课评教体系"第三位"，占参与调研高校总数的1.75%，占参与调研的一流学科建设高校的4.17%；有1所非"双一流"建设高校选择将"学生评教"排在思政课评教体系"第三位"，占参与调研高校总数的1.75%，占参与调研的非"双一流"建设高校的4.00%。

2. 参加调研高校2023年度"教师评学"排序情况（见图8-2）

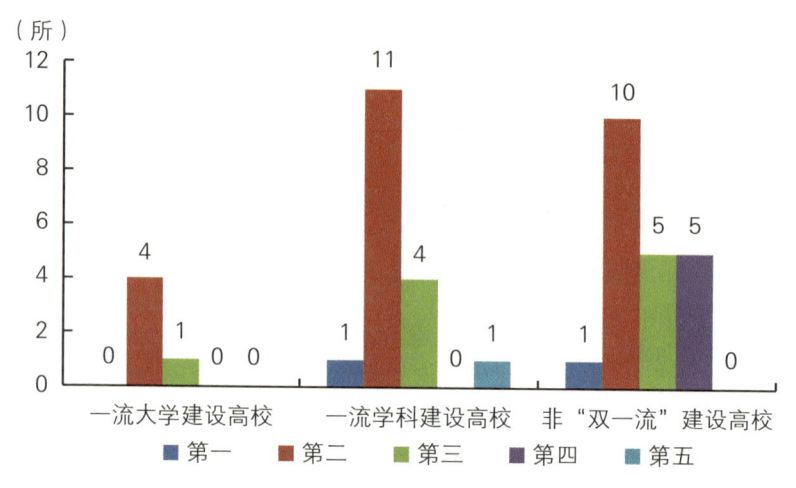

图8-2 思政课评教体系结构排序情况——教师评学

调研显示，在参与调研的57所高校中，有43所高校选择了"教师评学"，占参与调研高校总数的75.44%。在选择"教师评学"的43所高校中，有2所高校将"教师评学"排在思政课评教体系"第一位"，占参与调研高校总数的3.51%；有25所高校将"教师评学"排在思政课评教体系"第二位"，占参与调研高校总数的43.86%；有10所高校将"教师评学"排在思政课评教体系"第三位"，占参与调研高校总数的17.54%；有5所高校将"教师评学"排在思政课评教体系"第四位"，占参与调研高校总数的8.77%；有1所高校将"教师评学"排在思政课评教体系"第五位"，占参与调研高校总数的1.75%。

选择将"教师评学"排在思政课评教体系"第一位"的共有2所高校，其中1所是一流学科建设高校，占参与调研高校总数的1.75%，占参与调研的一流学科建设高校的4.17%；另1所是非"双一流"建设高校，占参与调研高校总数的1.75%，占参与调研的非"双一流"建设高校的4.00%。选择将"教师评学"排在思政课评教体系"第二位"的25所高校中，有4所一流大学建设高校，占参与调研高校总数的7.01%，占参与调研的一流大学建设高校的50.00%；有11所一流学科建设高校，占参与调研高校总数的19.30%，占参与调研的一流学科建设高校的45.83%；有10所非"双一流"建设高校，占参与调研高校总数的17.54%，占参与调研的非"双一流"建设高校的41.67%。选择将"教师评学"排在思政课评教体系"第三位"的10所高校中，有1所一流大学建设高校，占参与调研高校总数的1.75%，占参与调研的一流大学建设高校的12.50%；有4所一流学科建设高校，占参与调研高校总数的7.02%，占参与调研的一流学科建设高校的16.67%；有5所非"双一流"建设高校，占参与调研高校总数的8.77%，占参与调研的非"双一流"建设高校的20.00%。选择将"教师评学"排在思政课评教体系"第四位"的为5所非"双一流"建设高校，占参与调研高校总数的8.77%，占参与调研的非"双一流"建设高校的20.00%。选择将"教师评学"排在思政课评教体系"第五位"的为1所一流学科建设高校，占参与调研高校总数的1.75%，占参与调研的一流学科建设高校的4.17%。

3. 参与调研高校2023年度"督导评教"排序情况（见图8-3）

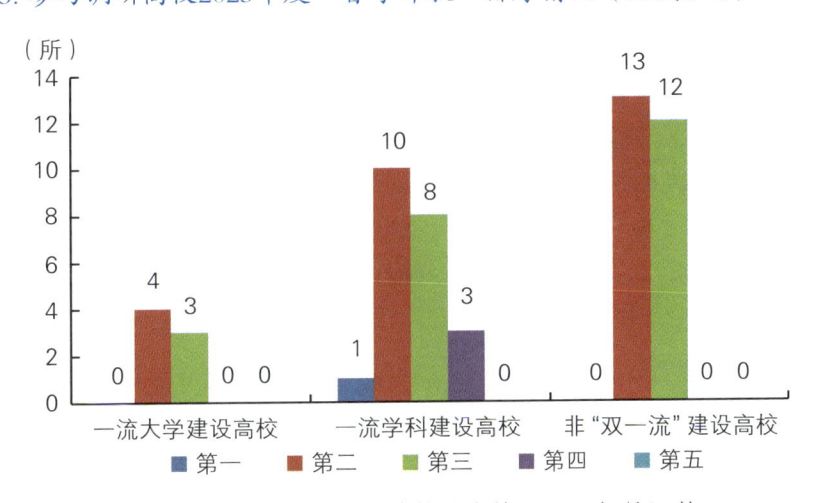

图8-3 思政课评教体系结构排序情况——督导评教

调研显示，在参与调研的57所高校中，有54所高校选择了"督导评教"，占参与调研高校总数的94.74%；有3所高校未选择"督导评教"，占参与调研高校总数的5.26%。选择"督导评教"的54所高校中，有1所高校将"督导评教"排在思政课评教体系"第一位"，占参与调研高校总数的1.75%；有27所高校将"督导评教"排在思政课评教体系"第二位"，占参与调研高校总数的47.37%；有23所高校将"督导评教"排在思政课评教体系"第三位"，占参与调研高校总数的40.35%；有3所高校将"督导评教"排在思政课评教体系"第四位",占参与调研高校总数的5.26%。

将"督导评教"排在思政课评教体系"第一位"的为1所一流学科建设高校,占参与调研高校总数的1.75%,占参与调研的一流学科建设高校的4.17%。将"督导评教"排在思政课评教体系"第二位"的27所高校中,有4所一流大学建设高校,占参与调研高校总数的7.02%,占参与调研一流大学建设高校的50.00%;有10所一流学科建设高校,占参与调研高校总数的17.54%,占参与调研一流学科建设高校的41.67%;有13所非"双一流"建设高校,占参与调研高校总数的22.81%,占参与调研非"双一流"建设高校的52.00%。将"督导评教"排在思政课评教体系"第三位"的23所高校中,有3所一流大学建设高校,占参与调研高校总数的5.26%,占参与调研一流大学建设高校的37.50%;有8所一流学科建设高校,占参与调研高校总数的14.04%,占参与调研一流学科建设高校的33.33%;有12所非"双一流"建设高校,占参与调研高校总数的21.05%,占参与调研非"双一流"建设高校的48.00%。将"督导评教"排在思政课评教体系"第四位"的为3所一流学科建设高校,占参与调研高校总数的5.26%,占参与调研一流学科建设高校的12.50%。

4. 参与调研高校2023年度"校领导评教"排序情况(见图8-4)

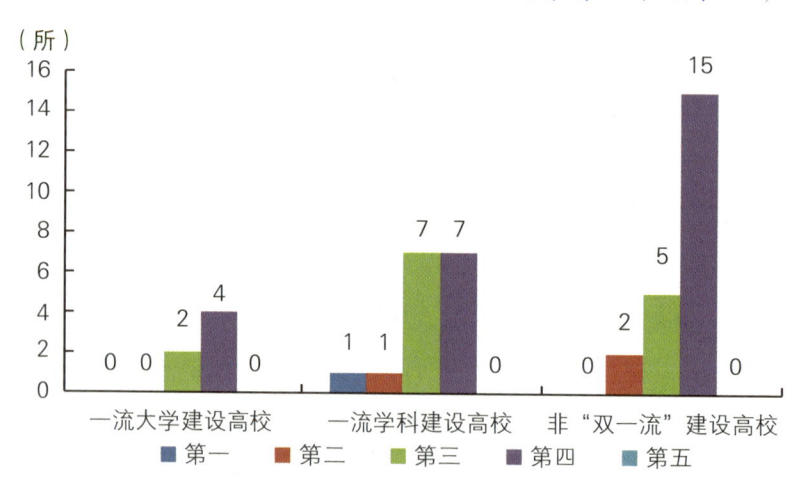

图8-4 思政课评教结构排序情况——校领导评教

调研显示,在参与调研的57所高校中,有44所高校选择了"校领导评教",占参与调研高校总数的77.19%,有13所高校未选择"校领导评教",占参与调研高校总数的22.81%。选择"校领导评教"的44所高校中，有1所高校将"校领导评教"排在思政课评教体系"第一位"，占参与调研高校总数的1.75%；有3所高校将"校领导评教"排在思政课评教体系"第二位"，占参与调研高校总数的5.26%；有14所高校将"校领导评教"排在思政课评教体系"第三位"，占参与调研高校总数的24.56%；有26所高校将"校领导评教"排在思政课评教体系"第四位"，占参与调研高校总数的45.61%。

将"校领导评教"排在"第一位"的为1所一流学科建设高校，占参与调研的一流学科建设高校的4.17%。将"校领导评教"排在思政课评教体系"第二位"的共有3所高校，其中有1所一流学科建设高校，占参与调研的一流学科建设高校的4.17%；有2所非"双一流"建设高校，占参与调研的非"双一流"建设高校的8.00%。将"校领导评教"排在思政课评教体系"第三位"的14所高校中，有2所一流大学建设高校，占参与调研高校总数的3.51%，占参与调研的一流大学建设高校的25.00%；有7所一流学科建设高校，占参与调研高校总数的12.28%，占参与调研的一流学科建设高校的29.17%；有5所非"双一流"建设高校，占参与调研高校总数的8.77%，占参与调研的非"双一流"建设高校的20.00%。将"校领导评教"排在思政课评教体系"第四位"的26所高校中，有4所一流大学建设高校，占参与调研高校总数的7.02%，占参与调研的一流大学建设高校的50.00%；有7所一流学科建设高校，占参与调研高校总数的12.28%，占参与调研的一流学科建设高校的29.17%；有15所非"双一流"建设高校，占参与调研高校总数的26.32%，占参与调研的非"双一流"建设高校的60.00%。

5. 参与调研高校2023年度"校外同行评教"排序情况（见图8-5）

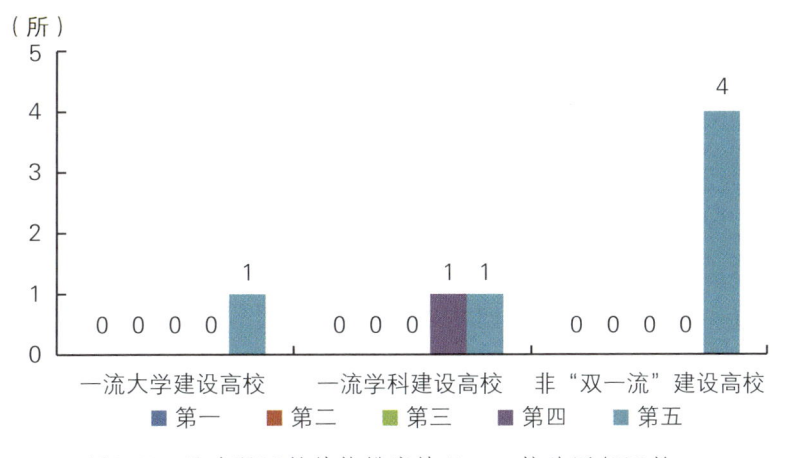

图8-5 思政课评教结构排序情况——校外同行评教

调研显示，在参与调研的57所高校中，有7所高校选择了"校外同行评教"，占参与调研高校总数的12.28%，有50所高校未选择"校外同行评教"，占参与调研高校总数的87.72%。在参与选择"校外同行评教"的7所高校中，没有高校选择将"校外同行评教"排在思政课评教体系"第一位""第二位"和"第三位"，有1所一流学科建设高校将"校外同行评教"排在思政课评教体系的"第四位"，占参与调研高校总数的1.75%，占参与调研的一流学科建设高校的4.17%。将"校外同行评教"排在思政课评教体系"第五位"的6所高校中，有1所一流大学建设高校，占参与调研高校总数的1.75%，占参与调研的一流大学建设高校的12.50%；有1所一流学科建设高校，占参与调研高校总数的1.75%，占参与调研的一流学科建设高校的4.17%；有4所非"双一流"建设高校，占参与调研高校的7.02%，占参与调研的非"双一流"建设高校的16.00%。

综上所述，2023年有57所高校选择了"学生评教"，在思政课评教体系中排在第一位；有54所高校选择了"督导评教"，在思政课评教体系中排在第二位；有44所高校选择了"校领导评教"，在思政课评教体系中排在第三位；有43所高校选择了"教师评学"，在思政课评教体系中排在第四位；有7所高校选择了"校外同行评教"，在思政课评教体系中排在第五位。具体调研数据如图8-6所示。

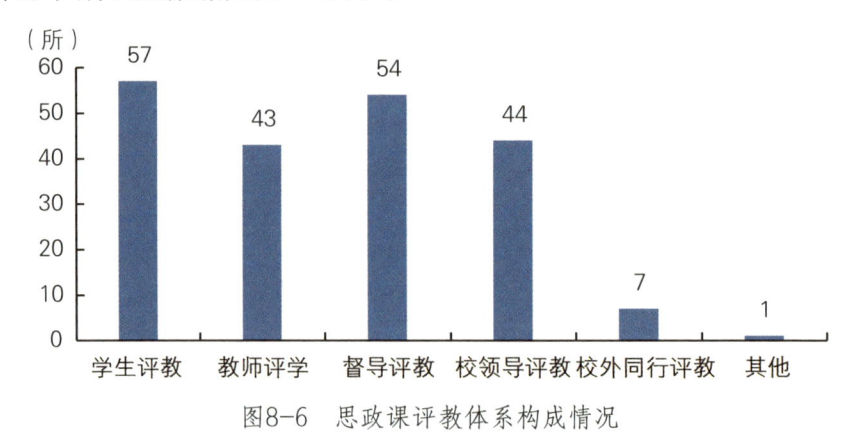

图8-6 思政课评教体系构成情况

从图8-6可以看出，当前北京高校思政课评教体系中，"学生评教"和"督导评教"是当前北京高校思政课教学评价最主要的两种方式。"校领导评教"与"教师评学"的方式紧随其后。北京高校思政课评教体系，"校外同行评教"还不占优势，并未成为北京高校思政课教学评价的主要方式。

(二)思政课评教的相关情况

1. 思政课评教时间的安排情况(见图8-7)

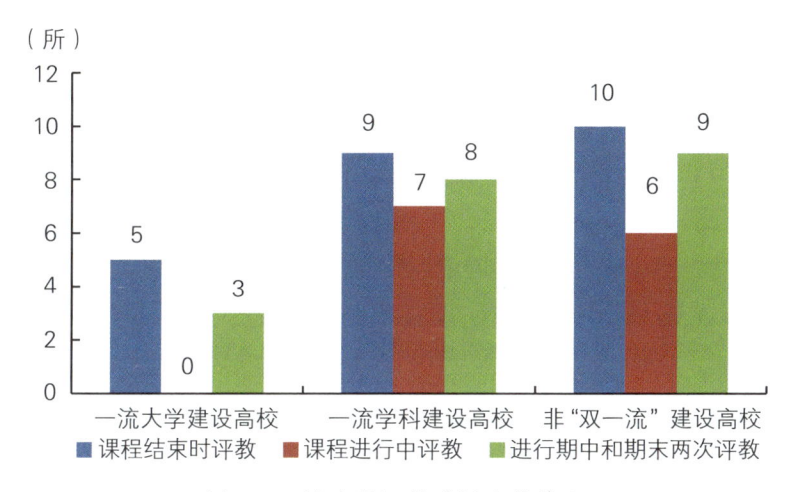

图8-7　思政课评教时间安排情况

调研显示,参与调研的57所高校均对"思政课评教时间安排"进行了回答。在回答"思政课评教时间安排"问题时,有24所高校选择了"课程结束时评教",占参与调研高校总数的42.11%,在"思政课评教时间安排"中排在第一位;有20所高校选择"进行期中和期末两次评教",占参与调研高校总数的35.09%,在"思政课评教时间安排"中排在第二位;有13所高校选择"课程进行中评教",占参与调研高校总数的22.81%,在"思政课评教时间安排"中排在第三位。

选择"课程结束时评教"的24所高校中,有5所一流大学建设高校,占参与调研高校总数的8.77%,占参与调研的一流大学建设高校的62.50%;有9所一流学科建设高校,占参与调研高校总数的15.78%,占参与调研的一流学科建设高校的37.50%;有10所非"双一流"建设高校,占参与调研高校总数的17.54%,占参与调研的非"双一流"建设高校总数的40.00%。选择"课程进行中评教"的13所高校中,有7所一流学科建设高校,占参与调研高校总数的12.28%,占参与调研的一流学科建设高校的29.17%;有6所非"双一流"建设高校,占参与调研高校总数的10.53%,占参与调研的非"双一流"建设高校的24.00%。选择"进行期中和期末两次评教"的20所高校中，有3所一流大学建设高校，占参与调研高校总数的5.26%，占参与调研的一流大学建设高校的37.50%；有8所一流学科建设高校，占参与调研高校总数的14.04%，占参与调研的一流学科建设高校的33.33%；有9所非"双一流"建设高校，占参与调研高校的15.79%，占参与调研的非"双一流"建设高校的36.00%。

2. 学生对思政课的评教平均分情况

2023年北京高校思政课学生评教平均分情况表，如表8-1所示。

表8-1　2023年北京高校思政课学生评教平均分情况

单位：分

课程名称	一流大学建设高校评教平均分	一流学科建设高校评教平均分	非"双一流"建设高校评教平均分	北京高校评教平均分
思想道德与法治	92.71	94.05	95.12	94.34
中国近现代史纲要	92.44	94.52	94.58	94.23
马克思主义基本原理	91.57	94.07	94.72	93.96
毛泽东思想和中国特色社会主义理论体系概论	91.64	94.07	94.96	94.12
新时代中国特色社会主义理论与实践	91.87	94.82	95.77	94.83
自然辩证法概论	91.94	94.50	95.92	94.64
马克思主义与社会科学方法论	91.42	94.82	95.85	94.80
中国马克思主义与当代	90.86	95.07	95.12	94.30
马克思恩格斯列宁经典著作选读	90.50	94.76	95.60	94.58
习近平新时代中国特色社会主义思想概论	91.97	94.33	95.14	94.38
党史	92.35	93.20	94.34	93.59
新中国史	91.63	93.29	95.10	93.75
改革开放史	91.03	93.82	94.91	93.63
社会主义发展史	92.61	91.98	94.73	93.25

从表8-1可以看出，2023年度，一流大学建设高校的思政课平均分均未超过北京高校思政课评教平均分，非"双一流"建设高校思政课评价平均分均超过北京高校思政课评教平均分。2023年度一流学科建设高校思政课评教平均分与2023年度北京高校思政课评教平均分相比，"中国近现代

史纲要""马克思主义基本原理""马克思主义与社会科学方法论""中国马克思主义与当代""马克思恩格斯列宁经典著作选读""改革开放史"课的评教平均分均超过北京高校思政课评教平均分。具体课程评教平均分的数据情况解析如下：

就"思想道德与法治"课程而言，一流大学建设高校课程的评教平均分为92.71分，比北京高校评教平均分94.34分低了1.63分；一流学科建设高校课程的评教平均分为94.05分，比北京高校评教平均分94.34分低了0.29分；非"双一流"建设高校的评教平均分为95.12分，比北京高校评教平均分94.34分高了0.78分。

就"中国近现代史纲要"课程而言，一流大学建设高校课程的评教平均分为92.44分，比北京高校评教平均分94.23分低了1.79分；一流学科建设高校课程的评教平均分为94.52分，比北京高校评教平均分94.23分高了0.29分；非"双一流"建设高校的评教平均分为94.58分，比北京高校评教平均分94.23分高了0.35分。

就"马克思主义基本原理"课程而言，一流大学建设高校课程的评教平均分为91.57分，比北京高校评教平均分93.96分低了2.39；一流学科建设高校课程的评教平均分为94.07分，比北京高校评教平均分93.96分高了0.11分；非"双一流"建设高校的评教平均分为94.72分，比北京高校评教平均分93.96分高了0.76分。

就"毛泽东思想和中国特色社会主义理论体系概论"课程而言，一流大学建设高校课程的评教平均分为91.64分，比北京高校评教平均分94.12分低了2.48分；一流学科建设高校课程的评教平均分为94.07分，比北京高校评教平均分94.12分低了0.05分；非"双一流"建设高校的评教平均分为94.96分，比北京高校评教平均分94.12分高了0.84分。

就"习近平新时代中国特色社会主义思想概论"而言，一流大学建设高校课程的评教平均分为91.97分，比北京高校评教平均分94.38分低了2.41分；一流学科建设高校课程的评教平均分为94.33分，比北京高校评教平均分94.38分低了0.05分；非"双一流"建设高校的评教平均分为95.14分，比北京高校评教平均分94.38分高了0.76分。

就"新时代中国特色社会主义理论与实践"课程而言，一流大学建设高校课程的评教平均分为91.87分，比北京高校评教平均分94.83分低了2.96

分；一流学科建设高校课程的评教平均分为94.82分，比北京高校评教平均分94.83分低了0.01分；非"双一流"建设高校的评教平均分为95.77分，比北京高校评教平均分94.83分高了0.94分。

就"自然辩证法概论"课程而言，一流大学建设高校课程的评教平均分为91.94分，比北京高校评教平均分94.64分低了2.70分；一流学科建设高校课程的评教平均分为94.50分，比北京高校评教平均分94.64分低了0.14分；非"双一流"建设高校的评教平均分为95.92分，比北京高校评教平均分94.64分高了1.28分。

就"马克思主义与社会科学方法论"课程而言，一流大学建设高校课程的评教平均分为91.42分，比北京高校评教平均分94.80分低了3.38分；一流学科建设高校课程的评教平均分为94.82分，比北京高校评教平均分94.80分高了0.02分；非"双一流"建设高校的评教平均分为95.85分，比北京高校评教平均分94.80分高了1.05分。

就"中国马克思主义与当代"课程而言，一流大学建设高校课程的评教平均分为90.86分，比北京高校评教平均分94.30分低了3.44分；一流学科建设高校课程的评教平均分为95.07分，比北京高校评教平均分94.30分高了0.77分；非"双一流"建设高校的评教平均分为95.12分，比北京高校评教平均分94.30分高了0.82分。

就"马克思恩格斯列宁经典著作选读"课程而言，一流大学建设高校课程的评教平均分为90.50分，比北京高校评教平均分94.58分低了4.08分；一流学科建设高校课程的评教平均分为94.76分，比北京高校评教平均分94.58分高了0.18分；非"双一流"建设高校的评教平均分为95.60分，比北京高校评教平均分94.58分高了1.02分。

就"党史"课程而言，一流大学建设高校课程的评教平均分为92.35分，比北京高校评教平均分93.59分低了1.24分；一流学科建设高校课程的评教平均分为93.20分，比北京高校评教平均分93.59分低了0.39分；非"双一流"建设高校的评教平均分为94.34分，比北京高校评教平均分93.59分高了0.75分。

就"新中国史"课程而言，一流大学建设高校课程的评教平均分为91.63分，比北京高校评教平均分93.75分低了2.12分；一流学科建设高校课程的评教平均分为93.29分，比北京高校评教平均分93.75分低了0.46分；

非"双一流"建设高校的评教平均分为95.10分，比北京高校评教平均分93.75分高了1.35分。

就"改革开放史"课程而言，一流大学建设高校课程的评教平均分为91.03分，比北京高校评教平均分93.63分低了2.60分；一流学科建设高校课程的评教平均分为93.82分，比北京高校评教平均分93.63分高了0.19分；非"双一流"建设高校的评教平均分为94.91分，比北京高校评教平均分93.63分高了1.28分。

就"社会主义发展史"课程而言，一流大学建设高校课程的评教平均分为92.61分，比北京高校评教平均分93.25分低了0.64分；一流学科建设高校课程的评教平均分为91.98分，比北京高校评教平均分93.25分低了1.27分；非"双一流"建设高校的评教平均分为94.73分，比北京高校评教平均分93.25分高了1.48分。

综上所述，在2023年度北京高校思政课教学评教分数中，一流大学建设高校的评教平均分均低于北京高校思政课评教平均分。一流学科建设高校的中国近现代史纲要、马克思主义基本原理、马克思主义与社会科学方法论、中国马克思主义与当代、马克思恩格斯列宁经典著作选读、改革开放史等6门课程的评教平均分高于北京高校思政课评教平均分。非"双一流"建设高校的思想道德与法治、马克思主义基本原理、中国近现代史纲要、毛泽东思想和中国特色社会主义理论体系概论、新时代中国特色社会主义理论与实践、马克思主义与社会科学方法论、中国马克思主义与当代、习近平新时代中国特色社会主义思想概论、党史、新中国史、改革开放史、社会主义发展史等14门课程的评教平均分高于北京高校思政课评教平均分。

3. 思政课评教平均分与全校课程评教平均分的比较情况

2023年北京高校思政课评教平均分与全校课程评教平均分的比较情况如图8-8所示。

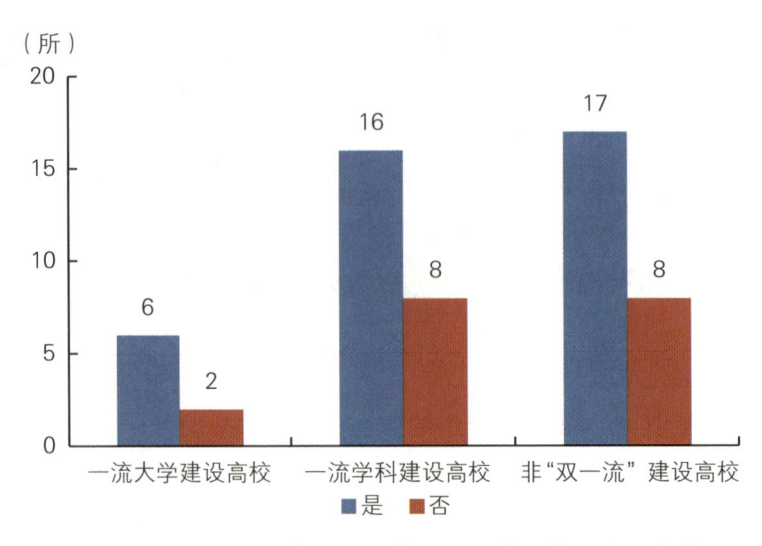

图8-8　思政课评教平均分与全校课程评教平均分的比较情况

调研显示，在参与调研的57所高校中，选择"思政课评教平均分高于全校课程评教平均分"的共有39所高校，占参与调研高校的68.42%；选择"思政课评教平均分低于全校课程评教平均分"的共有18所高校，占参与调研高校的31.58%。

在选择"思政课评教平均分高于全校课程评教平均分"的39所高校中，有6所一流大学建设高校，占参与调研高校的10.53%，占参与调研的一流大学建设高校的75.00%；有16所一流学科建设高校，占参与调研高校的28.07%，占参与调研的一流学科建设高校的66.67%；有17所非"双一流"建设高校，占参与调研高校的29.82%，占参与调研的非"双一流"建设高校的68.00%。在选择"思政课评教平均分低于全校课程评教平均分"的18所高校中，有2所一流大学建设高校，占参与调研高校的3.51%，占参与调研的一流大学建设高校的25.00%；有8所一流学科建设高校，占参与调研高校的14.04%，占参与调研的一流学科建设高校的33.33%；有8所非"双一流"建设高校，占参与调研高校的14.04%，占参与调研的非"双一流"建设高校的32.00%。

4. 思政课教师对课堂教学的主观评价情况

首先，思政课教师对学生出勤状况的评价，调研数据如图8-9所示。

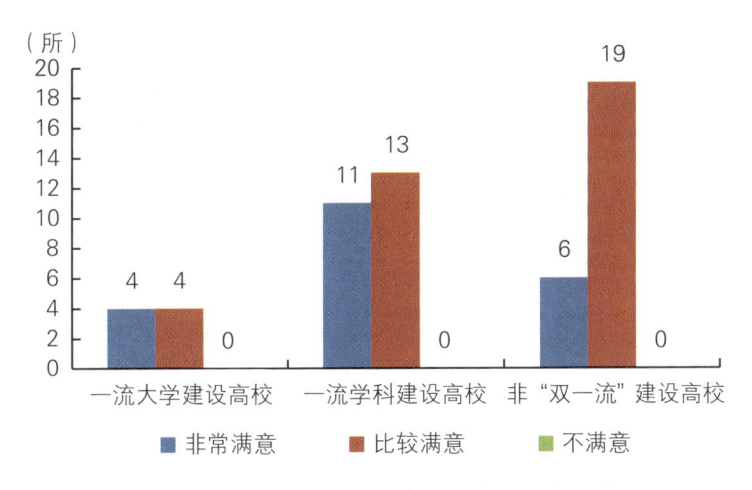

图8-9 思政课教师对学生出勤状况的评价

调研显示，参与调研的57所高校均对"思政课教师对学生出勤状况"进行评价，有21所高校选择了"非常满意"，占参与调研高校的36.84%；有36所高校选择了"比较满意"，占参与调研高校的63.16%。对"思政课教师对学生出勤状况"进行评价中选择"非常满意"的21所高校中，有4所一流大学建设高校，占参与调研高校的7.02%，占参与调研的一流大学建设高校的50.00%；有11所一流学科建设高校，占参与调研高校的19.30%，占参与调研的一流学科建设高校的45.83%；有6所非"双一流"建设高校，占参与调研高校的10.53%，占参与调研的非"双一流"建设高校的24.00%。对"思政课教师对学生出勤状况"进行评价中选择"比较满意"的36所高校中，有4所一流大学建设高校，占参与调研高校的7.02%，占参与调研的一流大学建设高校的50.00%；有13所一流学科建设高校，占参与调研高校的22.81%，占参与调研的一流学科建设高校的54.17%；有19所非"双一流"建设高校，占参与调研高校的33.33%，占参与调研的非"双一流"建设高校的76.00%。

其次，思政课教师对学生上课注意力集中状况的评价情况，如图8-10所示。

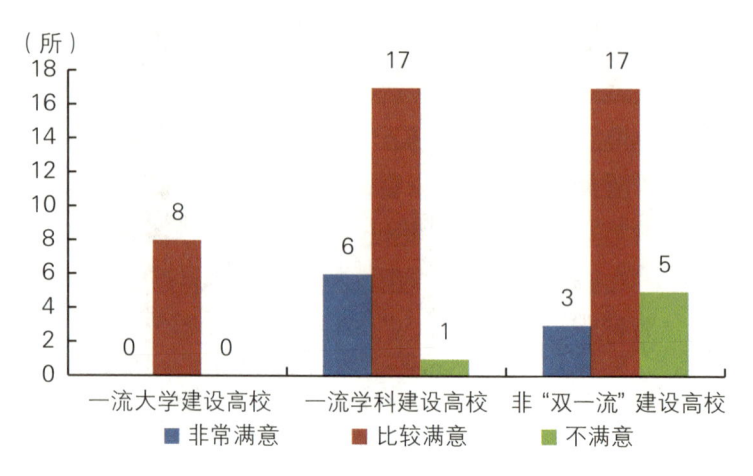

图8-10 思政课教师对学生上课注意力集中状况的评价

调研显示，参与调研的57所高校均对"思政课教师对学生上课注意力集中状况"进行了评价，有9所高校选择了"非常满意"，占参与调研高校的15.79%；有42所高校选择了"比较满意"，占参与调研高校的73.68%；有6所高校选择了"不满意"，占参与调研高校的10.53%。

选择"非常满意"的9所高校中，有6所一流学科建设高校，占参与调研高校的10.53%，占参与调研的一流学科建设高校的25.00%；有3所非"双一流"建设高校，占参与调研高校的5.26%，占参与调研的非"双一流"建设高校的12.00%。对"思政课教师对学生上课注意力集中状况"进行评价，选择"比较满意"的42所高校中，有8所一流大学建设高校，占参与调研高校的14.04%，占参与调研的一流大学建设高校的100.00%；有17所一流学科建设高校，占参与调研高校的29.82%，占参与调研的一流学科建设高校的70.83%；有17所非"双一流"建设高校，占参与调研高校的29.82%，占参与调研的非"双一流"建设高校的68.00%。对"思政课教师对学生上课注意力集中状况"进行评价，选择"不满意"的6所高校中，有1所一流学科建设高校，占参与调研高校的1.75%，占参与调研的一流学科建设高校的4.17%；有5所非"双一流"建设高校，占参与调研高校的8.77%，占参与调研的非"双一流"建设高校的20.00%。

再次，思政课教师对学生课堂互动状况的评价，调研数据如图8-11所示。

第八章 教学评价

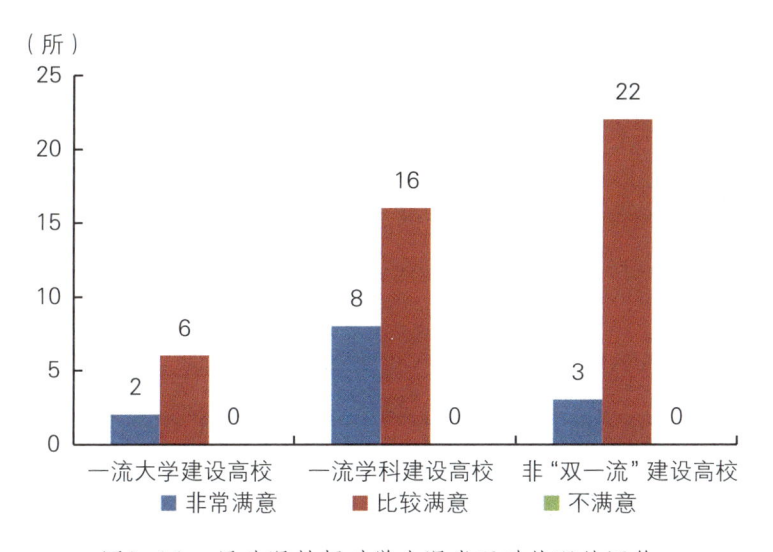

（所）

图8-11 思政课教师对学生课堂互动状况的评价

调研显示，参与调研的57所高校均对"思政课教师对学生课堂互动状况"进行了评价，没有高校选择"不满意"。有13所高校选择了"非常满意"，占参与调研高校的22.81%；有44所高校选择了"比较满意"，占参与调研高校的77.19%。对"思政课教师对学生课堂互动状况"进行评价中选择"非常满意"的13所高校中，有2所一流大学建设高校，占参与调研高校的3.51%，占参与调研的一流大学建设高校的25.00%；有8所一流学科建设高校，占参与调研高校的14.04%，占参与调研的一流学科建设高校的33.33%；有3所非"双一流"建设高校，占参与调研高校的5.26%，占参与调研的非"双一流"建设高校的12.00%。对"思政课教师对学生课堂互动状况"进行评价中选择"比较满意"的44所高校中，有6所一流大学建设高校，占参与调研高校的10.53%，占参与调研的一流大学建设高校的75.00%；有16所一流学科建设高校，占参与调研高校的28.07%，占参与调研的一流学科建设高校的66.67%；有22所非"双一流"建设高校，占参与调研高校的38.60%，占参与调研的非"双一流"建设高校的88.00%。

最后，思政课教师对学生运用思政课原理分析现实问题的评价，调研数据如图8-12所示。

（所）

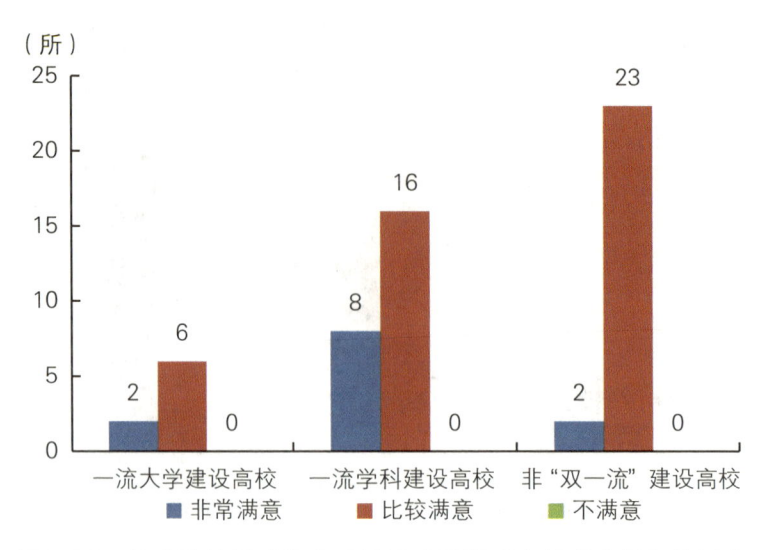

图8-12 思政课教师对学生运用思政课原理分析现实问题的评价

调研显示，参与调研的57所高校均对"思政课教师对学生运用思政课原理分析现实问题状况"进行了评价，有12所高校选择了"非常满意"，占参与调研高校的21.05%；有45所高校选择了"比较满意"，占参与调研高校的78.95%。

选择"非常满意"的12所高校中，有2所一流大学建设高校，占参与调研高校的3.51%，占参与调研的一流大学建设高校的25.00%；有8所一流学科建设高校，占参与调研高校的14.04%，占参与调研的一流学科建设高校的33.33%；有2所非"双一流"建设高校，占参与调研高校的3.51%，占参与调研的非"双一流"建设高校的8.00%。对"思政课教师对学生运用思政课原理分析现实问题状况"进行评价中选择"比较满意"的45所高校中，有6所一流大学建设高校，占参与调研高校的10.53%，占参与调研的一流大学建设高校的75.00%；有16所一流学科建设高校，占参与调研高校的28.07%，占参与调研的一流学科建设高校的66.67%；有23所非"双一流"建设高校，占参与调研高校的40.35%，占参与调研的非"双一流"建设高校的92.00%。

（三）思政课教学相关获奖情况

1. 教学比赛获奖情况

2023年度北京高校思政课教师教学比赛获奖情况调研数据如图8-13

所示。

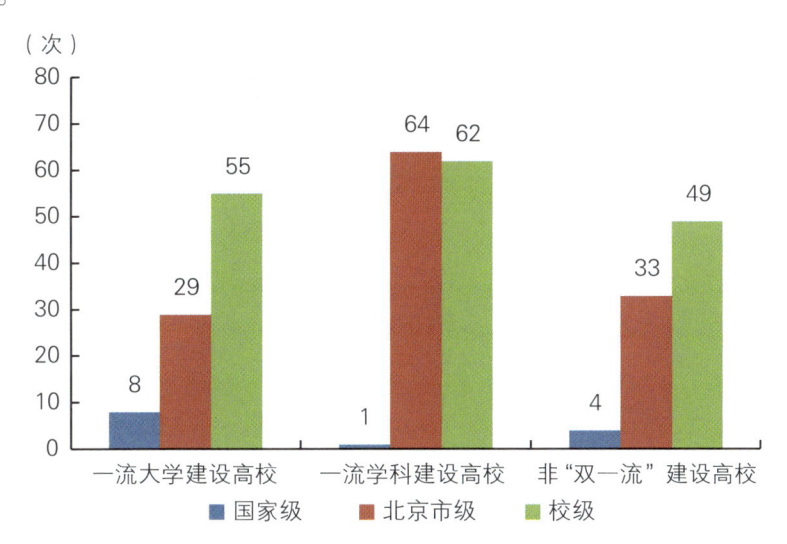

图8-13　2023年度北京高校思政课教师教学比赛获奖情况

调研显示，2023年度北京高校思政课教师教学比赛累计获奖305次，其中国家级获奖13次，占教学比赛获奖总数的4.26%；北京市级别（省部级）获奖126次，占教学比赛获奖总数的41.31%；校级获奖166次，占教学比赛获奖总数的54.43%。

国家级教学比赛获奖13次，其中一流大学建设高校获奖8次，占国家级教学比赛获奖总数的61.54%；一流学科建设高校获国家级教学比赛奖项1次，占国家级教学比赛获奖总数的7.69%；非"双一流"建设高校获国家级教学比赛奖项4次，占国家级教学比赛获奖总数的30.77%。

北京市级教学比赛获奖126次，其中一流大学建设高校获奖29次，占北京市级教学比赛获奖总数的23.02%；一流学科建设高校获奖64次，占北京市级教学比赛获奖总数的50.79%；非"双一流"建设高校获奖33次，占北京市级教学比赛获奖总数的26.19%。

校级教学比赛获奖166次，其中一流大学建设高校获奖55次，占校级教学比赛获奖总数的33.13%；一流学科建设高校获奖62次，占校级教学比赛获奖总数的37.35%；非"双一流"建设高校获奖49次，占校级教学比赛获奖总数的29.52%。

2. 教学成果奖情况

按照教育部教学成果奖评选的规则，2022年度进行了国家级教学成果奖的评选，但评审结果在2023年度公示。2021年12月，北京市教委启动了北京市级教学成果奖的评选工作，获奖结果于2022年公布。因此2023年度北京高校教学成果奖的统计情况不再统计北京市级教学成果奖，统计的数据皆为国家级教学成果奖和校级教学成果奖的情况，调研数据如图8-14所示。

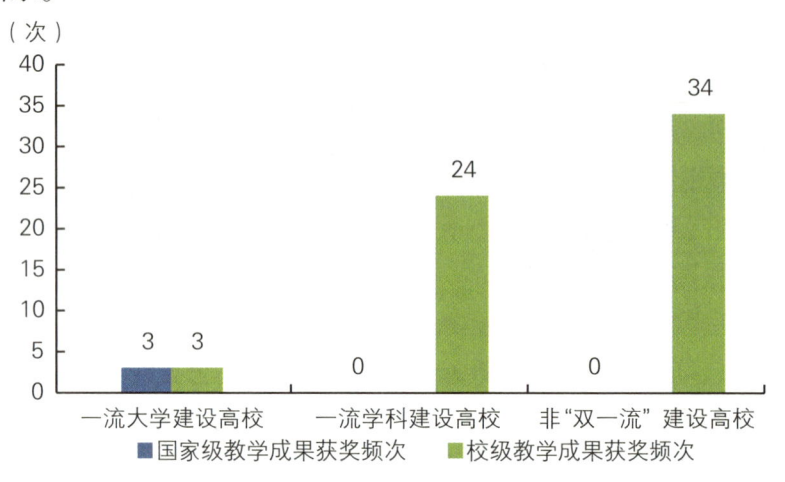

图8-14　2023年度北京高校教学成果奖获奖情况

调研显示，2023年度，北京高校思政课方面共计获得教学成果奖64项，其中获得国家级教学成果奖3项，占教学成果奖获奖总数的4.69%；获得校级教学成果奖61项，占教学成果奖获奖总数的95.31%。3项国家级教学成果奖的获奖高校均为一流大学建设高校，其中中国人民大学获得2项，北京大学获得1项。在获得61项校级教学成果奖中，一流大学建设高校为3项，占校级教学成果奖的4.92%；一流学科建设高校为24项，占校级教学成果奖的39.34%；非双一流建设高校为34项，占校级教学成果奖的55.74%。通过文献检索，查到获奖信息统计如下表8-2所示。

表8-2　2023年度国家级教学成果奖获奖情况

获奖等级	项目名称	获奖高校（牵头单位）
一等奖	孵化和打造"高精尖"水平"思政金课"——思想政治理论课课程资源平台建设	中国人民大学
二等奖	"立体化、专题式、多样态"高校思政课铸魂育人教学体系的改革创新	北京大学
一等奖	造就国家急需后备人才导向的马克思主义理论学科本硕博一体化培养体系建设	中国人民大学

（四）新闻媒介报道情况

2023年度，新闻媒介关于北京高校思政课报道情况的调研数据如图8-15所示。

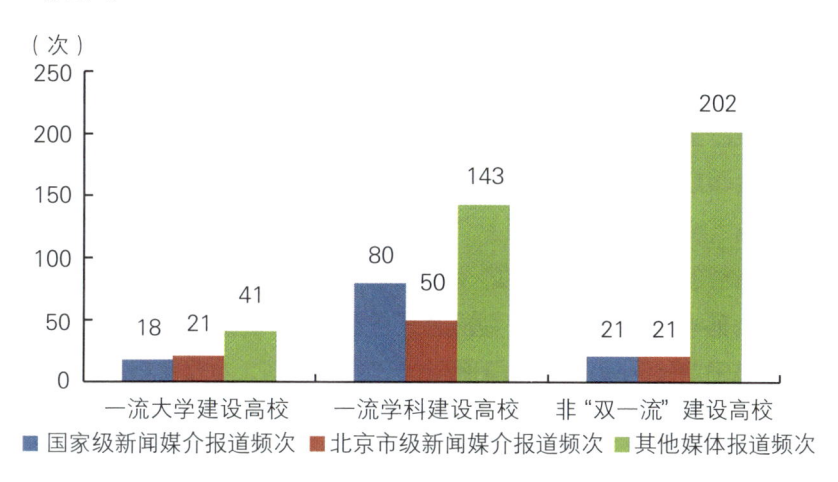

图8-15 新闻媒介对思政课的报道情况

调研显示，2023年度，一流大学建设高校获得国家级新闻媒介报道18次，获得北京市级新闻媒介报道21次，获得其他媒体报道41次，共计80次。一流学科建设高校获得国家级新闻媒介报道80次，获得北京市级新闻媒介报道50次，获得其他媒体报道143次，共计273次。非"双一流"建设高校获得国家级新闻媒介报道21次，获得北京市级新闻媒介报道21次，获得其他媒体报道202次，共计244次。对这些数据进行加和计算，可以得知2023年度北京高校思政课共计获得各级各类媒体报道597次，其中获得国家级新闻媒体报道累计119次，获得北京市级新闻媒介报道累计92次，获得其他新闻媒介报道累计386次。

在获得国家级新闻媒介报道119次中，一流大学建设高校获得18次，占国家级新闻媒介报道总数的15.12%；一流学科建设高校获得80次，占国家级新闻媒介报道总数的67.23%；非"双一流"建设高校获得国家级新闻媒介报道21次，占国家级新闻媒介报道总数的17.65%。在获得北京市级新闻媒介报道92次中，一流大学建设高校获得21次，占北京市级新闻媒介报道总数的22.83%；一流学科建设高校获得50次，占北京市级新闻媒介报道总数的54.34%；非"双一流"建设高校获得北京市级新闻媒介报道21次，占北京市级新闻媒介报道总数的22.83%。在获得其他新闻媒介报道386次中，一流大学建设高校获得41次，占其他新闻媒介报道总数的10.62%；一流学科建设高校获得143次，占其他新闻媒介报道总数的37.05%；非"双一流"建设高校获得其他新闻媒介报道202次，占其他新闻媒介报道总数的52.33%。

在国家级新闻媒介的报道中，2023年2月10日中央电视台新闻频道报道了北京理工大学"虫口夺粮"社会实践团的事迹。北京理工大学2023年寒假社会实践以"学习二十大、永远跟党走、奋进新征程"为主题，结合实际，设置了学习宣传党的二十大精神、一起云支教、社区服务报到、乡村振兴、岗位实习实践、"北理思源"计划和校友走访七大专题，共发出2195支实践团队，16139名学生通过线上线下的方式开展实践活动，实践足迹覆盖全国31个省（区、市）。近年来，北京理工大学精心打造有助于学生知情意行相统一的"大思政课"形成了带有鲜明北理工特色的"观察社会、发现问题、探索创新、成果应用、服务民生"的实践育人模式，加强学生社会实践的思想政治引领和价值引领提升实践育人的精准度、实效性和感召力。通过第一、第二课堂衔接，学分、积分并行管理，校内、校外力量协同等多种组织形式，近年来，大学生社会实践已经成为学校规模最大、参与人数最多的"大思政课"。学生年均参与社会实践超过3万人次，学校社会实践人数规模和获奖数量位居北京高校首位。学校连续4年获评全国"三下乡"社会实践活动"优秀单位"，连续5年获评北京市大学生社会实践工作"先进单位"。学校依托与地方共建的社会实践教学基地，开展主题丰富的社会实践教学活动，引导大学生在社会实践中了解国情、感知社情、体察民情，汲取精神力量。此外，学校还将思想政治理论课社会实践列为必修课程，纳入正式教学计划。从红色革命老区到乡村振兴一线，从党史学习教育宣讲到服务北京冬奥会，学校深入挖掘实践育人资源，实现校内课堂与社会课堂相结合、课程育人与实践育人相统一，引导学生将爱党爱国爱社会主义之情转化为砥砺奋进的自觉行动，把青春奋斗融入党和人民事业中。学校推动社会实践与大学生创新创业赛事紧密结合，注重引导学生聚焦国家重大战略需求和人民生产生活所需，深入各行各业、基层一线开展高质量的实践调研活动。近年来，通过选拔培育、师生共创、校地企协同等多种方式，选树了一批具有北理工特色、专业特点的社会实践品牌项目，形成了示范带动效应。以"甄材实学"实践团、"取之于田、用之于田"实践团、"乡村π计划"实践团为代表的30余个社会实践项目成果在"互联网+"、"挑战杯"竞赛北京市级评选中获得最高奖。

人民网、《中国青年报》等媒体报道了"千马廿行"全国高校马克思主义学院青年学子联学联讲党的二十大精神系列活动总结表彰会的情况。2023年6月17日，"千马廿行"全国高校马克思主义学院青年学子联学联讲党的二十大精神系列活动总结表彰会在清华大学举行。教育部社会科学司、北京市委教育工委等指导单位，清华大学等"千马廿行"系列活动主办单位及承办单位、教育部"习近平新时代中国特色社会主义思想大学习领航计划系列主题活动"承办单位以及媒体代表等共400余人参加活动。教育部社会科学司二级巡视员魏贻恒在总结讲话中指出，高校是学习宣传党的二十大精神的重要阵地，学生是党的二十大精神的重要"传播者"和"践行者"，"千马廿行"系列活动在全国范围内具有很强的代表性和示范意义，全国高校马克思主义学院师生互学互鉴、共担使命，切实推动党的二十大精神进校园、进师生头脑，在全国范围内取得了广泛影响，营造了学习贯彻党的二十大精神的浓厚氛围。希望高校马克思主义学院师生继续发挥专业优势，不断学习掌握习近平新时代中国特色社会主义思想的科学体系和精髓要义，从新时代十年伟大变革中深入挖掘思政课鲜活素材，持续推动高校马克思主义学院联学联讲活动出经验、出效果，不断凝练学生宣讲的育人模式，在学习贯彻习近平新时代中国特色社会主义思想主题教育中，当好先锋队和宣传员。北京市委教育工委宣教处处长于海指出，开展"千马廿行"系列活动，为首都高校马克思主义学院运用理论宣讲开展思政育人做了很好的示范，已经在全国高校马院中间形成"万马奔腾"的生动局面，成效显著、意义深远。要发挥理论宣讲的优势，探索具有马院特色的思政育人模式；要学原著、学原理，深入学习贯彻习近平总书记关于教育特别是教育强国的重要论述，着力培养服务高质量发展的马克思主义理论专业人才。他希望各高校马克思主义学院积极总结经验、发挥特色优势，在学习宣传贯彻习近平新时代中国特色社会主义思想上继续努力，创新形式载体、丰富方法手段、讲好党的创新理论，为推动习近平新时代中国特色社会主义思想在京华大地和神州大地落地生根、形成生动实践贡献力量。清华大学党委副书记、马克思主义学院党委书记向波涛表示，本次活动既是清华大学学习宣传贯彻习近平新时代中国特色社会主义思想和党的二十大精神的重要举措，又是全国高校马克思主义学院携手开展人才培养、理论宣传、社会服务的一次有益尝试，在活动中涌现出一批优秀的学生讲师，产生了一批学习贯彻习近平新时代中国特色社会主义思想和党的二十大精神的精品课程。他表示，今年是全面贯彻党的二十大精神的开局之年，希望全国高校马院共同努力，总结和发扬本次活动中呈现出的好经验、好做法，进一步学习贯彻习近平总书记对马克思主义学院青年学子的勉励寄语精神，用青春的力量传播好党的声音，以实际行动为强国建设、民族复兴贡献力量。清华大学马克思主义学院院长朱安东介绍了"千马廿行"全国高校马克思主义学院青年学子联学联讲党的二十大精神系列活动的阶段性成果。他指出，通过全国高校马院学子交流互鉴，营造了学习贯彻习近平新时代中国特色社会主义思想主题教育的浓厚氛围，取得了广泛的社会影响，这些成绩的取得离不开教育部和北京市各级领导的关心和鼓励，离不开广大兄弟院校马克思主义学院的支持和帮助。清华大学也将持续推动"千马廿行"系列活动走深走实、见行见效，和全国兄弟院校一道，继续开展高校马克思主义学院青年学子联学联讲习近平新时代中国特色社会主义思想巡讲活动，为主题教育添砖加瓦，将青年声音讲在祖国的大地上。据悉，为了深入学习宣传贯彻党的二十大精神，自2022年10月以来，在教育部社科司指导下，清华大学马克思主义学院牵头发起，37家全国高校重点马克思主义学院联合主办"千马廿行"全国高校马克思主义学院青年学子联学联讲党的二十大精神系列活动。全国325家高校马克思主义学院注册成为承办单位，各承办单位共开展了1766次联学共建和联合备课活动，覆盖人数达13.8万人次，并上传了432份宣讲党的二十大精神的视频作品。经过专家评委严格评审，共产生特等奖作品3个、一等奖作品10个、二等奖作品25个、三等奖作品45个、优秀奖作品60个，以"千马"之思策动"小马"之行，取得良好反响。

二、主要成绩

2023年，北京高校在思政课教学评价方面，在继承以往教学评价优势的基础上，日益强化"以学习效果为切入点"的评价思路、日益关切思政课教学评价中社会主体的影响、日益重视"目标与过程"相结合的评价理念，切实推动思政课教学评价取得新进展。具体解析如下：

（一）日益强化"以学习效果为切入点"的评价思路

以学生学习效果为切入点的高校思想政治理论课评价与以往评价的最大区别，在于以学生学习效果为逻辑起点，规定学生学习效果的基本内涵，归因影响学生学习效果的基本要素，分析各个要素分别对学习效果有什么样的影响以及影响程度。这样，不同学校就可以根据各个要素与学生学习效果的关联去查找自己学校的实际情况，以对症下药，有针对性地改善影响学生学习效果的工作和条件，最终真正提高思想政治理论课教育教学实效，把发展性评价落到实处。[①]在评判学生学习效果的过程中，思政课教师无疑具有最直接的发言权。思政课教师通过对学生出勤情况、课堂注意力集中情况、课堂互动情况、运用马克思主义基本原理分析现实问题情况等方面可以直观感知学生的学习效果。回首2014—2023年的实证调研，可以发现，思政课教师在对"对学生出勤情况"的评价中，选择"非常满意"的高校从2014年的3所变为2023年的21所，"非常满意"率增加了600.00%，选择"比较满意"的高校从2014年的48所到2023年的36所，选择"不满意"的高校从2014年的6所变为2023年的0所。思政课教师在对"学生课堂注意力"的评价中，选择"非常满意"的高校从2014年的0所变为2023年的9所，选择"比较满意"的高校从2014年的46所到2023年的42所，选择"不满意"的高校从2014年的12所变为2023年的6所。思政课教师在对"课堂互动情况"的评价中，选择"非常满意"的高校从2014年的3所变为2023年的13所，选择"比较满意"的高校从2014年的50所到2023年的44所，选择"不满意"的高校从2014年的5所变为2023年的0所。思政课教师在对"运用马克思主义基本原理分析现实问题情况"的评价中，选择"非常满意"的高校从2014年的2所变为2023年的12所，选择"比较满意"的高校从2014年的48所到2023年的45所，选择"不满意"的高校从2014年的8所变为2023年的0所。从以上数据可以看出，当前思政课教师对学习效果不存在"不满意"的评价。

[①] 肖映胜、张耀灿：《高校思想政治理论课教学评价理念新探》，《高校理论战线》2011年第7期。

（二）日益关切思政课教学评价中社会主体的影响

思政课教学评价的主体范围有广义和狭义之分。广义上的思政课教学评价主体包括校内主体结构与社会主体结构相结合的多元结构，狭义上的思政课教学评价主体主要是指的是校内主体结构。目前高校思政课教学评价主体多为狭义上的主体结构域。但随着思政课地位的日益凸显，思政课的教学效果也越来越受到社会相关方面的关注，社会主体对思政课教学评价逐渐成为思政课教学评价中不能忽视的重要方面。就思政课教学评价的社会主体而言，目前关注较多的有社会媒介的报道和上级领导的批示。在新闻媒介对思政课的报道方面，国家级新闻媒介对北京高校思政课的报道从2015的17次变为2023年的119次，国家级媒介的报道频率增长了600.00%；北京市级媒介对北京高校思政课报道从2015年的5次变为2023年的92次，北京市级媒介的报道频率增长了1740.00%；其他媒介对北京高校思政课报道从2015年的7次变为2023年的386次，其他媒介的报道频率增长了5414.00%。这说明北京高校思政课教学情况日益受到广大社会媒介的高度关注。此外，在思政课获得上级领导的批示方面，2015年北京高校获得上级领导关于思政课的批示仅有1项，2023年北京高校思政课获得上级领导关于思政课相关的批示56件，上级领导对思政课相关的批示增长了5500.00%。在这56件相关的批示中，一流大学建设高校获得批示12件，占批示总数的21.43%；一流学科建设高校获得批示35件，占批示总数的62.50%；非"双一流"高校获得批示9件，占批示总数的16.07%。具体统计数据如图8-16所示。

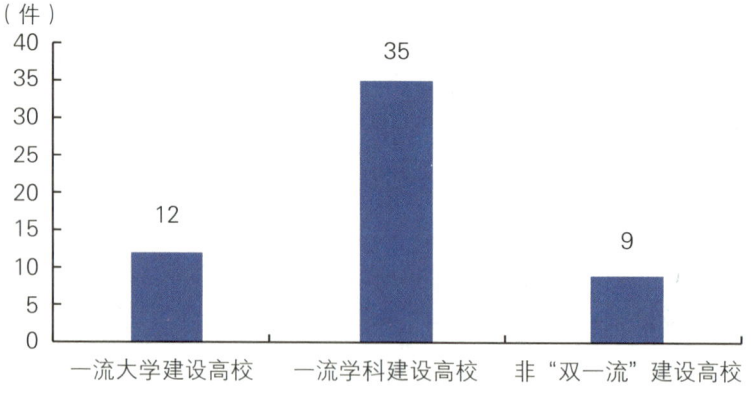

图8-16 2023年北京高校获得思政课相关批示情况

（三）日益重视"目标与过程"相结合的评价理念

思政课教学评价既有明确的评价目标，也有规范的评价流程。只关注最终的评价目标忽视评价流程，容易造成评价信息反馈的不及时；只关注评价流程而不关注评价目标，容易造成教学评价偏离正确规定。因此，在思政课教学评价中，需要切实坚持"目标与过程"相结合的评价理念。近年来，北京高校思政课教学评价中对该理念日益重视。2023年调研数据显示，当问及"评教时间的安排"时，有24所高校选择了"课程结束时评教"，在"思政课评教时间安排"中排在第一位；有20所高校选择"进行期中和期末两次评教"，在"思政课评教时间安排"中排在第二位；有13所高校选择"课程进行中评教"，在"思政课评教时间安排"中排在第三位。而回首2015年以来的调研数据可以看得更加清晰。2015年，选择"课程结束时评教"的有39所高校，选择"课程进行中评教"的有21所高校，选择"进行期中和期末两次评教"有0所高校；2016年，选择"课程结束时评教"的有37所高校，选择"课程进行中评教"的有23所高校，选择"进行期中和期末两次评教"的有0所高校；2017年，选择"课程结束时评教"的有41所高校，选择"课程进行中评教"的有18所高校，选择"进行期中和期末两次评教"的有0所高校；2018年，选择"课程结束时评教"的有36所高校，选择"课程进行中评教"的有9所高校，选择"进行期中和期末两次评教"的有10所高校；2019年，选择"课程结束时评教"的有31所高校，选择"课程进行中评教"的有14所高校，选择"进行期中和期末两次评教"的有9所高校；2020年，选择"课程结束时评教"的有31所高校，选择"课程进行中评教"的有16所高校，选择"进行期中和期末两次评教"的有9所高校；2021年，选择"课程结束时评教"的有29所高校，选择"课程进行中评教"的有16所高校，选择"进行期中和期末两次评教"的有11所高校；2022年，选择"课程结束时评教"的有30所高校，选择"课程进行中评教"的有15所高校，选择"进行期中和期末两次评教"的有12所高校；2023年，选择"课程结束时评教"的有24所高校，选择"课程进行中评教"的有13所高校，选择"进行期中和期末两次评教"的有20所高校。可以发现选择"进行期中和期末两次评教"的高校从2015年的0所变为2018年10所，再变为2023年20所。与2018年相比，2023

年选择"进行期中和期末两次评教"的高校增长了100.00%。具体统计数据如图8-17所示。

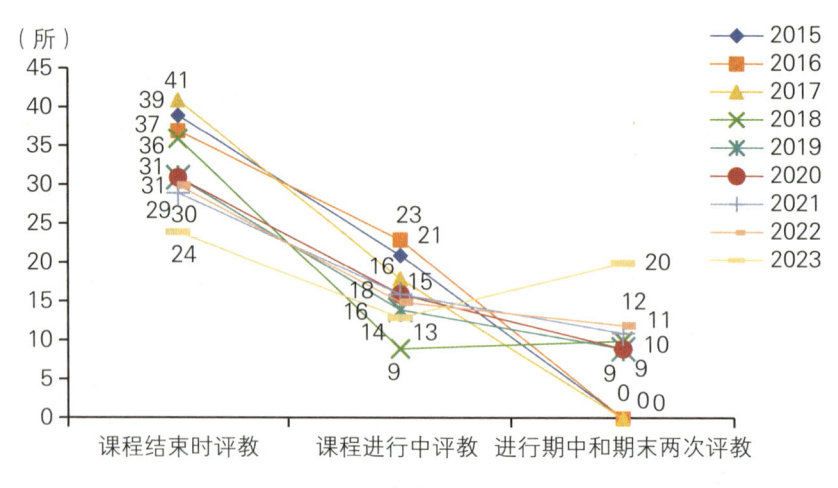

图8-17　2015—2023年北京高校思政课评教时间安排情况

三、主要问题与对策建议

2023年，北京高校思政课教学评价取得了新进展，但是在增进思政课教学评价主体间互动性、强化对思政课教师研究素养的评价、积极探索思政课实践教学评价机制等方面还需要进一步发力。

（一）增进思政课教学评价主体间互动性

教学评价主体多元能够增强思政课教学评价的科学性。但这种科学性评价的彰显是建立在思政课教学评价主体间有效互动的基础之上的。从目前思政课教学评价的主体结构上看，一般来说，校内的思政课教学评价包括"学生评教""督导评教""校领导评教"与"教师评学"等方面。但从思政课教学评价实践来看，"学生评教""督导评教""校领导评教"与"教师评学"之间的互动远远满足不了思政课教学评价的需要。学生评教往往是在课程结束的时候进行端点分数评教，所给出的分数只是供思政课教师反思以后教学的工具，无法服务于本学期上课的学生。"督导评教"与"校领导评教"是每年教学督导和学校领导需要完成的常规性的思政课听课任务，往往在听课之后会形成听课意见，但遗憾的是，这些意见并不是在听课之后立即反馈给上课教师，而是在学期结束或年末进行教学总结的时候进行综合评析，失去了对上课教师及时指导的价值。因此增强思政课教学评价的实效需要增强思政课教学评价主体间的互动。在此基础上还需要进一步完善思政课教学评价的主体结构。从2023年的调研数据来看，这四个方面分别排在了思政课教学评价体系的第一位（57所）、第二位（54所）、第三位（44所）和第四位（43所）。选择"校外同行评价"仅有7所高校，这与上述四种评价方式相距甚远。需要指出的是，思政课教学评价具有一般课程的共性，同时也具有思政课本身的特殊性。这就决定了思政课教学评价的主体必须是熟悉思政课教学内容、掌握思政课教学规律的人。与"学生评教""督导评教""校领导评教"与"教师评学"等评价主体相比，相对来说，思政课教师对思政课内容的理解和对思政课教学规律的把握更加拥有发言权。因此建议重视思政课教师在教学评价中的地位。而做好这方面的工作，可以从两个层面展开：其一是重视校外思政课教师同行的评价，该评价方式在一定程度上可以避免校内思政课教师因为"情面"问题不好评价的困境；其二是引入思政课教师自身对教学的评价。一个学期的思政课教学实践，思政课教师自己是最为了解自己的教学过程。思政课教师对自己教学过程的自我评价不仅有助于自我教学反思，激发上好思政课的动力，而且有助于思政课教师将教学评价结果及时反馈学生，从而提高思政课教学评价的时效性。

（二）强化对思政课教师研究素养的评价

习近平总书记认为思政课是落实立德树人根本任务的关键课程。办好思想政治理论课关键在教师，关键在发挥教师的积极性、主动性、创造性。这意味着在思政课教学评价过程中，要高度重视对思政课教师的评价。思政课的本质是讲道理，是要把马克思主义基本立场、观点、方法讲给学生，是要让学生能够掌握思政课的道理学理哲理。而要做到这一点，首先需要思政课教师能够把思政课道理讲深讲透讲活。那么，思政课教师如何讲深讲透讲活思政课原理？从根本上说需要思政课教师具备强大的研究素养。也就是说，思政课教师需要研究马克思主义理论学科重大理论问题，需要研究当代中国的重大现实问题，需要研究当代青年的群体特征，需要研究教材体系转化为教学体系的问题，等等。近年来，随着国家对人才培养中"破五唯"力度的加大，一些思政课教师对"破五唯"的理解存在偏差，甚至存在将"破五唯"等同于"不用做科研"的现象。这使得一些思政课教师忽视了科学研究对思政课建设的支撑作用。2023年的调研中，当问及思政课教学评价中"最应该强化对哪方面的评价"时，选择"课程教材体系向课堂教学体系转化的评价"的高校有22所，占到调研高校的38.60%；选择"思想政治理论课教师综合素质的评价"的高校有5所，占到调研高校的8.77%；选择"思想政治理论课优质教学方法的评价"的高校有9所，占到调研高校的15.79%；选择"思想政治理论课重大理论内容理解的评价"的高校有16所，占到调研高校的28.07%；选择"思想政治理论课实践教学的评价"的高校有4所，占到调研高校的7.02%；选择"其他"的高校有1所，占到调研高校的1.75%。这说明在思政课教学评价中"对思政课教师综合素养的评价"排在了"思政课教学评价中最应该强化评价"的第四位，对思政课教师的评价还没有得到应有的重视。因此，建议在今后的思政课评价过程中，应该强化对思政课教师综合素养特别是研究素养的评价，可以通过对思政课教师科研论文与教学研究论文、科研项目与教学改革项目、科研成果奖与教学成果奖等方面对思政课教师研究素养进行评价。

（三）积极探索思政课实践教学评价机制

思政课实践教学是思政课教学体系中的重要组成部分，丰富多彩的实践教学有助于学生深入理解理论教学的内容。但长期以来，对思政课实践教学缺乏科学合理的教学制度体系，使得一些思政课实践教学呈现出"内容上大同小异""形式上千篇一律"的特点。由于存在重课堂教学、轻实践教学的现象，致使大学生在实践过程中，往往缺少必要的指导，或根本就没有指导的问题，导致实践教学效果不理想。[1]因此首先需要重视思政课实践教学制度体系的建设。从2023年的调研数据来看，当问及思政课教学评价中"最应该强化对哪方面的评价"时，选择"思想政治理论课实践教学的评价"的高校有4所高校，占到调研高校的7.02%。而这一情况在以往的教学评价同样存在。在思政课教学评价中"最应该强化对哪方面的评价"时，2017年选择"思想政治理论课实践教学的评价"的高

---

[1] 刘俊峰：《基于过程的思想政治理论课教学质量评价探析》，《学校党建与思想教育》2018年第7期。

校有2所，2018年选择"思想政治理论课实践教学的评价"的高校有3所，2019年选择"思想政治理论课实践教学的评价"的高校有1所，2020年选择"思想政治理论课实践教学的评价"的高校有0所，2021年选择"思想政治理论课实践教学的评价"的高校有1所，2022年选择"思想政治理论课实践教学的评价"的高校有3所。此外，2023年，当问及"提升思想政治理论课教学效果采取的措施"时，有4所一流大学建设高校选择了"注重实践基地建设"，占到调研高校总数的7.02%；有12所一流学科建设高校选择了"注重实践基地建设"，占到调研高校总数的21.05%；有16所非"双一流"建设高校选择了"注重实践基地建设"，占到调研高校总数的28.07%。显然，以上数据说明在以往的教学评价中对思政课实践教学评价重视不够。因此要发挥思政课实践教学在立德树人方面的功能，就需要积极探索思政课实践教学评价机制建设。要认真思考思政课实践教学评价目标、实践教学评价内容、实践教学评价主体、实践教学评价思路、实践教学评价理念、实践教学评价原则、实践教学评价手段等方面的问题。

附　录

一、北京高校马克思主义理论学科与思想政治理论课建设大事记（2023）

（一）北京市委及相关部门关于马克思主义理论学科与思想政治理论课建设的部署和举措

1月至4月，"学习宣传二十大，首都教育在行动"活动持续深入地开展和进行。北京石油化工学院、首都医科大学、北京青年政治学院、北京电影学院、北京航空航天大学、北京语言大学、中央民族大学、华北电力大学、北京邮电大学、中国人民大学、北京交通大学、北京大学、清华大学等高校开展宣讲报告活动或集体备课活动等学习和宣传党的二十大精神，推动党的二十大精神在高校工作中落地生根，充分发挥党的二十大精神的育人作用。党的二十大结束后，北京市委教育工委印发《北京教育系统认真学习宣传贯彻党的二十大精神的实施方案》，要求北京教育系统将学习宣传贯彻党的二十大精神作为当前和今后一个时期北京教育系统的首要政治任务，立即行动起来，精心组织，充分发挥自身优势，坚持机关、系统和基层贯通融合，坚持各级各类学校一体推进，坚持学思践悟有机统一，迅速形成全覆盖、多维度、大纵深、浸入式的学习宣传热潮。

1月17日，2022年度北京高校精神文明建设工作十佳案例和优秀案例评选结果揭晓。为表彰先进、推荐典型，北京市委教育工委在北京高校集中开展2022年度精神文明建设工作优秀案例评选工作。评选活动得到各高校的积极响应和广泛参与，经推荐报送和专家评审等程序，最终评选出2022年度北京高校精神文明建设工作十佳案例，2022年度北京高校精神文明建设工作优秀案例20个。

3月1日，2022年北京高校红色"1+1"示范活动结果公布。2022年，北京高校共有1204个学生党支部与农村、社区、企业、科研院所、部队等党支部开展红色"1+1"共建活动，经过各校推荐、专家初评、现场复评等环节，评选出一等奖10个，二等奖15个，三等奖120个，优秀奖256个，优秀组织奖15个。

3月14日，北京教育系统学习宣传贯彻党的二十大精神创新案例评选结果公示。党的二十大召开以来，北京市各高校、各区教育系统结合实际精心组织，周密安排，充分发挥自身优势，组织了一系列丰富多彩的学习宣传贯彻活动，迅速掀起了学习宣传贯彻党的二十大精神的热潮。为扎实做好阶段性总结工作，全景展示各高校、各区学习宣传贯彻党的二十大精神的创新举措、特色亮点，北京市委教育工委组织开展了北京教育系统学习宣传贯彻党的二十大精神创新案例评选工作。经各单位推荐、材料审核、专家初评、专家复评等程序，最终评选出50个创新案例。

3月18日，由教育部、国家文物局指导，北京市委教育工委、北京市文物局、中国人民大学联合打造的大中小学思政课一体化共同体建设暨"北京中轴线上的大思政课"在北京孔庙和国子监博物馆正式启动。

4月至12月，首都高校积极推动学习贯彻习近平新时代中国特色社会主义思想的主题教育活动。北京农学院、北京印刷学院、北京信息科技大学、北京理工大学、北京外国语大学、对外经济贸易大学、中央财经大学、华北电力大学等高校先后召开主题教育动员大会，采取各种形式，推动主题教育活动走深走实，办好思想政治理论课是高校主题教育活动关注的重要内容。

5月7日，由教育部社科司主办、北京市委教育工委协办、华北电力大学承办的"习近平新时代中国特色社会主义思想概论"课件使用培训班开班。北京大学、清华大学、中国人民大学等60多所北京高校的近百名思政课教师在现场参加培训，全国其他高校思政课教师通过网络直播参加线上培训，线上点击量近60万次。

5月23日，在全面贯彻党的二十大精神的开局之年，在全党深入开展学习贯彻习近平新时代中国特色社会主义思想主题教育之际，中共北京市委宣传部、市委教育工委共同发起"'京'彩文化 青春绽放"行动计划，签约启动仪式在中国人民大学举行。中国人民大学和北京大学、清华大学、北京师范大学等首批参与的16所在京高校师生代表共500余人齐聚人大校园，见证签约启动仪式。

7月13日，首都高校"大思政课"主题实践活动暨"走进平谷农业中关村服务首都乡村振兴""千人百村"大学生暑期社会实践活动启动仪式在平谷区金海湖国际会展中心举办。57所京内高校、10所京外高校师生共计千余人参加。此次"千人百村"大学生暑期社会实践活动由北京市委教工委、市教委和平谷区委、区政府联合主办，旨在深入贯彻落实习近平总书记给中国农业大学科技小院同学们的重要回信精神，落实教育部与北京市战略合作协议，助力实施乡村振兴战略，探索高校服务乡村振兴和深化"大思政课"建设的有效模式，为高校学生搭建实践舞台、学习平台，为乡村振兴注入活力。

8月29日，"奋进新征程 建功新时代"首都教育系统学习宣传贯彻党的二十大精神主题征文活动获奖结果揭晓。经过各区各高校推荐、专家评审、网络公示等环节，确定了获奖作品一等奖76篇、二等奖120篇、三等奖106篇、优秀奖作品149篇。

9月15日，北京市委教育工委、北京市委宣传部在中国农业大学举办2023年北京高校新生引航工程启动仪式暨"'京'彩文化 青春绽放"行动计划推进会。北京市委宣传部、北京市委教育工委负责同志和58所高校师生代表参加活动。为做好2023级新生教育，北京市委教育工委在此之前印发了《关于组织开展"争做新时代好青年"2023年北京高校新生引航工程的通知》。这次活动对党的创新理论铸魂育人行动、"大思政课"育人主题实践行动、社会主义核心价值观宣传教育行动、网络育人优质生态塑造行动、新生心理健康培育行动、新生入学适应能力提升行动等"六大行动"作了具体部署，要求高校针对性开展线上线下结合、课内课外联动、校内校外协同的教育和实践工作，引导新生扣好"人生第一粒扣子"。

9月20日，由北京市委教育工委联合北京电影学院青年电影制片厂摄制的、展现首都高校学子深入贯彻党的二十大精神、扎根基层、服务乡村振兴的微电影《筑梦云端》发布会暨北京高校"大思政课"主题实践专场宣讲在北京电影学院举办。来自8所不同高校、不同实践项目的同学也讲述了他们深入基层一线、勇敢担当奉献的故事，分享了他们在火热社会实践中的收获与成长，也为在场学生上了精彩纷呈的"开学一课"。

9月21日至24日，由教育部思想政治工作司主办，高校思想政治工作队伍培训研修中心（北京科技大学）承办的第387期全国高校思想政治工作骨干示范培训班在北京举行。本次培训班主题为"辅导员思想理论教育和价值引领能力提升"，来自全国110所高校的110多名思想政治工作骨干参加培训。

10月至12月，首都高校师生认真学习贯彻习近平文化思想。中国地质大学、北京建筑大学、北京服装学院等高校高度重视，组织多种形式的专题学习及研讨活动，增强师生的文化自信、专业自信，为首都建设全国文化中心贡献智慧力量；北京大学举办新时代青年论坛，聚焦"习近平文化思想的内涵与重大意义"；北京舞蹈学院邀请12位专家学者共同探讨了新时期在艺术学科和舞蹈学科领域的中国舞蹈文化理论建设，论坛强化学思用贯通，知信行统一，等等。

11月16日，2023年度首都大中小学宣传工作专题培训会（第九期）在北京物资学院举办。本次培训由北京市委教育工委主办，北京教育新闻宣传学会承办，北京物资学院协办。来自北京地区各高校、各区教育主管部门等60余家会员单位、近百人参与培训。

11月16日，北京市"大思政课"综合改革试验区建设区校对接工作会在北京科技大学举行。会议旨在深入学习贯彻习近平总书记关于"大思政课"建设的重要指示精神，落实市委全面深化改革委员会第七次全体会议精神，推动《北京市以实践教学为主题的"大思政课"综合改革试验区建设方案》任务部署，加快推动各区各高校"结对子"，将各区新时代十年伟大成就的生动实践转化为增进理论认同的大课堂。市委教育工委负责同志、各区教育工作领导小组相关同志和26所市级重点建设马克思主义学院主要负责人参加会议。

12月13日，中共北京市委教育工作委员会发布了《关于公布新时代北京高校思想政治工作创新示范项目遴选结果的通知》。经学校申报、资格认定、专家会评、现场展示等环节，遴选出北京高校思政工作创新示范工作室30个、培育工作室15个，北京高校"一站式"学生社区示范项目10个、培育项目8个，北京高校思政工作创新示范案例90项。此项目旨在深入贯彻习近平新时代中国特色社会主义思想和党的二十大精神，深入推动

"时代新人铸魂工程",加快构建高校思想政治工作新生态,提升高校思想政治工作队伍的能力素质。

12月14日,"首都当代中国马克思主义论坛·2023"在北京大学举行,论坛主题为"习近平文化思想:开辟马克思主义文化理论新境界"。中共北京市委宣传部、北京市习近平新时代中国特色社会主义思想研究中心、北京市社会科学界联合会、北京大学等主办单位负责人,北京市习近平新时代中国特色社会主义思想研究中心研究基地、重大课题负责人代表及首都高校师生等90余人参加了本届论坛。

(二)北京高教学会及北京高校关于马克思主义理论学科与思想政治理论课建设的部署和举措

2月21日,由清华大学马克思主义学院与辽宁出版集团共同主办,清华大学马克思主义学院马克思主义传播史研究中心与辽宁人民出版社承办的《马克思主义经典文献世界传播通考》丛书出版工作推进会于清华大学马克思主义学院善斋会议室召开。来自清华大学马克思主义学院、黑龙江大学哲学院、辽宁出版集团、辽宁人民出版社的专家、学者出席会议。清华大学习近平新时代中国特色社会主义思想研究院院长、丛书主编艾四林教授主持会议。

3月4日,"全面从严治党体系的创新与发展——学习贯彻二十届中央纪委二次全会精神"学术研讨会在北京科技大学举办,会议由北京科技大学廉政研究中心主办。来自清华大学、北京大学、中国人民大学、北京航空航天大学、中国矿业大学(北京)、中国政法大学、中国农业大学、北京工商大学的十余位专家学者参会。

3月10日,由对外经济贸易大学马克思主义学院、共同富裕研究院牵头举办的"共同富裕与教育公平研讨会"以"线上+线下"相结合的形式召开,来自北京大学、清华大学、惠众教育研究院、集美大学、对外经济贸易大学的专家学者、师生代表参加了此次会议。

3月17日,中国农业大学马克思主义学院与人民网公开课联合主办深入学习贯彻习近平总书记"3·18"重要讲话精神暨增强思想政治理论课实效性虚拟教研室集体备课会。来自西北农林科技大学、北京农学院、新疆农业大学、甘肃农业大学、四川农业大学、山西农业大学、河北农业大学、河南农业大学、云南农业大学、塔里木大学、滇西科技师范学院等11所院校的马克思主义学院"思想道德与法治"课程教师参与此次备课会。本次集体备课会通过人民网公开课全网直播，全国高校"思想道德与法治"课程教师600余人观看了本次直播。

3月17日，以实践性为内核的"大思政课"综合改革学术研讨会在北京工业大学成功举办。本次研讨会由北京市委教育工委、北京工业大学共同主办。来自北京大学、北京师范大学、北京理工大学、北京工业大学的百余名师生通过线上线下相结合的方式参加了会议。

3月19日，北京市高等教育学会形势与政策教育研究分会2023年春季备课会在北京科技大学举行。本次备课会由北京市委教育工委指导，北京市高等教育学会形势与政策教育研究分会主办，北京科技大学马克思主义学院、北京外国语大学马克思主义学院、北京体育大学马克思主义学院、《时事报告》杂志社北京教学服务中心协办，来自在京60余所高校的百余位形势与政策课教师与相关专家学者参会。

4月22日，在习近平总书记考察北京大学马克思主义学院五周年之际，为全面学习贯彻习近平新时代中国特色社会主义思想和党的二十大精神，深入开展学习贯彻习近平新时代中国特色社会主义思想主题教育，北京大学马克思主义学院以"谱写马克思主义中国化时代化新篇章"为主题，举行"习近平总书记考察北京大学马克思主义学院五周年研讨会暨第十届全国高校马克思主义学院院长论坛"。本次论坛共有来自全国高校马克思主义学院的院领导以及专家学者150余人参加。

4月24日，习近平新时代中国特色社会主义思想学理化研究研讨会在中国人民大学召开，研讨会旨在不断深化对习近平新时代中国特色社会主义思想的整体性、系统性、学理化研究阐释，坚持不懈用党的创新理论最新成果武装头脑，坚持以人民为中心发展教育，以主题教育新成效开辟教育强国建设新篇章。教育部党负责同志、中央纪委国家监委驻教育部纪检监察组负责同志出席了会议，主题教育中央第二十三指导组成员列席指导。研讨会上，来自中国人民大学、中央党校（国家行政学院）、中国社会科学院、中国教育学会、习近平强军思想研究中心、习近平经济思想研究中心的专家学者作了交流发言。

4月25日，是习近平总书记到中国人民大学考察并发表重要讲话一周年。中国人民大学举办"深入学习贯彻习近平总书记来校考察调研时重要讲话精神 奋力走好建设中国特色、世界一流大学新路工作推进会"。会议强调必须时刻牢记领袖嘱托，坚定不移高举思想之旗、精神之旗，不忘初心、牢记使命，埋头苦干、勇毅前行，把习近平总书记为我们擘画的美好蓝图变为现实。必须以"十大工程"为重要抓手，深化对习近平新时代中国特色社会主义思想的学理阐释，高质量推动思政"金课"建设，等等。

4月26日下午，由北京大学教务部、北京大学马克思主义学院、北京大学出版社联合主办的"新时代劳动理论与劳动教育研讨会暨《新时代劳动理论十六讲》新书发布会"在北京大学举行。来自北京大学、中国劳动关系学院、北京师范大学、教育部课程教材研究所等单位的专家学者，来自人民网、光明网、中国青年网、《中国社会科学报》《中国教育报》《中国妇女报》、前线杂志社、人民教育杂志社的记者和编辑，以及北京大学马克思主义学院的访问学者、本硕博学生等50余人参加了会议。

5月7日，思政课青年教师成长沙龙在北京科技大学召开。本次沙龙由《思想教育研究》编辑部、中国农业大学马克思主义学院、南开大学马克思主义学院、海南大学马克思主义学院共同主办，全国高校思政课名师工作室（北京科技大学）承办，全国高校数字马院联盟和北京数字思政研究院协办。本次活动采用线上线下相结合的方式开展，吸引了来自全国各地的思政课教师参与现场活动，超过4500人次通过北京数字思政研究院平台线上收看。

5月13日，2023年全国高校"数字党校及智慧党建"建设交流研讨会在北京西郊宾馆隆重举行。会议由北京科技大学党委组织部、党校主办，马克思主义学院承办。来自全国42所高校的70余名专家学者参加会议。会议采用实践研学、主旨报告、专题研讨、互动交流相结合的形式开展。

5月27日，为深入贯彻落实党的二十大精神，推动学习宣传阐释习近平新时代中国特色社会主义思想走深、走实，推进马克思主义理论学科内涵式高质量发展，由北京航空航天大学马克思主义学院主办的"马克思主义理论学科前沿论坛"在北京航空航天大学举行。中共中央党校（国家行政学院）、中国社会科学院、北京大学、上海交通大学、中山大学、中国人民大学、北京师范大学、北京航空航天大学、北京交通大学、中央财经大学、华中师范大学、华南师范大学、首都师范大学、首都经济贸易大学、河北经贸大学等高校院所，《马克思主义与现实》《中国特色社会主义研究》《思想理论教育导刊》《思想教育研究》《行政管理改革》《中国教育报》《中国社会科学报》《中国日报》等期刊媒体的专家学者和师生代表近百人参加会议。

6月8日，对外经济贸易大学举办学习习近平新时代中国特色社会主义思想的世界观和方法论高层论坛。论坛主题为深刻把握习近平新时代中国特色社会主义思想的世界观和方法论。本次论坛由对外经济贸易大学、中国特色社会主义理论研究会主办，马克思主义学院、国际关系学院、政府管理学院、共同富裕研究院共同承办。北京市委宣传部、中国特色社会主义理论研究会、对外经济贸易大学相关领导同志出席了会议并致辞。来自中共中央党校、北京大学、中国社会科学院、中国农业大学等高校的专家学者，《光明日报》、中国教育电视台、《中国青年报》等媒体记者参加了会议。

6月10日至11日，北京科技大学、北京邮电大学在西郊宾馆联合主办高校思政课信息化创新发展论坛。这次会议旨在深入学习贯彻习近平新时代中国特色社会主义思想和党的二十大精神，服务教育强国战略部署，积极践行教育数字化战略，推进高校思政课改革创新。来自180余所高校，共计300余名思政课专家、学者和教师参加了论坛。

6月11日，由北京高校中国特色社会主义理论研究协同创新中心（北京外国语大学）主办、北京外国语大学马克思主义学院承办的"中国特色社会主义海外影响力论坛·2023"在北京外国语大学举行。本次年度论坛的主题是"学习'两个结合'，推动马克思主义教学、研究的高质量发展"。来自中国人民大学、中共中央党校（国家行政学院）、清华大学、北京大学、中国社会科学院等单位以及《马克思主义研究》《中国人民大学学报》等重点期刊的60余位师生、编辑参加了会议。

6月13日，由中国社会科学院马克思主义研究院、《党建》杂志社、《高校马克思主义理论教育研究》编辑部提供学术支持，中国社会科学院大学马克思主义学院、教育部高校思想政治工作创新发展中心（中国社会科学院大学）、北京市人文社会科学研究中心（中国社会科学院大学）联合主办，中国社会科学院大学科研处提供支持的第三届全国青年马克思主义者本硕博论坛在中国社会科学院大学（良乡校区）成功举办。来自北京大学、中国人民大学、北京师范大学、中国社会科学院大学、武汉大学、南开大学等高校及科研院所的80余名青年马克思主义者通过现场会议和云端会议的方式参会。

6月17日，"千马廿行"全国高校马克思主义学院青年学子联学联讲党的二十大精神系列活动总结表彰会在清华大学举行。教育部社会科学司、北京市委教育工委等指导单位，清华大学等"千马廿行"系列活动主办单位及承办单位、教育部"习近平新时代中国特色社会主义思想大学习领航计划系列主题活动"承办单位以及媒体代表等共400余人参加活动。

6月17日，"新时代海外中国共产党研究：机遇与挑战"国际学术研讨会在北京联合大学召开。来自中共中央党校（国家行政学院）、中共中央党史和文献研究院、中国社会科学院、中国外文局、北京大学、复旦大学、上海交通大学、中国人民大学、北京师范大学、浙江大学、华东师范大学、北京外国语大学等80多家单位的专家学者围绕会议主题进行了广泛深入的研讨交流，提供了一系列富有建设性的观点和前沿的研究成果。

6月23日至24日，北京市高等教育学会中国化马克思主义研究分会暑期教学研讨会在京召开。本次会议主要围绕"深入研习中共党史，促进'概论'课教学"主题进行了学习和探讨。中共北京市委教育工作委员会、中央党史和文献研究室、北京市高等教育学会、北京日报社、中国共产党历史展览馆相关领导同志出席活动。来自北京各高校的专家学者共计140余人参会。开幕式由北京市高等教育学会中国化马克思主义研究分会会长程美东教授主持。

6月23日至25日，由北京大学马克思主义学院、北京大学习近平生态文明思想研究中心、北京大学"研究生教育创新计划"、北京大学"海外名家讲学计划"和德国罗莎·卢森堡基金会共同举办的第七届"社会主义生态文明与社会生态转型"博士生论坛以线下与线上相结合的方式举行。来自北京大学、清华大学、中国人民大学、中共中央党校（国家行政学院）、北京航空航天大学、北京师范大学、中央民族大学、北京林业大学、黑龙江大学、吉林大学、东北林业大学、大连理工大学、南开大学、山东大学、中国海洋大学、山东师范大学、安徽大学、南京大学、南京师范大学、厦门大学、福建师范大学、西北工业大学、内蒙古工业大学、新疆师范大学、柏林应用科技大学、慕尼黑工业大学等国内外高校和研究机构的50多位青年学者参加了论坛。

6月24日，第三届"马克思主义理论学科毕业生论坛"顺利举行。本次论坛由中国高等教育学会马克思主义研究分会（以下简称"马研会"）、北京大学马克思主义学院联合主办，首都师范大学马克思主义学院承办，《当代中国马克思主义研究》编辑部、《毛泽东邓小平理论研究》编辑部协办。论坛的主题为"世界大变局与中国式现代化"。本论坛采取线上和线下相结合的方式举行。线下主论坛设在北京金龙潭大酒店，同时以线上会议的形式对外开放，全天各场次累计参会听众近2000人次。

7月10日，"学习习近平总书记重要回信精神 办好农林高校大思政课"主题交流研讨会在中国农业大学召开。来自华中农业大学、华南农业大学、山西农业大学、四川农业大学、河北农业大学、浙江农林大学、内蒙古农业大学和青岛农业大学等全国农林高校马克思主义学院负责人及专家学者参加会议，会议以参观学习、实地调研、座谈交流等形式开展。

7月24日至29日，第二届全国马克思主义理论学科学生"学习习近平新时代中国特色社会主义思想"公益暑期学校在线上成功举办。本次暑期学校由北京理工大学马克思主义学院与中国高等教育学会马克思主义研究分会（以下简称"马研会"）、北京大学马克思主义学院、北京大学研究生院联合主办，《当代中国马克思主义研究》编辑部、《毛泽东邓小平理论研究》编辑部协办，并获2023年度北京大学"研究生教育创新计划"立项支持。本次暑期学校主题为"中国式现代化的理论与实践"，来自全国近500所高校的近2000位学员全程参与学习。

8月15日，清华大学马克思主义学院马克思主义传播史研究中心《马克思主义经典文献世界传播通考》编写出版工作研讨会以线上线下相结合的方式召开。来自清华大学习近平新时代中国特色社会主义思想研究院、清华大学马克思主义学院、辽宁人民出版社的专家学者、负责同志及丛书主要作者共20余人参加会议。

8月26日，北京高教学会中国近现代史研究分会暑期备课会在京召开。来自北京高校的60余位专家学者围绕"学习贯彻党的二十大精神，加强党史党建学科建设，提升'纲要'课教学能力"进行了集中学习和探讨。

9月9日上午，由中国农业大学马克思主义学院发起和主办，北京理工大学、北京交通大学、北京邮电大学、中央财经大学、华北电力大学、北京工业大学等6家马克思主义学院协办的"习近平新时代中国特色社会主义思想概论"教学研讨会在中国农业大学举行。

9月12日，京南高校联盟马克思主义学院"习近平新时代中国特色社会主义思想概论"集体备课会在北京建筑大学举行。来自京南高校联盟的北京建筑大学、中国人民公安大学、北京石油化工学院、北京印刷学院、北京电子科技职业学院、北京农业职业学院、北京政法职业学院、北京社会管理职业学院、首都师范大学科德学院等9所学校马院（思政部、思政教研室）的专家学者和一线教师进行了充分的交流，重点围绕如何全面把握教材的理论体系以及如何从教材体系向教学体系转化这两个核心问题展开集体备课。

9月15日，北京大学马克思主义学院、高校思想政治理论课"毛泽东思想和中国特色社会主义理论体系概论"国家教材建设重点研究基地举办了《习近平新时代中国特色社会主义思想概论》教材研讨会。研讨会聚焦把握整本教材的逻辑，并能准确理解每章的内容安排，真正用好这本教材，更好地用习近平新时代中国特色社会主义思想铸魂育人。

9月16日，全国独立设置医学院校马克思主义学院联盟年会暨推进医学院校思想政治课高质量发展研讨会在京召开。本次年会由首都医科大学主办，首都医科大学马克思主义学院承办，全国独立设置医学院校马克思主义学院联盟协办。本次年会主题为"学习贯彻习近平新时代中国特色社会主义思想，着力提升医学院校思想政治理论课高质量发展"。

9月23日，北京大学马克思主义学院、国家社会科学基金重大项目"百年中共党报党刊史（多卷本）"课题组、2023年度"北京大学研究生教育创新计划"项目联合举办的第二届"中共党报党刊研究"学术研讨会在北京大学英杰交流中心举行。中国社会科学院、中共中央党史和文献研究院、中共中央党校（国家行政学院）、北京大学、中国人民大学、复旦大学、南京大学、南开大学、同济大学、中山大学、天津大学、华东师范大学等科研机构、高校、党校及《光明日报》《新华日报》《中共党史研究》《传媒观察》《出版发行研究》和《新闻春秋》等30余家单位的50余位专家学者、主编、编辑及博士生参会。

9月26日，北京高校"习近平新时代中国特色社会主义思想概论"集体备课会在中国人民大学举行。会上，北京高校思政课教师"练兵比武及展示交流"行动同步启动。教材编写组首席专家、中宣部理论局原副局长、经济日报社原副总编辑张磊，首席专家、天津大学马克思主义学院院长颜晓峰，主要成员、中国人民大学习近平新时代中国特色社会主义思想研究院院长秦宣等知名专家参与备课指导。与此同时，为进一步提升北京高校思政课教师的教学能力和育人水平，自2023年秋季学期起，市委教育工委将面向全市专兼职思政课教师开展"练兵比武及交流展示"行动。通过"集体备课，苦练内功""全员练兵，以赛促建""加强交流，互学互鉴""选树典型，示范带动"等举措，提升广大思政课教师讲准、讲深、讲透、讲活习近平新时代中国特色社会主义思想"大道理"的能力水平。

10月21日，第三届"立德树人 德法兼修"思想政治教育创新发展学术研讨会在中国政法大学举办。本次会议旨在认真学习宣传贯彻党的二十大精神，促进新时代思想政治教育深入研究，推动思想政治教育创新发展。会议由中国政法大学主办，中国政法大学马克思主义学院、北京高校中国特色社会主义理论研究协同创新中心（中国政法大学）、北京市习近平新时代中国特色社会主义思想研究中心（中国政法大学基地）承办，来自中国社会科学院、北京大学、中国人民大学、复旦大学、华东师范大学、南开大学、山东大学、东北师范大学、大连理工大学等高校和科研机构的百余名老师和同学，《光明日报》《马克思主义研究》《思想理论教育导刊》《思想教育研究》《中国社会科学报》等报刊媒体代表参会。

11月4日，为深入学习、宣传和阐释党的创新理论，坚持不懈用习近平新时代中国特色社会主义思想铸魂育人，不断提升北京高校思想政治理论课的教学质量与水平，第十三届北京高校思想政治理论课教学基本功比赛"形势与政策"课预赛，在北京交通大学成功举办。本次比赛由北京市高等教育学会形势与政策教育研究分会主办，北京交通大学马克思主义学院承办。来自北京大学、北京航空航天大学、北京理工大学、北京邮电大学、中国政法大学、中央财经大学、对外经济贸易大学、北京科技大学、北京林业大学、北京化工大学、北京交通大学等24所在京高校的"形势与政策"课教师参加了比赛。比赛以推动党的二十大精神融入思政课教学为主题，重点考察思政课教师学深悟透党的二十大精神，并将其融入课堂教学的理论水平，特别是立足京华大地生动实践讲好"大思政课"的能力。

11月10日，由北京高教学会中国近现代史研究分会主办、北京航空航天大学马克思主义学院承办的第十三届北京高校思想政治理论课教学基本功比赛"中国近现代史纲要"课预赛在北京航空航天大学举行。来自北京理工大学、中国农业大学、中央民族大学、北京外国语大学、首都师范大学、北京航空航天大学等高校的29名青年教师参赛。

11月11日，由中国农业大学马克思主义学院、中国农业大学农村基层党建研究中心主办，中共浙江省缙云县委组织部、缙云县农业农村局、中国农业大学缙云乡村共富学院协办的"农村基层党建与农业农村现代化"学术研讨会在浙江省丽水市缙云县召开。来自中共中央党校（国家行政学院）、中国社会科学院、清华大学等高校、科研院所等40余家院所的160多位专家学者出席本次会议。

11月19日至12月8日，第十一期北京高校思想政治理论课新上岗教师研修班开班，熊晓琳名师工作室具体组织这次培训工作。此次研修培训通过思政课和师德建设、思想政治理论素质训练、科研基础能力训练、教学能力提升、文体活动五大模块，为学员提供全方位的素质提升和能力培训。培训充分利用北京的优质资源，精心设计和组织，呈现六大特点，即领导重视、亲身投入；设计精心、内容丰富；名家荟萃，精彩纷呈；理念创新、兼容并蓄；实践教学、入脑入心；活动丰富，多彩多姿。

11月24日，由中国社会科学院马克思主义研究院、中国社会科学院大学科研处提供支持，中国社会科学院大学马克思主义学院、教育部高校思想政治工作创新发展中心（中国社会科学院大学）、北京市人文社会科学研究中心（中国社会科学院大学）联合主办，中国社会科学院大学"思创社科"科研育人矩阵承办的第四届全国马克思主义理论研究生21人论坛（简称"21人论坛"）成功举办。来自北京大学、中国人民大学、南京大学、山东大学、中国社会科学院大学等高校的21位学生代表进行了学术展示。

11月25日，大中小学思想政治教育一体化建设交流研讨会在中国传媒大学举办，40余位来自全国各地大中小学校的思政课教师、思政教育工作者及专家学者汇聚一堂，总结交流思政课教学、善用"大思政课"以及协同推进大中小学思想政治教育一体化建设的特色做法、实践经验，深入探讨深化建设举措路径。

11月25日，第十三届北京高校思想政治理论课教学基本功比赛在北京航空航天大学成功举办。本次大赛由北京市教工委主办，北京航空航天大学马克思主义学院和全国高校名师工作室（北京航空航天大学）共同承办。经北京市各高校推荐和预赛选拔，全市共有64位思政课教师进入25日的决赛。大赛通过"智慧树"在线课程平台进行全程现场直播，北京市委教育工委领导同志在线观摩。

11月26日，中国自然辩证法研究会、北京高教学会研究生思想政治理论课研究会、北京市研究生思想政治理论课研究会、北京化工大学马克思主义学院以"线上+线下"的形式，联合举办了"第八届北京高校自然辩证法教学研讨会"。本次会议的主题是"自然辩证法概论教学与中国式现代化"；会议议题是：党的二十大精神融入"自然辩证法概论"课教学建议、自然辩证法教学改革实践的回顾与反思、自然辩证法教材体系如何被转换为教学体系、自然辩证法混合式教学模式如何建构和实施、"自然辩证法概论"课程如何高质量建设。中国自然辩证法研究会、北京自然辩证法研究会、北京高校研究生思想政治理论课研究会等负责同志参加。

12月1日，"习近平文化思想与中国式现代化"学术研讨会在北京工业大学举办。本次会议由北京市习近平新时代中国特色社会主义思想研究中心北京工业大学研究基地主办。来自国家教材委员会高校哲学社会科学专家委员会、北京大学、中国人民大学、北京市社科联、北京市社科规划办、清华大学、光明日报社、北京教育宣传学会、北京工业大学、中国传媒大学、广西大学、河北工业大学、天津工业大学、太原理工大学、西南石油大学、北京印刷学院、北京工业大学马克思主义学院的专家学者、师生代表参加了会议。

12月2日至3日，由全国高校马克思主义理论学科研究会、《马克思主义理论学科研究》编辑部、全国民族（地区）高校马克思主义学院院长联席会、北京高校中国特色社会主义理论研究协同创新中心（中央民族大学）及北京市习近平新时代中国特色社会主义思想研究中心中央民族大学基地主办，中央民族大学马克思主义学院承办的全国高校马克思主义理论学科研究会第57次学科论坛暨第十一届民族（地区）高校马克思主义理论学科论坛，在北京天湖会议中心顺利召开。本届论坛以"铸牢中华民族共同体意识，建设中华民族现代文明"为主题，来自北京师范大学、重庆大学、中央民族大学、中南民族大学、西南民族大学、北方民族大学、大连民族大学、延边大学、吉首大学、广西民族大学、内蒙古民族大学、湖北民族大学、青海民族大学、西藏民族大学、贵州民族大学、伊犁师范大学等27所高校及科研机构的120余位专家学者及研究生，紧扣会议主题进行了深入热烈的学术研讨。

12月10日，清华大学马克思主义学院、清华大学中共党史党建研究院举办纪念毛泽东同志诞辰130周年学术研讨会。来自清华大学、北京大学、中国人民大学、复旦大学、中央党校、中国社会科学院等高校、科研院所的专家学者参加研讨会。

12月10日，北京理工大学马克思主义学院于线上举办首届四校马克思主义理论博士生论坛暨北京理工大学马克思主义学院首届研究生学术论坛。本届论坛主题为"跨学科交叉视野下的中国式现代化理论、历史与实践"，来自北京理工大学、中国社会科学院大学、中国政法大学等高校近500人次师生参与。

12月10日，北京高教学会研究生思想政治理论课研究会、中国自然辩证法研究会、北京市研究生思想政治理论课研究会、北京化工大学马克思主义学院以"线上+线下"的形式，联合举办了"第六届北京高校博士生'思政课'教学研讨会"。共有浙江大学、中国人民大学、北京师范大学、中国农业大学等全国10余所高校马院的近40名专家和教师参加会议。

12月16日，华北电力大学联合中共中央党校（国家行政学院）专家工作室主办，马克思主义学院承办的第三届21世纪马克思主义研究峰会开幕。本次峰会共有来自清华大学、中国人民大学、浙江大学等40余所高校和科研机构，以及10家杂志社和出版机构的近百名专家学者参加。

12月17日，由中国人民大学马克思主义学院主办的"中国式现代化与建设中华民族现代文明"——第六届全国高校马克思主义理论及相关学科研究生学术论坛顺利举行。来自全国100余名研究生参加论坛。

12月20日，"大中小学思政教育一体化建设研讨会"在北京工业大学马克思主义学院成功举办，来自中国教育报刊社、《中国高等教育》、首都师范大学、北京邮电大学等专家学者莅临本次研讨会，会议由全国大中小学思政课一体化实践研究共同体专家指导委员会主任、北京工业大学马克思主义学院教授王锋主持。

12月21日，由北京体育大学牵头的中华体育精神大中小幼思想政治教育共同体（以下简称"共同体"）思政公开课在北京市第二十中学开讲。来自北京体育大学、北京市第二十中学、清华附中上地学校、上地实验学校、上地实验小学、清华附中上地小学、海淀区恩济里体大幼儿园等共同体单位350余名师生在现场参加了课程学习。

二、参加调研的高校基本情况

（一）参加调研的高校

北京大学 中国人民大学 清华大学 北京交通大学 北京工业大学 北京航空航天大学 北京理工大学 北京科技大学 北方工业大学 北京化工大学 北京工商大学 北京服装学院 北京邮电大学 北京印刷学院 北京建筑大学 北京石油化工学院 中国农业大学 北京农学院 北京林业大学 首都医科大学 北京中医药大学 北京师范大学 首都师范大学 首都体育学院 北京外国语大学 北京第二外国语学院 北京语言大学 中国传媒大学 中央财经大学 对外经济贸易大学 北京物资学院 首都经济贸易大学 中国人民公安大学 国际关系学院 北京体育大学 中央音乐学院 中国音乐学院 中央美术学院 中央戏剧学院 中国戏曲学院 北京电影学院 北京舞蹈学院 中央民族大学 中国政法大学 华北电力大学（北京） 北京工业职业技术学院 北京电子科技职业学院 北京信息科技大学 中国矿业大学（北京） 中国石油大学（北京） 中国地质大学（北京） 北京联合大学 北京城市学院 北京青年政治学院 北京财贸职业学院 北京经济管理职业学院 中国科学院大学

（二）参加调研的马克思主义理论一级学科博士点高校

北京大学 中国人民大学 清华大学 北京交通大学 北京航空航天大学 北京理工大学 北京科技大学 中国农业大学 北京师范大学 首都师范大学 中央财经大学 中国政法大学 中国矿业大学（北京） 中国石油大学（北京） 中国地质大学（北京） 中国科学院大学

（三）参加调研的马克思主义理论一级学科硕士点高校

北京工业大学 北方工业大学 北京化工大学 北京工商大学 北京邮电

大学 北京印刷学院 北京建筑大学 北京林业大学 北京中医药大学 北京外国语大学 北京语言大学 中国传媒大学 对外经济贸易大学 北京物资学院 首都经济贸易大学 北京体育大学 中央民族大学 华北电力大学（北京） 北京信息科技大学 北京联合大学

（四）参加调研的马克思主义理论二级学科硕士点高校

首都医科大学

（五）参加调研的无学科点高校

北京服装学院 北京石油化工学院 北京农学院 首都体育学院 北京第二外国语学院 中国人民公安大学 国际关系学院 中央音乐学院 中国音乐学院 中央美术学院 中央戏剧学院 中国戏曲学院 北京电影学院 北京舞蹈学院 北京工业职业技术学院 北京电子科技职业学院 北京城市学院 北京青年政治学院 北京财贸职业学院 北京经济管理职业学院

三、2023年度相关指标排名

（一）专著出版排名

学校	部数（部）
清华大学	14
北京大学	12
中国人民大学	11
北京林业大学	10
北京师范大学	9
北京工业大学	9
北京邮电大学	8
北京航空航天大学	7
北京理工大学	7
中国农业大学	7
中国矿业大学（北京）	7
北京工商大学	7

续表

学校	部数（部）
中央民族大学	6
北京科技大学	6
中央财经大学	5
北京化工大学	5
北京中医药大学	5
北京第二外国语学院	5
北京联合大学	5
中国石油大学（北京）	4
北京外国语大学	4
北京语言大学	4
北京体育大学	4
首都师范大学	4
北方工业大学	4
中国人民公安大学	3
北京建筑大学	3
中央戏剧学院	3
北京物资学院	3

（二）编著出版排名

学校	部数（部）
北京师范大学	10
北京大学	5
清华大学	5
中国石油大学（北京）	5
北京体育大学	5
北京林业大学	4
中国农业大学	3
北京外国语大学	3
对外经济贸易大学	3
中国人民公安大学	3
首都经济贸易大学	3

（三）译著出版排名

学校	部数（部）
清华大学	2
北方工业大学	2
北京师范大学	1
北京航空航天大学	1
中央财经大学	1
北京交通大学	1
北京邮电大学	1
中国传媒大学	1
北京林业大学	1
北京体育大学	1
首都师范大学	1

（四）论文发表排名

学校	篇数（篇）
北京大学	285
北京师范大学	225
清华大学	187
中国人民大学	173
北京交通大学	146
北京航空航天大学	88
对外经济贸易大学	75
中国农业大学	72
北京化工大学	71
北京理工大学	70

（五）发表CSSCI来源期刊论文排名

学校	篇数（篇）
中国人民大学	131
清华大学	120
北京大学	85

续表

学校	篇数（篇）
北京师范大学	44
北京科技大学	34
中央财经大学	33
北京航空航天大学	31
中国政法大学	31
北京理工大学	30
北京交通大学	29

（六）获批国家社科基金项目排名

学校	项数（项）
清华大学	11
北京航空航天大学	7
北京理工大学	6
北京大学	5
北京师范大学	5
北京化工大学	5
中国人民大学	4
北京交通大学	4
首都师范大学	4
中央财经大学	3
中国政法大学	3
中国地质大学（北京）	3
北京林业大学	3

（七）《新华文摘》全文转载排名

学校	篇数（篇）
清华大学	8
北京大学	5
北京航空航天大学	3
中国人民大学	2

续表

学校	篇数（篇）
北京外国语大学	1
首都师范大学	1
北京语言大学	1

（八）《中国社会科学文摘》全文转载排名

学校	篇数（篇）
清华大学	5
中国人民大学	5
北京大学	2
北京航空航天大学	2
北京外国语大学	1

（九）实际招收本科生排名

序号	学校	招生人数（人）
1	首都师范大学	115
2	北京大学	91
3	北京师范大学	77
4	中国石油大学（北京）	61
5	中国人民大学	49
6	北京体育大学	30
7	中国政法大学	29
8	清华大学	23
9	北京科技大学	23
10	对外经济贸易大学	13

（十）实际招收硕士研究生排名

序号	学校	招生人数（人）
1	北京师范大学	150
2	首都师范大学	94
3	中国人民大学	75
4	北京大学	65

续表

序号	学校	招生人数（人）
5	北京理工大学	63
6	北京科技大学	54
7	中国政法大学	49
8	中国矿业大学（北京）	45
9	北京交通大学	44
10	清华大学	41

（十一）实际招收博士研究生排名

序号	学校	招生人数（人）
1	北京大学	55
2	中国人民大学	53
3	清华大学	53
4	北京师范大学	46
5	首都师范大学	31
6	北京科技大学	23
7	北京理工大学	21
8	中央财经大学	19
9	北京交通大学	17

后　记

2015年初，北京市委教育工委委托清华大学马克思主义学院艾四林教授、吴潜涛教授牵头，抽调各高校思想政治理论课中青年骨干教师成立课题组，负责编写北京高校马克思主义理论学科与思想政治理论课建设年度发展报告。时间飞逝，转眼间我们已完成了10次对北京高校马克思主义理论学科与思想政治理论课建设发展的大型数据采集与分析，呈现在大家面前的《北京高校马克思主义理论学科与思想政治理论课建设发展报告（2023）》是第十本较为全面系统深入地反映我国高校马克思主义理论学科年度发展状况的报告。

在北京市委教育工委领导的关心和指导下，课题组成员通力合作，经过方案设计、文献调研、问卷调查、实地考察、个别访谈、数据分析等环节，并召开多次专题研讨会，最终形成了《北京高校马克思主义理论学科与思想政治理论课建设发展报告（2023）》。

本书各章撰写人员如下：

第一章，艾四林（清华大学高校德育研究中心主任、习近平新时代中国特色社会主义思想研究院院长、教授、博士生导师），刘武根（中国农业大学马克思主义学院副院长、教授、博士生导师），李全喜（北京邮电大学马克思主义学院副院长、教授、硕士生导师），杨增崒（北京师范大学马克思主义学院副院长、教授、博士生导师）。

第二章，赵甲明（清华大学马克思主义学院教授、博士生导师），陈洪玲（北京理工大学马克思主义学院副院长、教授、博士生导师）。

第三章，吴潜涛（清华大学马克思主义学院教授、博士生导师），张传泉（北京邮电大学马克思主义学院教授、硕士生导师），张晖（中国农业大学马克思主义学院院长、教授、博士生导师），黄刚（中央财经大学马克思主义学院院长、教授、博士生导师），秦彪生（北京体育大学马克思主义学院副教授、硕士生导师），周阳（北京师范大学马克思主义学院讲师、博士），周思睿（北京师范大学马克思主义学院讲师、清华大学博士），马君俊［中央团校（中国青年政治学院）马克思主义学院讲师、博士］。

第四章，肖贵清（清华大学习近平新时代中国特色社会主义思想研究院常务副院长、教授、博士生导师），吴新宇（北京理工大学马克思主义学院讲师、博士）。

第五章，蔡乐苏（清华大学马克思主义学院教授、博士生导师），李红霞（北京体育大学马克思主义学院教授、博士）。

第六章，王宪明（清华大学马克思主义学院教授、博士生导师），李江静（清华大学马克思主义学院副教授、博士生导师）。

第七章，艾四林，胡飒（北京信息科技大学马克思主义学院教授、博士）。

第八章，舒文（清华大学马克思主义学院副教授），李全喜。

"北京高校马克思主义理论学科与思想政治理论课建设大事记（2023）"由北京理工大学马克思主义学院祝猛昌副教授收集整理。

北京市委教育工委宣教处于海处长全程指导工作开展并审阅了报告，艾四林教授负责报告全文的统稿。

在报告的问卷设计、调查和撰写过程中，我们得到了兄弟院校的密切配合和无私的帮助。清华大学马克思主义学院吴丹博士和中国农业大学马克思主义学院副院长刘武根教授承担了网上数据采集的咨询和报告编务工作。清华大学计算机中心的王见文同志为本报告的问卷调查提供了技术支持。在此一并表示感谢！

为了全面把握2023年北京高校马克思主义理论学科与思想政治理论课建设取得的成绩，深入剖析问题、提出精准化建议，我们尽了很大的努力，但由于种种原因，报告中仍存在一些不足和有待改进与完善的地方，真诚欢迎专家学者和广大读者批评指正。